Bahnlinie: Bodenwöhr – Rötz.

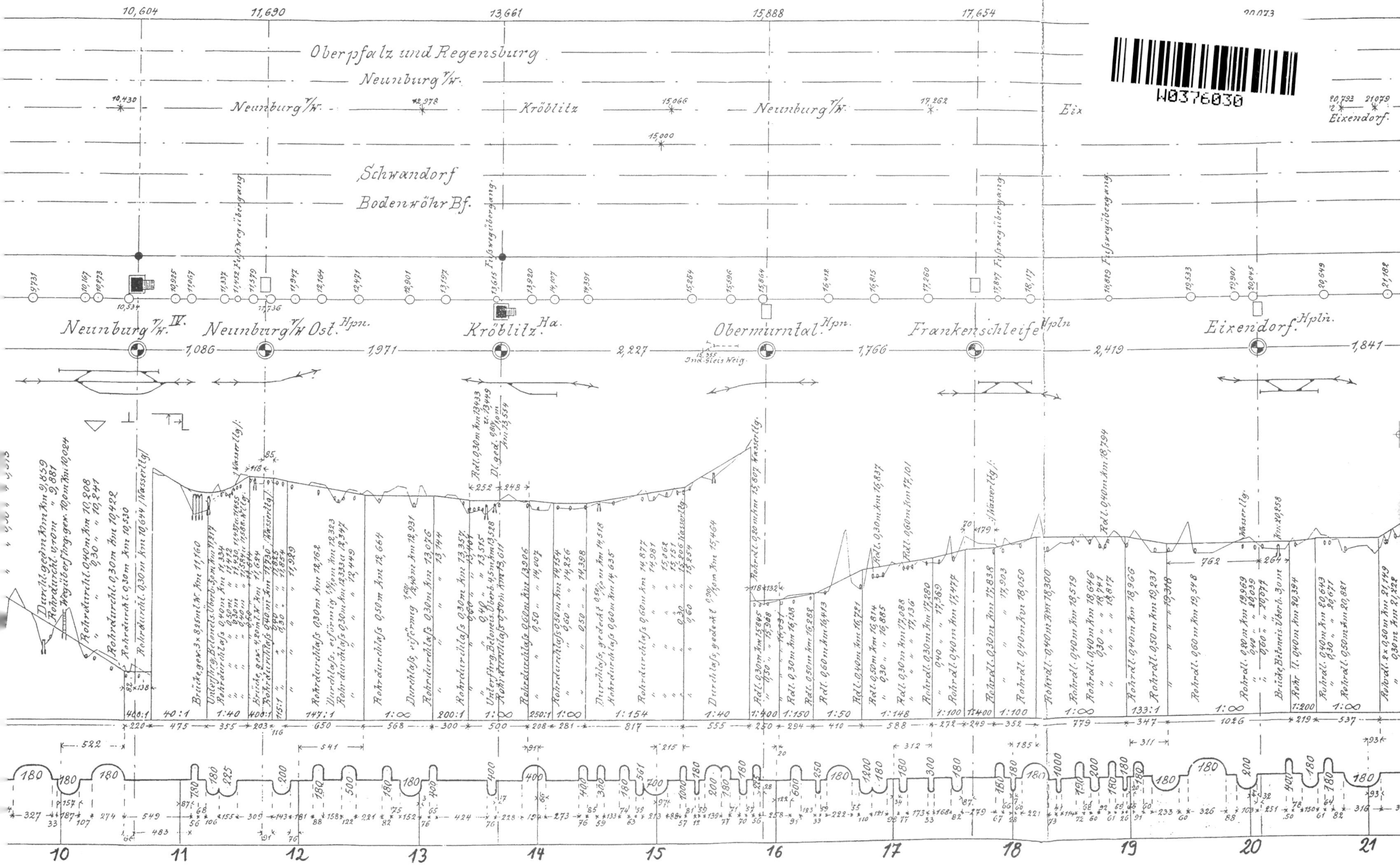

Johannes Wiemann • Bodenwöhr - Neunburg vorm Wald - Rötz • Eine Eisenbahnstrecke in der Oberpfalz

Johannes Wiemann

Bodenwöhr - Neunburg vorm Wald - Rötz

Eine Eisenbahnstrecke in der Oberpfalz

Geschichte und Geschichten

JWV

Titelfoto: Zwei 211er Diesellokomotiven haben bei Wilbersdorf am 25. Juli 1987 achtzehn Kohlewaggons für die Neunburger „Pfalzgraf - Johann - Kaserne“ am Haken.

Umschlagrückseite: Ein Bild mit Symbolcharakter: Das Ausfahrtsignal für die Strecke nach Neunburg vorm Wald ist und bleibt für immer geschlossen; 1994.

Beide Fotos: Johannes Wiemann; Streckenkartenausschnitt: Sammlung Martin Pangerl

Impressum

Johannes Wiemann Verlag
Am Rednitzhang 9
90451 Nürnberg
Telefon / Fax : 0911 / 6 49 17 20

Gestaltung: Johannes Wiemann
Satz und Druck: Strobl Druck- und Verlags GmbH, Amberg

Printed in Germany 1996

ISBN: 3 - 9805500 - 0 - 1

Es ist unmöglich, eine Dampfmaschine zu betrachten, ohne Staunen und Bewunderung für die Erfindungsgabe des Menschen zu empfinden. Aber dieses Gefühl steigert sich zur Ehrfurcht, wenn man einer Lokomotive ansichtig wird - solch ungeheure Gewalten in so kleinem Raum beschlossen! Ich kann mich nie der Vorstellung erwehren, daß sie eigene Impulse hat - daß sie nicht nur ein bewegliches Ding, sondern auch ein lebendiges Wesen ist.

Frederick Marryat

Jetzt pfeift der Dampf und läßt im Sturm uns reisen;
verwandelt ward die Zeit und wir mit ihr.

Emanuel Geibel

Ich gäbe all meine Symphonien darum, die Lokomotive erfunden zu haben.

Antonin Dvořák

Stellen Sie sich vor, das Auto wäre v o r der Eisenbahn erfunden worden. Dann käme sicher ein Freund zu Ihnen und würde begeistert schwärmen: „Hör zu, da gibt's was ganz Neues, was Wunderbares. Du brauchst kein Benzin mehr, keine Landkarte, gehst bloß zu einem Fensterchen, kaufst dort eine Karte und legst dich in ein Bett. Das steht in einem fahrenden Zimmer. Du schläfst, kommst am nächsten Morgen ausgeruht an, kannst dich sogar waschen, hast kein Steuerrad angerührt, bleibst auf der Erde, brauchst nicht einmal zu fliegen." So einfach und schön wäre das Reisen.

Max Ophüls

Inhaltsverzeichnis

Vorwort

Als am 2. August 1896 die Eisenbahnlinie Bodenwöhr - Neunburg vorm Wald feierlich dem offiziellen Verkehr übergeben wurde und am 7. August 1915 mit der Verlängerung nach Rötz zusätzliche Aufwertung erfahren sollte, ahnte niemand, daß noch nicht einmal einhundert Jahre später zwischen den ungenutzt verbliebenen Schwellen, Gleisen und Weichen Blumen und Sträucher wachsen würden.

Allgemeiner Individualverkehr sowie Busse und Lastkraftwagen, bereiteten auch der Strecke Bodenwöhr - Neunburg v.W. - Rötz ein jahrelanges Siechtum bis zum endgültigen Aus in den Jahren 1969 bzw. 1995.

Um nicht in Vergessenheit zu geraten, soll vorliegendes Buch, gleichsam als kleines gedrucktes Denkmal, ein wenig dazu beitragen, die Erinnerungen an die ehemalige Lokalbahn für nachfolgende Generationen wachzuhalten. Auch in Zukunft sollen die Menschen dieser Region und darüberhinaus nicht wie bei einem Märchen, sondern der Realität entsprechend sagen können: Es war einmal eine Eisenbahn zwischen Bodenwöhr, Neunburg v.W. und Rötz!

Bedingt durch die ungünstige Wirtschaftsstruktur brachte es nur eine kleine Anzahl von Bewohnern zu bescheidenem oder gar höherem materiellen Wohlstand. Nur wenige besaßen folglich einen Fotoapparat, den sie am allerwenigsten für Eisenbahnaufnahmen heranzogen. Die Eisenbahn gehört(e) nun mal zum Alltag. Im Gegensatz zu touristischen Sehenswürdigkeiten, die auf professionell gefertigten Ansichtskarten meist besser abgebildet sind als auf selbsterstellten Amateurfotos, findet selbst heute der Alltag kaum fotografische Würdigung. Eingedenk dieser Tatsache war es äußerst schwierig überhaupt Bildmaterial, besonders für die Zeit bis in die 50er Jahre, für vorliegendes Buch aufzutreiben. Vor diesem Hintergrund mag die interessierte Leserschaft nicht so sehr die geschmacksorientierte, sondern die eisenbahn- und heimatgeschichtliche Aussagekraft in den Vordergrund der Bildbetrachtung stellen.

An dieser Stelle danke ich allen, die mich bei der Erstellung des Buches mit Informationen, Fotografien, Originaldokumenten und anderem streckenspezifischen Material oder anderweitig unterstützt haben. Dieser Dank richtet sich auch an die Damen und Herren, die mir beim Zusammenstellen des Buchteils „Geschichten" durch ihre Erlebnisberichte, die Einblick in das Alltagsgeschehen in Verbindung mit der kleinen Nebenbahn geben, wesentlich geholfen haben; Geschichten, die alle der Wahrheit entsprechen. Von einer Erzählung jedoch muß ehrlicherweise gesagt werden, daß sie sich vielleicht so, wie beschrieben, zugetragen haben könnte.

Im einzelnen sind dies:

Arnold Elfriede
Bartmann Peter
Bauer Heinrich
Bauer Jürgen
Baumer Michael
Bücherl Josef †

Buchholz Leonhard
Dettelbacher Dieter
Distler Valentin
Dotzler Rita
Ehrlich Renate
Fröhler Leonhard
Gietl Erika
Görgner Dietmar
Graßler Richard
Groß Simon
Grünbauer Max sen.
Haas Rudolf
Hastreiter Rosa
Häusler Otto
Hermann Josef
Hufschläger Helge
Janker Josef
Käsbauer Johann
Kolping-Fotokreis Neunburg v.W.
Kopp Josef
Kristl Dr. Peter Erhard
Kuttner Ernst
Lasser Hans
Männer Burga
Müller Kurt
Pangerl Martin
Passavanti Ulrike
Plab Karl-Heinz
Platzer Raimund
Pöll Johann
Pöppl Friedrich
Probst Jakob
Probst Karl
Quitterer Helmut
Riederer Thea
Rösch Fritz
Scherr Therese
Schumm Johann †
Schwarz Gustav
Seebauer Josef
Seebauer Max
Sinzger Annemarie
Sonnleitner Wolfgang
Spitzer Wolfgang
Thiel Helmut
Turnwald Gottfried
Vogl Xaver und Margaretha
Weig Franz
Weig Fritz
Wein Georg
Weindler Fritz
Weinfurtner Erwin
Wiemann Maria
Zisler Alois †

sowie die Mitarbeiter der Stadtverwaltungen Neunburg v.W., Rötz und Bodenwöhr, der Lokalredaktionen der „Mittelbayerische Zeitung" Neunburg v.W. und Rötz, der Schwandorfer Redaktion des „Der Neue Tag" und der Dokumentationsstelle des Verkehrsmuseums Nürnberg Wolfgang Illenseer und Kurt Flierl.
Ein ganz besonderes Dankeschön gebührt Herrn Theo Männer, der mir in seiner Eigenschaft als Berufskollege und Kreisheimatpfleger mit seinem profunden Wissen über die Oberpfälzer Historie im allgemeinen und die Neunburger Geschichte im besonderen mannigfaltige Unterstützung zuteil werden ließ.

Noch eine Bitte:
Sollte der eine oder andere Leser zuhause oder im Verwandten- und Bekanntenkreis alte Fotografien, Dokumente oder ähnliche Unterlagen über diesen Bereich der Heimatgeschichte entdecken und sie gegebenenfalls in Fotokopieform für eine eventuelle zweite Auflage des Buches mir zu Verfügung stellen, wäre ich ihm äußerst dankbar.

Doch nun genug des Vorworts !
Steigen Sie ein, liebe Leserin, lieber Leser, in einen Zug der Zeit, der im übertragenen Sinne neben der Dampflokomotive aus einem ersten Waggon für die „Geschichte" und einem zweiten Waggon für die „Geschichten" besteht! Machen Sie es sich gemütlich, gehen Sie während Ihrer Reise anstatt von Kapitel zu Kapitel von Abteil zu Abteil und erfahren Sie dort Wissenswertes und Interessantes, Tragisches und Lustiges über die Eisenbahn und ihre Menschen im Schwarzachtal.

Nürnberg, im Oktober 1996 — Johannes Wiemann

Geschichte

Einleitung

19. Jahrhundert; Jahrhundert der Industriellen Revolution. Sternstunde für die einen, Alptraum und Elend für die anderen.
Bahnbrechende Erfindungen, die den Menschen in seiner Fortentwicklung meilenweit nach vorne katapultieren, stürzen ihn zunächst in tiefe Krisen: Große Industriestädte entstehen durch Landflucht und Zuwanderung aus dem benachbarten Ausland, die Gesellschaft wird umgeschichtet, die Arbeitswelt umgestaltet, menschliche Arbeitskraft hemmungslos ausgebeutet. Sozialer Verelendung folgen Wirtschaftskrisen und soziale Unruhen, und es vergehen Jahrzehnte, bis sich die Bevölkerung in den aufstrebenden Industrienationen auf die neue Situation einstellt und die Segnungen der Erfindungen positiv zu spüren bekommt.

Ihren Anfang nimmt die Entwicklung im 18. Jahrhundert, als verschiedene Techniker und Tüftler mit den irdischen Urelementen Feuer, Luft und Wasser mehr oder minder erfolgreich herumexperimentieren. Eigentlich eine simple Angelegenheit: man nehme einen eisernen Kessel zu dreiviertel mit Wasser gefüllt, kräftig Feuer darunter, bringe das Wasser zum Kochen, leite über ein Rohr den entstehenden Dampf und Druck in einen Zylinder, der mit Kolben und Kolbenstange verbunden einen bestimmten Mechanismus in Bewegung versetzt. Fertig! Nach diesem zugegeben sehr vereinfacht dargestellten Prinzip entwickelt der Brite Thomas Newcomen schon 1711 eine Dampfpumpe, der Franzose Nicholas Cugnot 1769 den ersten Dampfwagen der Welt und im gleichen Jahr der Brite James Watt seine Dampfmaschine. Aber es verstreichen noch mehr als drei Jahrzehnte, bevor Richard Trevithick, Landsmann und Mitarbeiter von James Watt, so ein Ding auf Räder und Schienen stellt und damit die erste Dampflokomotive der Welt am 21. Februar 1804 auf der Tramroad im walisischen Pen-y-darran pannenfrei über die Gleise poltern läßt. Doch erst der 8. Oktober 1829 wird zum denkwürdigen Datum für die Eisenbahngeschichte: beim berühmten Lokomotivrennen im britischen Rainhill verweist George Stephenson mit seiner „Rocket" die Konkurrenten auf die Plätze, und stellt dadurch der Eisenbahn das Signal auf „Freie Fahrt" zur Siegestour rund um den Erdball.

Allmählich wird fast jedem klar, daß man es bei Dampflokomotive und angehängten Wagen mit d e m Transportmittel schlechthin zu tun hat, das die Lebensgewohnheiten der Menschen einschneidend verändern wird: es bringt bisher unbekannte und ungeahnte Mobilität für Menschen und Güter. Entfernungen, deren Überwindung mit der Postkutsche oft Tage in Anspruch nimmt, können zukünftig innerhalb weniger Stunden zurückgelegt werden. Abgelegene Gebiete werden erschlossen und erwachen aus ihrem Dornröschenschlaf. Bisher unwirtschaftliche oder gar unmögliche Transporte gehören nun zum Alltag, und das Reisen wird nicht nur schneller, sondern auch weitaus bequemer und billiger.
In beinahe allen Ländern der Erde befaßt man sich mit dem Gedanken, Eisenbahnstrecken zu bauen. So fährt in Deutschland am 7. Dezember 1835 die erste Eisenbahn sechs Kilometer von Nürnberg nach Fürth. Explosionsartig überzieht bereits nach wenigen Jahrzehnten ein dichtes Eisenbahnnetz die deutschen Länder. Sind es 1840 erst noch bescheidene 549 Kilometer, so beträgt 1850 das deutsche Eisenbahnnetz schon 6.044 Kilometer, 1860 fast das Doppelte, 1870 19.575 Kilometer, 1880 33.838 Kilometer, 1890 bereits 42.869 Kilometer, 1900 51.391 Kilometer und 1910 gar 61.148 Kilometer. Doch schon um 1870 kann man das deutsche Eisenbahnnetz

nach Einrichtung der Hauptverbindungen als vollendet betrachten. Nahezu überall, wohin die Schienenstränge gelegt werden, entwickelt sich kurze Zeit danach eine prosperierende Wirtschaft. Verständlicherweise wird nun auch in den entlegenen, strukturschwachen Gebieten der Ruf nach Anbindung an das Eisenbahnnetz immer lauter.

Als 1861 die Hauptbahnlinie von Schwandorf über Cham bis nach Furth i.W. fertig ist, zeigen schon bald die einzelnen Ortschaften in unmittelbarer Umgebung der Strecke ihr reges Interesse an einem Anschluß. Auch in den Städtchen Waldmünchen, Rötz und Neunburg vorm Wald bekundet man lebhaftes Interesse an einer Eisenbahnlinie, verbunden mit dem Wunsch, die Oberen des Landes mögen ihr geneigtes Augenmerk wohlwollend auf den Mikrokosmos des Schwarzachtales richten.

Aber die Voraussetzungen sind leider nicht die allerbesten. Zwar herrscht einerseits die berechtigte Hoffnung auf günstigere Wirtschafts- und damit Lebensbedingungen; außerdem unbändiger Wille und große Ausdauer das Bahnprojekt zu verwirklichen, andererseits jedoch gibt es neben geographischen Problemen erheblichen Mangel an nötigem Kapital. Diese schier unvereinbaren Gegensätze gilt es nun unter einen Hut zu bringen. Im Klartext: Der Kampf um eine Eisenbahnlinie kann beginnen!

Die Eisenbahnlinie Bodenwöhr - Neunburg vorm Wald

Die Postkutschenzeit

„Dieser Wagen stößt einem doch die Seele heraus! Und die Sitze! Hart wie Stein! Von Wasserburg aus glaubte ich in der Tat, meinen Hintern nicht ganz nach München bringen zu können. Er war schwielig und vermutlich feuerrot. Zwei ganze Posten fuhr ich, die Hände auf dem Polster gestützt und den Hintern in Lüften haltend - doch genug davon, es ist nun schon vorbei! Aber zur Regel wird es mir sein, lieber zu Fuß zu gehen, als in einem Postwagen zu fahren!" So beschreibt kein geringerer als Wolfgang Amadeus Mozart 1780 eine Fahrt mit der Postkutsche. Auch hundert Jahre später hatte sich eine Reise mit der Postkutsche nicht wesentlich verändert. Sie war ein beschwerliches und unangenehmes Unterfangen. Unbequeme Sitzgarnituren, drangvolle Enge, langsames Fortkommen, sowie - wenn auch seltener - Achs- und Radbrüche kennzeichneten den Alltag einer Fahrt mit dem Postwagen. Hinzu kam die begrenzte Leistungsfähigkeit der Pferde. Außerdem konnte nur eine begüterte Mittelschicht diese Dienste wegen der verhältnismäßig hohen Tarife in Anspruch nehmen. Die wenigen Vertreter der Oberschicht hatten eigene Pferde und Gespanne. Das gemeine Volk aber mußte zu Fuß gehen, und aus Vergnügen sind damals die wenigsten mit der Postkutsche verreist. Die heute existierenden Eindrücke von beschaulichen, romantischen Fahrten, von einem fröhlich singenden und Posthorn blasenden Postillion sind allenfalls durch Gemälde und Filme nostalgisch gefärbte und verklärte Phantasieprodukte, die mit der Wirklichkeit von einst nahezu nichts gemeinsam haben.

Der Hauptgrund für die Unbequemlichkeit des Fahrens mit der Postkutsche lag in dem meist schlechten Straßenzustand. Die Straßen waren weder ebenflächig noch gepflegt - trotz der häufig noch erhobenen Straßenzölle; es ging buchstäblich über Stock und Stein - zum Leidwesen von Mensch und Tier. Im Sommer waren die Wege ständig schlaglöchrig, durch die Hitze ausgetrocknet, hart und zerfurcht, nach Gewittergüssen matschig, tief und rutschig; im Winter hart gefroren, zum Teil glatt oder von hohen Schneewehen zugedeckt und oft für Tage unpassierbar. Verhältnisse, die sogar bei bedeutenden Straßen noch lange im 20. Jahrhundert - wenn auch wegen des Schotters nicht mehr so extrem - anzutreffen waren. Die Verbindungsstraße zwischen Bodenwöhr/Blechhammer und Neunburg vorm Wald beispielsweise erhielt erst im Verlauf der Jahre 1952 und 1953 eine Teerdecke....

Im Bereich der damaligen Bezirksämter Neunburg v.W. und Waldmünchen standen als Transportmittel für die Personen- und Paketbeförderung Mitte des 19. Jahrhunderts Karriolwagen und Postomnibusse der Königlich Bayerischen Post zur Verfügung. Anderes Frachtgut wurde mittels Ochsen- oder Pferdefuhrwerken mit entsprechender „Geschwindigkeit" von staatlich konzessionierten Fuhrunternehmern, die nur eine bestimmte Strecke bedienen durften, an seinen Bestimmungsort gebracht. Die offenen Karriolwagen kamen in Bayern erstmals 1842 zum Einsatz. Es waren in der Regel einspännige leichte Postwagen mit faltbarem Lederdach und verschließbarem kleinen Stauraum. Sie konnten maximal drei erwachsene Passagiere befördern - zwei im Fond, einen neben dem Postillion. Mit diesen Wagen wurden, von Bahnstationen oder größeren Orten ausgehend, vornehmlich Strecken zu weniger bedeutenden Ortschaften bedient. Die Fahrten zwischen den größeren Orten wurden mit gelben zweispännigen, sechssitzigen, geschlossenen Pferdeomnibussen durchgeführt, die ab 1851 von der königlich bayerischen Postverwaltung eingesetzt wurden.

Abb. 1: Karriolwagen im Verkehrsmuseum Nürnberg. *Foto: Johannes Wiemann*

Neben den Reisenden wurden auch Briefe und Frachtstücke befördert. Die Erträge aus den Fahrten fielen dem Posthalter zu. Die drei werktäglichen Fahrten mit dem Pferdeomnibus zwischen Bodenwöhr und Neunburg v.W. dauerten jeweils knapp zwei Stunden, nur unwesentlich kürzer die drei Fahrten zwischen Neunburg v.W. und Rötz; umgerechnet ungefähr 6 km/h durchschnittliche Geschwindigkeit.
Welche Zustände in den Postbussen auf der Reise zwischen Bodenwöhr/ Blechhammer und Neunburg v.W. herrschten, zeigt stellvertretend für die vielen anderen Strecken ein Bericht im Neunburger Amtsblatt Nr. 85 von 1895: „Das bisherige Personenbeförderungsmittel, der Omnibus..., war mit seinen sechs Sitzplätzen für Passagiere schon seit Jahren nicht mehr ausreichend, und man durfte sich oft noch gratulieren bei Überfüllung am Bock neben dem Kutscher ein Plätzchen gefunden zu haben, bei Wind, Schnee und Regen ein zweifelhaftes Vergnügen für die ganz anständige Fahrtaxe von 1,20 Mark, abgesehen von den vielen Rippenstößen, die man infolge der nicht gerade vortrefflichen Fahrstraße so hin und wieder mitnehmen mußte. An manchen Tagen, z.B. an Vorabenden großer Feste, oder wenn Militär, Studenten reisten, waren die Omnibusse regelmäßig überfüllt, daß ein Teil der Reisenden entweder sich um ein Privatfuhrwerk umsehen mußte oder den elf Kilometer langen Weg nach Neunburg v.W. und oft noch weiter zu ungünstiger Jahreszeit und Tagesstunde mit Sack und Pack auf Schustersrappen zurücklegen mußte. Diese und noch andere unangenehme Erlebnisse sind auf die ungünstigen Verkehrsverhältnisse zwischen Bodenwöhr und Neunburg v.W. zurückzuführen. Nicht selten kam und kommt es ja noch vor, daß von Schwandorf oder Cham her Kommende beim Einfahren in die Station Bodenwöhr, um noch ein Omnibusbillett nach Neunburg v.W. zu bekommen, hastig aus den Coupées springen, mitunter, ehe der Zug noch zum Stehen gebracht ist, stürzen oder sich sonst wie schwerer oder leichter verletzen. Erst kürzlich hat sich auf diese Weise wieder ein Herr von hier nicht unbedeutend an der Hand beschädigt. Und so wären noch manche Klagen zu führen über die Mißstände des Omnibusverkehres und deren Folgen, indeß sei dies genug."
Als einmal der Präsident der Oberpfalz Dr. v. Ziegler nach Neunburg v.W. zu Besuch kam und die letzte Etappe seiner Reise vom Bahnhof Bodenwöhr mit einem bequemen Einspänner zurückgelegt hatte, begrüßte man ihn unter anderem humorvoll und hintersinnig mit folgendem kleinen Gedicht:

„Gelt Dich hots g'schüttelt heut' im Wagen,
des taugt Dir kaum, Du hast Verdruß,
und Du bist noch ganz nobli g'fahrn !
Aber fahr a' mal im Omnibus !"

Selbst die Tatsache, daß z.B. 1890 zwischen Bodenwöhr und Neunburg v.W. über 3.000 Passagiere und 7.100 Pakete befördert wurden, hätte nie-

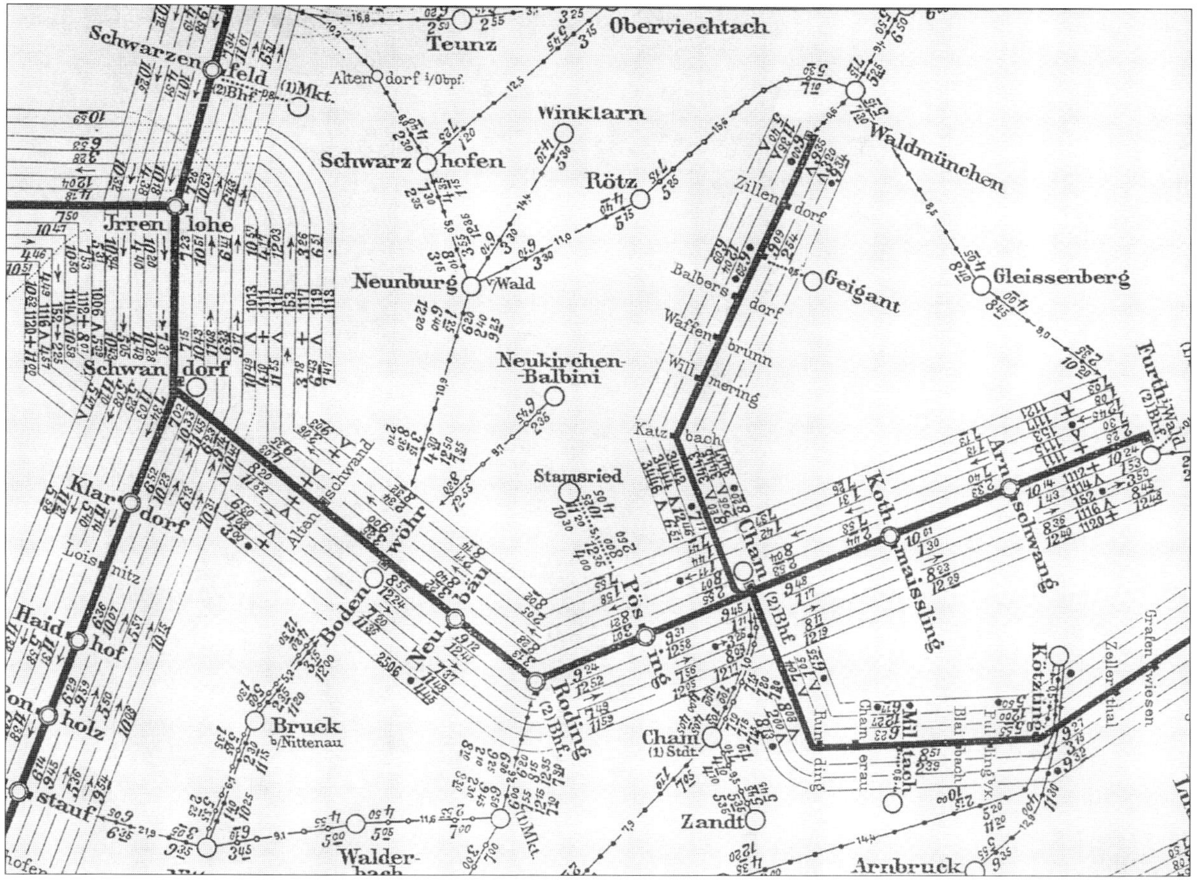

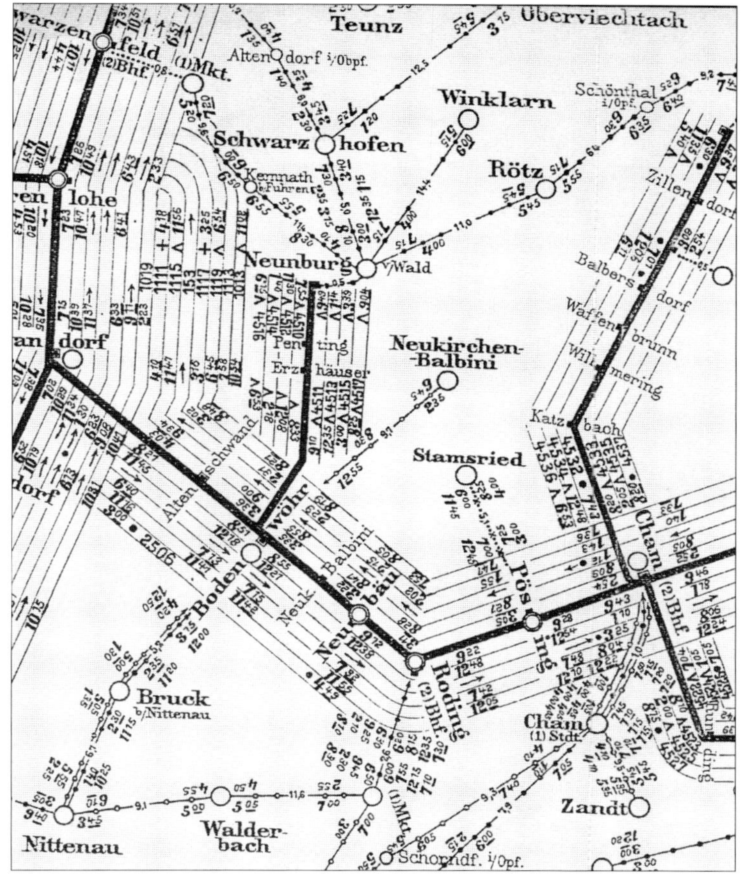

Abb. 2, links oben: Postkurse vom Sommer 1896

Abb. 3, rechts oben: Postkurse vom Sommer 1897

Abb. 4, links: Zeichenerklärung zu den Postkursen

Postabteilung des Verkehrsmuseums Nürnberg

mals ausgereicht den Bau einer Eisenbahnlinie in dieser vermeintlich gottverlassenen, armseligen Gegend ins Kalkül zu ziehen.
Sicherlich ließ man sich auch von dem Wunsch nach Modernität und Anschluß an die neue Zeit leiten, eine Eisenbahn zu bekommen, aber auch weil andere Regionen entweder schon eine hatten oder in Bälde bekämen.
In anderen Regionen hatte man die Erfahrung gemacht, daß kurze Zeit nach Inbetriebnahme der Eisenbahnlinien die wirtschaftliche und folglich soziale Situation sich spürbar verbesserte. Gegenden mit Eisenbahn hatten darüberhinaus eine nicht zu unterschätzende Sogwirkung, so daß man in den eisenbahnlosen Gebieten zurecht eine Bevölkerungsabwanderung befürchtete. Dieser Entwicklung, so war die einhellige Auffassung, könne nur die Eisenbahn Einhalt gebieten.
Für den Eisenbahnbau war die Bayerische Staatsregierung zuständig - und die befand sich in einer Zwickmühle: einerseits die steigende Anzahl von Wünschen nach Eisenbahnstrecken, andererseits die begrenzten finanziellen Möglichkeiten. Nur für die wichtigsten vorgesehenen Bahnen sollte Geld zur Verfügung gestellt werden. Aber welche Strecke war nun wichtig, welche nicht? Jede Region erachtete verständlicherweise ihre gewünschte Bahnstrecke für die wichtigste.
Schon der Ausbau des Hauptstreckennetzes hatte den Bayerischen Staatssäckel derart geleert, daß für den Bau zweitrangiger Bahnlinien kein Geld mehr zur Verfügung stand und sich die Staatsregierung gezwungen sah, ein Vizinalbahngesetz (vicinus = lat., Nachbar; Erschließung benachbarter Gebiete) auf den Weg zu bringen.

Das Vizinalbahngesetz

Um den berechtigten Nebenbahnbauwünschen Folge leisten zu können, wurde am 29. April 1869 das Dotationsgesetz verabschiedet, wonach die Interessenten für die kostenlose Bereitstellung von Grund und Boden, sowie für die Erdarbeiten aufzukommen hätten. Erst dann würde der Bayerische Staat die restliche Bahnbaufinanzierung übernehmen. Außerdem galt die gesetzliche Bestimmung, daß aus den Roheinnahmen des Betriebes zunächst 4,5 % Zinsen für den staatlichen Bauaufwand und dann die Betriebskosten - zu 9 % des staatlichen Bauaufwandes festgeschrieben - zu decken seien. Für die Interessentengruppe sollte der noch verbleibende Einnahmerest bis 5 % zur Verzinsung und Tilgung dienen.

Auch wenn der Streckenbaustandard immer niedriger wurde, um Baukosten zu sparen, hingen für den Bezirk Neunburg v.W. die finanziellen Trauben immer noch zu hoch. Wie hätte man vor allem die aufwendigen und kostenintensiven Erd- und Dammarbeiten finanzieren sollen? Vorerst war für die Neunburger und ihre Umgebung der Zug zwar nicht abgefahren, aber noch in sehr weiter Ferne. Wieder einmal!
Denn bereits 1845 bei der Planung der Hauptbahnlinie von Nürnberg durch die Oberpfalz nach Böhmen war eine Streckenvariante über Amberg, Schwarzenfeld, Neunburg vorm Wald, Rötz, Waldmünchen ernsthaft im Gespräch. Realisiert wurde dann allerdings wegen der günstigeren topographischen Verhältnisse die Linie von Nürnberg über Amberg, Schwandorf, Bodenwöhr, Roding, Cham, Furth im Wald.

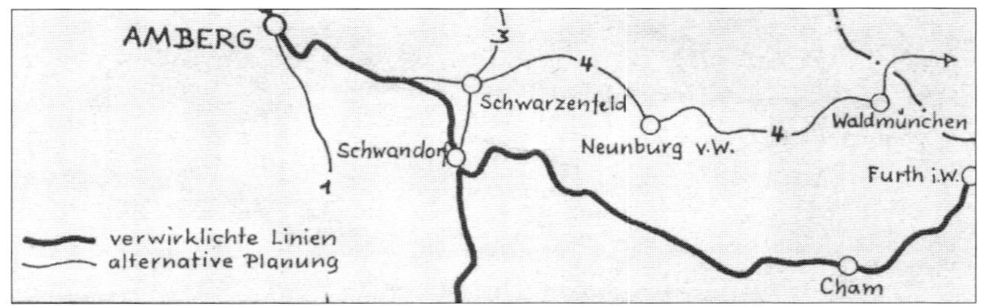

Abb. 5: Entnommen aus: „Verkehrskreuz Oberpfalz" von Dr. Franz Stark

Der Bayerische Staat finanzierte fünfzehn Vizinalbahnen mit 168 Kilometern Länge, die 15,46 Millionen Mark kosteten. Aber dieses Gesetz von 1869 entpuppte sich nicht als das Gelbe vom Ei, denn wegen der anhaltenden Flut von Petitionen um neue Bahnlinien waren selbst 92.000,-Mark für einen Vizinalbahnkilometer immer noch zu viel und die Kapitalverzinsung mit nur 1,5 % zu gering. Zudem fiel für die hoffnungsvollen Interessenten nichts ab.

Das Lokalbahngesetz

Mit dem Lokalbahngesetz vom 28. April 1882 regelte die Bayerische Abgeordnetenkammer die finanzielle Beteiligung neu: Grund und Boden mußten weiterhin von den Interessenten unentgeltlich zur Verfügung gestellt werden, aber von den Kosten für Erd- und Dammarbeiten waren sie nun befreit. Zwar entfiel jede Beteiligung an den Einnahmen, aber das war den Interessenten egal, weil sie ohnehin keine erwarteten; die zurückliegenden Erfahrungen mit Vizinalbahnen zeigten das allzu deutlich. Bezüglich Bau und Betrieb, sowie Verkehrsablauf und Wirtschaftlichkeit galt das Minimalprinzip: beispielsweise einfachste Trassierung, Regelspur, maximale Geschwindigkeit 25 km/h, so wenig Kunstbauten wie möglich, Anpassung an geographische Verhältnisse, so viele Ortschaften wie möglich miteinander verbinden, höchstens vier Zugpaare pro Tag, Personenzüge auch mit Güterbeförderung, bei Strecken bis 15 Kilometer Länge nur eine einzige Lokomotiv- und Zugmannschaft. Voraussetzungen, die die Neunburger schlagartig in die Lage versetzten, einmal mehr berechtigte Eisenbahnhoffnungen zu hegen. Wenn also schon keine Hauptbahnlinie an Neunburg v.W. vorbeiführen würde, so wollte man doch zumindest durch eine Sekundärbahn (secundus = lat., zweite; zweitrangige Bahnlinie) den ersehnten Anschluß an die große weite Welt bekommen.

Die ersten Versuche und Bemühungen

Der Stadtmagistrat von Neunburg v.W. fackelte nicht lange, setzte sich unter Federführung von Bürgermeister Matthias Neckermann mit Oberviechtach und den angrenzende Bezirken Waldmünchen und Vohenstrauß in Verbindung und trommelte alles, was Rang, Namen und großes Interesse an der Eisenbahn hatte, zu einer allgemeinen Versammlung am 18. Mai 1882 im großen Rathaussaal von Neunburg v.W. zusammen. Welch hoher Stellenwert einer Eisenbahn beigemessen wurde, zeigt deutlich die Antwort des Schleifwerkbesitzers Moritz Langermann aus Nürnberg. Dabei spielte eine

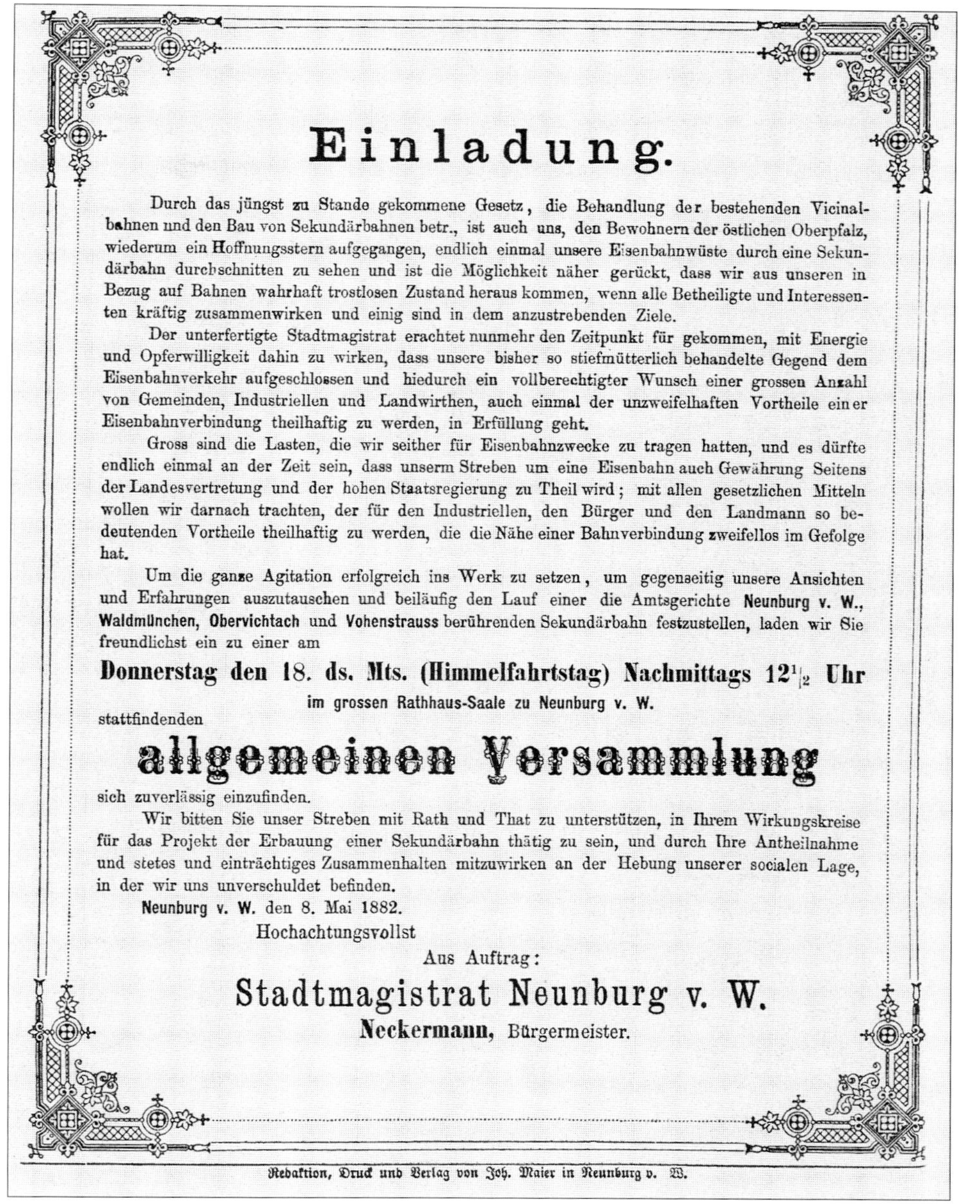

Einladung.

Durch das jüngst zu Stande gekommene Gesetz, die Behandlung der bestehenden Vicinalbahnen und den Bau von Sekundärbahnen betr., ist auch uns, den Bewohnern der östlichen Oberpfalz, wiederum ein Hoffnungsstern aufgegangen, endlich einmal unsere Eisenbahnwüste durch eine Sekundärbahn durchschnitten zu sehen und ist die Möglichkeit näher gerückt, dass wir aus unseren in Bezug auf Bahnen wahrhaft trostlosen Zustand heraus kommen, wenn alle Betheiligte und Interessenten kräftig zusammenwirken und einig sind in dem anzustrebenden Ziele.

Der unterfertigte Stadtmagistrat erachtet nunmehr den Zeitpunkt für gekommen, mit Energie und Opferwilligkeit dahin zu wirken, dass unsere bisher so stiefmütterlich behandelte Gegend dem Eisenbahnverkehr aufgeschlossen und hiedurch ein vollberechtigter Wunsch einer grossen Anzahl von Gemeinden, Industriellen und Landwirthen, auch einmal der unzweifelhaften Vortheile einer Eisenbahnverbindung theilhaftig zu werden, in Erfüllung geht.

Gross sind die Lasten, die wir seither für Eisenbahnzwecke zu tragen hatten, und es dürfte endlich einmal an der Zeit sein, dass unserm Streben um eine Eisenbahn auch Gewährung Seitens der Landesvertretung und der hohen Staatsregierung zu Theil wird; mit allen gesetzlichen Mitteln wollen wir darnach trachten, der für den Industriellen, den Bürger und den Landmann so bedeutenden Vortheile theilhaftig zu werden, die die Nähe einer Bahnverbindung zweifellos im Gefolge hat.

Um die ganze Agitation erfolgreich ins Werk zu setzen, um gegenseitig unsere Ansichten und Erfahrungen auszutauschen und beiläufig den Lauf einer die Amtsgerichte **Neunburg v. W.**, **Waldmünchen**, **Obervichtach** und **Vohenstrauss** berührenden Sekundärbahn festzustellen, laden wir Sie freundlichst ein zu einer am

Donnerstag den 18. ds. Mts. (Himmelfahrtstag) Nachmittags 12½ Uhr

im grossen Rathhaus-Saale zu Neunburg v. W.

stattfindenden

allgemeinen Versammlung

sich zuverlässig einzufinden.

Wir bitten Sie unser Streben mit Rath und That zu unterstützen, in Ihrem Wirkungskreise für das Projekt der Erbauung einer Sekundärbahn thätig zu sein, und durch Ihre Antheilnahme und stetes und einträchtiges Zusammenhalten mitzuwirken an der Hebung unserer socialen Lage, in der wir uns unverschuldet befinden.

Neunburg v. W. den 8. Mai 1882.

Hochachtungsvollst

Aus Auftrag:

Stadtmagistrat Neunburg v. W.

Neckermann, Bürgermeister.

Redaktion, Druck und Verlag von Joh. Maier in Neunburg v. W.

Abb. 6: Einladung zur allg. Versammlung am 18.5.1882. *Stadtarchiv Neunburg v.W.*

bestimmte Linienführung noch keine Rolle, sondern lediglich die Tatsache, überhaupt eine Eisenbahn in die vernachlässigte Region zu bekommen. Durch geschlossenes, gemeinsames Vorgehen, so glaubte man, könne man bei der Staatsregierung in München mehr erreichen, als wenn jeder Bezirk für sich alleine kämpfen würde. Daß man auch mit Rückschlägen bei den Bahnbemühungen rechnen müßte, war allen klar. Aber locker lassen würde man nicht, getreu nach dem Motto: „Steter Tropfen höhlt den Stein."

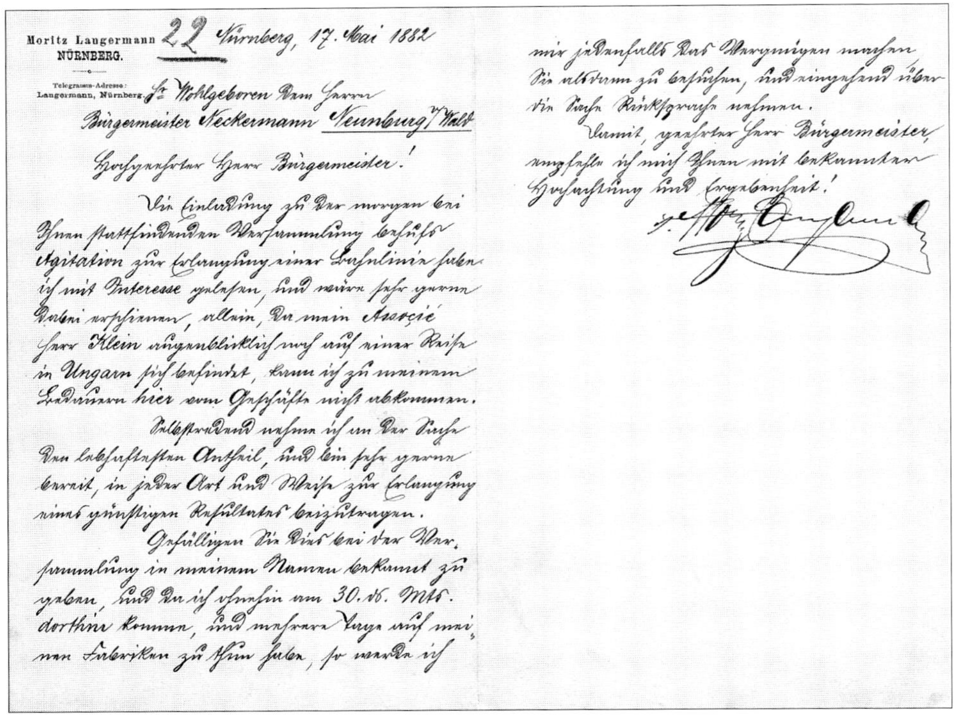

Moritz Langermann
NÜRNBERG.
Telegramm-Adresse: Langermann, Nürnberg.

22 Nürnberg, 17. Mai 1882

Sr. Wohlgeboren Herrn Herrn
Bürgermeister Neckermann Neunburg v/Wald

Hochgeehrter Herr Bürgermeister!

Die Einladung zu der morgen bei Ihnen stattfindenden Versammlung behufs Agitation zur Erlangung einer Bahnlinie habe ich mit Interesse gelesen, und wäre sehr gerne dabei erschienen, allein, da mein Associé Herr Klein augenblicklich noch auf einer Reise in Ungarn sich befindet, kann ich zu meinem Bedauern hier vom Geschäfte nicht abkommen.

Selbstverständlich nehme ich an der Sache den lebhaftesten Antheil, und bin sehr gerne bereit, in jeder Art und Weise zur Erlangung eines günstigen Resultates beizutragen.

Gefälligen Sie dies bei der Versammlung in meinem Namen bekannt zu geben, und da ich ohnehin am 30. d. Mts. dorthin komme, und mehrere Tage noch meine Fabriken zu sehen habe, so werde ich mir jedenfalls das Vergnügen machen Sie aufzusuchen, und eingehend über die Sache Rücksprache nehmen.

Damit, geehrter Herr Bürgermeister, empfehle ich mich Ihnen mit bekannter Hochachtung und Ergebenheit!

M. Langermann

Abb. 7: Brief des Moritz Langermann aus Nürnberg an Neunburgs Bürgermeister Neckermann. *Stadtarchiv Neunburg vorm Wald*

Nur drei Tage später trafen sich auf Anregung des provisorischen Eisenbahn-Comités Schönsee im Brauhaus zu Schönthal die Bahninteressenten der Bezirke Cham, Neunburg v.W., Waldmünchen und Vohenstrauß, um die weitere Marschrichtung abzustecken. Aber der Entwurf eines einheitlichen Projektes scheiterte an den Sonderinteressen einzelner Orte. Die Versammlung löste sich unverrichteter Dinge ergebnislos auf.

Nachdem auch zwischen Neunburg v.W. und Waldmünchen keine Verständigung zustande kam, sah sich die Stadt Neunburg v.W. gezwungen, ihre Interessen auf eigene Faust zu vertreten - zum Leidwesen der Rötzer, die dem Bezirk Waldmünchen angehörten. Und Argumente, vor allem wirtschaftliche, für eine Eisenbahn, auch ohne die anderen Bezirke, gab es ausreichend.

Im Bezirk Neunburg v.W., einschließlich Oberviechtach, waren zahlreiche Glasschleif- und Polierwerke angesiedelt, die der Eisenbahn ein hohes Frachtaufkommen sichern würden. Teuer nämlich waren die Transporte für die An- und Abfuhr von Rohglas und polierten Gläsern, besonders hoch die Transportkosten für Schleifsand, der hauptsächlich in der Gegend von Bodenwöhr abgebaut wurde und noch mittels Ochsen- und Pferdefuhrwerken zu den Fabriken geschafft werden mußte. Wie lebhaft sich der Verkehr auf einer nach oder über Neunburg v.W. führenden Bahn entwickeln würde, sollten folgende amtliche Zahlen belegen: Die von Bodenwöhr aus in die angrenzenden Bezirke beförderte Gesamtgüterladung betrug im Jahre 1879 282.980 Zentner, 1880 287.600 Zentner und 1881 298.480 Zentner. In diesen Zahlen sind selbstverständlich auch andere Güter wie z.B. Holz, Getreide, Futtermittel und andere landwirtschaftliche Produkte mitenthalten. Der Löwenanteil entfiel freilich auf die Glasschleifwerke. Beachtliche Zahlen, die allein schon die Erbauung einer Eisenbahnlinie in jene Gegenden, die so bedeutenden Frachtverkehr aufweisen, nötig erscheinen lassen. Zweifelsohne würde sich der Frachtverkehr noch erheblich steigern, wenn die Winklarner Steinbrüche durch eine Eisenbahn erschlossen würden. Nach realistischer Schätzung waren zum Betrieb eines Glassschleif- und Polierwerkes pro Jahr durchschnittlich 5.000 Zentner Sand erforderlich. Hochgerechnet auf die ungefähr 50 vorhandenen Werke, die die preisgünstige Eisenbahnfracht vorziehen würden, würde sich ein Gesamtfrachtvolumen von über 250.000 Zentnern pro Jahr ergeben. Ebenso würden durch eine Bahnanbindung die einzelnen Orte, und auch die Bahn selbst durch den steigenden Fremdenverkehr nicht unerheblich profitieren.

Schließlich ist noch zu berücksichtigen, daß die bisherigen Pferdeomnibus- und Karriolfahrten fast alle überflüssig würden, was für den Staat bedeutende Ausgabenminderung nach sich ziehen würde.

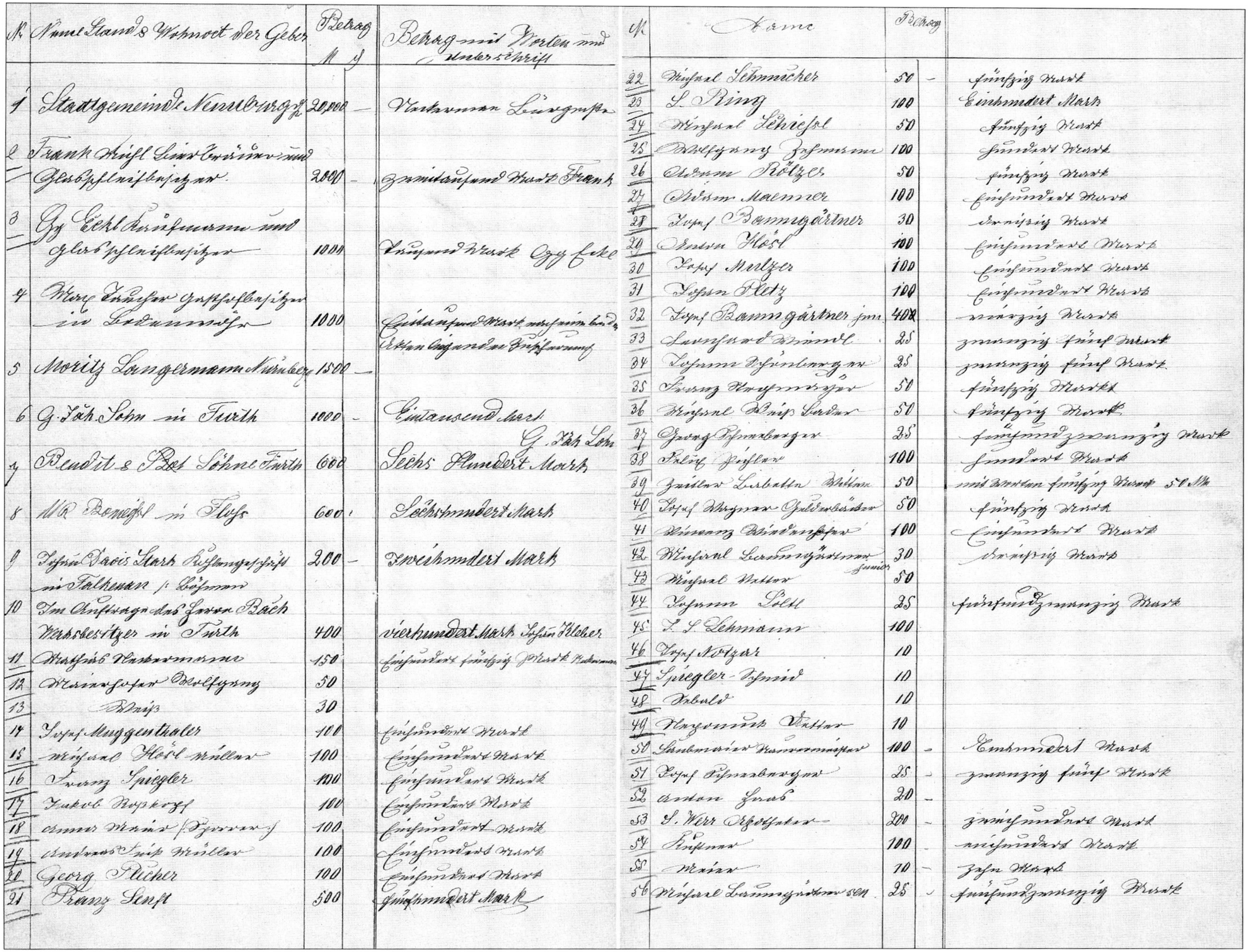

Nr.	Name Stand & Wohnort der Geber	Betrag M	Betrag mit Worten und Unterschrift
1	Stadtgemeinde Neunburg	20,000	[illegible]
2	Frank [illegible] Glasschleifbesitzer	2000	Zweitausend Mark Frank
3	Gg Eckl Kaufmann und Glasschleifbesitzer	1000	Tausend Mark Gg Eckl
4	[illegible] in [illegible]	1000	Eintausend Mark [illegible]
5	Moritz Langermann Nürnberg	1500	
6	G. Joh. Sohn in Furth	1000	Eintausend Mark G. Joh. Sohn
7	Benedict & [illegible] Söhne Furth	600	Sechs Hundert Mark
8	[illegible] in [illegible]	600	Sechshundert Mark
9	Johann Davis Stark [illegible] in Falkenau / Böhmen	200	Zweihundert Mark
10	Im Auftrage des Herrn Bach Werksbesitzer in Furth	400	vierhundert Mark Johann Plecher
11	Mathias [illegible]	150	einhundert fünfzig Mark [illegible]
12	[illegible] Wolfgang	50	
13	[illegible]	30	
14	Josef Muggenthaler	100	einhundert Mark
15	Michael Hörl Müller	100	Einhundert Mark
16	Franz Spiegler	100	Einhundert Mark
17	Jakob [illegible]	100	Einhundert Mark
18	Anna Mair [illegible]	100	Einhundert Mark
19	Andreas [illegible] Müller	100	Einhundert Mark
20	Georg Plecher	100	Einhundert Mark
21	Franz Senft	500	Fünfhundert Mark

Nr.	Name	Betrag	
22	Michael Schmucker	50	fünfzig Mark
23	L. Ring	100	Einhundert Mark
24	Michael Schießl	50	fünfzig Mark
25	Wolfgang [illegible]	100	hundert Mark
26	Adam Rötzer	50	fünfzig Mark
27	Adam Maenner	100	Einhundert Mark
28	Josef Baumgärtner	30	dreißig Mark
29	Anton Hösl	100	Einhundert Mark
30	Josef Meltzer	100	Einhundert Mark
31	Johann Pletz	100	Einhundert Mark
32	Josef Baumgärtner jun.	40	vierzig Mark
33	Leonhard [illegible]	25	zwanzig fünf Mark
34	Johann [illegible]	25	zwanzig fünf Mark
35	Franz [illegible]	50	fünfzig Mark
36	Michael [illegible] Bader	50	fünfzig Mark
37	Georg Schmalberger	25	fünfundzwanzig Mark
38	[illegible]	100	hundert Mark
39	[illegible]	50	mit Worten fünfzig Mark 50 M
40	Josef [illegible]	50	fünfzig Mark
41	[illegible]	100	Einhundert Mark
42	Michael Baumgärtner Schneider	30	dreißig Mark
43	Michael [illegible]	50	
44	Johann Söll	25	fünfundzwanzig Mark
45	J. L. Lehmann	100	
46	Josef Nötzer	10	
47	Spiegler-Schmid	10	
48	[illegible]	10	
49	[illegible]	10	
50	[illegible]	100	Einhundert Mark
51	Josef Schmalberger	25	zwanzig fünf Mark
52	Anton [illegible]	20	
53	L. Werr [illegible]	200	zweihundert Mark
54	[illegible]	100	einhundert Mark
55	[illegible] Mair	10	zehn Mark
56	Michael Baumgärtner sen.	25	fünfundzwanzig Mark

Abb. 8: Auszug aus der Liste mit Neunburger Spendern für die Grundablösungskosten.

Stadtarchiv Neunburg v.W.

Ein extra gebildetes Eisenbahn-Comité wandte sich schon bald mit vorangegangenen Argumenten und Fakten an die Staatsregierung, um ihr die Notwendigkeit der Durchschneidung der südöstlichen Oberpfalz durch eine Eisenbahnlinie klarzulegen. Ihr sollte es überlassen sein, welche Streckenführung als die billigste und den Interessen entsprechendste erschien.
Um weiter keine wertvolle Zeit zu verlieren, keine Fehler im Umgang mit der Staatsregierung zu begehen und um wertvolle Informationen für die weiteren Bemühungen um die Bahn verwerten zu können, wandten sich die pfiffigen Neunburger Stadtväter vorausschauend an ihre Kollegen im mittelfränkischen Spalt. Denn die hatten seit 1872 eine Vizinalbahnverbindung mit dem Städtchen Georgensgmünd. Die Spalter reagierten prompt und ließen den Neunburgern die gewünschten Informationen im August 1882 zukommen.
Im Sommer 1883 beauftragten die Neunburger Stadtväter den Bezirksgeometer (Landvermesser) Meiser, eine auf soliden Fakten erhobene Schätzung über den Bau einer Eisenbahnlinie von Bodenwöhr nach Neunburg v.W. vorzunehmen.
Meiser kam zu dem Ergebnis, daß unter Zugrundelegung der aktuellen Grundstückspreise und anderer einhergehender Aufwendungen die Grundablösungskosten, die ja laut Gesetz vom 28. 4. 1882 von den Interessenten zu tragen seien, sich für die 20,46 Hektar Land auf rund 50.000,- Mark belaufen würden. Wer sollte nun wieviel bezahlen?
Die Stadt Neunburg v.W. schlug vor, die Kosten gleichmäßig zu verteilen: auf sich, die Stadt Neunburg v.W. also, den Distrikt Neunburg v.W. und private Geldgeber. Tatsächlich war die Stadt Neunburg v.W. bereit, aus ihrem Stadtsäckel sogar 20.000,- Mark beizusteuern. Durch einen Spendenaufruf vom 3. Oktober 1883 an Fabrik- und Werksbesitzer, sowie an Neunburger Geschäftsleute und Gewerbetreibende konnten knapp 13.000,- Mark erzielt werden. Die Unterzeichner (s. Abb. 8) verpflichteten sich zur Zahlung des von ihnen zugesagten Betrages bei Fälligkeit; eine direkte Vorauszahlung war damit noch nicht verbunden. Episode am Rande: Alle Spender kamen dann später ihrer Zahlungsbereitschaft nach, lediglich der Apotheker Sebastian Werr aus Regensburg wollte doch nicht zahlen. Das kgl. Amtsgericht Regensburg entschied gegen ihn - und verdonnerte ihn zur Zahlung der 200,- Mark nebst Verfahrenskosten.

In einem Schreiben der Stadt Neunburg v.W. vom 25. Oktober 1883 an das kgl. Bezirksamt von Neunburg v.W. bat man höflichst um Gewährung

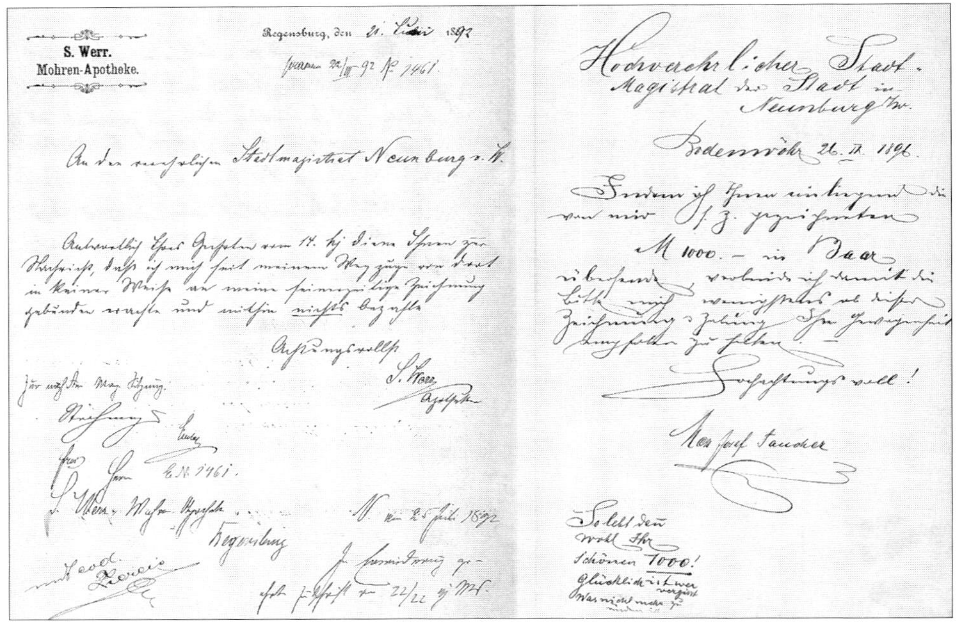
S. Werr.
Mohren-Apotheke.

Regensburg, den

Abb. 9 und 10 : ...und als es dann ans Zahlen ging: links der Brief des zahlungsunwilligen Apothekers Werr;
rechts das „schmerzhafte" Bekenntnis, mit Couvert, des Bodenwöhrer Dampfsägewerk- und Holzhandlungsbesitzers Max Josef Taucher. *Stadtarchiv Neunburg v.W.*

eines Zuschusses aus Distriktmitteln zu den Grundablösungskosten „...einer zu erbauenden von Bodenwöhr nach Neunburg v.W. führenden Eisenbahn." Das Bezirksamt, also die Vertretung für die anderen Ortschaften im Bezirk Neunburg v.W. - außer der Stadt Neunburg v.W. selbst - bewilligte im Rahmen einer Distriktratssitzung vom 20. November 1883 die Summe von 15.000,- Mark. Die noch fehlenden 2.000,- Mark waren angesichts der bereitgestellten Gelder kein Problem mehr.

Die Petitionen

Dermaßen finanziell gestärkt und um „Druck zu machen" entwickelten die Neunburger eine Art Doppelstrategie.
Am 1. Dezember 1883 schickte die Stadtverwaltung von Neunburg v.W. „ehrerbietigst und gehorsamst" ihre erste Petition an die Kammer der Landtagsabgeordneten und ebenfalls „ehrerbietigst und gehorsamst" am 14. Dezember 1883 ein sehr ausführliches Bittschreiben an das „Kgl. Staatsministerium des Kgl. Hauses und des Äußeren". Darin kamen die schon bekannten wirtschaftlichen und sozialen Beweggründe zum Ausdruck. Man verwies auf die drohende Abwanderung der Bewohner und die Tatsache, daß in dem 614,48 Quadratkilometer großen Bezirk 33.855 Menschen in 79 Gemeinden lebten, von denen nur zwei, nämlich Alten- und Neuenschwand, von einer Eisenbahnlinie berührt werden. Zudem legten sie die Spenderliste für die Grundablösungskosten und eine Berechnung des Landvermessers Meiser bei, nach dessen Erhebungen der Bau der Bahn zwischen Bodenwöhr und Neunburg v.W. sich nach Abzug der 50.000,- Mark Grundablösungskosten auf 726.000,- Mark belaufen würde; bei 10,6 Kilometern Streckenlänge käme der Kilometer den Bayerischen Staat auf nur rund 68.500,- Mark.
Um der Angelegenheit auch auf politischer Ebene Nachdruck zu verleihen, verwandten sich u.a. der Landtagsabgeordnete Lukas und Graf von Hohnstein als Fürsprecher für die Neunburger Bitte.
Am 22. April 1884 setzte die Kammer der Abgeordneten die Neunburger Stadtväter in Kenntnis, daß ihre Bittschrift bei der Plenarsitzung vom 11. November des Vorjahres laut ihrem Beschluß der Kgl. Staatsregierung zur Kenntnisnahme hinübergegeben wurde. In Neunburg v.W. war verständlicherweise die Freude groß, als am 21. Dezember 1884 das Kgl. Bayr. Staatsministerium des Kgl. Hauses des Äußeren die Generaldirektion der Kgl. Verkehrsanstalten ermächtigte, dreizehn Sekundärbahnen in die generelle Projektierung aufzunehmen, darunter auch die Strecke Bodenwöhr - Neunburg vorm Wald. Gleichwohl, der Baubeginn selbst war noch in weiter Ferne, aber immerhin, man gehörte inzwischen schon zu den Berufenen, wenn auch (noch) nicht zu den Auserwählten.

Schon im Februar 1885 angekündigt, erhielt am 17. Juni 1885 der Sektionsingenieur Wagner von staatlicher Stelle den Auftrag, bahnwichtige Geländeerkundigungen durchzuführen. Nachdem diese zum Abschluß gekommen waren, legte die Generaldirektion dem Ministerium den Bericht mit den Plänen vor. Im Dezember des gleichen Jahres äußerte sich Minister von Crailsheim bezüglich weiterer Petitionen sehr skeptisch, besonders weil topographische Schwierigkeiten - gemeint war der Höhenrücken bei Penting - nur schwer zu überwinden seien. Dennoch wurde die zweite Petition, die der Landtagsabgeordnete Freiherr von Gise dem Petitionsausschuß vortrug, auf seinen Antrag hin an die Staatsregierung zur Kenntnisnahme und Würdigung (!) hinübergeleitet. Am 10. März 1886 verneinte die Generaldirektion die Frage des Bezirksamtes Neunburg v.W., ob bald mit dem Baubeginn gerechnet werden könne. Als die Neunburger Anfang April erfuhren, daß die Bauwürdigkeit ihrer Bahnlinie zur Entscheidung bei der Regierung anstehe, schwante ihnen nichts Gutes. In einem Brief vom 6. April fragten sie ihren Spezi und Landtagsabgeordneten Lukas, ob man nicht eine Abordnung nach München zu Minister von Crailsheim und Graf von Hohnstein schicken solle. Prompt kam schon einen Tag später aus München das Telegramm: „Deputation zwecklos, muß entschieden abraten." Offenbar wußte der Landtagsabgeordnete die Stimmung in der Landeshauptstadt besser einzuschätzen als seine Schützlinge draußen in der Oberpfalz. Im Oktober 1886 sprach dann doch eine Deputation beim Generaldirektor der Verkehrsanstalten vor, der ihnen höflich aber ausweichend antwortete. Also bat man in einer weiteren Petition im März 1887 um den baldigen Baubeginn. Als das immer noch nichts half, verfaßten die rührigen Neunburger eine Denkschrift, die sie am 5. Oktober 1887 in einer Extra-Beilage des „Neunburger Anzeiger" veröffentlichten und in der sie ihre Argumente detailliert vorbrachten.

Diese Denkschrift läßt interessante Rückschlüsse auf die damalige soziale und wirtschaftliche Situation in Neunburg v.W. und seiner Umgebung zu.

Die Denkschrift

Die Erbauung einer Secundärbahn von Bodenwöhr nach Neunburg v.W. betr.

Zu Händen Seiner Excellenz des erblichen Reichsrathes der Krone Bayerns Titel. Herrn Herrn Maximilian Grafen von Hohnstein aus Bayern, Oberst-Stallmeister Seiner Majestät des Königs, Gutsherr von Au, Schwarzenfeld, Thannstein etc. Hochgeboren in München

Neunburg v.W., am 26. September 1887

Die Stadtgemeinde Neunburg v.W. strebt schon seit Jahren die Erbauung einer von der Eisenbahnstation Bodenwöhr abzweigenden vorläufig bis Neunburg v.W. führenden Secundärbahn an.

Durch das in weiser Fürsorge für das Wohl des Landes erlassene Gesetz vom 28. April 1882 den Bau von Secundärbahnen betr. hat die Hoffnung der Stadt Neunburg v.W., auch einmal den unzweifelhaften Wohltaten einer Eisenbahnverbindung teilhaftig zu werden, neue Nahrung erhalten, und die Gemeindevertretung hat nicht gesäumt, alle diejenigen Schritte zu unternehmen und auszuführen, welche sachdienlich und zweckförderlich erschienen.

Vor allem wurde die gesetzlich gebotene finanzielle Basis dadurch geschaffen, daß die Grunderwerbskosten von der hiesigen Gemeinde, dem Distrikte Neunburg v.W. und den interessierten Privaten zur Deckung übernommen wurden. Hierauf wurde von dem hiesigen Bezirksgeometer Meiser das Bahnprojekt in technischer Beziehung ausgearbeitet und dieses Elaborat unterm. 1. Dezember 1883 dem kgl. Staatsministerium des kgl. Hauses und des Äußeren Abteilung für Handel und Gewerbe mit der eingehend motivierten Bitte vorgelegt, die in rubro genannte Eisenbahn dem Gesetz-Entwurfe über die Ausführung von Secundärbahnen nachträglich einzuverleiben.
Die kgl. Staatsregierung hat jedoch das Projekt des Bezirksgeometers Meiser nicht für vollständig genügend erachtet und daher die generelle Projektierung der erbetenen Bahnlinie durch Techniker der kgl. Generaldirektion vornehmen lassen.
In der Zwischenzeit hatte sich die Gemeindevertretung wiederholt an das genannte hohe kgl. Staatsministerium und die Kammer der Abgeordneten gewandt und diese hat in ihren Sitzungen vom 21. Februar 1884 und 15. Januar 1886 beschlossen, die Petition der beiden Gemeindekollegien de kgl. Staatsregierung zur Kenntnisnahme und Würdigung hinüberzugeben.

Die kgl. Staatsregierung hat zwar dem Projekte bisher alles Wohlwollen angedeihen lassen, jedoch der Wunsch und die Hoffnung der Gemeindevertretung, ja fast sämtlicher Einwohner hiesiger Stadt und Umgebung, daß diese Bahn in die durch Allerhöchste Thronrede in Aussicht gestellten Gesetz-Entwurf über die Erbauung von Secundärbahnen betr. eingestellt wird, scheint sich bis jetzt nicht erfüllt zu haben und doch ist die erbetene Bahnverbindung, wie wir im Nachstehenden den Beweis liefern werden, eine so rentable, daß deren Erbauung sicherlich gerechtfertigt erscheint.

Seit fast 25 Jahren ist durch die Eisenbahnlinie Schwandorf - Furth i.W. die Stadt Neunburg v.W. aus dem allgemeinen Verkehr sozusagen hinausgeworfen. Seit dieser langen Zeit ist den Bewohnern von Neunburg v.W. und Umgebung der Kampf um ihre Existenz immer schwerer und schwerer geworden, unverdiente Schicksalschläge, die großen Brände von 1876 und 1882, vor allem aber die im Jahre 1879 erfolgte Auflösung des kgl. Bezirksgerichtes Neunburg v.W. haben die Stadt schwer geschädigt.
Der Aufschwung, der sich seit Jahrzehnten allenthalben fast im ganzen Bayerlande fühlbar gemacht hat, nur bei uns war er nicht zu verspüren, denn die Stadt Neunburg v.W. ist ja in jener großen Eisenbahnwüste gelegen, welche von Furth i.W. aus bis Eger sich erstreckt und die auf der Eisenbahnkarte die ödeste Stelle im ganzen Vaterlande bildet.
Die traurigen Folgen lasten aber auch schwer auf der Stadt, kein fröhliches Emporblühen, sondern Stagnation, seit dem Jahre 1879 sogar Rückschritt ist der Stempel, welcher der Stadt und dem Amtsbezirke aufgedrückt ist.
Es ist daher der allgemeine und von fast allen Bewohnern der Stadt geteilte Wunsch nach einer Eisenbahn gewiß ein erklärlicher und berechtigter.
Wenn trotz der voraufgeführten trüben Verhältnisse die Industrie in unserer Gegend eine sehr entwickelte ist, so ist dies wohl in erster Linie in dem großen Wasserreichtum und der zur Verfügung stehenden Wasserkraft und in den außerordentlich billigen Arbeitslöhnen zu suchen.
Im Sprengel des kgl. Bezirksamtes Neunburg v.W. mit einem Flächeninhalt von 614,48 Quadratkilometern und einer Einwohnerzahl von 33.855 Seelen befinden sich 73 Spiegelglas- und Polierwerke.
Alle diese 73 Fabriken importieren resp. exportieren ihre Bedürfnisse und ihre Erzeugnisse von Bodenwöhr über Neunburg v.W., alle diese Fabriken müßten die projektierte Bahnlinie Bodenwöhr - Neunburg v.W. benützen.

1. In sämtlichen Polierwerken sind zur Zeit 4.714 Blöcke im Betriebe und da nach einer unterm 1. August 1883 hergestellten Berechnung für einen Block alljährlich 80 Zentner Material benötigt werden, so ergibt sich für diese Fabriken bei normalem Geschäftsbetriebe eine Bahnfracht von alljährlich 377.120 Zentner.
Hieher glauben wir konstatieren zu müssen, daß in dieser Fracht auch der von den Schleifen benötigte Sand enthalten ist.
Dieser Schleifsand, der nur in der Gegend von Bodenwöhr vorkommt, ist der einzig brauchbare für die Spiegelglas- und Polierwerke, welche denselben massenhaft be-

nötigen und der jetzt per Achse an die einzelnen Etablissements bis auf eine Entfernung von 31 Kilometern verfrachtet werden muß.
Da der Fundort dieses Schleifsandes zwischen Neunburg v.W. und Bodenwöhr gelegen, und von letzterer Station circa drei Kilometer entfernt ist und die Spiegelglas- und Polierwerke aber erst oberhalb Neunburg v.W. beginnen, so könnte, ja müßte all der benötigte Sand mit der erbetenen Bahn verfrachtet werden, was um so leichter geschehen könnte, als bei der vollkommen ebenen Lage des Fundortes die Anlage einer Haltestelle dortselbst keine technischen Schwierigkeiten bieten wird.
2. Die Stadt Neunburg v.W. liegt in mitten ausgedehnter Staatsforste, die nach den Konstatierungen der kgl. Oberförster zu Eslarn, Pullenried und Neunburg v.W. jährlich circa 6.000 Festmeter Holz liefern könnten, welche ausschließlich auf der Bahn Neunburg v.W. - Bodenwöhr zur Verfrachtung gelangen würden..
Wenn man das Gewicht des Festmeter-Holzes nur auf 15 Zentner anschlägt, so ergibt sich eine jährliche Fracht von 9.000 Zentner.
3. In hiesiger Gegend kommt der zum Bauen unbedingt notwendige Kalk gar nicht vor und muß derselbe jetzt per Achse aus der Schwandorfer beigefahren werden.
Da die Bautätigkeit mit der Erbauung einer Eisenbahn sich sehr steigern würde, so ist sicher anzunehmen, daß an Kalk verfrachtet werden würden mindestens 10.000 Zentner.
4. Nach dem Ergebnisse der ausgefüllten Fragebögen und dem Gutachten des Güterführers Franz Spiegler beträgt die Fracht von verschiedenen Gegenständen als Kaufmannswaren Mehl etc., welche die hiesige Stadt benötigt jährlich mindestens 30.000 Zentner.
Ebenso betragen diejenigen Kaufmannsgüter, welche die Umgebung von der Bahnstation Bodenwöhr bezieht, ebenfalls 30.000 Zentner.
5. In dem benachbarten Rötz finden alle vierzehn Tage die bestfrequentierten Viehmärkte der Oberpfalz statt, welche durchschnittlich mit 1.000 Stück Ochsen und Kühen bestellt sind.
Zur Verfrachtung per Bahn gelangt allerdings nur der geringere Teil des zum Auftrieb gelangten Viehes und erfolgt die Einladung in die Eisenbahn teils in den Stationen Pösing teils in Neubäu.
Im Falle der Erbauung der erbetenen Secundärbahn würde sämtliches zur Verfrachtung bestimmtes Vieh nach Neunburg v.W. verbracht werden und wenn man annimmt, daß von den 20 alljährlich stattfindenden Viehmärkten nur je 100 Stück per Eisenbahn nach Neunburg v.W. verfrachtet werden und wenn man das Gewicht eines Ochsen oder einer Kuh durchschnittlich nur auf sechs Zentner schätzt, so ergibt dies eine Fracht von jährlich gering angeschlagenen 12.000 Zentner.
6. Die Bezirke Neunburg v.W. und Waldmünchen sind dafür bekannt, daß in denselben viel Vieh gemästet und in größere Städte insbesondere Nürnberg, Frankfurt a.M. ausgeführt wird. Wenn schon jetzt wöchentlich im Durchschnitte 10 bis 12 Paar Mastochsen hier durchgetrieben werden, welche alle hier auf die Bahn kommen würden und wenn man das auf dem Viehmarkte im benachbarten Schwarzhofen verkaufte und das zur Eisenbahnfracht bestimmte Vieh rechnet, so ergibt sich hieraus im mäßigen Anschlage eine jährliche Fracht von 40.000 Zentner.
7. In der Stadt Neunburg v.W. besteht eine Getreideschranne, welche zu einer größeren Frequenz sich deshalb nicht erschwingen kann, weil eben die Bahnverbindung mangelt und der Transport des Getreides per Achse nach Bodenwöhr mit viel zu hohen Kosten und mannigfachen Umständlichkeiten verbunden ist.
Trotz dieser ungünstigen Verhältnisse werden laut Protokollarerklärung des Getreidehändlers Muggenthaler jährlich 30.000 Zentner Getreide angekauft.
Wenn die Bahn zur Ausführung gelangt, würde nach erwähnten vollkommen glaubwürdigen Gutachten die Getreidefracht sich verdoppeln und hätte die Bahn Bodenwöhr für Getreide allein mindestens jährlich 60.000 Zentner zu verfrachten.
8. Die Oberpfalz ist bekanntlich äußerst fischreich und wird insbesondere im Bezirksamte Neunburg v.W. die Teichkarpfenzucht lebhaft betrieben und hätte eine Eisenbahn nach Neunburg v.W. eine Fracht an Fischen sicher zu rechnen auf 5.000 Zentner.
9. Die „Heimat" der Kartoffeln ist die Oberpfalz und wird im Bezirksamte Neunburg v.W. wie die jüngste Bodenbenützungsstatistik nachweist mehrere tausend Hektar Kartoffeln gebaut. Die Kartoffeln würden durch eine Eisenbahn nach Neunburg v.W. erhöhten Wert erlangen, und da die gebaute Frucht von seltener Güte ist, überall Abnehmer finden und dürfte der Export von Kartoffeln auf mindestens 20.000 Zentner anzuschlagen sein.
10. Die Produktion von Eiern, Schmalz, Geflügel etc. in dem Amtsbezirke Neunburg v.W. ist ebenfalls eine nicht unbeträchtliche und versenden die zwei Gebrüder Mösbauer in Muschenried allein nach ihrer Angabe jährlich circa 3.500 Zentner Eier. Es läßt sich allerdings sehr schwer ziffermäßig nachweisen wie viel von den genannten Artikeln auf der projektierten Bahn Neunburg v.W. - Bodenwöhr verfrachtet werden würde, doch darf ohne Übertreibung behauptet werden, daß jährlich 10.000 Zentner eher zu nieder als zu hoch gegriffen sind.
11. Die Provinz Oberpfalz, insbesondere derjenige Teil, der durch die erbetene Eisenbahn dem allgemeinen Verkehre erschlossen werden würde, ist reich an Gesteinsarten, deren Verwendung zu Wasserstraßen und Hochbauten unzweifelhaft ist.
Bis jetzt ist nur im Betrieb der Steinbruch des Baron von Hirschberg in Erzhäuser und dieser nur wegen der relativen Nähe der Bahnstation Bodenwöhr.
Sowohl in den Staatsforsten zu Pullenried, insbesondere aber auch auf Privatgrund kommt Granit in seltener Schönheit und Härte und großen Massen vor und wenn der in verhältnismäßig kleinem Betriebe befindliche Steinbruch in Erzhäuser jährlich 8.000 Zentner Steine verfrachtet, so ist mit aller Sicherheit und Bestimmtheit zu erwarten, daß die reichen Steinlagen der Umgegend von Neunburg v.W. der Syenitsteinbruch bei Winklarn die überall massenhaft vorkommenden Granitsteine, welche sich vortrefflich zu schweren Quadern eignen etc. der projektierten Eisenbahnlinie mindestens 30.000 Zentner Steine als Frachtgut zuführen würden.
12. In den Gemeinden Kulz, Prackendorf u.a. befinden sich ganz ausgedehnte Torflager, die erst durch eine Eisenbahn zur richtigen Ausbeutung Verwertung gelangen würden, und der projektierten Bahn eine Fracht von mindestens 10.000 Zentner jährlich zuführen würden.

13. Die Stadt Neunburg v.W. steht mit der Eisenbahnstation Bodenwöhr in täglich dreimaliger Postverbindung und zahlt der Staat dem kgl. Poststallhalter für Besorgung der Posten jährlich 9.000,- Mark, welche bedeutende Summe in Wegfall kommen wird.
Laut Zuschrift des kgl. Oberpostamtes Regensburg werden durchschnittlich im Jahre 3.090 Reisende und 7.099 Paketsendungen per Omnibus von Neunburg v.W. nach Bodenwöhr und umgekehrt befördert.
Erfahrungsgemäß würde sich der Personenverkehr zwischen vorhin genannten Orten bedeutend steigern und dürfte eine Einnahme von jährlich 6.000,- Mark aus den Fahrbilletten sicher zu hoffen sein.

Es ist mit dem voraufgeführten Material die zu erhoffende Eisenbahnfracht noch lange nicht erschöpft und doch steht schon jetzt in sicherer Aussicht, daß wenn die erbetene Bahn nur diejenigen Gegenstände, welche bis jetzt zur Konsum-Fabrikation und Ausfuhr gebraucht werden jährlich circa 726.120 Zentner auf die Linie Neunburg v.W. - Bodenwöhr zur Verfrachtung gelangen würde, und wenn man als Erträgnis nur 10 Pfennig vom Zentner annimmt, so ergibt sich nach vorstehendem incl. des Personenverkehrs eine Bruttoeinnahme von 68.612 Mark.
Da die Baukosten nach der Versicherung Seiner Excellenz des kgl. Staatsministers von Crailsheim 700.000,- Mark circa betragen werden, so ergibt sich eine viel größere Bahnrente als ein Prozent, welche die kgl. Staatsregierung in Aussicht stellte, die wir aber bei aller Ehrfurcht vor den Ansprüchen derselben als zutreffend nicht zu erachten vermögen.
Die fast allseitig zu Tage getretene Wahrnehmung, daß, wo die Eisenbahn das Land durchschneidet, die Verhältnisse eine Wendung zum Besseren erfahren, sie würde auch bei der erbetenen Bahn eintreten, weil diese ja keine durchlaufende, sondern eine Sackbahn ist und hierdurch Neunburg v.W. zum Hauptstapelplatze für das ganze industrielle Hinterland werden würde.
Insbesondere glauben wir hervorheben zu müssen, daß die sub. Ziff. 1 angegebene Anzahl von Blöcken keineswegs die Summe der vorhandenen, sondern nur die Anzahl der im Betriebe befindlichen und zur Steuer fatirten Polierblöcke bezeichnet.
Es kann kaum einem Zweifel unterliegen, daß die Industrietätigkeit hiesiger Gegend durch die Erbauung der erbetenen Secundärbahn neuen Aufschwung nehmen würde und daß insbesondere durch billigere Frachtgelegenheit die Glasschleif- und Polierwerke eine größere Tätigkeit als bisher entfalten würden.
Es stände dann mit Sicherheit zu erwarten, daß nicht nur die vorhandenen Blöcke in Aktivität versetzt werden würden, sondern es ist auch mehr als wahrscheinlich, daß bei den hier noch unausgenützten Wasserkräften unter andern industriellen Etablissements auch neue Glasschleif- und Polierwerke entstehen würden.
Ferner fällt besonders schwer in die Waagschale, daß nicht nur die Schleifwerke des hiesigen Bezirksamtssprengels, sondern auch die des Bezirksamtes Waldmünchen zu weit als größten Teile ihren Sandbedarf von Neunburg v.W. holen würden, wenn selber per Bahn hierher verfrachtet werden würde.
Alle diese Umstände zusammengenommen berechtigen zu der Annahme, daß der Bedarf an Frachtgut für die Glasschleif- und Polierwerke hiesiger Gegend auf jährlich circa 500.000 Zentner sich stellen würde.

Indem wir uns schließlich noch zu konstatieren erlauben, daß die angeführten Ziffern nicht willkürliche und übertriebene sind, sondern daß dieselben auf amtliche Nachweisungen und abgegebene Gutachten von mit den Verhältnissen vollkommen vertrauten Sachverständigen sich stützen, glauben wir hiermit den ziffermäßigen Beweis geführt zu haben, daß die erbetene Bahnverbindung eine wohlrentable ist und daß diesem Unternehmen seine Unterstützung angedeihen zu lassen mit den Pflichten für das Wohl des Landes wohl vereinbarlich ist.

Stadtmagistrat und Gemeindekollegium Neunburg v.W.

Die Projektierung

In Ergänzung zu der Denkschrift bat in einem Rundschreiben vom 30. September 1887 der Neunburger Stadtmagistrat alle Gemeinden im Distrikt Neunburg v.W., eine Erklärung zu unterzeichnen, wonach sie sich der Bitte des Neunburger Stadtmagistrats um eine normalspurige Sekundärbahn von Bodenwöhr nach Neunburg v.W. vollständig anschließen mögen. Alle Gemeinden schlossen sich ohne Zögern der Unterschriftenaktion an - nur die Gemeindeverwaltung von Kleinwinklarn tanzte aus der Reihe. Ein Erinnerungsschreiben der Neunburger vom 21. Oktober 1887 beantwortete sie am 26. Oktober mit dem kleinkarierten und kurzsichtigen Argument, daß sie „...leider dem Ansinnen nicht entsprechen kann, da man daraus für Kleinwinklarn keinen Vorteil ersehen kann... ."
In der Landtagsversammlung Anfang Januar 1888 wurde in der Abgeordnetenkammer der Antrag eingebracht, die für den Bau der Lokalbahn benötigten 700.000,- Mark bereitzustellen. Am 8. März 1888 bewilligte die Abgeordnetenkammer auf ihrer Sitzung die Gelder - aber konkret passierte wiederum nichts, weil eine Reihe anderer Lokalbahnprojekte vorrangig behandelt wurden. Die Neunburger waren der Verzweiflung bald näher als der Hoffnung, gaben aber dennoch nicht auf und kämpften weiter.
In den vergangenen Jahren hatte die Stadt Rötz immer wieder ihr Interesse an einer Anbindung an eine Eisenbahnlinie von Bodenwöhr über Neunburg v.W. bekundet. Zwar rechnete sie sich kaum Chancen für eine baldige Bahn-

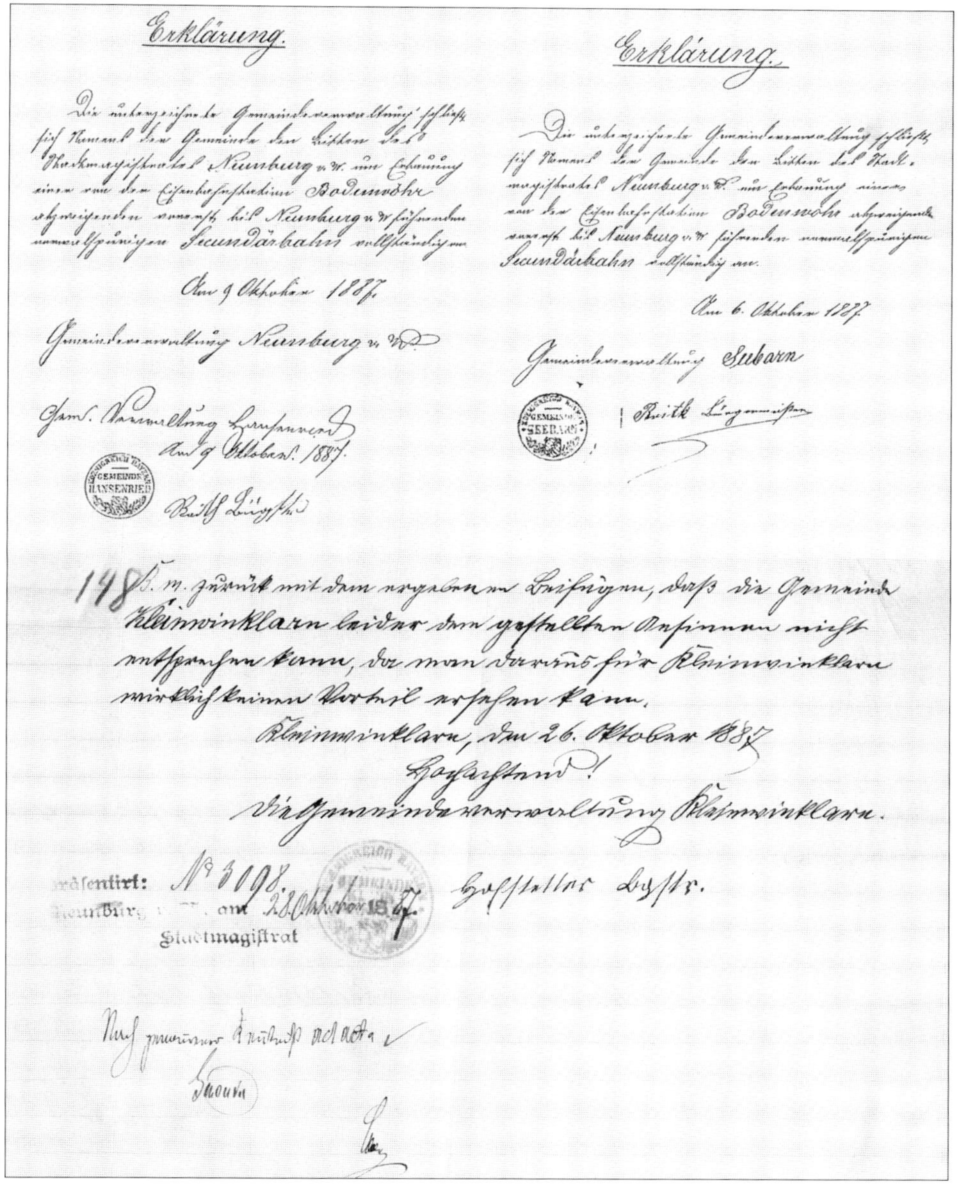

Abb. 11 u. 12, oben: Die Pro-Bahn-Erklärungen der Gemeinden Hansenried und Seebarn.
Abb. 13: Der ablehnende Bescheid aus Kleinwinklarn. *Stadtarchiv Neunburg v.W.*

anbindung aus, hoffte aber insgeheim, wenigstens im Anschluß an eine fertiggestellte Bahnlinie nach Neunburg v.W. mit einer Weiterführung durch das Schwarzachtal nach Rötz rechnen zu können. Als nun das ganze Projekt auf der Kippe zu stehen schien, beschlossen die Rötzer ihren Neunburger Leidgenossen zu helfen, so weit es ihnen überhaupt möglich war. So fand am 13. März 1889 im Gasthaus Frank in Neunburg v.W. eine Versammlung statt, in der die Gemeindevertretung der Stadt Rötz ihren Standpunkt nochmals klar darlegte, daß sie für eine Bahnstrecke über Neunburg v.W. und gegen eine über Waldmünchen sei. Man kam überein, gemeinsame Sache zu machen, und so richtete am 3. April 1889 die Stadt Rötz eine Bittschrift nach München um Erbauung einer Bahnlinie Bodenwöhr - Neunburg v.W. - Rötz. Das bewirkte zumindest genauere Untersuchungen und Wirtschaftlichkeitsberechnungen bei einer eventuellen Verlängerung nach Rötz.
Die Berechnungen fielen recht vielversprechend aus, aber dennoch tat sich erneut nichts. Und so versandte am 4. August 1891 diesmal das kgl. Bezirksamt Neunburg v.W. ein Schreiben ähnlich der Denkschrift nach München.
Am 2. und 3. Oktober 1891 verweilte eine Kommission der kgl. Generaldirektion zur Begehung der geplanten Strecke in Neunburg vorm Wald. Die Vertreter der Forstverwaltung, der Gemeinden Erzhäuser und Taxöldern hatten bezüglich der Bahntrasse keine Einwendungen. Alles wäre in schönster Ordnung gewesen, wenn nicht bezüglich der Lage des Neunburger Bahnhofs Meinungsverschiedenheiten entstanden wären. Die Staatsbahnverwaltung bevorzugte einen Standort bei Wilbersdorf, denn nur der ermöglichte eine spätere Weiterführung der Bahnlinie nach Rötz. Damit waren aber die Neunburger nicht einverstanden und nannten den der Stadt um 300 Meter näher gelegenen Standort Pentingersteig als günstigste Lage. Bei den Verhandlungen hierüber übernahm die Stadtgemeinde die Verpflichtung, für alle baulichen Mehrkosten, die der kgl. Staatseisenbahnverwaltung durch die Näherrückung der Endstation erwachsen sollten, aus Gemeindemitteln aufzukommen. Im Falle einer Weiterführung der Bahnlinie sollte Neunburg v.W. voll und ganz für einen neuen Bahnhofstandort die Kosten übernehmen. Das war für die Neunburger denn doch zu viel. Würde die Eisenbahnverwaltung an diesem Punkt festhalten, werde man sich wohl oder übel mit dem Wilbers-

dorfer Standort zufrieden geben. Unabhängig von der Bahnhofsfrage verpflichtete sich der Neunburger Stadtmagistrat Zufuhr- und Ladestraßen zu der Bahnstation und deren Unterhalt aus Gemeindemitteln zu bestreiten. Auch würde man das für den Bahnbetrieb notwendige Brauch- und Trinkwasser unentgeltlich zur Verfügung stellen. Außerdem würde die kostenlose Entnahme von Sand, Kies- und Steinmaterial aus städtischem Eigentum gestattet.
Am 24. Februar 1892 hatte der Eisenbahnausschuß der Abgeordnetenkammer die Erbauung der Bahnlinie Bodenwöhr - Neunburg v.W. einstimmig genehmigt. Auf die Rötzer Petition um eine Verlängerung der Bahn ging man wegen der Aussichtslosigkeit erst gar nicht ein. Unberücksichtigt blieb auch der Wunsch, den Neunburger Bahnhof so anzulegen, daß eine spätere Fortsetzung nach Rötz möglich sei. Verworfen wurde ebenso das Ansinnen der Gemeinde Winklarn um eine Verlängerung der Bahnlinie zu ihr.
Am 26. Mai 1892 unterzeichnete Seine Königliche Hoheit der Herr Prinzregent Luitpold von Bayern das Gesetz „Die Herstellung von Bahnen lokaler Bedeutung betreffend", in dem an sechster Stelle die Lokalbahn Bodenwöhr - Neunburg vorm Wald mit einem Betrag von 701.300 Mark enthalten war. In diesem Gesetz ist unter anderem eine genaue Beschreibung der zukünftigen Bahnlinie enthalten. Zwischen Bodenwöhr und Neunburg v.W. sollen mit Erzhäuser und Penting zwei Haltestellen errichtet werden. 70 % der Gesamtstreckenlänge fallen in die Größtsteigung von 25 ‰, außer diesen Steilrampen kommen noch längere Strecken mit 10 ‰ und 16,66 ‰ Steigung vor.

Die Gesamtkosten wurden im einzelnen wie folgt veranschlagt:

I. Projektierung und Aussteckung	6.100	Mark
II. Grunderwerbung	49.500	"
III. Erdarbeiten	198.300	"
IV. Kunstbauten	51.100	"
V. Einfriedungen	2.000	"
VI. Herstellung der Fahrbahn	228.500	"
VII. Hochbauten, Stationseinrichtungen und Signale	74.300	"
VIII. Instrumente und Werkzeuge	4.300	"
IX. Fahrmaterial	57.300	"
X. Verwaltungskosten	47.000	"
XI. Reserve	35.900	"
Summe:	754.300	"
oder für den Kilometer der Bahnlänge rund	74.700	Mark

Hiervon haben die Interessenten zu tragen :

a. die Kosten der Grunderwerbung	46.430	Mark
b. die Kosten der Befestigung der Wegkronen der Zufuhr- und Ladestraßen in den Haltestellen und der Endstation mit	4.000	Mark
c. 5 % Reserve von a und b zusammen mit	2.522	Mark
zusammen rund	53.000	Mark

Das vom Staat aufgewendete Baukapital beträgt daher	701.300	Mark
oder für den Kilometer der Bahnlänge rund	69.400	Mark

Die zu erwartenden Betriebseinnahmen pro Jahr belaufen sich

beim Personenverkehr auf	13.200	Mark
beim Güterverkehr auf	23.000	Mark
beim Viehtransport auf	800	Mark
bei „Sonstigem" (z.B. Postbeförderung)	2.000	Mark
insgesamt	39.000	Mark

Die Betriebsausgaben wurden mit 22.700 Mark veranschlagt.
Daraus errechnet sich ein Einnahmeüberschuß von ....16.300 Mark
In Relation zu dem vom Staat aufgebrachten Kapital von 701.300 Mark gesetzt, ergibt sich eine Verzinsung von 2,32 % .

Endlich war Neunburg v.W. seinem gesteckten Ziel einen großen Schritt näher gekommen. Allerdings gab es immer noch bezüglich des Bahnhofstandortes einige Schwierigkeiten zu beseitigen. Einige schlugen die neue Neukirchener Straße, andere die Feldflur „Kapellenäcker" als Standort vor. Nun standen also vier mögliche Bahnhofsstandorte zur Debatte. Jahrelang kämpften die Neunburger zäh um ihre Eisenbahn - und nachdem sie ihnen zugesagt worden war, zerstritten sie sich wegen der Bahnhofsfrage untereinander. Am 7. Mai 1893 unterrichtete des „Amberger Tagblatt" seine Leser in einem ironischen Artikel von der Neunburger Bahnhofs-Posse: „Wer keine Vorstellung von einem polnischen Reichstag hat, wer sich kein Bild machen kann, wie es bei den Jakobinerversammlungen zuging, wer noch kein Indianerschlachtgeheul vernommen, der komme einmal nach Neunburg vorm Wald und sehe sich eine die Eisenbahnfrage betreffende Versammlung an. Für die guten Neunburger ist die wichtigste Frage, welche je die Welt bewegte, ob das zukünftige Lokalbahnstationsgebäude, das ungefähr die Größe eines Taubenschlages erhalten dürfte, in die Nähe der oberen Stadt oder vor die Vorstadt zu stehen kommen soll!"

Im Herbst 1893 wurde die kgl. Eisenbahnbausektion Cham, die die Oberaufsicht über den Bau der Strecke Cham - Waldmünchen führte, von der Bauabteilung der kgl. Generaldirektion der bayerischen Staatseisenbahnen beauftragt, in die Detailprojektierung der Strecke Bodenwöhr - Neunburg v.W. einzutreten, womit schon Ende Oktober, von Bodenwöhr ausgehend, begonnen wurde.
Am 15. Mai 1894 nahm eine dreiköpfige Kommission der kgl. Eisenbahnverwaltung Cham die abgesteckte Bahnlinie Bodenwöhr - Neunburg v.W. in Augenschein. Im Verlauf des mehrtägigen Aufenthalts wurde den Neunburgern bezüglich der Bahnhofsfrage auf Anordnung von hoher Stelle Entgegenkommen signalisiert, was Bürgermeister Strohmayer und die meisten seiner Begleiter mit großer Genugtuung zur Kenntnis nahmen. Als jemand aus dem städtischen Begleittroß plötzlich wieder der Hoffnung, den Bahnhof rechts vom Rötzerbach zu erbauen, Ausdruck verlieh, wurde der Kommissionsleiter, Betriebsingenieur Roßkopf, ob dieser Penetranz grantig und wischte das Ansinnen mit der Äußerung vom Tisch: „Man fährt doch nicht mit dem Zug ums Dorf herum. Das wäre ja die reinste Ringbahn."

Bevor aber der wegen der prekären Arbeitsmarktlage sehnlichst erhoffte erste Spatenstich erfolgen konnte, mußte noch eine Hürde in Form der Grunderwerbungsverhandlungen genommen werden. Denn erst nach Abschluß der genauen Detailprojektierung konnte man mit den betroffenen Grundstückseigentümern in Verhandlungen treten. Grund und Boden wurde ja nicht nur für den Gleiskörper benötigt, sondern für weiteres bahnspezifisches Zubehör, wie z.B. neu zu verlegende Wege, notwendige Gräben, Bachumleitungen, Abfertigungsgebäude, Lagerplätze, Dienstgebäude, kleine Nutzgärten für das Bahnpersonal, Brandschutzstreifen entlang der Strecke, Schneeschutzanlagen, Wasserleitungen u.v.a.m.. Anfang April 1895 wurde der für den Grunderwerb vorgesehene Betrag in Höhe von 52.500,- Mark in Form von Obligationen bei der kgl. Eisenbahnkasse hinterlegt, um der Größe der abgetretenen Fläche entsprechend auf die einzelnen Grundstückseigner verteilt zu werden. Am 8. Mai 1895 trafen sich im Gasthof Taucher zu Blechhammer nach einzeln geführten Vorverhandlungen alle Beteiligten nochmals mit den Vertretern der Eisenbahnbausektion. Ergebnis: Im Gegensatz zu den Verhandlungen bei der Lokalbahn Cham - Waldmünchen machte kein einziger Grundstückseigner Schwierigkeiten. So stand nun dem endgültigen Baubeginn kein Hindernis mehr im Wege.
Es darf nicht verschwiegen werden, daß die Vertreter der Eisenbahnbausektion und einflußreiche Bürger von Neunburg v.W. und Umgebung vorher schwere Überzeugungsarbeit für die Grundabtretung leisten mußten, allen voran der weitblickende Pfarrer Aloisius Büchl aus Penting.
Als der couragierte Gottesmann Ende November 1912 in einem Regensburger Krankenhaus an Herzschwäche starb, erinnerte man sich nicht nur voller Hochachtung seiner vorbildlichen Berufsauffassung, sondern - für einen Geistlichen recht ungewöhnlich - seiner erfolgreichen Bemühungen um die Grundablösung. „Es war in vielen Fällen" so schrieb in einem Nachruf das Amts- und Anzeige-Blatt von Neunburg v.W. „ein Verdienst seiner Person und die Frucht seiner ausgleichenden Bemühungen, daß in dieser Hinsicht damals alles glatt ging wie nur selten und Prozesse vermieden wurden."

Stellvertretend für viele andere vorausschauende Bürger Neunburgs, die sich für die Bahn einsetzten, sei hier der Bäckermeister und Steinbruchbesitzer Adam Männer genannt, der zu den angesehensten Bürgern der Stadt zählte. Als er im April 1911 im Alter von 72 Jahren verstarb schrieb das Neunbürger Amts- und Anzeige-Blatt über ihn: „Als Magistratsrat und Hospitalverwalter nahm er sich in früheren Jahrzehnten mit besonderem Interesse um das Gemeinwohl an; sein besonderes Verdienst aber lag in seinen Bestrebungen um die Erbauung einer Lokalbahn von Bodenwöhr nach Neunburg vorm Wald. Zu einer Zeit als sich die übrige Bürgerschaft an ein solches Projekt noch nicht heranwagte, hatte er die Notwendigkeit und Erreichbarkeit dieser Bahnverbindung eingesehen und strebte unentwegt mit regem Eifer und seltener Beharrlichkeit diesem Ziele zu, berief selber Versammlungen ein und bemühte sich auf alle Weise für das Unternehmen, unbekümmert auch um manch' spöttisches Wort, das ihm von manchen sich klüger Dünkenden dafür zu teil wurde; mit besonderer Befriedigung mag es ihn deshalb seinerzeit erfüllt haben, als er seine Bestrebungen - wenn auch erst nach längerer Zeit - von einem vollen Erfolg gekrönt sah. R.I.P."

Aber auch Auswärtige, wie z.B. Moritz Langermann aus Nürnberg, der in Obermurnthal ein Schleif- und Polierwerk besaß, setzten sich in vielen Schreiben an die verantwortlichen Stellen in München vehement für den Eisenbahnbau ein.

Die Beschreibung der Strecke

Der Jahresbericht der kgl. bayr. Verkehrsanstalten von 1894 enthält die offizielle genaue Kurzbeschreibung der zu bauenden Strecke:

„Die Bahnlinie verläßt die auf einer Höhe von 378,62 m über dem Meere gelegene Station Bodenwöhr am westlichen Ende, zweigt bei km 0,35 mittels einer 1/9 Weiche vom Hauptbahngeleise Schwandorf - Furth i.W. ab, wendet sich dann in enger Kehre sofort nach Norden und erreicht in gerader Richtung, den dortigen Staatswald durchziehend, die Distriktstraße Bodenwöhr - Neunburg v.W. bei km 2,0, welch' letzterer sie sich und zwar bis km 2,8 westlich und nach der Überschreitung östlich möglichst dicht anschließt.

Von km 3,6 ab verläßt die Linie die Distriktstraße, um sich nunmehr im westlichen Gehänge des Grafenbaches, unter Anwendung der Meiststeigung von 25 ‰ und des kleinsten Bogenhalbmessers von 180 m zu entwickeln.

Zwischen km 5,9 und km 6,0 überschreitet die Bahn auf mäßig hohem Damm das Grafenbachtal, verläuft weiter auf der östlichen Talseite des Grafenbaches und durchbricht bei km 6,9 die Wasserscheide zwischen Grafen- und Rötzerbach, bzw. Regen und Schwarzach in ihrer höchsten Erhebung auf einer Höhe von 487,10 m an der niedersten Stelle des Höhenrückens zwischen den beiden Ortschaften Penting und Wutzelskühn. Hierauf senkt sich die Trasse am linksseitigen Gehänge einer Talmulde, die einerseits durch den Höhenrücken bei Penting, andererseits durch den Rothen Berg und den Plattenberg begrenzt wird, den Einbuchtungen des Geländes folgend, unter Anwendung des Meistgefälles 25 ‰ und des geringsten Krümmungshalbmessers von 180 m gegen Wilbersdorf hinab, wendet sich dort östlich und erreicht in nahezu paralleler Lage zur Staatsstraße Neunburg v.W. - Amberg die Endstation Neunburg v.W. auf einer Höhe von 397,485 m am sogenannten Pentinger Steig südwestlich und in unmittelbarer Nähe der Stadt Neunburg vorm Wald.

Die Länge der Bahn beträgt 10,8 km, wovon jedoch 0,35 km auf die Strekke vom Betriebsgebäude in Bodenwöhr bis zur Abzweigung der Lokalbahn von der Hauptbahn treffen, so daß sich die eigentliche Neubaulänge zu nur 10,45 km beziffert.

Die Länge der Luftlinie zwischen den Betriebshauptgebäuden in Bodenwöhr und Neunburg v.W. beträgt 8,2 km.

Die Summe der verlorenen Steigungen ergibt zusammen 90,438 m und hat sohin die Bahn eine ziemlich ungünstige Vertikalprojektion. Die Größtsteigung in beiden Richtungen beträgt 25 ‰, der kleinste Krümmungs-

LOCALBAHN von BODENWÖHR nach NEUNBURG v/w.

Stationen u. Haltestellen	Entfernung in Km		
	einzeln	im Ganzen	von der Ortschaft gleichen Namens
Station Bodenwöhr	0.00	0.00	2.4
Haltestelle Erzhäuser	4.20	4.20	0.3
" " " Penting	2.86	7.06	0.8
Station Neunburg v/w.	3.63	10.69	0.5

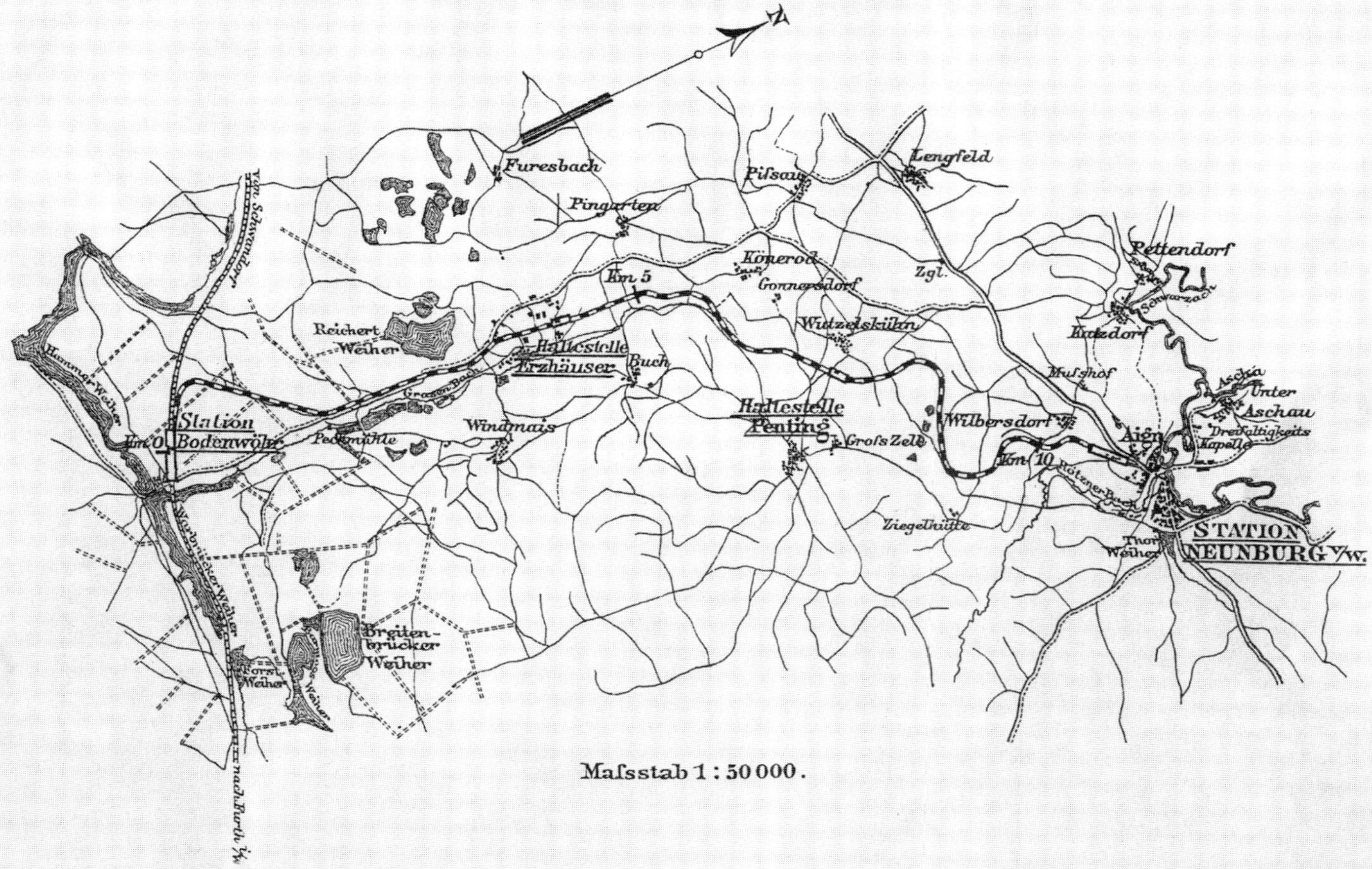

Abb. 14: Der geplante Streckenverlauf.

nächste Seite:
Abb. 15: Das Höhendiagramm der Strecke.

Abb. 14 u. 15:
Bayerisches Hauptstaatsarchiv, München.

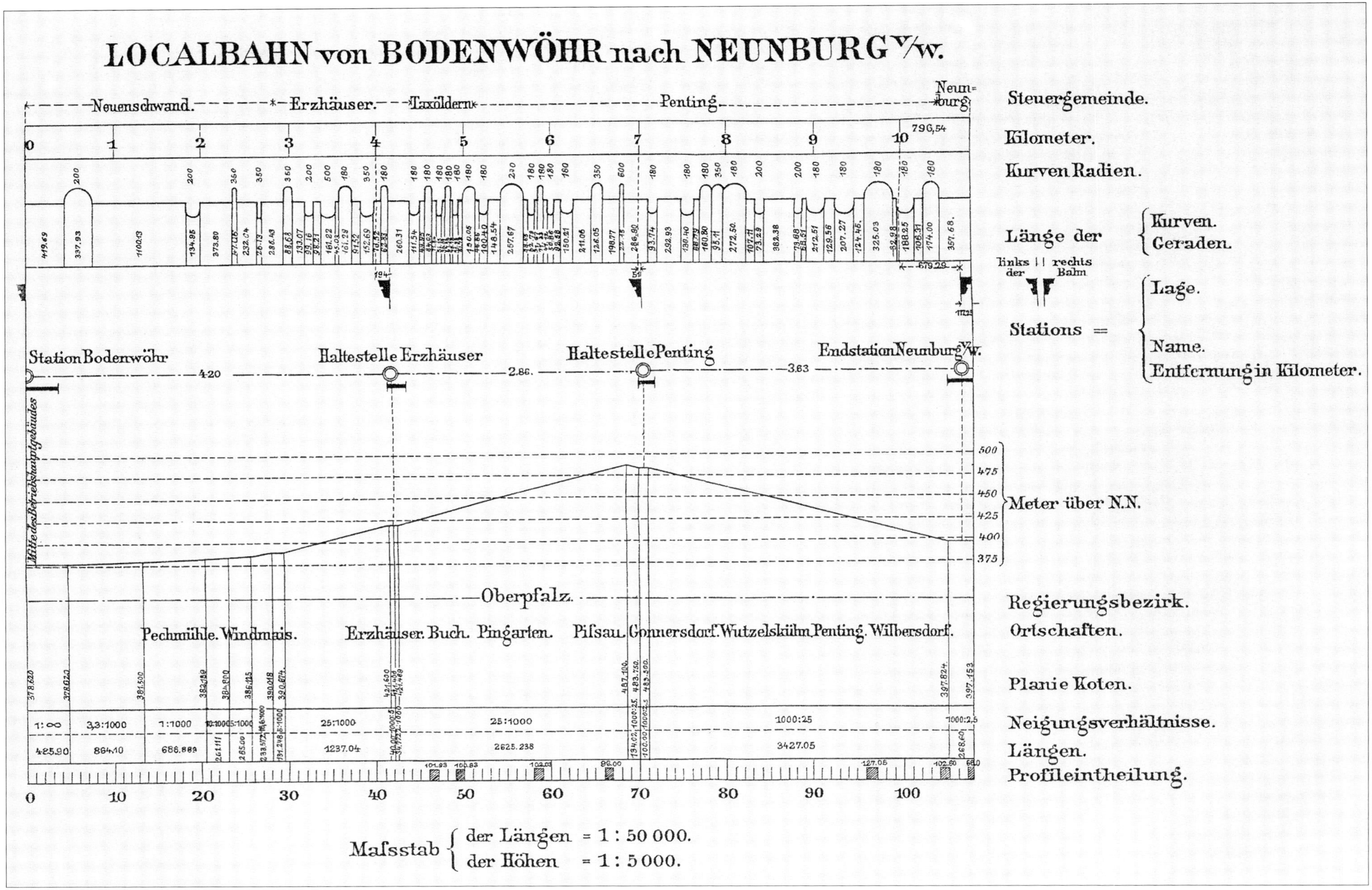
LOCALBAHN von BODENWÖHR nach NEUNBURG v/w.
Neuenschwand.
Erzhäuser.
Taxöldern
Penting.
Neun-burg
Steuergemeinde.
Kilometer.
Kurven Radien.
Länge der
Kurven.
Geraden.
links der rechts Bahn
Lage.
Stations =
Name.
Entfernung in Kilometer.
Station Bodenwöhr
Haltestelle Erzhäuser
Haltestelle Penting
Endstation Neunburg v/w.
4.20
2.86.
3.63
Mitte des Betriebshauptgebäudes
Meter über N.N.
Oberpfalz.
Regierungsbezirk.
Pechmühle. Windmais.
Erzhäuser. Buch. Pingarten.
Pissau. Gonnersdorf. Wutzelskühn. Penting. Wilbersdorf.
Ortschaften.
Planie Koten.
Neigungsverhältnisse.
Längen.
Profileintheilung.
Masstab der Längen = 1 : 50 000.
der Höhen = 1 : 5 000.

halbmesser 180 m, und berechnet sich hiernach der größte Zugwiderstand zu 1/28 des Zugsgewichtes.
Außer der Endstation Neunburg v.W. kommen bei den Orten Erzhäuser und Penting Haltestellen zur Anlage.
In ihrem ersten Verlaufe bewegt sich die Linie in der Keuperformation und tritt bei km 4,7 in die Urgebirgsformation ein. Die zu bewegenden Erdmassen belaufen sich auf 157.819 cbm im Ganzen, oder auf 14,8 cbm für das Meter Neubaulänge, eine für Lokalbahnverhältnisse ziemlich bedeutende Durchschnittsziffer. Kunstbauten hervorragender Bedeutung kommen nicht vor; besondere Erwähnung verdienen lediglich eine gewölbte Wegunterführung von 10,0 m und 2 gewölbte Wegüberführungen mit 9,6 bzw. 10,0 m Lichtweite zwischen den verlorenen Widerlagern.
Im übrigen kommen nur gedeckte Bahndurchlässe verschiedener Lichtweiten und einfache Zementrohrdurchlässe zur Ausführung.
Zur Herstellung der Geleise ist eiserner Langschwellenoberbau Profil IV vorgesehen; zum Unterbau kommen neben den aus Einschnitten gewonnenen Quarz- und Granitsteinen solche von Quarz-, Granit- und Porphyrbrüchen der Umgegend zur Verwendung.
Im Berichtsjahre wurde die Ausarbeitung der beiden Lose soweit gefördert, daß der Bau im Frühjahr 1895 in Angriff genommen werden kann."

Der Streckenbau

Aufgrund des großen Arbeitsmangels warteten die Menschen in der Gegend sehnsüchtig auf den Baubeginn. Sie standen „Hacke und Schaufel bei Fuß." Der Bauunternehmer Friedrich Horn und die Subunternehmer verpflichteten sich, auf einheimische Arbeitskräfte zurückzugreifen. Friedrich Horn gelang es entgegenkommenderweise, die Arbeiter zu ihrem Vorteil soweit als möglich in der Nähe ihres Wohnortes einzusetzen. Manche von ihnen waren nämlich hauptsächlich in der Landwirtschaft tätig und verdienten sich, abhängig von der Jahreszeit, ein Zubrot. Dennoch konnte die Bauunternehmung auf qualifizierte italienische Arbeitskräfte nicht verzichten, weil sie über langjährige Bahnbauerfahrung verfügten. Sie kamen vor allem bei dem großen Bahneinschnitt bei Penting zum Einsatz. Um den Bau der Bahnlinie zu beschleunigen, wurden die Bauaktivitäten - Erdarbeiten, Unterbau, Kunstbauten (z.B. Brücken) - in zwei sogenannte Lose aufgeteilt. Das bedeutete den fast gleichzeitigen Baubeginn an zwei verschiedenen Stellen. Los 1 umfaßte den Bereich von Bodenwöhr bis Pingarten, Los 2 von Pingarten bis Neunburg v.W. Der erste Spatenstich erfolgte am 29. Mai 1895. Die Bauoberaufsicht über beide Abschnitt hatte Bauführer August Sieker.
Los 1: Bodenwöhr - Pingarten; Beginn der Erdarbeiten 29. Mai 1895, Beginn der Unterbauarbeiten 10. Juli 1895. Los 2 : Pingarten - Neunburg v.W.; Beginn der Erdarbeiten 10. Juni 1895. Beginn der Unterbauarbeiten 16. September 1895.

Abb. 16: Anz. im Neunb. Amtsblatt. Stadtarchiv Neunburg v.W.

Zeitweise waren insgesamt über 300 Arbeiter beschäftigt. In der Zeit zwischen 16. September und 18. Oktober waren in Los 1, laut Bautagebuch, die meisten Arbeiter eingesetzt: Höhepunkt allein bei den Erdarbeiten war der 5. Oktober mit 122 Arbeitern und zwei Aufsehern; in Los 2 in der Zeit vom 28. Oktober bis 10. November mit 171 Arbeitern und drei Aufsehern der 6. November 1895.
Die Bauarbeiten gingen zügig voran und mußten nur während der Winterzeit hin und wieder wetterbedingt unterbrochen werden. Nach den Aufzeichnungen im Bautagebuch waren in Los 1 die Erdarbeiten am 15. Mai 1896 und die Unterbauarbeiten am 30. April 1896 beendet; in Los 2 wurden die Erd- und Unterbauarbeiten am 15. Juni 1896 abgeschlossen. Ende Juni waren die Schienenanlagen vollständig verlegt. Im Verlauf der gesamten Bahnbauarbeiten gab es so gut wie keine Unglücksfälle und Störungen. Lediglich am 17. August 1895 wurde ein Bauarbeiter an beiden

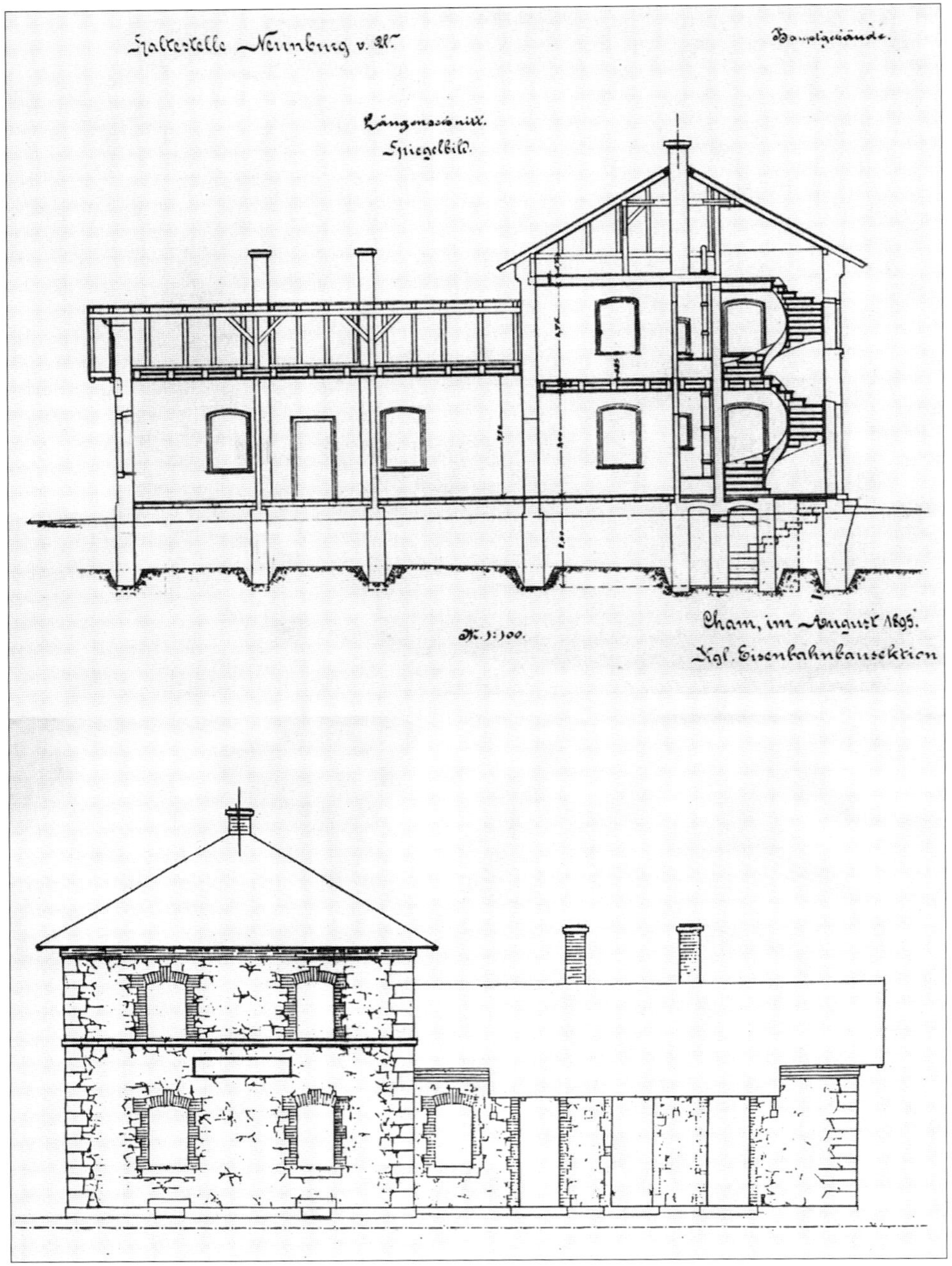

Füßen durch einen Rollwagen verletzt und mußte ins Neunburger Krankenhaus gebracht werden.
Obwohl der Bahnhof 500 Meter näher an der Stadt Neunburg v.W. errichtet worden war, kostete der Bahnbau 651.213,- Mark und blieb damit rund 50.000,- Mark unter dem veranschlagten Betrag - heutzutage bei der ausgeprägten Neigung mancher Baufirmen zu unseriösen Geschäften bei Projekten der Öffentlichen Hand nahezu undenkbar.

Abb. 17 und 18: Pläne für den ersten Neunburger Bahnhof.
Bayerisches Hauptstaatsarchiv, München

nächste Seite:
Abb. 19 bis 22: Neunburg v.W. im Eröffnungsfieber. Ankündigungen im Neunburger Amtsblatt.
Stadtarchiv Neunburg v.W.

Geschäfts-Empfehlung.

Zeige hiemit der geehrten Einwohnerschaft von Neunburg und Umgebung ergebenst an, dass ich am *Ostersonntag, den 5. April* meine Gastwirthschaft

Bahnhof-Restauration

Neunburg v. W.

eröffnen werde.

Durch Ausschank vorzüglichen Bieres aus der *Obermünster Braurei Regensburg,* sowie durch Verabreichung guter kalter und warmer Speisen werde ich bestrebt sein, mir die Zufriedenheit sehr verehrlicher Gäste zu erwerben und zu erhalten.

Am Tage der Eröffnung wird die **Neudel'sche Stadtkapelle** concertieren.

Einem recht zahlreichen, geneigten Besuche entgegensehend zeichne

achtungsvollst

Joseph Bottenhofer,
Besitzer der Bahnhof-Restauration.

Bekanntmachung.

Nach Mittheilung der Kgl. Eisenbahnbau-Sektion Cham wurde seitens der hohen Königl. Generaldirektion die Einrichtung des provisorischen Güterverkehrs auf der Bahnstrecke Neunburg v. W. — Bodenwöhr genehmigt.

Dies wird hiemit zur allgemeinen Kenntnis gebracht mit dem Bemerken, daß die einschlägigen Bedingungen bei der kgl. Bauführung Neunburg v. W. zur Einsichtsnahme aufliegen und von den Verfrachtern bei Antragstellung auf Beförderung von Wagenladungsgütern zu unterzeichnen sind.

Neunburg v. W. am 21. Juli 1896.

Stadtmagistrat Neunburg v. W.
Strohmayer, Bürgermeister,
Schmidbauer, Stadtschreiber.

Einladung.

Am 2., 3. und 4. August 1896 findet in unserer Stadt die

Festfeier
der
Eröffnung der Lokalbahnlinie Bodenwöhr—Neunburg v. W.

statt.

Zu diesem Feste werden voraussichtlich viele Fremde von nah und fern in unsere Stadt kommen und ergeht deshalb vom unterfertigten Stadtmagistrate an die hiesigen Hauseigenthümer und Bewohner die freundliche Einladung, durch reiche Beflaggung und Dekorirung ihrer Häuser zur Verschönerung des Festes beizutragen.

Neunburg v. W., am 27. Juli 1896.

Stadtmagistrat Neunburg v. W.
Strohmayer,
Bürgermeister.
Schmidbauer,
Stadtschreiber.

Programm

zur

Feier der Eröffnung der Bahnlinie

Bodenwöhr — Neunburg v. W.

verbunden mit der Abhaltung eines

Volksfestes

am 2., 3. und 4. August 1896.

Am 2. August 1896.

1. **Tagreveille** mit Böllersalven früh 5 Uhr.
2. **Empfang** der auswärtigen **Gäste** am Bahnhofe bei Ankunft des Zuges 9 Uhr 49 Minuten Vormittags.
3. **Eröffnung** des **Glückshafens.**
4. **Musikvorträge** am Rathhausplatze Vormittags 11 Uhr.
5. **Festzug** der Gäste, dann der Vereine von Neunburg v. W. vom Klosterplatze aus durch die Strassen der Stadt auf den Festplatz (Bahnhof) Nachmittags 1 Uhr, Fortsetzung des Glükshafens, Volksbelustigungen und Musikproduktionen auf dem Festplatze.
6. **Musikalische Unterhaltung** mit Tanzkränzchen im **Klosterbräuhause** Adends 9 Uhr.

Am 3. August 1896.

1. **Festfrühschoppen** mit Musik im **Gasthause zum Posthorn** (Oertl) früh 10 Uhr.
2. **Musikalische Produktionen** und Fortsetzung des Glückshafens auf dem Festplatze Nachmittags 1 Uhr.
3. Abends **Gesangs-** und **Musikproduktionen** im **Postgarten** — italienische Nacht. —

Am 4. August 1896.

Ausflug mit Extrazug

nach

Bodenwöhr

zu Gasthofbesitzer **Taucher** — **Gartenfest** — Nachmittags 1 Uhr.

Die Eröffnung

Nichts in der langen und abwechslungsreichen Geschichte Neunburgs bis heute hat wochenlang so Furore gemacht, Vorfreude und hektische Betriebsamkeit bei seinen erwartungsfrohen Einwohnern ausgelöst wie die bevorstehende Eröffnung und Inbetriebnahme der langersehnten und endlich Wirklichkeit gewordenen Eisenbahnverbindung mit Bodenwöhr.
In der ersten Aprilausgabe des Neunburger Amtsblatts wurde der voraussichtliche Fahrplan mit drei Zugpaaren veröffentlicht. Aus logistischen Gründen konnte der offizielle Eröffnungstermin erst knapp vier Wochen zuvor bekanntgegeben werden.
Der 4. Juli 1896 war wohl der bedeutendste Tag in der Neunburger Eisenbahngeschichte. Über 20 Jahre beharrliches Bemühen hatte endlich Erfolg. Denn an diesem Tag ertönte zum ersten Mal in Neunburg v.W. „....der schrille Pfiff der Lokomotive; diese war reich bekränzt und geziert. Nachmittags 1/2 3 Uhr fuhr der erste Zug in die Station ein, empfangen von einer großen Menschenmenge und unter den Klängen der hiesigen Stadtkapelle, sowie Böllerschüssen. Der Lokomotive entstieg als erster unser hochgeehrter Herr kgl.Bezirksamtmann von Leistner, welcher schon von Bodenwöhr aus den Zug begleitete. Kurz vorher trafen mittelst Draisine die Herren der kgl. Eisenbahnbausektion Cham am Bahnhofe hier ein, begrüßt von den Herren Vertretern der Stadt.
Wie auch anderwärts geschehen, so bot auch Neunburg v.W. bei dieser Gelegenheit dem Zugpersonale und den Bahnarbeitern Bewirtung an. In den Räumen der Bahnhofsrestauration entwickelte sich bald reges Leben und Treiben. Man sah es allen Anwesenden an, daß sie sich wirklich freuten, nach langem Harren endlich am Ziele zu sein...". So schilderte seinerzeit ein Augenzeuge dieses bedeutsame Ereignis.
Die erste offizielle Probefahrt fand am 22. Juli statt. Im Zug waren die Mitglieder der kgl. Generaldirektion, die Vertreter des Oberbahnamtes Weiden und der Eisenbahnbausektion Cham. Um 13.55 Uhr verließ der Zug den Bahnhof Bodenwöhr und traf nach mehreren Fahrtunterbrechungen wegen sorgfältiger Streckenprüfungen um 15.15 Uhr im Bahnhof Neunburg vorm Wald ein. Auch dieses Mal wurde dem Zug mit seinen hohen Herrschaften an Bord in Erzhäuser, Penting und Neunburg v.W. ein „großer Bahnhof" bereitet. Böllerschüsse, festlich geschmückte Kränze, Flaggenschmuck, Triumphbögen und große Menschenmengen begleiteten den Zug.
Dann endlich, wenige Tage später - am 2.,3. und 4. August - erfuhr die Stadt eine dreitägige Festveranstaltung in Form eines Volksfestes, wie sie vorher und nachher nie stattgefunden hatte.

Am 2. August 1896 um 9.49 Uhr kam der erste offizielle Zug, reich geschmückt und mit viel Prominenz an Bord, viel umjubelt im Neunburger Bahnhof an.

Was damals im einzelnen geschah, soll dem interessierten Leser nicht vorenthalten bleiben. Der Chronist des Neunburger Amtsblatts schrieb seinerzeit über die Feierlichkeiten vom 2. August:

„Nach 9 Uhr traf der Zug, welcher mit Grün und Fähnchen in den Landesfarben reich geschmückt war, am Bahnhofe dahier ein. Böllerschüsse und Musik belehrte die Ankommenden, daß die Neunburger das Fest von ganzem Herzen feierten. Eine Menge Menschen war am geschmackvoll dekorierten Bahnhofe versammelt und empfing mit Jubel den heranbrausenden Zug. Herr Bürgermeister Strohmayer begrüßte die Gäste namens der Feststadt und brachte ihnen zum Willkomm ein Hoch aus, in welches alles freudigst bewegt einstimmte.
Nach Absingung des Schwarzachtalliedes, welches die bunte Gruppe der in der alten einheimischen Volkstracht erschienenen jungen Burschen und Mädchen anstimmte, ging es unter Vorantritt der Musik zu dem schönen, inmitten von Bäumen gelegenen Festplatze am Schießhause, wo im Laufe des Tages das Publikum mit Volksbelustigungen und dergleichen unterhalten werden sollte, wenn diese Absicht nicht buchstäblich zu Wasser geworden wäre. Der Himmel, welcher, wie erwähnt, schon den ganzen Morgen ein äußerst griesgrämiges Gesicht gemacht, öffnete seine Schleusen und ließ sie mit wenigen Unterbrechungen, in deren einer nachmittags zur Not der programmäßige Festzug zum Bahnhofe und zurück auf den Festplatz sich bewegen konnte, den ganzen Tag offen. Trotzdem entwickelte sich auf dem Festplatze und in den Räumlichkeiten des Schießhauses ein reges Leben und Treiben, welches am Montag, wo das Wetter sich gebessert, seine Fortsetzung fand... Die programmäßig 'italienische' Nacht hatte zwar in Bezug auf die abgekühlte Temperatur einen etwas sibirischen Beigeschmack, das konnte aber der durch Musik und Gesang und guten Trunk erwärmten Stimmung nicht schaden; man hielt sich lange bis nach Mitternacht."

…und vom 4. August:
Der gestern stattgefundene Ausflug nach Bodenwöhr war für Jung und Alt ein großes Vergnügen, ging es doch mit der neuen Bahn; und mit dem Neuen hat bekanntlich Groß und Klein seine Freude. Von allen Seiten waren Gäste in dem geräumigen und hübschen Taucher'schen Wirtsgarten zusammengeströmt und es entwickelte sich eine Art kleines Volksfest, bei dem es äußerst gemütlich und fidel zuging und nicht einmal das bei größeren Ausflügen übliche Gewitter mit Regenplatsch, das auch gestern nicht fehlte, konnte der herrschenden Fröhlichkeit Eintrag tun… Im Ganzen mutete einem die Bahneröffnungsfeier an, als ob die Stadt Neunburg v.W. ein großes Familienfest feierte, zu welchem 'Verwandte' und 'Bekannte' von Nah und Ferne erschienen waren. Nach oft vieljähriger Abwesenheit waren sie gekommen, die Neunburger Kinder, um teilzunehmen an dem freudigen Ereignisse und es zeigte sich bei diesen Festgästen so recht die unauslöschliche Liebe, mit welcher der rechte Oberpfälzer an seiner Heimat hängt. Und die, denen es versagt war hierher zu reisen, sie gaben ihrer Anteilnahme Ausdruck in Depeschen und Briefen und waren voll der wärmsten Versicherungen der Anhänglichkeit und Glückwünsche für ihr liebes Neunburg! Und dieses Neunburg, es ist glücklich über seine Errungenschaften und voll des Dankes gegen alle die, welche sich an hohen und höchsten Stellen um die neue Bahn verdient gemacht und dieselbe so rasch gefördert haben, und in letzterer Hinsicht gehört ein gut Teil des Dankes dem Herrn Landtagsabgeordneten Matthias Neckermann von hier…"

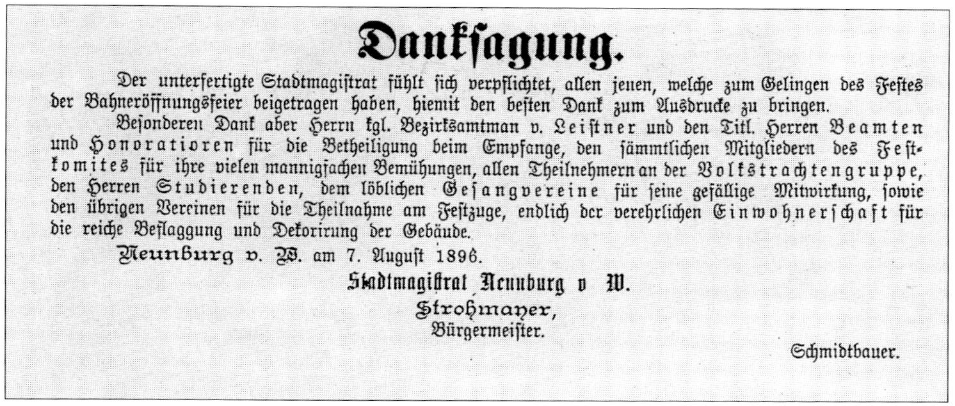
Danksagung.

Der unterfertigte Stadtmagistrat fühlt sich verpflichtet, allen jenen, welche zum Gelingen des Festes der Bahneröffnungsfeier beigetragen haben, hiemit den besten Dank zum Ausdrucke zu bringen.

Besonderen Dank aber Herrn kgl. Bezirksamtman v. Leistner und den Titl. Herren Beamten und Honoratioren für die Betheiligung beim Empfange, den sämmtlichen Mitgliedern des Festkomites für ihre vielen mannigfachen Bemühungen, allen Theilnehmern an der Volkstrachtengruppe, den Herren Studierenden, dem löblichen Gesangvereine für seine gefällige Mitwirkung, sowie den übrigen Vereinen für die Theilnahme am Festzuge, endlich der verehrlichen Einwohnerschaft für die reiche Beflaggung und Dekorirung der Gebäude.

Neunburg v. W. am 7. August 1896.

Stadtmagistrat Neunburg v W.
Strohmayer,
Bürgermeister.

Schmidtbauer.

Abb. 23: Danksagung im Neunburger Amtsblatt. *Stadtarchiv Neunburg v.W.*

An der Spitze des ersten offiziellen Zuges von Bodenwöhr nach Neunburg v.W. und zurück befand sich eine Dampflokomotive der Baureihe D VI, gebaut von der Münchener Lokomotivbaufirma Maffei. Von dieser Loktype existierte zu jener Zeit eine mit dem Namen „Bodenwöhr" und war in der Oberpfalz beheimatet. Es liegt die Vermutung nahe, daß diese Lokomotive den Eröffnungszug gezogen hat. Genaue Informationen liegen darüber leider ebensowenig vor wie Fotografien von dem ganzen Fest. Eine große Anzahl von Festteilnehmern mußte mittels Leiterwagen im strömenden Regen von Bodenwöhr nach Neunburg v.W. befördert werden, weil der Festzug nur 180 Ehrengäste und Teilnehmer fassen konnte und ein zusätzlicher Zug nicht genehmigt worden war.
Daß es zur Eröffnung Freifahrten gab, von denen reichlich Gebrauch gemacht wurde, versteht sich von selbst. Der fahrplanmäßige Verkehr wurde tags darauf am 3. August 1896 aufgenommen. Es standen die zweite und die dritte Wagenklasse zur Verfügung.

Die ersten Lokführer, die auf dieser Strecke ihren Dienst versahen, hießen Schmidbauer und Karl.

Die Fahrpreise waren damals:

	2. Klasse	3. Klasse
Bodenwöhr - Erzhäuser	einfach 30 Pfennige	einfach 20 Pfennige
	h.u.z 40 Pfennige	h.u.z. 30 Pfennige
Bodenwöhr - Penting	einfach 45 Pfennige	einfach 30 Pfennige
	h.u.z. 65 Pfennige	h.u.z. 45 Pfennige
Bodenwöhr - Neunburg v.W.	einfach 60 Pfennige	einfach 40 Pfennige
	h.u.z. 90 Pfennige	h.u.z. 60 Pfennige

Ursprünglich waren nur drei Zugpaare für die Strecke vorgesehen. Auf Ersuchen des Stadtmagistrats von Neunburg v.W., maßgeblich unterstützt vom kgl. Bezirksamtmann von Leistner, wurde von der Generaldirektion der kgl. bayerischen Staatseisenbahn ein viertes Zugpaar genehmigt. Aus redaktionstechnischen Gründen konnte der vierte Zug nicht mehr rechtzeitig im ersten Fahrplan der Strecke Bodenwöhr - Neunburg v.W. des offiziellen Kursbuches der kgl. bayr. Staatseisenbahnen berücksichtigt werden. (siehe auch Kapitel „Die Strecke im Fahrplan", Abb. 67 und Abb. 84)

Abb. 24, links oben: Der Bahnhof Bodenwöhr um 1910. *Sammlung Peter Bartmann*

Abb. 25, links unten: Der Bahnhof Bodenwöhr um 1900. *Stadtarchiv Bodenwöhr*

Abb. 26, rechts oben: Das gesamte Personal des Bf Bodenwöhr. Im Hintergrund eine D XI-Lokomotive mit abfahrbereitem Zug nach Neunburg v.W.(1903). *Stadtarchiv Bodenwöhr*

Abb. 27, rechts unten: die Strecke bei Erzhäuser in den dreißiger Jahren. *Sammlung Wolfgang Spitzer*

Danksagung.

Für die überaus zahlreichen Beweise inniger Theilnahme aus Nah und Fern bei dem Ableben und dem Leichenbegängnisse unseres lieben, treubesorgten, unvergeßlicher Gatten, Vaters, Sohnes, Schwiegersohnes, Bruders, Schwagers und Onkels

Herrn Michael Schmidbauer,

Lokomotivführers dahier,

sowie für die reichen Kranz- und Blumenspenden spreche ich hiemit allen Verwandten, Freunden und Bekannten, insbesondere der Hochw. Geistlichkeit, und den Herren kgl. Bahnbeamten, den Herren Lokomotivführern und dem gesammten übrigen Bahnpersonal von Schwandorf, Bodenwöhr und Neunburg v. W. meinen tiefgefühltesten Dank aus.

Neunburg v. W., am 10. Juli 1901.

Die tieftrauernde Wittwe:
Klara Schmidbauer,
mit ihren 4 unmündigen Kindern.

Abb. 28: Stationsgebäude von Erzhäuser. Foto: Slg. R. Haas
Abb. 29, links: Am Bf Neunburg; um 1910. Foto: Slg. L. Fröhler
Abb. 30: Der erste Neunburger Bahnhof. Stolz stellen sich Personal und Mitbürger mit der D VI - Lok „Leonore" zum Gruppenfoto auf. Foto: Slg. J. Wiemann
Abb. 31: Mit 33 Jahren an Lungen- und Nierenentzündung verstorben... . Danksagung der Witwe für Neunburgs ersten Lokführer, Michael Schmidbauer. Stadtarchiv Neunburg v.W.

Abb. 32: Neunburg vorm Wald um 1906. Links ist die Bahnhofsanlage mit Empfangsgebäude, Lagerhaus und Lokschuppen zu erkennen. Eine D XI ist mit Rangierarbeiten beschäftigt. Foto: Sammlung Theo Männer

Abb. 33: Neunburg vorm Wald um 1912, vom Plattenberg aus fotografiert. Die Bahnhofsanlage befindet sich auf der rechten Seite. Foto: Sammlung Theo Männer

Die Fortsetzung der Eisenbahnstrecke von Neunburg v.W. nach Rötz

Fehlende Beharrlichkeit und Unterstützung

In all der Zeit der Neunburger Bemühungen um einen Eisenbahnanschluß haben die Rötzer sich mit „angezogener Handbremse" um eine Weiterleitung der Bahnstrecke bemüht, um den begehrten Anschluß an den „Rest der Welt" zu erhalten. Rötz befand sich in einer verzwickten Situation: einem Weiterbau von Neunburg v.W. aus - das war auch in München wohl bekannt - standen erhebliche geographische Schwierigkeiten gegenüber, die zwar lösbar, aber vorerst nicht finanzierbar gewesen wären; dabei war die Streckenführung noch völlig offen. Rötz lag am Rande des Landkreises Waldmünchen, der mit einer Eisenbahn über Cham, nicht aber über Neunburg v.W. an das Haupteisenbahnnetz angeschlossen sein wollte. Die Rötzer selbst verfolgten die Idee einer Eisenbahnverbindung nicht mit der nötigen Beharrlichkeit und Konsequenz und strichen nach der Versammlung von 1882 zu früh die Segel. Hinzu kam, daß sie von amtlicher Seite keine Unterstützung erhielten, weil dem bis 1905 amtierenden Bezirksamtmann von Waldmünchen das Eisenbahnprojekt völlig gleichgültig war. Außerdem versuchte die Gemeinde Winklarn mit aller Macht, einen Eisenbahnanschluß von Neunburg v.W. über Schwarzenfeld in Konkurrenz zu der Rötzer Linie zu erhalten.

Erste ernsthafte Bestrebungen

Als es den Rötzern dämmerte, daß sie wirtschaftlich, sozial und verkehrspolitisch ins Abseits zu geraten drohten, machten sie endlich „mobil". Die Rötzer Stadtväter schrieben an die umliegenden Gemeinden Albernhof, Ast, Berndorf, Bernried, Biberbach, Breitenried, Diepoltsried, Döfering, Englmannsbrunn, Fahnersdorf, Fischbach, Gmünd, Grassersdorf, Hetzmannsdorf, Hiltersried, Katzelsried, Loitendorf, Pillmersried II, Premeischl, Schönthal, Spielberg, Stegen, Steinlohe, Thurau, Tiefenbach, Treffelstein aus dem Landkreis Waldmünchen, dann an die Gemeinden Altenschneeberg, Berg, Dautersdorf, Eixendorf, Haag, Heinrichskirchen, Hillstett, Irlach, Kulz, Muschenried, Pilmersried I, Seebarn, Thann und Thannstein aus dem Landkreis Neunburg v.W., um auch diese für einen Bahnbau nach Rötz zu gewinnen. Insgesamt stimmten von den angeschriebenen Gemeinden nur 21 dem Vorhaben zu (13 Gemeinden aus dem Bezirk Waldmünchen, 8 Gemeinden aus dem Bezirk Neunburg v.W., 18 Gemeinden enthielten sich einer Stellungsnahme, die Gemeinde Ast war dagegen).

Eine am 27. März 1889 einberufene Gemeindeversammlung brachte das Ergebnis, daß die Stadt Rötz den Grunderwerb für den Bahnbau durchführe. Außerdem beschloß man, sich nicht dem Bahnprojekt Cham - Waldmünchen, sondern dem Projekt Bodenwöhr - Neunburg v.W. anzuschließen, um die Verlängerung nach Rötz zu erreichen. Die Tatsache, daß zu dieser Gemeindeversammlung von 134 stimmberechtigten Gemeindebürgern sich nur 78 - also nur etwas mehr als die Hälfte - einfanden, war bezeichnend für den immer noch recht starken Widerstand bzw. für das beschämende Desinteresse gegenüber dem Bahnprojekt - was in München zum Leidwesen der Bahnbefürworter zur Kenntnis genommen wurde... . Dennoch beschlossen die Rötzer Stadtväter, wie einst 1887 die Neunburger, eine Denkschrift abzufassen, die in erster Linie die wirtschaftliche Seite des Vorhabens erläuterte. Bei den Verantwortlichen im Verkehrsministerium in München konnte man nur mit Zahlen und knallharten Fakten die nötige Aufmerksamkeit erreichen. Und schon am 3. April 1889 wurde der Reigen der vielen Bittschriften und Gesuche an das Ministerium eröffnet - und das über 20 lange Jahre. Man beklagte eindringlich den drohenden wirtschaftlichen Fall in die Bedeutungslosigkeit infolge fehlender Bahnverbindung. Ein Vergleich: Tiefenbach zählte 1889 1.376 Einwohner, Rötz nur 1.181. Die Eisenbahn bewirkte für Rötz fast eine Verdoppelung der Einwohnerzahl. Tiefenbach hingegen - ohne Bahnanschluß - blieb derartige Entwicklung versagt.

Die erste Deputation

Petitionen und Gesuche reichten alleine nicht aus. Wie die Neunburger, so entwickelten auch die Rötzer langsam aber sicher eine Fähigkeit auf dieser Art von Klaviatur. Durch Einschaltung politischer Persönlichkeiten wollte man den Druck auf München erhöhen. Bürgermeister Schlag von Rötz bat seinen Vetter, den Landtagsabgeordneten und ehemaligen Neunburger Bürgermeister Neckermann, sich für die Rötzer Sache an höchster Stelle zu verwenden, wobei man aber nicht als „Trittbrettfahrer" in Sachen Eisenbahnlinie Bodenwöhr - Neunburg v.W. angesehen werden wollte.
Am 23. April 1889 wurde eine erste Deputation bei Minister Freiherr von Crailsheim, Ministerialrat Oswald und dem Generaldirektor der königlich Bayerischen Eisenbahnen Schnorr von Carolsfeld vorstellig. Mit dem Argument, daß erhebliche Geländeschwierigkeiten zwischen Neunburg v.W. und Rötz den Eisenbahnbau zwar nicht technisch, aber finanziell fast unmöglich machen, wurde die enttäuschte Deputation wieder nach Hause geschickt. Die nachfolgenden Petitionen an die Abgeordnetenkammer wurden zwar der Staatsregierung zur Kenntnisnahme und Würdigung zugeleitet, blieben aber ohne Erfolg. Wegen der schon erwähnten topographischen und überproportional hohen finanziellen Schwierigkeiten würde auch die schlechte wirtschaftliche Lage von Rötz und seiner Umgebung eine auch nur annähernd angemessene Verzinsung des Baukapitals verhindern.

Gründung des Eisenbahncomités

Am 26. Dezember 1892 gründete man im Gasthaus Thamer zu Rötz ein Eisenbahncomité, um noch durchsetzungskräftiger zu werden. Erster Vorsitzender wurde Bürgermeister Schlag, Zweiter Vorsitzender Müllermeister Kraus von Gmünd, 1. Schriftführer Stadtschreiber Wilhelm Adam, 2. Schriftführer Lehrer Baumann. Man wollte so rasch wie möglich Nägel mit Köpfen machen, trotz der ablehnenden Haltung aus München. Denn diese Erfahrung, so tröstete man sich, hatten die Neunburger ja auch gemacht. Aber Eile war geboten; man befürchtete einen Bahnbau durchs Aschatal unter Aussparung von Rötz. Um ein Exempel an Entschlossenheit, Gemeinsinn und Weitblick zu statuieren, stellte der Bauer Josef Ruland auf der Versammlung spontan 100,- Mark aus seiner Privatschatulle für die Projektierungskosten zur Verfügung, was prompt Nachahmer fand. Man verfaßte einen Aufruf, der die Situation treffend widerspiegelte: „Können wir für unsere Gegend ein solches Ziel und sei es auch mit Aufwand, großen Mühen und Kosten erreichen, so haben wir nicht nur für uns, sondern auch für unsere Kinder, Enkel und Urenkel und noch für spätere Nachkommen einen bleibenden Wert geschaffen. Für diese unsere Mühe und für unsere Opfer wird uns diese Nachkommenschaft für alle Zeiten dankbar sein. Versäumen wir dagegen die jetzt gebotene und nie wiederkehrende Gelegenheit hierzu, so haben wir einen bleibenden Nachfluch unserer Nachkommen zu fürchten. Also mit Mut, Entschlossenheit, Opfersinn und Beharrlichkeit zum guten Werke." Alle weiteren Aufrufe, so wie jener von 1893 oder die Denkschrift von 1895, waren verständlicherweise etwas emotional gefärbt und warben leidenschaftlich für den Bahnbau.

Auch wenn sie in vielen Argumenten der Neunburger Denkschrift ähnlich ist, soll interessierten Lesern die vollständige Denkschrift dennoch nicht vorenthalten werden.

Die Denkschrift

zum Lokalbahnverlängerungsprojecte Bodenwöhr - Neunburg v.W. nach Rötz (Oberpfalz)

Mehr als je entbrennt der Kampf ums Dasein und ganz besonders ist es die ländliche Bevölkerung jener Gegenden, die weitab vom großen Weltverkehr liegen, welche sozusagen mit dem wirtschaftlichen Tode ringt.
Da ist es nun von jeher die väterliche Fürsorge der hohen Königlichen Staatsregierung gewesen, die helfend da eingriff, wo es die Bedürfnisse sowohl des Einzelnen, als auch der Gesamtheit erheischten.
Im Vertrauen zu dieser weisen Fürsorge nun wagt es die ehrerbietigst gehorsamste Stadtgemeindeverwaltung Rötz neuerdings mit Bittvorstellungen an die höchsten Stellen heranzutreten.
Rötz liegt fast in Mitte eines großen, fruchtbaren Talkessels, der, von der Schwarzach durchflossen, den größeren Teil des Bezirkes Waldmünchen und ein gut Teil des Bezirks Neunburg v.W. in sich schließt.
Dieses Gelände ist aber mit zwar schön bewaldeten, aber ziemlich hohen Hügeln und Bergen umgürtet, so daß es von jeher vom äußeren Verkehre so gut wie abgeschlossen war. Und selbst als in einer Entfernung von 20 bis 25 km südlich davon der Schienenstrang durch die ungeheueren Waldbestände von Bodenwöhr, Neubäu u.a.O. gelegt wurde, änderte dies an den sozialen und wirtschaftlichen Verhältnissen der Gegend nichts; die hohe Umwallung einerseits und die riesigen Waldmassen andererseits hielten konsequent Handel und Verkehr und damit auch Einwanderungen und Verbesserungen an landwirtschaftlichen und gewerblichen Verhältnissen ferne, so daß man ruhig sagen kann, unsere Gegend ist noch um ein gut Stück gegen andere zurück. Dieses Zurückbleiben wirft aber ganz bedeutende Schatten auf die finanziellen Verhältnisse dieser Gegend. Es werden dadurch die Werte der liegenden Güter sowohl als auch der auf ihnen hervorgebrachten Produkte derart gedrückt, daß sie den ackerbautreibenden Mann unmöglich über die Produktionskosten kommen lassen und dies darum, weil eben das mühsam Gewonnene nicht oder wenigstens nicht in nutzbringender Weise verwertet werden kann - unsere Gegend ist ja vom großen Verkehre so gut wie abgesperrt.
Man wird einwenden, es seien ja doch Staats- bzw. Distriktstraßen da. Ja, da sind sie, aber sie setzen uns mit größeren Orten nur in sehr großen Entfernungen - Regensburg z.B. 56 km - in Verbindung oder führen nach Orten, die für unserer Gegend kein Absatzgebiet gewähren. Die Hauptstraße Rötz - Waldmünchen - Taus - Prag war wohl bis in die sechziger Jahre ds. Jahrhunderts noch als Heerstraße von einiger Bedeutung und diente den Wollwägen aus Böhmen und Frankfurt a.M. als Verkehrsweg; aber den internen Verkehr belebte sie nicht; die Bevölkerung konnte höchstens ersehen, daß anderswo mehr Verkehr sei als bei uns.
Ebenbezeichnete Straße findet ihre Fortsetzung über Neunburg v.W. nach Amberg, also wieder nach Orten, die keine Absatzgebiete bilden, und zudem sind die Gefälls- bzw. Steigungsverhältnisse von Rötz nach Neunburg v.W. auf 10,7 km Entfernung so wechselnder Natur (Rötz 443,7 m - 468 - 513 - 531 - 472 - 478 - 487 - 421 - 499 - 406 - 379 m Neunburg v.W.), daß da von einer Verkehrserleichterung keine Rede mehr sein kann. Das Gleiche trifft zu auf der weiteren Hauptstraße Rötz - Regensburg, die aber seit Eröffnung der Bahn Schwandorf - Furth i.W. nur mehr bis Bodenwöhr in Betracht kommt, da diese Station der Ausgangspunkt des sich hauptsächlich in den Richtungen nach Regensburg oder Nürnberg bewegenden Handels ist. Diese Straße hat auf den ersten vier Kilometern von Rötz weg eine Steigung von über 200 m zu überwinden: 443,7 m 515 - 659 - 503 - 513 - 464 - 517 - 550 m in Neukirchen-Balbini, worauf sie bis Bodenwöhr wieder auf 371 m fällt. Derartige Straßen sind in harten Wintern mit großem Schneefall und reichliche Eisbildung geradezu unpassierbar. Und doch sollten gerade die letzteren beiden Strecken die Pulsadern des Verkehrs unserer Gegend bilden! Man darf von ihnen sagen, was ein bedeutender bayerischer Volkswirtschaftslehrer schreibt: „Die mangelhafte Technik des 18. Jahrhunderts suchte ihren Ruhm in Hochstraßen, sie führte die Wege geflissentlich über's Gebirge, um einen natürlichen, festen Unterbau zu haben. Jetzt, wo wir dem Güterwagen viel schwerere Fracht, dem Postwagen viel schnelleren Lauf zumuten, wo wir im künstlichen Unterbau, im Dämme- und Brückenbau so erstaunlich fortgeschritten sind, korrigieren wir die ganzen Linien und verwandeln die Hochstraßen zu Talstraßen."
Leider sind in früherer Zeit große Sünden gegen die Wahrheit begangen worden, indem man in die meisten, selbst größeren geographischen Werke Behauptungen setzte, wie: „Das Gebirge des Böhmerwaldes gehört gleichwohl zu den unwegsamsten, unbekannten Gebirgen von Deutschland, denn seine Täler sind enge und oft von Sümpfen erfüllt, die Gebirgsabhänge von dichten Tannenwäldern bedeckt. Dabei ist die Zahl der Ansiedlungen geringe.... Außer Viehzucht und dürftigem Ackerbau sind Glashüttenbetrieb und die noch in den ersten Anfängen stehende Holzindustrie die Erwerbsquellen für die wenig zahlreiche Bevölkerung."
Dies trifft aber in unserem aus 30 Gemeinden bestehenden Interessengebiete mit seinen 71 Ortschaften mit 10.461 Einwohnern am allerwenigsten zu.
Der Boden dieses 16.410 ha umfassenden Geländes ist nämlich derart, daß alle Getreidegattungen in bester Qualität und Quantität gedeihen. Die zwei durch den hiesigen Raiffeisenverein bis jetzt vermittelten Haberlieferungen zum königlichen Proviantamte Nürnberg ergaben, daß die bei uns gebaute Frucht ein Übergewicht von 5 - 15 gr. pro 1/4 l aufweist und wurden daher im Monate Mai ds. Js. pro Zentner 5,09 M. - 5,97 M. erzielt, während von Händlern 4,90 M. geboten wurden. Mit Korn und Weizen wäre es ähnlich. Aber wohin mit dem Getreide? Bei uns sind Landwirte, die noch drei Kornernten am Boden haben, weil sie außer um Schleuderpreise nichts an den Mann bringen können, betragen doch die Frachtspesen pro Waggon bis Cham oder Bodenwöhr schon 78 - 80 M.!
Allenthalben erstreben die gegenwärtig zum Segen der Landwirtschaft und des Gewerbes aufblühenden Raiffeisenvereine die Errichtung von Lagerhäusern an Bahnstationen, um so rascheren und auch vorteilhafteren Absatz der landwirtschaftlichen Produkte zu ermöglichen und finden dabei von hohen und höchsten Stellen dan-

kenswerteste Unterstützung. Für den hiesigen und die nachbarlichen, balde auch zu einem Unterverbande zusammengeschlossenen Vereine besteht hier im sogen. früheren Zehentstadel, einem gewaltigen Steinbau mit fünf Böden, ein Lagerhaus, wie kaum irgendwo eines errichtet wird. Aber hier fehlt der Hauptfaktor der Handelsverbindungen - die Bahn.

Der Boden hiesiger Gegend ist als Verwitterungsprodukt von Gneis und Granit sehr gut, aber etwas kalkarm und somit verbesserungsfähig und bedürftig. Eine Verbesserung mit Kalk und anderen künstlichen Düngemitteln ist aber z.Zt. noch unmöglich, eben wegen der ungeheuren Verkehrsschwierigkeiten und die dadurch bedingte riesige Preiserhöhung.

Auch hierin wurde durch den im Pfarrsprengel seit April v.Js bestehenden Raiffeisenverein ein Versuch gemacht. Es wurden den Mitgliedern zwei Waggons Kalkstaub und ein Waggon Kainit und Thomasschlacken vermittelt zu einer Zeit, in der noch Frachtermäßigung gewährt war. Und trotzdem kam der Zentner Kalkstaub auf 70 Pf, die durch denselben zerstörten Säcke gar nicht mitgerechnet, einen Preis, der weitere Versuche unmöglich macht. Ähnlich verhält es sich mit den anderen künstlichen Düngemitteln und noch ungünstiger ist die Sachlage für die von uns weiter nach Norden gelegenen Ortschaften.

Es ist richtig, was das landwirtschaftliche Zentralblatt für Rheinpreußen schreibt: „Genossenschaftlich Dünger kaufen heißt sparen" und was unser landwirtschaftliches Organ sagt: „Unsern ländlichen Genossenschaften sei insbesondere der gemeinsame Bezug durch den Landesverband empfohlen, weil hierbei die größte Sicherheit für zuverlässig gute und preiswürdige Ware geliefert wird."

Unsere Landwirte gehen aber samt und sonders dieser Bonifikationen verlustig durch die ungünstigen Verkehrsverhältnisse.

Die Leinenindustrie, die früher einem großen Teile des weiten, umliegenden Bezirkes namentlich in den Wintermonaten Beschäftigung und Erwerb verschaffte, so daß ihrer in den meisten geographischen Werken Erwähnung geschah - sie ist nicht mehr. Vom Verkehre abgeschlossen, konnten die Produkte keinen Absatz mehr finden, da in die an Bahnen gelegenen Orte aus zwar weiter entlegenen, aber in den Weltverkehr einbezogenen Gegenden die gleichen Artikel billiger geliefert werden können. Es ist deshalb z.B. die reinste Ironie, wenn in sämtlichen Kalendern von einem Rötzer Flachs-, Garn- und Leinwandmarkt die Rede ist. Es sind längst vergangene Zeiten, daß hiesige Leinwandhändler mit Dresdener und Leipziger Firmen in direktem Verkehre standen. Und worin liegt die Ursache? In unseren traurigen Verkehrsverhältnissen.

Ein weiterer, neben dem Getreidebau überaus wichtiger Zweig der Landwirtschaft ist die Viehzucht und gerade dieser verdankt der Rötzer Viehmarkt einen der ersten Plätze unter den gleichen Märkten des Königreiches. Es betrug nämlich der Auftrieb in den letzten zehn Jahren 106.200 Stück Ochsen und Kühe und ca. 3.800 Schweine oder 10.620 Stück Rindvieh durchschnittlich pro Jahr. Zu dieser nicht unbeträchtlichen Summe aber kommt noch die Zahl jener Tiere, die unter der Zeit von sogenannten Unterhändlern aufgekauft und, ohne den Markt betreten zu haben, fortgeliefert wurden. Die Firma Wollner und Hilpert in Nürnberg allein gab auf einem von ihr eingereichten Fragebogen die Zahl der jährlich ab hier verfrachteten Tiere auf 100 Waggons an. Und diese hohen Beteiligungsziffern ergeben sich, obschon die zu verfrachtenden Tiere 20 km weit nach Bodenwöhr zur Bahn getrieben werden müssen! Letzterer Umstand ist aber für die Produzenten und damit für die ganze Landwirtschaft ein großer Schaden. Durch den langwierigen Trieb über Berg und Tal verlieren die Rinder ungemein an Gewicht und Wert, abgesehen von den Treiberkosten; der Händler aber hält sich dadurch schadlos, daß er dem Verkäufer einen dementsprechend niederen Preis zahlt.

Der oben bezeichnete Auftrieb ergab sich ferner, obwohl die Märkte nur in den Monaten April - November abgehalten werden. Die sogenannten Wintermärkte, wie solche z.B. Cham besitzt, fallen bei uns weg; über die uns umgebenden Höhen ist nämlich im Winter ein Zu- bzw. Abtrieb nach Bodenwöhr unmöglich.

Wie ganz anders würden unsere Viehmärkte aber bestellt werden, wenn die Bahnlinie Bodenwöhr - Neunburg v.W. nach Rötz verlängert und so den Händlern Gelegenheit zu direkter Einladung ihrer Transporte gegeben würde!

Und welcher Impuls würde der Landwirtschaft der ganzen Gegend gegeben werden! Sicher würden von den im Interessengebiete einer Bahnverlängerung Neunburg v.W. - Rötz gelegenen 1.120 ha Weide und Hutung und 268 ha ödem Land der größte Teil der Kultur wiedergegeben werden!

Unsere Landwirte müßten sich zu einer zeitgemäßeren rationelleren Bewirtschaftung ihrer Güter und zur Beschaffung zweckentsprechender Geräte verstehen; die Ausbeutung würde nach jeder Richtung hin eine erheblich größere und damit würden auch die liegenden Güter bedeutend an Wert gewinnen - kurz, unsere ganze Gegend würde wieder kredit- und lebensfähiger werden und speziell für die Sradt Rötz würde dieser allgemeine Aufschwung den Anfang eines neuen wirtschaftlichen Lebens bedeuten. Sie brannte vor 55 Jahren total nieder und hat sich leider nie wieder von diesem harten Schicksalsschlage erholen können. Dies beweist am besten der Umstand, daß die Mehrzahl der Häuser im Inneren noch nicht einmal ausgebaut sind, weil es eben an Bargeld mangelt. Dafür lasten aber auf den weitaus meisten Anwesen bedeutende Hypothekenschulden, welche ihrererseits wieder die geringen Einkünfte aus der Landwirtschaft und dem Gewerbe fast aufzehren, so daß nach Abführung der in der Gegenwart zu bedeutender Höhe angewachsenen Steuern und Abgaben oft kaum mehr das Nötigste zum Leben übrig bleibt. Wer die Lebensweise nicht bloß der Stadt, sondern insbesondere der Landbevölkerung kennt, den wird kaum ein Verlangen darnach anwandeln. Kraut, Kartoffelspeisen und sogenannte saure Suppe sind die Haupt-, Fleischspeisen nur untergeordnete Nahrungsmittel. Dabei hat aber Rötz gegenwärtig 105 % Gemeindeumlagen. Zu diesen kommen noch 16 6/10 % Distriktumlagen, ferner 28 % Kreisumlagen, weiters die Naturalleistungen für Distrikts- und Gemeindeverbindungswege, desgleichen die Naturalverpflegung der Ortsarmen.

Am hiesigen Orte sind nach der letzten Erhebung 213 Gewerbe im Betriebe; aber vom Erträgnisse derselben könnten die Leute ohne Nebenherbetrieb der Landwirtschaft nicht leben. Die Herbeischaffung der benötigten Rohmaterialien, bzw. Waren veranlaßt ab Bodenwöhr pro Zentner noch 50 Pf. Fracht. Diese Unkosten müssen aber wieder den Konsumenten zu Schaden gerechnet werden. So kommt es, daß die einfachsten Dinge

eine Preiserhöhung erfahren müssen, daß sie insbesondere in Qualität mit den gleichen Artikeln in günstigerer Lage nicht mehr konkurrenzfähig sind. Dieser Umstand hat beispielsweise zur Folge, daß sich die Leute der umliegenden Ortschaften ihre Konsumartikel lieber gelegentlich von Cham holen, oder schicken lassen, weil sie so wohlfeiler und besser zukommen. Durch diese ungünstigen Verhältnisse wird in unserer Gegend dem Hausierhandel in wahrhaft entsetzlicher Weise Vorschub geleistet.
Detailreisende laufen von Haus zu Haus und verstellen da ihre billigen, wenn auch meist schlechten Waren. Diese werden dann in großen Partien hierher geliefert und durch eigens bezahlte Leute auseinander getragen. Die einheimischen Geschäftsleute aber, die doch die gleichen Steuern und Abgaben entrichten müssen, ob ihr Geschäft flott oder flau geht, werden so einem sicheren Ruine nach und nach in die Hand geliefert. Der heranwachsenden Jugend mangelt es ferner bei dem stetigen Rückgange von Landwirtschaft und Gewerbe an Arbeit. Die Folge hiervon ist, wieder eine massenhafte Auswanderung gerade der besten Arbeitskräfte nach den Haupt- und Konzentrationspunkten Wien und München und somit eine stete Verminderung der Bevölkerungsziffern. (Seit der letzten Volkszählung im Bezirke um 1.313 !)
Auch einiger Industriezweige sei hier noch gedacht, die sicherlich nur zur Rentabilität der Strecke Rötz - Bodenwöhr beitragen würden. Im Tale der Schwarzach befinden sich nämlich eine Reihe von Glasschleifen, welche jährlich eine Menge Sand, Gips, Potte, Roh- und Spiegelglas verfrachten. In dem 6 km von hier entfernten Schönthal befindet sich eine Dampfsäge, welche mit zwei Vollgattern und zwei Kreissägen arbeitend, ihre Erzeugnisse neben den Bedürfnissen der dazu gehörigen Dampfbrauerei in einer Höhe von 60.800 Zentner (304 Waggons) und jährlich 20.000,- Mark Frachtunkosten in dem 18 km entfernten Cham absetzen muß. Nächst Rötz wurde ferner am Südabhange der Schwarzwöhrberges im Vorjahre ein Bruch feinen blauen Granites durch eine bedeutende Nürnberger Firma eröffnet und probeweise längere Zeit betrieben. Aber die Bestellungskosten zu einer der nächsten Bahnstationen erwiesen sich als zu hoch, daß das Unternehmen, das sowohl für die Bahn, als auch für die hiesige Stadt höchst nutzbringend gewesen wäre, der ungeheuren Verkehrschwierigkeiten halber wieder fallen gelassen werden mußte. Endlich bergen auch noch die riesigen Waldbestände der umschließenden Höhen große, ausnutzbare Holzmassen.
Auf das bisher Gesagte möchten nun allerdings zwei ziemlich schwer wiegende Einwendungen erfolgen:
Es ist bereits die Bahn Cham - Waldmünchen eröffnet, die nach dem Hauptorte des Bezirkes führend, Rötz östlich 15 km nahe kommt;
es ist die Strecke Bodenwöhr - Neunburg v.W. im Baue, welche dann von Rötz auf der Westseite gar nur 10,8 km entfernt ist und somit eine Fortsetzung letzterer Linie bis Rötz keine Notwendigkeit.
Zur Entkräftung des ersten Punktes muß folgendes gesagt werden:
Die Linie Cham - Waldmünchen ist mit Ausnahme des Stadtbezirkes Waldmünchen und dessen allernächster, sich höchstens auf 3 km erstreckender Umgegend, sowie der direkt an der Bahn gelegenen paar Orte des Bezirksamtes für den ganzen übrigen, westlich sich ausdehnenden Bezirk vollständig belanglos. Sie zieht sich nämlich von Rötz, also vom Westen her betrachtet, in völliger Abgeschlossenheit hinter eine Reihe von Bergen (Engelberg 649 m, Sattel 567 m, Bleschen-Bg. 605 m, Alter Bg. 585, Bühl 632 m, Gemeinde Berg 685 m, Hohe Kugel 687 m, Steinhaus 648 m) bald in's enge und tief eingefurchte Tal des Katzbaches, diesen bis zu seiner Mündung verfolgend. Die Talsohle bei Rötz liegt 443,7 m, bei Schönthal 450,9 m, am Vereinigungspunkte der westlichen und östlichen Schwarzach 456 m überm Meere, jene des Katzbachtales bei Katzbach 491 m, bei Balbersdorf 423 m, bei Schabelmühle 403 m, bei Maiberg 388 m, bei Willmering 376 m, bei Katzbach 368 m. Wie soll man nun mit Güterverkehr zu dieser Bahn gelangen? Es führt ja mit Ausnahme von Waldmünchen nicht einmal eine halbwegs practicable Vicinal-, geschweige denn eine Distriktstraße zu ihr, und obendrein ist, Waldmünchen und Zillendorf abgerechnet, nicht eine Station mit Güterverladevorrichtung daran. Wollte man aber Güter aus hiesigem Terrain, das bereits eingangs des Näheren als großer Talkessel bezeichnet ist, auf der allerdings ebenen, 15 km langen Straße nach Waldmünchen schaffen, so müßte man bis Bodenwöhr folgende km machen: Rötz - Waldmünchen per Achse 15 km, Waldmünchen - Cham 22 km, Cham - Bodenwöhr 28 km, ist also 65 km, während von Rötz direkt nach Bodenwöhr nur 20 km sind. Es würde somit ein Umweg von gut 45 km gemacht, ganz abgesehen von den sehr erheblichen Mehrkosten daraus, welche durch 5 km Bahnfracht nebst Lokalbahnzuschlag für 22 km bis Bodenwöhr erwüchsen. Der Fuhrwerksverkehr dagegen würde durch die 5 km wenig geändert.
Die schon erwähnte Dampfsäge und Brauerei Schönthal hätte nach Waldmünchen nur 9 km; aber trotzdem verfrachtet selbe heute noch in Cham. Auch kann man die Fuhrwerke der an der westlichen Schwarzach bei Tiefenbach und Treffelstein etc. gelegenen Schneidsägen tagtäglich die Hauptstraße bei Schönthal nach Cham passieren sehen. Alle diese wenden sich sofort hierher, wenn hier einmal Fahrgelegenheit durch die Bahn geschaffen ist.
Das Gleiche trifft zu bezüglich des Personenverkehrs. Die ohnehin sparsame Bevölkerung läuft lieber die 13 km nach Pösing oder 20 km nach Bodenwöhr, als daß sie 1 M. und mehr Umwegkosten auf der Bahn bezahlt. Sollte es uns aber beschieden sein, in unsere zwar unvergleichlich schöne, aber abgeschiedene Gegend die Bahn einziehen zu sehen, so wird sich auch der Personenverkehr auf weitere Umkreise hier konzentrieren.
Durch den Abschluß der Linie Bodenwöhr - Neunburg v.W., an letzterem Orte wird uns westlich die Bahn zwar um 5 km näher gerückt, aber für sie gilt trotzdem das Wort: „Wie nahe und - doch so ferne!" Für den Güterverkehr aus unserer Gegend muß auch diese Linie solange als belanglos erachtet werden, bis sie ihren Abschluß in Rötz findet. Wie nämlich die Linie Cham - Waldmünchen durch einen fortgesetzten Zug von Bergrücken von unserer Talweitung getrennt ist, so legen sich auch gegen Westen Höhen und Höhenzüge dem Verkehre entgegen: der Schwarzwöhrberg mit 703 m, Eibenstein mit 712 m, Rothberg 629 m, Warberg 616 m, welche Erhebungen dann gegen Norden bis über Winklarn hinaus in einem ca. 12 km langen, etwa 600 m hohen Längsrücken ihre Fortsetzung finden.
Die eingangs präzisierten Steigungsverhältnisse der von Rötz nach Neunburg v.W. am Südabhange des Schwarzwöhr- und Rothberges hinführenden Hauptstraße sind wohl

durch Umgehung der Strecke Eixendorf - Stockarn etwas gemildert, immerhin aber noch derart, daß letztere mit schwerem Lastfuhrwerk ohne bedeutende Vorspannkosten überhaupt nicht befahrbar ist, imWinter der Eisplatten auf und an den Bergabhängen halber nur unter Lebensgefahr. Rechnet man dann wieder die Fracht nebst Zuschlag bis Bodenwöhr, so fahren die Fuhrleute ausgesprochenermaßen lieber und eben so billig noch direkt dorthin.

Da weiteres diese Hauptstraße in ihrer jetzigen Anlage unkorrigierbar ist, so bliebe nur der einzige Ausweg des Neubaues einer solchen. Aber dieser käme nach dem Urteile eines höheren Fachmannes teurer, als die Verlängerung der Bahnlinie, die doch ungleich mehr Nutzen stiftet, als eine tote Straße.

Jetzt wäre nur mehr die Frage zu ventilieren. „Auf welchem Wege soll denn dann eine Bahn nach Rötz gelangen?" Ein Blick auf die Gegend und die topographische Karte läßt den Weg von Neunburg v.W. über Gütenland, Seebarn, Thann, Hillstett nach Rötz als möglichst ebenen - es sind nur ca. 50 m Steigung zu überwinden - und wegen Hinfalles größerer Kunstbauten als den geeignetsten erscheinen. Und wenn es denn doch einmal gilt, eine bislang außer allem Verkehr gelegene Gegend zu erschließen, so möge das Werk doch auch ganz ausgeführt werden!

Es sollen hier noch einige Worte des schon einmal citierten Volkswirtschaftslehrers wegen ihrer zutreffenden Wahrheit Platz finden: Dort ein Übermaß rastlos drängenden Lebens, hier Totenstille und Verödung. Diese schroffen Gegensätze zu vermindern, den Verkehr zu einem in der Tat allgemeinen zu machen, die jetzt ganz abgeschnittenen, verarmenden Gegenden wieder zu demselben heranzuziehen: Das wird jetzt eine ernste Aufgabe sein! Und weiter: „Beim Vergleiche der Ertragsprozente unserer Bahnlinien fand ich, daß fast überall, wo man Eisenbahnen baute, ohne vorher rechte Heerstraßen und Gemeindewege gebaut zu haben, die Eisenbahnen am schlechtesten rentierten. Denn nicht der Weltverkehr füllt die Personenwagen der Eisenbahn, sondern der Lokalverkehr."

Nach Rötz nun, dem anzustrebenden Endpunkte der Linie Bodenwöhr - Neunburg v.W. führt schon ein gut verzweigtes Netz trefflich hergestellter Ortsverbindungs- bzw. Distrikts- und Hauptstraßen: Schönsee - Winklarn - Rötz; Schönau - Tiefenbach - Hiltersried - Rötz; Lixendöfering - Döfering - Rhan - Schönthal - Rötz; Bernried - Rötz, so daß für die eben aufgeführte Behauptung die Prämisse in bester Weise gegeben erscheint.

Schließlich darf auch nicht verschwiegen werden, daß die im Vorausgehenden wahrheitsgemäß geschilderten Zustände nicht verfehlen, auf die moralische Stimmung der Bevölkerung nachteilig zu wirken und den Geist der Unzufriedenheit mit den hierorts bestehenden Verhältnissen heraufzubeschwören, welcher denn auch schon bei den letzten Wahlen dadurch zum Ausdrucke gebracht wurde, daß sich der Socialdemokratie eine erkleckliche Anzahl von Stimmen zuwandte, welche sicher noch größer geworden wäre, hätte nicht in letzter Stunde noch eine Ablenkung der erregten Gemüter auf eine Mittelspartei stattgefunden. Ruhe und Zufriedenheit der Bevölkerung dürfen aber sicher als die bevorzugtesten Segnungen des Friedens und als Grundfesten gedeihlicher Staatsentwickelung erachtet werden.

Aus den vorstehenden Erörterungen dürften sich somit folgende Anhalts-Punkte ergeben:

Unsere Gegend geht infolge ihrer Abgeschlossenheit einer Entvölkerung - seit der letzten Volkszählung hat die Bevölkerungszahl in unserem Bezirke um 1.313 abgenommen! - und Verarmung entgegen; die früher blühende Leinenindustrie ist vollständig eingegangen; die Landwirtschaft muß infolge mangels an Absatz rückwärts gehen; die Handelgeschäfte können in keiner Weise mehr mit jenen an Orten in günstigeren Verkehrsverhältnissen mehr concurrieren, da die bislang den Verkehr vermittelnden Hauptstraßen den Anforderungen der Zeit in keiner Weise mehr entsprechen. Diesem Übelstande hilft auch die neugebaute Bahn Cham - Waldmünchen nicht, jene von Bodenwöhr nach Neunburg v.W. nicht einmal halb ab.

Dagegen erschließt letztere Linie in ihrer Verlängerung bis Rötz eine ebenso schöne, als fruchtbare Gegend; hebt, ja belebt die zurückgebliebene Landwirtschaft neu durch Eröffnung zweckentsprechender Abfuhr von Getreide, Holz, Groß- und Kleinvieh, Zufuhr nötiger Düngemittel und Ermöglichung des Erwerbes eines herrlichen Lagerhauses; erhöht die Werte der liegenden Güter und somit die Creditfähigkeit der ganzen Gegend; setzt dem schädlichen Hausierhandel durch Herbeiführung von Concurrenzfähigkeit der einheimischen Kaufhäuser wohltätige Schranken; begründet den Wohlstand der durch herbe Schicksalsschläge hart mitgenommenen Stadtbevölkerung, ermöglicht der Industrie die Erschließung neuer Zweige durch Nutzbarmachung unbeachteter Wasserkräfte und Eröffnung von Steinbrüchen; setzt so der Auswanderungslust der brauchbarsten Kräfte ein Ziel und - was wohl eine Haupterrungenschaft sein dürfte - läßt wieder Mut und Vertrauen und damit auch wieder Zufriedenheit in die Gemüter kommen.

Stadtgemeindeverwaltung und Eisenbahncomité Rötz:

Kraus Georg, Bürgermeister.
Thanner Georg, Beigeordneter.
Kellner Johann.
Brandl Anton.
Stichanner Andreas.
Hofmann Johann.
Schlag Anton.
Neuberger Josef.
Wolfarth Josef.
Gillitzer Georg.
Riederer Franz.
Hofmann Johann.
Sturm Johann.
Nothaaß Johann.
Schmaus Rudolf.

Absage aus München

Endlich wurde am 16. März 1896 der Antrag der Stadt Rötz neben vielen Petitionen anderer Gemeinden in der bayerischen Abgeordnetenkammer behandelt. Der zuständige Landtagsabgeodnete Witzlsperger unterstützte nach Kräften den Antrag. Trotzdem blieb die Staatsregierung dem Bahnprojekt gegenüber weiterhin skeptisch, wenn nicht sogar ablehnend, weil die Bahnlinie ihren Berechnungen nach keine Rendite erzielen würde; sie würde gar zum Verlustgeschäft. An einen Baubeginn war also in nächster Zeit nicht zu denken. Die Rötzer Bitte, schon einmal auf eigene Faust eine Bahnprojektierung vornehmen zu dürfen, wurde Ende Mai 1897 abgelehnt. Am 29. August 1897 bat Rötz erneut um Fortsetzung der Bahnlinie von Neunburg v.W. aus, was am 19. September 1897 wieder negativ beantwortet wurde. Im Oktober 1897 bat man in einer weiteren Petition wenigstens die Projektierung für die Strecke vornehmen zu dürfen. Dieser Wunsch wurde am 21.März 1899 von der Abgeordnetenkammer lediglich würdigend zur Kenntnis genommen.

Winklarn, die große Konkurrenz

Die besseren Karten schienen auf einmal die Marktgemeinden Winklarn und Schwarzhofen zu besitzen, denn die reichten am 31. Januar 1898 ein Gesuch um Projektierung der Strecke Neunburg v.W. - Winklarn ein. Außerdem war seit längerer Zeit zur Erschließung der Region auch noch die Strecke Schwarzenfeld bzw. Nabburg - Schönsee im Gespräch. In einem Bericht der Generaldirektion der Staatseisenbahnen vom 26. Juni 1898 betrachtete man die Bau- und Betriebsverhältnisse am günstigsten bei einer Streckenführung Neunburg v.W. - Winklarn - Schönsee. Wirtschaftlich jedoch am besten wäre Schwarzenfeld bzw. Nabburg - Schönsee, daher auch bauwürdiger. Die Verbindung mit Rötz erachtete man zwar als bauwürdig, aber nicht vordringlich. Also nicht nur die Kammer der Abgeordneten, sondern auch die Eisenbahnverantwortlichen räumten einer Verbindung von Neunburg v.W. nach Rötz keine guten Zukunftsaussichten ein. Die Rötzer sahen ihre Felle davonschwimmen, als die Staatsregierung beschloß, weitere Bestrebungen auf Weiterführung von Neunburg v.W. aus vorerst unberücksichtigt zu lassen. Rötz resignierte, was sich beinahe bitter gerächt hätte, denn Winklarn sah nun seine reelle Chance gekommen und trat mit Neunburg v.W. in Verhandlung, um Flankenschutz zu erhalten. Am 6. Februar 1899 reichten Schwarzhofen, Winklarn und Neunburg v.W. eine Petition um Erbauung einer Lokalbahn Neunburg v.W. - Winklarn ein und legten am 25. April 1899 mit der Bitte um Projektierungskonzession der Strecke noch gleich eins drauf. Am 13. Mai 1899 wurde dem Neunburger Stadtmagistrat dann die Bewilligung zur Vornahme technischer Vorarbeiten für eine Lokalbahn über Schwarzhofen nach Winklarn auf die Dauer eines Jahres unter Gestattung der Übertragung der Projektierungsarbeiten an die Münchener Lokalbahn-Aktien-Gesellschaft erteilt, obwohl damit ausdrücklich keine Bahnbauzusage verbunden war. (siehe Abbildung Nr. 34)
Angesichts solch massiver Konkurrenz reichten die Rötzer 1899 zwei weitere Petitionen um Projektierung ein, was aber abgelehnt wurde. Am 10. Dezember 1899 wird den Rötzern außerdem klargemacht, daß die Verleihung einer Projektierungskonzession nicht viel Wert hat und die Linie Neunburg v.W. - Rötz - wenn überhaupt - wahrscheinlich nicht vor 1903 in einem Gesetzentwurf berücksichtigt werden kann. Eine Zusicherung auf Berücksichtigung, so wird ausdrücklich hervorgehoben, gibt es nicht.
Bis 1903 sollte man nun also stillhalten. Unmöglich! Wer weiß was in der Zwischenzeit die Schwarzhofer und Winklarner alles versuchen würden, um ihrerseits das bessere „Bahnende" für sich zu haben. Mit Argusaugen wachte man über jeden Schritt der Konkurrenz, sofern man davon Kenntnis erhielt. Also hieß die Parole: „Wachsam sein und weiter petitionieren!"
Am 31. Januar 1900 keimte plötzlich wieder Hoffnung auf, als nach erneuter Bitte zur Überraschung die Konzession zur Projektierung erteilt wurde. Nur fünf Wochen später, am 9. März wurden weitere Petitionen aus dem Oberpfälzer Raum von der Abgeordnetenkammer behandelt. Der Streckenvorschlag Neunburg v.W. - Schwarzhofen - Winklarn erfuhr ebenso Würdigung wie der Vorschlag für die Strecke Nabburg - Schönsee. Nachdem nun seit geraumer Zeit die Winklarner am längeren Hebel zu

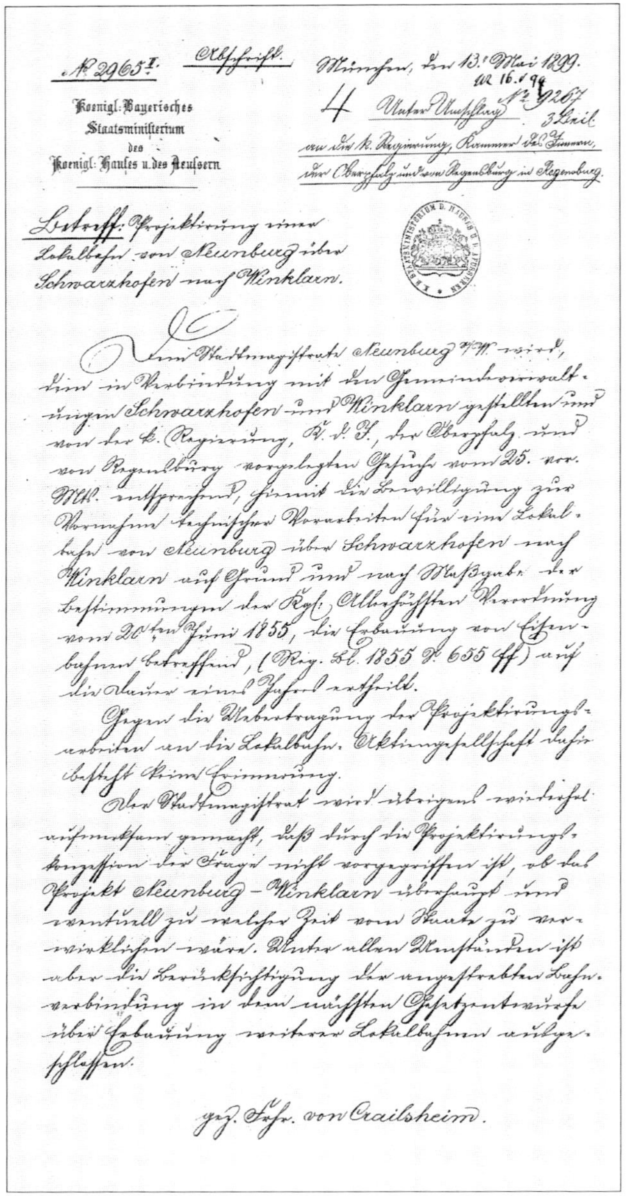
No 2965 I. Abschrift. München, den 13. Mai 1899.

Koenigl. Bayerisches Staatsministerium des Koenigl. Hauses u. des Aeußern

Betreff: Projektierung einer Lokalbahn von Neunburg über Schwarzhofen nach Winklarn.

gez. Frhr. von Crailsheim.

Abb. 34 Bayerisches Hauptstaatsarchiv, München

sitzen schienen, ergriffen die verzweifelten Rötzer, eingedenk der Tatsache, daß sie auch über Waldmünchen nicht an das Haupteisenbahnnetz angeschlossen wurden, den letzten Strohhalm in Form einer Petition um eine Lokalbahnverbindung mit Nabburg - und zogen wieder den kürzeren.

Hoffnung

Daß das nervenaufreibende Hin und Her für die Rötzer ein plötzliches und glückliches Ende fand und die Chancen für die Verbindung mit Neunburg v.W. wieder sprunghaft steigen ließ, war einzig und allein der gesetzlichen Genehmigung der Lokalbahn Nabburg - Oberviechtach vom 30. Juni 1900 zu verdanken. Wegen der geographischen Nähe zu der neuen Bahnlinie war an eine Einbindung Schwarzhofens nicht mehr zu denken. Folglich erstrebten die Winklarner eine direkte Verbindung mit Neunburg v.W.. Aber spätestens beim Blick auf die Landkarte wurde jedem realistisch denkenden Winklarner die Aussichtslosigkeit dieses Wunsches deutlich. Und so bat man in einem Gesuch vom 12. Februar 1902 um Projektierung einer Bahnlinie über Oberviechtach hinaus bis nach Schönsee - mit Ausbiegung über Winklarn. Das Gesuch wurde von der Eisenbahn-Generaldirektion nur acht Tage später befürwortet und weitere zwei Tage darauf genehmigt. Mit einem Schlag war der größte Konkurrent beseitigt und die Rötzer sahen plötzlich wieder Licht am Ende des Tunnels.

Weitere Rückschläge

In dem fähigen, fleißigen und gewandten Abgeordneten Söldner und ihrem energischen Bürgermeister Kraus hatten die Rötzer zwei tatkräftige Volksvertreter und Kämpfer für ihr lebenswichtiges Projekt. Obwohl der Streckenverlauf bis Rötz noch nicht festlag, ging man von Grunderwerbskosten in Höhe von 97.300,- Mark aus. Die beteiligten, umliegenden Gemeinden sagten ihre finanzielle anteilige Unterstützung zu. Aber Ende Dezember 1902 gab es wieder einen Rückschlag: Schon Ende Dezember darauf vor-

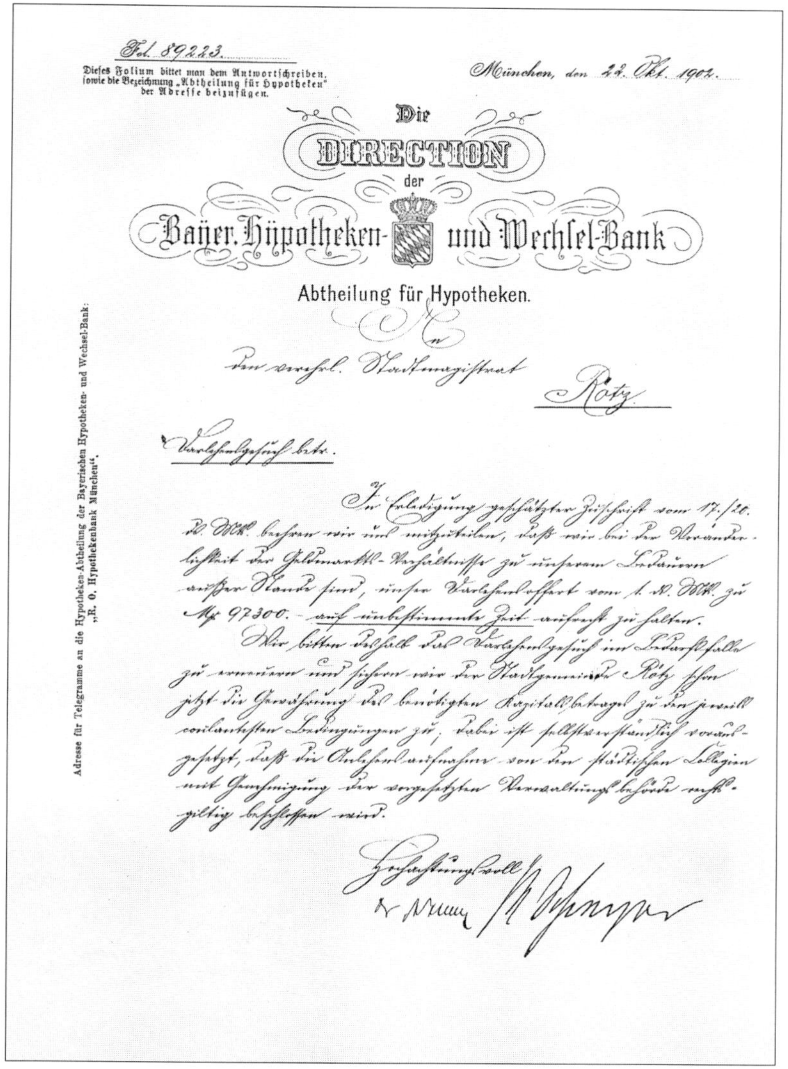

Jnl. 89223.

Dieses Folium bittet man dem Antwortschreiben, sowie die Bezeichnung „Abtheilung für Hypotheken“ der Adresse beizufügen.

München, den 22. Okt. 1902.

Die DIRECTION der Bayer. Hypotheken- und Wechsel-Bank

Abtheilung für Hypotheken.

An den verehrl. Stadtmagistrat Rötz

Darlehensgesuch betr.

In Erledigung geschätzter Zuschrift vom 17./20. d. Mts. beehren wir uns mitzutheilen, daß wir bei der Veränderlichkeit der Geldmarkt-Verhältnisse zu unserem Bedauern außer Stande sind, unsere Darlehensofferte vom 1. d. Mts. zu M 97300.- auf unbestimmte Zeit aufrecht zu halten.

Wir bitten deshalb das Darlehensgesuch im Bedarfsfalle zu erneuern und sichern wir der Stadtgemeinde Rötz schon jetzt die Gewährung des benötigten Kapitalbetrages zu den jeweils coulantesten Bedingungen zu; dabei ist selbstverständlich vorausgesetzt, daß die Anlehensaufnahme von den städtischen Collegien mit Genehmigung der vorgesetzten Verwaltungsbehörde rechtsgiltig beschlossen wird.

Hochachtungsvoll

Adresse für Telegramme an die Hypotheken-Abtheilung der Bayerischen Hypotheken- und Wechsel-Bank: „H. O. Hypothekenbank München“.

Abb. 35: Rötzer Probleme bei der Geldbeschaffung für Grunderwerb. *BayHStA, München*

bereitet, teilte am 29. Januar 1903 der Abgeordnete Söldner mit, daß in den neuen Gesetzentwurf der Regierung das Rötzer Bahnprojekt erneut nicht aufgenommen worden sei, vor allem wieder aus Gründen der kaum zu erwartenden Rentabilität. Bei einer erneuten Vorsprache im Verkehrsministerium versprach Ministerialrat Freundorfer dem Abgeordneten Söldner, das Projekt im nächsten Lokalbahngesetzentwurf aufzunehmen. Söldner empfahl daraufhin den Rötzern, unbedingt im Januar 1904 eine Deputation nach München zu schicken, um vom Verkehrsminister persönlich die Zusage zur Aufnahme in den nächsten Gesetzentwurf in diesem Jahr zu erhalten. (Für diesen Lokalbahngesetzentwurf sind bei der Abgeordnetenkammer 83 Petitionen eingegangen - allein 12 aus der Oberpfalz; darunter auch die Verlängerung von Oberviechtach nach Schönsee mit Weg über Winklarn.) Bei allem Wohlwollen verliefen die Verhandlungen im Jahre 1904 sehr zäh, trotz der eindringlichen Fürsprache des Abgeordneten Söldner und einiger seiner Kollegen. Die Staatsregierung wies wiederum auf die zu erwartende Unrentabilität hin, aber allein wegen der Rentabilität wollte man das Projekt nicht scheitern lassen - und schob es wieder auf die lange Bank.

Die Diskussion um die Streckenführung

Auch in Neunburg v.W. rechnete man fest mit dem Bau der Bahnlinie bis Rötz. Für die Neunburger standen zwei Linienführungen zur Wahl: entweder über Diendorf oder durch das Schwarzachtal. In der Sitzung des Neunburger Stadtmagistrats vom 18. Juli 1906 wurde nach Anhörung der ortsansässigen Hauptinteressenten die Entscheidung zugunsten der Schwarzachtallinie gefällt. Neben den schon existierenden Schleif- und Polierwerken in Kröblitz (Betreiber Bendit Seligman & Söhne, Fürth), Untermurnthal (Franz Xaver Frank, Waldmünchen), Unter- und Obermurnthal (Moritz Langermann, Nürnberg - später Alois Weig), Jedesbach (Andreas Ring, Jedesbach), Frankenschleife (Jakob Weiß, München), Obermühle (Johann Alt, Obermühle), Höllmühle (J. Kraus, Obermühle) und Wutzschleife (Josef Ermer, Wutzschleife) und dem Granitsteinbruch des Adam Männer von Neunburg v.W. erwartete man zusätzlich die Entstehung weiterer Fabriken zur Nutzung der Wasserkräfte der Schwarzach. Auf der am 3. Juni 1907 vom Eisenbahncomité Rötz einberufenen Versammlung beim

Thamer Bräu, entschieden sich die Interessenten nach Anhörung der Argumente ebenfalls für die Linienführung durch das Schwarzachtal. Nur welchen Ausgangspunkt die Bahnlinie in Neunburg v.W. haben sollte, blieb zunächst noch ungeklärt.
Um den Entscheidungsträgern in München die Notwendigkeit der Bahnlinie noch stärker als bisher zu verdeutlichen, erklärten sich viele Fabrikbesitzer und Gewerbetreibende auf Anregung des kgl. Bezirksamt Neunburg v.W. bereit für die Projektierungskosten aufzukommen.

Spender waren unter anderen:

Ermer	Wutzschleife	200,- Mark
Gemeinde Kröblitz		150,- Mark
Gutsverwaltung Thanstein		300,- Mark
Kraus	Höllmühle	100,- Mark
Langermann	Nürnberg	300,- Mark
Ring	Jedesbach	300,- Mark
Scherr	Schellhof	50,- Mark
Seligman	Fürth i. Bay.	100,- Mark
Weiß	München	500,- Mark

Anfang Oktober begannen Ingenieure der kgl. Staatseisenbahnverwaltung mit den Projektierungsarbeiten, die wegen vereinzelter Quertreiber unter polizeilichen Schutz gestellt werden mußten.
Mittlerweile hatten sich die veranschlagten Grunderwerbskosten auf 118.000,- erhöht. Für die zähen Verhandlungen mit den Gemeinden und Grundstückseigentümern war der kgl. Regierungsrat Gumprich nach Rötz entsandt worden.

Die entscheidende Versammlung

Am 17. Dezember 1907 trafen sich im „Gasthaus zur Post" in Rötz alle Bahninteressenten, die Rang und Namen hatten. Den Vorsitz führte der Kommissär der Königlichen Eisenbahn, Betriebsdirektion Regensburg, Regierungsrat Gumprich. Den Anwesenden wurde von ihm der allgemeine Entwurf der Lokalbahn von Neunburg v.W. über Kröblitz durch das Schwarzachtal nach Rötz zur Diskussion vorgelegt. Grundsätzlich bejahten alle diese Streckenführung, obwohl die Neunburger die Diendorfer Variante bevorzugten. Lediglich die Weiterleitung vom bestehenden Neunburger Bahnhof aus bereitete Kopfzerbrechen. Gedacht war an eine Trassierung bis zu den Schleifereien auf der rechten Seite des Schwarzachtales. Die Vertreter der Gemeinde Kröblitz bemängelten, daß dieser Streckenverlauf den Verkehrsbedürfnissen ihres Ortes nicht entsprechen würde, weil er mit der dazu gehörenden Haltestelle zu weit vom Hauptteil des Ortes Kröblitz entfernt und auch der Weg vom linksufrigen Teil von Kröblitz zur Haltestelle auf der rechten Talseite nicht hochwasserfrei sei. Dem hielt Kommissär Gumprich entgegen, daß die Entfernung vom Ort Kröblitz bis zur geplanten Haltestelle nur ungefähr 500 Meter und eine vor Hochwasser geschützte Umgestaltung des Weges mit nicht allzu hohem finanziellen Aufwand zu meistern sei. Die Gemeindevertreter ließen sich jedoch von ihrem Verlangen nach Verlegung der Haltestelle auf die linke Talseite, wo sie unmittelbar nördlich von Kröblitz an die Straße von Neunburg v.W. nach Thanstein gelegt werden sollte, nicht abbringen. Darauf erklärte Regierungsrat Gumprich keine Zusage in geforderter Sache machen zu können, deutete aber an, daß man bei der künftigen ausführlichen Entwurfsbearbeitung auf diese Anregungen

Erbauung einer Lokalbahn Neunburg v. W.—Rötz.

* **Neunburg v. W.**, 11. Dez. Im Vollzuge eines Auftrages des K. Staatsministeriums für Verkehrsangelegenheiten wird seitens der K. Eisenbahndirektion Regensburg im Wege einer mündlichen Verhandlung erhoben werden, ob der für den Bau einer Lokalbahn von Neunburg v. W. nach Rötz notwendige Grund und Boden von den Interessenten dem Eisenbahnärar kosten- und lastenfrei zur Verfügung gestellt werden will.

Dabei werden auch etwa gewünschte Aufschlüsse gegeben, Anregungen entgegengenommen und anderweitige Leistungen der Interessenten festgestellt werden.

Die Verhandlung ist am

Dienstag, den 17. Dezember ds. Js.
beginnend vormittags 9 Uhr zu
Rötz im Gasthause zur Post

unter Leitung eines Kommissärs der K. Eisenbahndirektion durchzuführen.

Hiezu haben die beteiligten Gemeinden bevollmächtigte Vertreter abzuordnen und etwaige Privatinteressenten zu verständigen.

Bemerkt wird, daß die Bahn folgende Orte berührt: Kröblitz, Frankenschleife, Eixendorf, Seebarnhammer, Hillstett—Wutzschleife und Rötz.

Abb. 36: Neunburger Amtsblatt, Dezember 1907.
Stadtarchiv Neunburg v.W.

zurückkommen werde. Im Verlauf der Versammlung gingen die entlang der vorgesehenen Bahnlinie gelegenen Gemeinden und Stadtverwaltungen schon vorab die Verpflichtung ein, „beim Bau benötigte Teilflächen der Eisenbahnverwaltung unentgeltlich abzutreten und die zur Gewinnung von Bahnbaustoffen sich eignenden gemeindlichen Grundstücke der Eisenbahn unentgeltlich zur Ausbeutung zu überlassen." Außerdem hatten sie laut Gesetz, wie schon damals die Anrainer der Bodenwöhr-Neunburg v.W.-Linie, den Grund kostenlos zur Verfügung zu stellen und für den Bau von Zufahrtstraßen, Ladestraßen, Unterhalt der Haltestellen und deren Beleuchtung sowie für unentgeltliche Wasserbereitstellung zu sorgen. Nach überschlägiger Berechnung bezifferte sich der Gesamtaufwand für die Grunderwerbung sowie die Kosten für Vermessung, Lastenablösung, Kommissions- und Schätzkosten auf mittlerweile 135.900,- Mark; der schwierigste Brokken, der von den Anwesenden noch auf die Seite geräumt werden mußte. Die finanzielle Stärke aller Gemeinden zusammen schien für diesen Kraftakt nicht auszureichen. Als man alle Geldzusagen der Gemeinden zusammengezählt hatte, war der Grunderwerbsaufwand nur bis zur Höhe von 76.000,- Mark gedeckt - es fehlten noch 59.500,- Mark. Kommissär Gumprich stellte daraufhin trocken fest, daß damit die Voraussetzung zur Erbauung einer Lokalbahn nach Art. 5 des Gesetzes vom 28. April 1882 nicht erfüllt sei. Er machte die Anwesenden darauf aufmerksam, daß sie innerhalb von acht Tagen die gesetzlich vorgeschriebenen Leistungen noch nachträglich übernehmen und die Beschlüsse, mit staatsaufsichtlicher Genehmigung versehen, durch die Bezirksämter Neunburg v.W. und Waldmünchen der kgl. Eisenbahndirektion Regensburg übermitteln könnten. Zu allem Überfluß gaben die Neunburger und Kröblitzer Gemeindevertreter klipp und klar zu erkennen, daß sie ihre Gelder nur bei Berücksichtigung ihrer zuvor geäußerten Bedingungen und Wünsche bereitstellen würden. Daraufhin baten die Vertreter der Stadt Rötz, man möge doch auf die Variante über Diendorf wieder zurückgreifen. Denn für die vier Kilometer kürzere Strecke glaubten die Rötzer die zwangsläufig nicht mehr so hohen Grunderwerbsverpflichtungen unter Inanspruchnahme der zu erwartenden Zuschüsse übernehmen zu können. Aber diese Lösung paßte wiederum vielen anderen Gemeinden nicht. Die Stimmung im Saal war auf dem Nullpunkt. Sollten fast über 20 Jahre lange Bemühungen vergeblich gewesen sein? Da erhoben sich plötzlich der Bürgermeister Michael Babl von Hillstett und sein Gemeindevertreter Georg Bauer und erklärten der versammelten Gesellschaft, daß sie auf keinen Fall eine Todesnachricht des Eisenbahnbaues mit nach Hause nehmen wollten. Sie rafften sich zur Übernahme eines zusätzlichen Opfers auf, was auf die anderen Gemeindevertreter enormen Eindruck machte. „Was Hillstett zu leisten vermag, müssen wir auch können!" war daraufhin der allgemeine Tenor. Ihr Scherflein zum Grunderwerb trugen auch die Fabrikbesitzer der im Schwarzachtal angesiedelten Schleifereien und Polierwerkstätten bei, nachdem die Entscheidung über die Streckenführung zu ihrer Zufriedenheit ausgefallen war. Nur der sonst so spendierfreudige Moritz Langermann aus Nürnberg blieb diesmal zugeknöpft: Schon ein halbes Jahr vorher bestanden bei der Projektierung Meinungsverschiedenheiten, ob nun in Kröblitz oder in Obermurnthal eine Haltestelle eingerichtet werden sollte.

Als Monate zuvor die Gelder für die Projektierung erbeten wurden, knüpfte die Firma B. Seligman aus Fürth an ihre „großzügige" Spende von 100,- Mark die Forderung, die Bahn über Kröblitz zu führen bzw. in Kröblitz eine Haltestelle zu errichten. Bei o.e. Versammlung am 17. Dezember in Rötz fällte der Kommissär zur Freude der Firma Seligman die Entscheidung für Kröblitz - und gegen Obermurnthal. Daher weigerte sich M. Langermann verständlicherweise - wo er sogar 300,- Mark zur Projektierung beisteuerte, auch noch für den anstehenden Grunderwerb finanzielle Zuwendungen in Aussicht zu stellen. Als man dann seitens des Bezirksamtes Neunburg v.W. nach der Pro-Kröblitz-Entscheidung sich nochmals an die Firma Seligman mit der Bitte um Erhöhung der Spende wandte, erklärte diese, daß sie ihren (mickrigen) Zuschuß von 100,- Mark wohl jetzt nicht mehr aufzustocken bräuchte, weil ja die Gemeinde Kröblitz sich bereit erklärt hatte, ihren Grunderwerbsbeitrag von 500,- auf 1.000,- Mark zu erhöhen… .

Abgesehen von der geizigen Haltung, schien die Firmenleitung wohl entweder wenig Fingerspitzengefühl zu besitzen oder sich aber aus der christlichen Glaubensgemeinschaft verabschiedet zu haben: das Schreiben war vom 24. Dezember 1907, Heiligabend... .

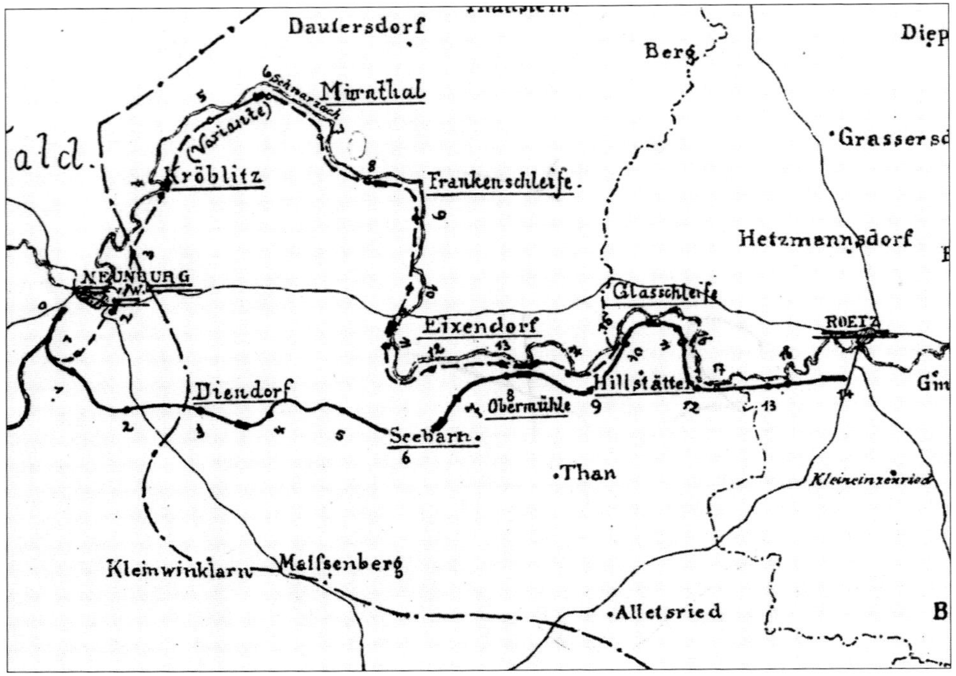

Abb 37, oben: Die beiden Streckenvarianten; der Schwarzach entlang über Kröblitz und Murntal bzw. über Diendorf. *Stadtarchiv Neunburg v.W.*
Abb. 38, rechts: Die Linienvarianten um Neunburg v.W. herum. *Stadtarchiv Neunburg v.W.*

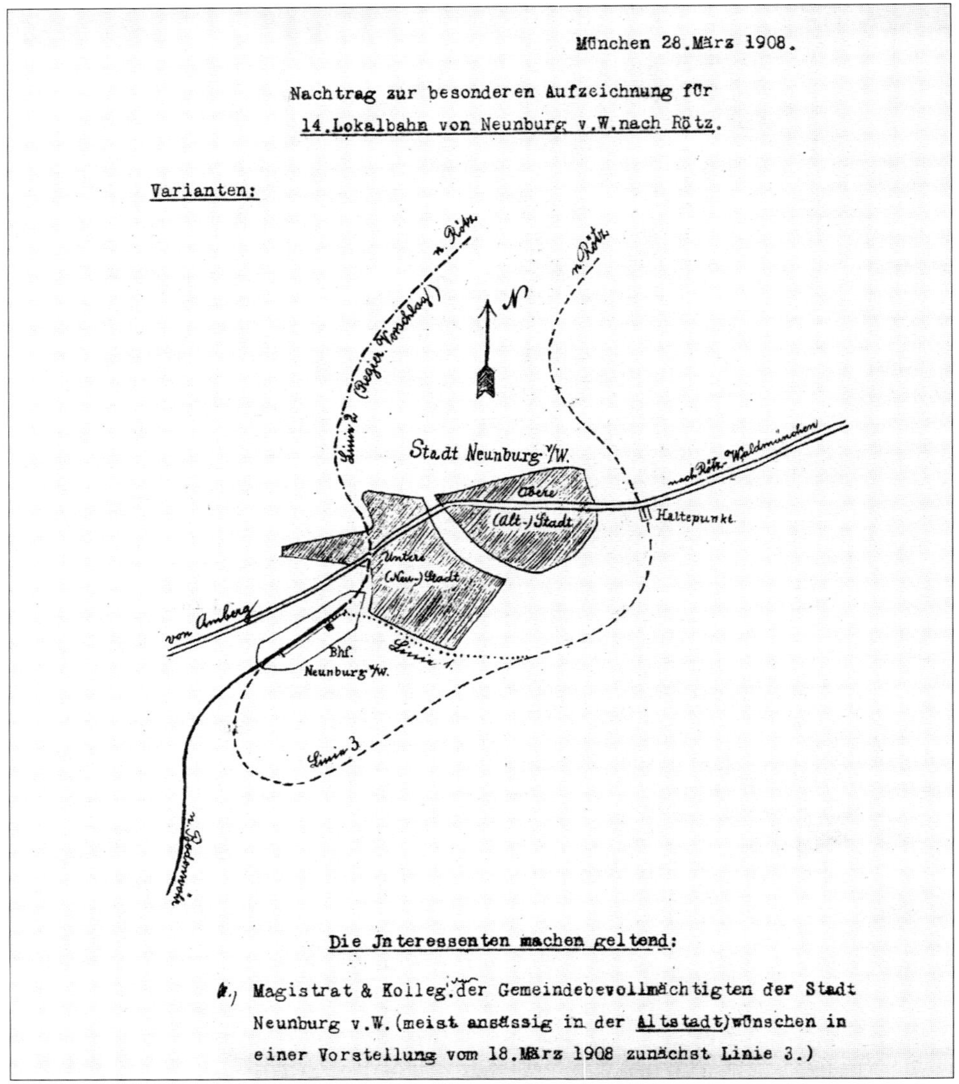

München 28.März 1908.

Nachtrag zur besonderen Aufzeichnung für
14.Lokalbahn von Neunburg v.W.nach Rötz.

Varianten:

Die Jnteressenten machen geltend:

1.) Magistrat & Kolleg.der Gemeindebevollmächtigten der Stadt Neunburg v.W.(meist ansässig in der Altstadt)wünschen in einer Vorstellung vom 18.März 1908 zunächst Linie 3.)

Die Streckenvarianten

Am 26. Februar 1908 konnte der nunmehr zuständige Abgeordnete Bill den Rötzern mitteilen, daß ihre Bahnlinie mit einem Kostenaufwand von 1.430.000,- Mark endlich in dem Gesetzentwurf aufgenommen worden war.
Untersucht wurden nun noch die drei Möglichkeiten von Linienführungen zwischen Neunburg v.W. und Kröblitz.
Linie 1: Umfahrung der Stadt Neunburg v.W. auf der Ostseite, ungünstige Durchschneidung von Bauquartieren, teuere Grunderwerbung, starke Krümmung bei der Ausfahrt aus dem Bahnhof Neunburg v.W.

Linie 3: von Stadt und Distrikt Neunburg v.W. gewünscht. Nachteile: Ausfahrt aus Bahnhof Neunburg v.W. mit Spitzkehre und infolgedessen Verlängerung der Linie um 770 m gegen Linie 1 und 1.345 m gegen Linie 2: Erdbewegungen sehr groß. Nachteile der Linie 1 auch hier zum Teil.

Linie 2: Regierungsvorschlag. Umfahrung der Stadt Neunburg v.W. auf der Westseite; günstigere Betriebsverhältnisse im Bahnhof Neunburg v.W. und auf der freien Strecke; kürzeste Linie, da unmittelbare Fortsetzung der bestehenden Bahn; Beeinträchtigung der städtischen Interessen vermieden.

Die endgültige Streckenführung

Lokale und vermischte Nachrichten.

* **Neunburg v. W.**, 13. Juni. Das K. Staatsministerium für Verkehrsangelegenheiten hat mit Entschließung vom 5. Juni ds. Js. 14/NB. den ausführlichen Vorentwurf der Lokalbahn Neunburg v. W.-Nötz **mit der Führung der Bahn auf der Ostseite von Neunburg v. W.** genehmigt. Darin sind folgende Verkehrsstellen vorgesehen:

in km 1,130 Haltepunkt Neunburg v. W. Ost (beim oberen Tor)
in „ 3,070 Haltestelle Kröblitz (Personen- und Güterabfertigung)
in „ 5,170 Haltepunkt mit Ladestelle Murnthal
in „ 6,965 Haltepunkt Frankenschleife
in „ 9,260 Haltepunkt mit Ladestelle Eixendorf
in „ 11,100 Haltepunkt mit Ladestelle Seebarn
in „ 13,820 Haltestelle Hillstett (Personen- und Güterabfertigung)
in „ 17,550 der Endbahnhof Rötz.

Es trifft sohin der Haltepunkt mit Ladestelle Seebarn an den von der Gemeinde Seebarn gewünschten Platze nahe bei Seebarnhammer, in einer Höhenlage von ungefähr 15 m über der im allgemeinen Entwurfe angenommenen Bahnhofslage, und die Haltestelle Hillstett ebenfalls an den von der Gemeinde befürworteten Ort bei Höllmühle.

Abb. 39: Neunburger Amtsblatt, Juni 1910.
Stadtarchiv Neunburg v.W.

In der Verhandlung vom 2. März 1910 hatte man sich schließlich und endlich über die Linienführung geeinigt. Der Regierungsvorschlag war vom Tisch. Weil auch sie ein vitales Interesse an der Eisenbahn hatten, verpflichteten sich die Besitzer der Murnthalwerke Michael Weig aus Grünthal, Xaver Frank aus Waldmünchen, der Besitzer der Frankenschleife Jakob Weiß aus München, sowie Johann Alt (Obermühle), Justin Ermer (Wutzschleife) und Hans Erhardt in Schönthal zur Erbauung der Bahnlinie und der zugehörigen Anlagen, die erforderlichen Grundstücke unentgeltlich zur Verfügung zu stellen. Am 9. Juni 1910 genehmigte das Verkehrsministerium die Führung der Bahnlinie entlang der Ostseite von Neunburg v.W. und auch eine Haltestelle in Murnthal wurde berücksichtigt. Bis zum Beginn der Bauarbeiten aber sollten noch ungefähr zwei Jahren vergehen!

Das Tauziehen um den Haltepunkt Obermurnthal

Obwohl nun in der Streckenplanung der Haltepunkt bei Obermurnthal vorgesehen war, beschied die Eisenbahndirektion Regensburg nachträglich, bevor der Streckenbau in Angriff genommen wurde, die Station doch nicht zu errichten. Bei der Stadt Neunburg v.W. sowie dem in Obermurnthal ansässigen Fabrikbesitzer Alois Weig, dessen Familie im Juli 1909 die Schleif- und Polierwerkstätten von dem Nürnberger Fabrikanten Moritz Langermann übernommen hatte, stieß diese Maßnahme auf Unverständnis. Zusammen mit dem Neunburger Stadtmagistrat bemühte er sich, diese Entscheidung rückgängig zu machen. Die Eisenbahndirektion verwies auf die Erstellungs- und Erhaltungskosten einer solchen Haltestelle, wobei sie sogar die zusätzlichen Kosten des Anhaltens und Wiederanfahrens der Dampflok mit einbezog. Um die Ernsthaftigkeit seiner Forderung zu unterstreichen, erklärte sich Alois Weig bereit, für die nötige Beleuchtung, Reinhaltung, Besandung und jederzeitige Zugänglichkeit des Haltepunktes Sorge zu tragen. Das alleine reichte der Eisenbahndirektion nicht. Was würde passieren, so fragte sie, wenn Weig beispielsweise fortziehen, seinen Betrieb verkaufen oder stillegen, oder er eventuell sterben würde? Deshalb verbürgte sich im Mai 1914 die Stadtgemeinde von Neunburg v.W. gegenüber der Eisenbahnverwaltung für die o. g. Bedingungen und entschloß sich sogar darüberhinaus für die Errichtung einer Unterstandsräumlichkeit. Als die Eisenbahnverwaltung immer noch zögerte, den Haltepunkt einzurichten, schrieb der Neunburger Stadtmagistrat, daß in Obermurnthal 26 Haushaltungen mit 150 Personen wohnten, von denen ungefähr 100 Arbeiter (Männer wie Frauen) seien und 50 Kinder die Schule in Neunburg v.W. besuchten. Damit bestehe wohl zweifelsohne ein „öffentliches Bedürfnis". Am 26. Februar 1915 entschloß sich das Staatsministerium für Verkehrsangelegenheiten, trotz der zu erwartenden Unwirtschaftlichkeit, versuchsweise der Bitte um den Haltepunkt nachzukommen. Die entstehenden Mehrkosten von jährlich 340 Mark müßten jedoch von den Interessenten getragen werden. Neunburg v.W. und Alois Weig waren einverstanden, und am 14. Juni 1915 erteilte das Verkehrsministerium die Erlaubnis zur Errichtung des Haltepunktes.

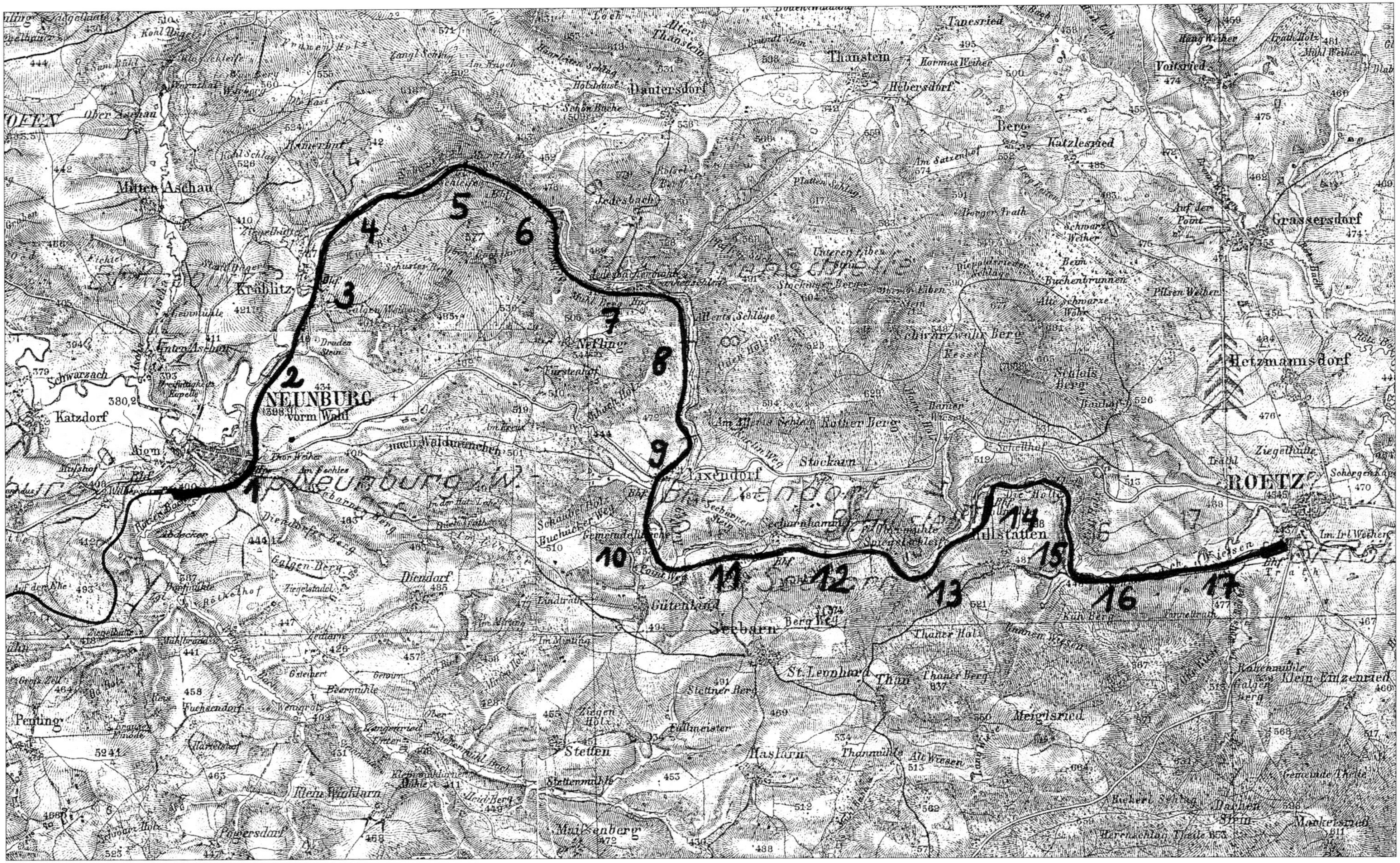

Abb. 40: Die endgültige Linienführung zwischen Neunburg v.W. und Rötz.

Dokumentationsstelle des Verkehrsmuseums Nürnberg

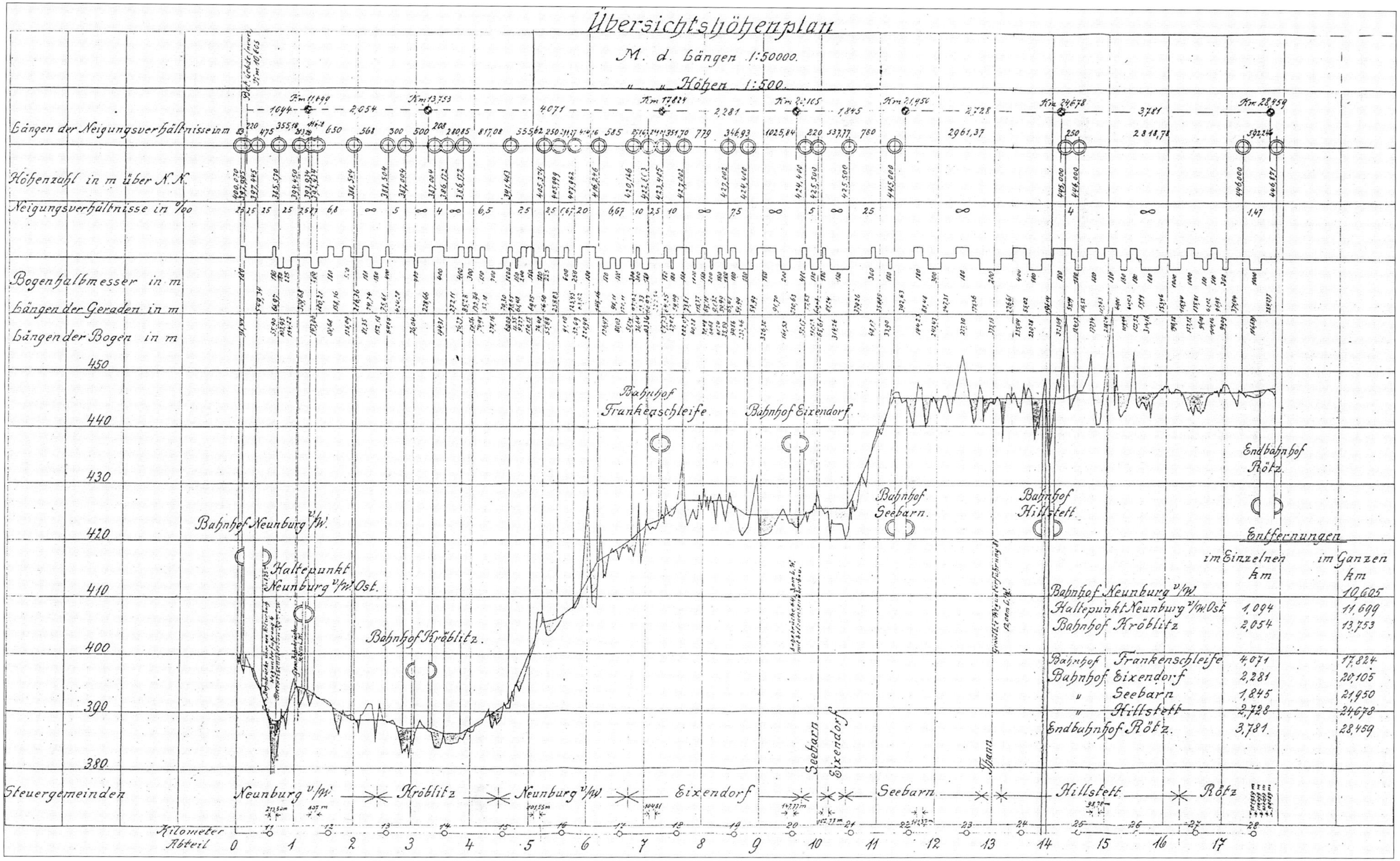

Abb. 41: Höhenprofil der Strecke Neunburg v.W. - Rötz.

Bayerisches Hauptstaatsarchiv, München

Die Motorpostlinie Neunburg v.W. - Rötz

Um dem durch die Bahnverbindung Bodenwöhr - Neunburg v.W. im Laufe der Jahre gestiegenen Fahrgastaufkommen mit dem Ziel Rötz Rechnung zu tragen, entschloß sich die kgl. Oberpostdirektion Regensburg zwischen Neunburg v.W. und Rötz Motorpostbusse einzusetzen. Jedoch hatte die Oberpostdirektion Zweifel hinsichtlich der Rentierlichkeit und errechnete eine jährliche betriebliche Mindereinnahme von 1.200,- Mark, die die Gemeinden auszugleichen hätten. Neunburg v.W. bot einen Zuschuß von 500,- Mark an, Rötz allerdings lehnte seinen Zuschußanteil von 700,- Mark vorerst ab. Später einigte man sich auf Zahlung von 650,- Mark. Weitere Bedingung war, diesen Zuschuß für die ersten zwei Betriebsjahre zu entrichten und zwar ohne Rückerstattung, selbst wenn sich wider Erwarten ein Betriebsüberschuß ergeben sollte. Um das ganze Projekt nicht zu gefährden, stimmten die beiden Gemeinden zähneknirschend zu, weil man ja ohnehin innerhalb der nächsten drei bis vier Jahre mit der Eisenbahn rechnete.
Am 25. Juli 1911 wurden mit zwei Postautos Probefahrten unternommen, die zur vollen Zufriedenheit verliefen. Fahrzeit von Neunburg v.W. nach Rötz ohne Zwischenhalt: $1/2$ Stunde. Im August 1911 genehmigte das königliche Staatsministerium für Verkehrsangelegenheiten die Einführung des Verkehrs mit Postmotorwagen zwischen Neunburg v.W. und Rötz ab 1. September. Pro Tag wurden drei Fahrtenpaare unter Berücksichtigung der Bahnanschlüsse in Neunburg v.W. durchgeführt.

Abb. 42, links oben: Postomnibus Rötz - Waldmünchen um 1890.

Abb. 43, links: Postomnibus Rötz - Neunburg v.W. 1892 vor der Posthalterei Rötz bzw.dem Gasthof zur Post, dem Ort der „entscheidenden Versammlung" vom 17. Dezember 1907. *Fotos: Stadtarchiv Rötz*

Die Abfahrts- und Ankunftszeiten waren:

ab Neunburg v.W.	9.20	3.05	7.05	ab Rötz	4.15	11.30	4.00
an Rötz	10.20	3.55	8.05	an Neunburg v.W.	5.15	12.30	4.50

Abb. 44: Juli 1911; die Bürger von Rötz bestaunen die neuen Motorpostwagen von Daimler. *Stadtarchiv Rötz*

Die Haltestellen waren Neunburg v.W. Bahnhof, Neunburg v.W. Postamt-Rathaus, Eixendorf, Stockarn, Schellhof und Rötz. Der Preis pro Kilometer und Person belief sich auf 5 Pfennig; d.h. von Neunburg v.W. nach Eixendorf 30 Pf., nach Stockarn 40 Pf., zum Schellhof 50 Pf. und nach Rötz 70 Pfennig. Für Kinder gab es keinen ermäßigten Tarif. Ein Erwachsener konnte nur ein Kind unentgeltlich mitnehmen, wenn dieses kleiner als einen Meter war und auf dem Schoß eines Erwachsenen saß. Reisegepäck war bis 50 kg pro Person zulässig; bis 15 kg Freigewicht, für je 5 kg Mehrgewicht mußten 10 Pf. zusätzlich berappt werden. Fahrräder konnten nur nach Maßgabe des verfügbaren Laderaumes, sowie auf Haftung und Gefahr der Reisenden gegen eine Gebühr von 40 Pf. mitgenommen werden. Hunde durften unentgeltlich mit dabei sein, falls Platz dafür vorhanden war und kein Mitreisender dagegen Einspruch erhob. Zum Einsatz kamen 24-sitzige Daimler-Busse. Untergebracht wurden die Fahrzeuge in der dafür eigens umgebauten heizbaren früheren Schrannenhalle im Neunburger Rathaus.

Die Motorpostomnibusse sind von Anfang an gut angenommen worden. Im ersten Betriebsmonat wurden 1.548 Passagiere von ihnen befördert. Sie erzielten in ihrer Einsatzzeit bis zur Aufnahme des Eisenbahnbetriebs August 1915 Überschüsse - zur Freude des Postfiskus, der trotz eines Gesuches der Städte Neunburg v.W. und Rötz auf Rückerstattung der geleisteten Zwei-Jahres-Zuschüsse stur blieb.

Im Mai 1912 war dann auch endlich die Bahnhofsfrage geklärt. Der Plan, den bestehenden Bahnhof als Durchgangsbahnhof zu verwenden, wurde fallen gelassen. Die Bauabteilung des kgl. Staatsministeriums für Verkehrsangelegenheiten erklärte sich in einem Schreiben vom 1. Mai 1912 an die Stadt Neunburg v.W. mit der Auflassung des alten Bahnhof einverstanden. Man einigte sich auf einen neuen Zweckbau in der Nähe des Pentinger Steigs. Mittlerweile begannen wegen der Grundstücke die Ablösungsverhandlungen, die sich viel komplizierter gestalteten, als bei der Bahnlinie Bodenwöhr - Neunburg v.W., so daß in nicht wenigen Fällen Zwangsenteignungsverfahren aufgrund der Widerstände eingeleitet werden mußten.

Die Beschreibung der Strecke

Der Jahresbericht der kgl. Bayr. Staatseisenbahnverwaltung vom Betriebsjahr 1915 beschreibt die zu bauende Strecke:
„Die Lokalbahn Neunburg vorm Wald - Rötz schließt südwestlich vor dem nunmehr aufgelassenen Endbahnhof Neunburg v.W. an die Lokalbahn Bodenwöhr - Neunburg v.W. an, verläßt diese in einem nach Osten gerichteten Bogen und überschreitet dann in der Richtung gegen Rötz das Tal des Rötzer-Baches, wendet sich hierauf nach Norden, überquert bei km 11,579 die Distriktstraße Neunburg v.W. - Neukirchen, durchschneidet den an der Ostseite der Stadt Neunburg vorm Wald befindlichen oberen Torweiher, überschreitet bei km 11,756 die Staatsstraße Sulzbach - Rötz und bei km 12,901 die Distriktstraße Neunburg vorm Wald - Kröblitz und erreicht, der Schwarzach folgend, die Ortschaft Kröblitz. Nun wendet sich die Bahn nach Nordosten, fährt an den Glasschleifen Unter-, Mittel- und Obermurnthal vorbei, verläuft dann, der Distriktstraße Neunburg v.W. - Thannstein folgend, in östlicher Richtung, überschreitet hierauf bei km 16,412 die Distriktstraße Neunburg v.W. - Thannstein, verfolgt dann südöstliche Richtung bis Frankenschleife und hierauf eine kurze Strekke östliche Richtung, wendet sich dann den Biegungen des Schwarzachtales folgend nach Süden, kreuzt bei Eixendorf nochmals die Staatsstraße Sulzbach - Rötz, wendet sich nach der Ortschaft Eixendorf in großem Bogen nach Osten, fährt an dem Hammerwerk Seebarn und der Glasschleife Obermühle vorbei und wendet sich alsdann nach Norden, die Glasschleifen Höllmühle und Wutzschleife berührend, um alsdann in östlicher, südlicher und östlicher Richtung dem Laufe der Schwarzach folgend die Endstation Rötz (446,75 m NN) zu erreichen.
Der alte Bahnhof in Neunburg v.W. mußte aufgelassen und an anderer Stelle neu errichtet werden.
Mit Industriegleisen sind auf freier Strecke zwischen Kröblitz und Frankenschleife die drei Glasschleifen Ober-, Mittel- und Untermurnthal durch eine gemeinsame Gleisanlage, zwischen Hillstett und Rötz die Glasschleife Wutzschleife angeschlossen.
Die Bahnlinie bewegt sich in ihrer ganzen Ausdehnung im (Granit) Urgebirge.
Zur Haltestelle Frankenschleife ist auf Rechnung der Distriktgemeinde Neunburg v.W. die Zufuhrstraße mit einer 30 Meter im Lichten weiten gewölbten Brücke erbaut worden."

Der Streckenbau

Abb. 45: Anzeige im Neunburger Amtsblatt, August 1912. *Stadtarchiv Neunburg v.W.*

Auch bei dieser Strecke wurden die Bauaktivitäten in zwei Lose aufgeteilt. Los 1 reichte von Neunburg v.W. bis Eixendorf, Los 2 von Eixendorf bis Rötz.
Schon frühzeitig hatte in einem Vertrag vom Mai 1909 die kgl. bayr. Staatseisenbahnverwaltung, vertreten durch die Eisenbahndirektion Regensburg, der Berliner Firma „Zentralverwaltung für Sekundärbahnen,

Herrmann Bachstein" die Bauausführung übertragen. Die Bauarbeiten vor Ort wurden an die Firma W. Barczynski & Co. aus Berlin-Grunewald vergeben. Die Oberaufsicht hatte die Bauinspektion Weiden. Für fast alle Arbeiten wurden erneut einheimische Arbeitskräfte und Unternehmen verpflichtet.
Den Bahnhof von Rötz baute die Firma Ellert aus Bodenwöhr. Die Zimmermannsarbeiten am dortigen Bahnhof führten die Firma Georg Kaiser, die Glaser-, Schreiner-, Spengler- und Schlosserarbeiten weitere ortsansässige Betriebe aus. Das Eisenbahn-Wohngebäude von Hillstett wurde von der Neunburger Firma Steininger errichtet. Die Zimmermannsarbeiten für dieses Haus sowie für die Bahnhofsgebäude von Kröblitz und Penting verrichtete Georg Bauer aus Hillstett.
Die reinen Streckenarbeiten begannen am Montag, den 15. Juli 1912 in Los 1 mit einem Vorarbeiter und sechs Arbeitern, die lediglich vorbereitende Maßnahmen für die eine Woche später beginnenden Hauptarbeiten durchführten. Durchschnittlich waren pro Tag ungefähr 100 Leute im Einsatz. Mitte Oktober 1913 zählte man mit 311 das stärkste Arbeiterkontingent. Überwacht vorort wurden die Bautätigkeiten bis Anfang Juni 1914 von dem Ingenieur Meinel, der danach durch den Kollegen Overbeck ersetzt wurde. Beendet wurden die Arbeiten in Los 1 Ende Mai 1915.
Die Arbeiten in Los 2 begannen am 9. Januar 1913. Auch hier lag die durchschnittliche Arbeitskräftezahl bei ungefähr 100, der Höhepunkt war Anfang Mai 1914 mit 315 Arbeitern zu verzeichnen.

Sowohl im Streckenabschnitt Bodenwöhr - Neunburg v.W., als auch bei der Fortsetzung der Bahnlinie nach Rötz fanden Gleise und Weichen der sogenannten Bayern-Form VIII Verwendung. Produziert wurden sie in der Maxhütte.
(In den 40er Jahren wurden die Holzschwellen, Gleise und Weichen nach und nach durch Stahlschwellen und stärkere Ausführungen der Form Preußen 6 e ersetzt, die Achsdrücke bis zu 20 t erlaubten. Lediglich zwischen Eixendorf und der Wutzschleife verblieben bis zum Abbau 1970 die alten, schwächeren Bayern-Schienen.
Aus diesem Grund mußten nach dem Zweiten Weltkrieg die Panzer, die für die US Kaserne „Camp Reed" in Rötz bestimmt waren, auf vier- bzw. sechsachsige Transportwaggons zwecks günstigerer Verteilung des Achsdrucks verladen werden.)

Bauverzögerung durch Ersten Weltkrieg und Streitigkeiten

Ende März 1914 waren die Schienen schon fast bis Hillstett provisorisch gelegt, so daß der Betrieb mit Arbeitszügen aufgenommen werden konnte. Im April 1914 war man noch der Meinung, die Eröffnung der Bahnlinie im folgenden Oktober vornehmen zu können. Der vorgesehene Eröffnungstermin im Oktober wäre mit größter Wahrscheinlichkeit zu halten gewesen, wenn nicht der Ausbruch des Ersten Weltkrieges Anfang August 1914 sämtliche weiteren logistischen Maßnahmen über den Haufen geworfen hätte. Mit der Mobilmachung wurden dem Bau mit einem Schlag fast alle Arbeitskräfte entzogen. Am Tage der Mobilmachung waren noch 163 Arbeiter tätig. Bis zum 4. August schrumpfte die Zahl auf 52 zusammen. Am 9. August waren nur noch 20 Arbeiter übrig, die tags darauf bei Erntearbeiten zu helfen hatten und was die Firma Bachstein zur Einstellung der Arbeiten veranlaßte. Fast sechs Wochen lang mußten die Arbeiten eingestellt bleiben, was vor allem Los 2 betraf, denn hier waren noch personalintensive Tätigkeiten im Gange. In einem Rechtsstreit zwischen der kgl. Eisenbahndirektion Regensburg und der Baufirma wegen der angeblich unnötigen Bauunterbrechnung, weist die Firma Bachstein darauf hin, daß eine sinnvolle Fortsetzung der Arbeiten nur mit einer Mindestpersonalstärke von 70 - 80 Leuten möglich ist. Am 14. September wurden die Arbeiten mit 81 Personen wieder aufgenommen. Im November und Dezember waren zeitweise sogar bis zu 120 Arbeitskräfte im Einsatz. Man darf sich jedoch von der Anzahl nicht täuschen lassen: Bei den Ersatzarbeitern handelte es sich um ältere Menschen, die für den Kriegsdienst nicht mehr herangezogen worden waren, bzw. um einige Arbeiter, die von den Hüttenwerken Bodenwöhr und Weiherhammer zur Arbeit freigestellt wurden. Die jüngeren, kräftigeren, mit eindeutig besserer Kondition ausgestatteten Arbeitskräfte mußten sich fern der Heimat

auf den Schlachtfeldern Europas für Volk und Vaterland verheizen lassen. So war mit einem quantitativen gleichzeitig ein qualitativer Aderlaß verbunden.
Die erheblichen Bauverzögerungen waren aber auch auf seit Kriegsbeginn fehlende Materialien zurückzuführen, die im Zusammenhang mit dem Krieg anderweitig Verwendung fanden: Baustoffe, Kohle, Sprengstoff, Metall- bzw. Eisenprodukte. Aber auch schon vorher führten unvorhersehbare Hindernisse, wie z.B. ungünstige Bodenbeschaffenheiten, die eine begrenzte vom Plan abweichende Gleisführung erzwangen, zu Verzögerungen, sowie mangelhafte, schlampige Bauausführung. Auf den Betrieb mit Arbeitszügen ist beispielsweise der Dammrutsch zwischen Obermurnthal und Frankenschleife zurückzuführen (siehe Abb. 46 und 47). In einem daraus resultierenden Rechtsstreit zwischen der kgl. Eisenbahndirektion Regensburg und der Baufirma kamen die Gutachter Prof. Hager, München und Prof. Lucas, Dresden zu dem Ergebnis, daß u.a. „...mangelhafte, vertragswidrige Arbeit, ungenügende Gründung und unzweckmäßige, die Ausführungsweise nicht genügend berücksichtigende Ausgestaltung des Steinsatzquerschnittes..." die Ursachen sind. Zwischen den „...aufgeschütteten Steinen fehlten entsprechende Bindematerialien, so daß der gesamte Steinkörper seine statische Aufgabe, den hinter ihm liegenden Erdkörper zu stützen und den Einflüssen der Betriebslasten zu widerstehen, nicht genügend zu erfüllen vermocht hat."

Abb. 46 und 47: Der Dammrutsch zwischen Obermurnthal und Frankenschleife.

Fotos: BayHStA, München

Daß es bei der Erbauung der Bahnlinie Bodenwöhr - Neunburg v.W. keine größeren Schwierigkeiten gab, war absolut nicht selbstverständlich. Drum soll im Gegensatz dazu ein weiteres Beispiel einen kleinen Einblick in die Problematik des Eisenbahnbaues zwischen Neunburg v.W. und Rötz geben: Schon Wochen vor der offiziellen Eröffnung und vor der eigentlichen Bauabnahme ließ die Eisenbahnverwaltung wegen des Holzhandels Güterzüge verkehren. Das brachte Geld ein. Durch diese „vertragswidrige Einführung des provisorischen Güterverkehrs" wurde der Firma Bachstein die Erfüllung der Vertragspflichten erschwert. Es entstanden ihr Mehrkosten über 1.245,- Mark, für die die Eisenbahndirektion aufkommen sollte. „Heben, Stopfen und Richten der Gleise sowie profilmäßige Ausgestaltung des Schotterbettes mußten noch erfolgen," so argumentierte die Firma Bachstein. „Eine teilweise Wiederholung schon erfolgter Arbeiten wie z.B. Unterstopfen der Strecke sowie die Schotterverteilung wurde nötig. All diese Arbeiten sind durch den fast täglich verkehrenden Güterzug zwischen 2. und 31. Juli 1915 erheblich gestört bzw. im Fortschritt beeinträchtigt worden." Die Forderung wurde an das Verkehrsministerium in München weitergeleitet. Dort verweigerte man die Zahlung und pochte auf den Vertrag vom 11. Februar 1914, der es der Eisenbahnverwaltung erlaubt, Arbeitszüge für ihre Transporte fahren zu

Amts- und Anzeige-Blatt

für das

K. Bezirksamt, K. Amtsgericht, K. Rentamt,
K. Notariat und K. Forstamt Neunburg v. W.

Ausgabe: Mittwoch und Samstag jeder Woche.
Sonntagsbeilage: Illustriertes Unterhaltungsblatt.

Fünfundvierzigster Jahrgang.

Preis: Vierteljährig durch die Post bezogen 1 Mk. 50 Pfg.
Druck und Verlag: F. Strohmayer, Buchdruckerei, Neunburg v. W.

Nr. 62b. Ausgegeben am Samstag, den 1. August 1914.

Seine Majestät der König

haben die

Mobilmachung

der Armee befohlen.

1. Der erste Mobilmachungstag ist der 2. August, Sonntag
der zweite " 3. August, Montag
der dritte " 4. August, Dienstag
der vierte " 5. August, Mittwoch
der fünfte " 6. August, Donnerst.
der sechste " 7. August, Freitag,
und so weiter.

2) Alle Offiziere, Unteroffiziere und Mannschaften des Beurlaubtenstandes einschließlich Ersatz-Reservisten, haben sich zu der auf den Kriegsbeorderungen angegebenen Zeit an dem bezeichneten Orte pünktlich einzufinden; die mit Paß-Notiz Versehenen bleiben zunächst in der Heimat.

3) Alle außer Kontrolle befindlichen Mannschaften und diejenigen Angehörigen der Reserve, Landwehr I und Ersatzreserve, die sich nicht in dem Besitze einer Kriegsbeorderung oder einer Paß-Notiz befinden, haben sich sofort mündlich oder schriftlich beim Hauptmeldeamt des nächsten Bezirkskommandos Befehl zu erbitten.

Ausgenommen hiervon ist nur, wer ausdrücklich von der Gestellung im Mobilmachungsfalle befreit ist.

Die Mannschaften der Landwehr II, die weder eine Kriegsbeorderung noch eine Paß-Notiz erhalten haben, warten besondere Gestellungsbefehle ab; sie haben von jetzt an jede Veränderung ihres Aufenthaltsortes unverzüglich dem Hauptmeldeamt anzuzeigen.

4) Wer diesen Befehlen nicht Folge leistet, verfällt in strenge Bestrafung nach den Kriegsgesetzen.

5) Das Marschgeld wir beim Truppenteil, nicht bei der Ortsbehörde empfangen.

6) Alle Einberufenen haben nach ihren Gestellungsorten freie Eisenbahnfahrt ohne Lösung einer Fahrkarte und ohne vorherige Anfrage am Schalter; als Ausweis dient die Kriegsbeorderung oder andere Militärpapiere.

7) Inaktive Unteroffiziere, die freiwillig als Rekrutenabrichter bei Ersatztruppenteilen eintreten wollen, können sich bei den Bezirkskommandos in den ersten 4 Mobilmachungstagen mündlich oder schriftlich anmelden.

Der kommandierende General des III. Armeekorps.

Arbeiter werden noch eingestellt im Bahnbau Neunburg-Rötz.

Zu melden bei der Baustelle in Kröblitz.

Warczynski & Co.

lassen, ohne daß die Bauunternehmung Schadensersatzansprüche ableiten kann. Am 30. Juni 1915, so argumentierte sie weiter, habe die Firma Bachstein der Bauleitung vor Ort selbst mitgeteilt, daß der Arbeitszug für die Zwecke der Firma Bachstein entbehrlich sein wird, sobald die letzten Oberbauteile Verwendung gefunden haben. Und das, so behauptete das Ministerium, sei am 1. Juli 1915 der Fall gewesen. Von da an entfiel für die Eisenbahnverwaltung jede vertragliche Beschränkung in der Verwendung des Arbeitszuges für ihre Transporte. Die Eisenbahnverwaltung hat lediglich von ihrem Recht Gebrauch gemacht.
Die Auseinandersetzung endete mit einem Vergleich - im Jahre 1921!

Man darf aber nicht übersehen, daß die Verlängerungsarbeiten nach Rötz wegen der natürlichen Geländebeschaffenheit ungleich schwieriger und gefährlicher waren als die Arbeiten zwischen Bodenwöhr und Neunburg v.W. und deswegen leider auch Opfer unter den Arbeitern zu beklagen waren. 1913 wurde ein Arbeiter nach erfolgter Felsensprengung durch plötzlich nachrutschendes Gestein erschlagen. Ein anderer schwerer Unfall ereignete sich am 28. Februar 1913, als bei Murnthal der Landwirt Adam Hausknecht aus Luigendorf so unglücklich zwischen ein fallendes Stück Erde und einen stehenden Rollwagen geriet, daß ihm der Kopf zerquetscht wurde. Der 48jährige, der schon des öfteren bei Bahnstreckenarbeiten tätig war, hinterließ Frau und neun Kinder... . Dieses schlimme Unglück veranlaßte seine kgl. Hoheit, den Prinzregenten Luitpold von Bayern, der schwergeprüften Witwe eine einmalige Unterstützung von 100,- Mark aus der kgl. Hofkassa zur Linderung der ärgsten Not zukommen zu lassen.

Abb. 48, links oben: Mobilmachung; folgenschwerer Rückschlag für den Bahnbau.

Abb. 49, links: Durch die Mobilmachung fehlt es an Arbeitskräften. Anzeige im Neunburger Amtsblatt, August 1914. Stadtarchiv Neunburg v.W.

Die Eröffnung

Immer wieder mußte die Eröffnung der Bahnlinie verschoben werden. Als Anfang Juni ein Gefangenentrupp von 30 Franzosen im Bahnhof Neunburg v.W. ankam und zu Fuß nach Rötz weitermarschierte, hoffte man durch Einsatz dieser zusätzlichen Arbeitskräfte, noch bis Ende Juli 1915 die Bahnlinie eröffnen zu können.
Was lange währt wird endlich gut. Am 3. August fand durch eine Kommission höherer Bahnbeamter die Besichtigung und technische Prüfung der Neubaustrecke mit einem Extrazug statt.
Die Eröffnungsfeierlichkeiten blieben kriegsbedingt weit hinter denen der Strecke Bodenwöhr - Neunburg v.W. zurück. Groß zu feiern, war ohnehin den wenigsten zumute. So manche Familie bangte um Angehörige, die in den Krieg ziehen mußten, oder betrauerten gar deren Tod.
Eine besondere Freude bereitete die kgl. Eisenbahndirektion der ortsansässigen Schuljugend und den Kindern am Tag vor der offiziellen Eröffnung: sie durften am 6. August zwischen Rötz und Neunburg v.W. die Strecke durch Freifahrten erkunden. Insgesamt wurden drei Zugpaare eingesetzt. Pro Zug konnten bis zu 250 Personen zugelassen werden. Für die Jugendlichen ein unvergeßliches Erlebnis; für die meisten von ihnen, vor allem wenn sie aus den entfernten umliegenden Dörfern kamen, die erste Zugfahrt überhaupt.
Am nächsten Tag, Samstag, den 7. August 1915, fand die lang ersehnte Eröffnung der Strecke statt: Hauptattraktion waren auch diesmal die Freifahrten für die Bevölkerung. Es gab Freibier, und zwischen den Waggons war ein Niederbordwagen beigestellt, auf dem eine vielköpfige Blaskapelle wenigstens eine zeitlang für Fröhlichkeit sorgte. Bespannt waren die Züge von einer Dampflokomotive der Baureihe D XI.
Drei Personen, die sich z.T. über viele Jahre für den Bau der Bahnlinie besonders tatkräftig einsetzten, war es leider nicht mehr vergönnt, diesen denkwürdigen Tag mitzuerleben: Regierungsrat Gumprich (noch im März 1914 an die Eisenbahndirektion Ludwigshafen versetzt), der bauleitende Oberingenieur Langen und der Landrat und Bürgermeister von Rötz, Georg Kraus.

Fazit

Endlich, nach fast 30 Jahren Bemühens, hatten die Rötzer den begehrten Schienenanschluß an die weite Welt und die Hoffnung auf bessere wirtschaftliche Zeiten. Insgesamt beliefen sich die Kosten für die Bahn auf fast 1,8 Millionen Mark. Bei dem, trotz Fabriken, erwartet niedrigen Verkehrs- und Frachtaufkommen und den gegenüberstehenden hohen Investitionen von umgerechnet knapp 100.000,- Mark pro Kilometer (Bodenwöhr - Neunburg v.W. ca. 61.000,- Mark) war Rentabilität kaum zu erwarten.
Weder Petitionen, Deputationen und Denkschriften noch Aufrufe und Fürsprachen von Industriellen und lokalpolitischen Größen hatten den Bau ermöglicht. Zu verdanken war die Fortsetzung der Eisenbahnlinie letztendlich dem Bau der Bahnlinie Nabburg - Oberviechtach mit der späteren Verlängerung nach Schönsee über Winklarn. Denn damit schied Winklarn als schärfster Konkurrent aus. Die doch noch erfolgte Zustimmung zum Bau war genaugenommen nur ein politischer Gnadenakt aus München. Die zuständigen Sachbearbeiter im Verkehrsministerium hatten im Verlauf der vielen Jahre immer wieder ihre ablehnende Haltung auf der Basis solider Berechnungen untermauert und auf die im Gegensatz zur Bodenwöhr-Neunburg v.W.-Linie mit hoher Wahrscheinlichkeit eintretende Unrentabilität der Strecke Neunburg v.W. - Rötz hingewiesen - und leider Recht behalten.

Abb. 50, links oben: Der Bahnhof von Neunburg v.W. um 1950. Foto: Hans Lasser
Abb. 51, links unten: Das neu erbaute Viadukt in Neunburg v.W.. Foto: Slg. Thea Riederer
Abb. 52, rechts oben: Die Gleisanlagen vor dem Neunburger Bahnhof um 1950. Foto: Felix Thürl, Sammlung Theo Männer
Abb. 53, rechts unten: Bf. Kröblitz, 30er Jahre. Foto: Steinsdorfer, Slg. Erwin Weinfurtner

Abb. 54, links oben: Eine Aufnahme vom Murntal um 1905.
Die Schienen wurden bei einer erneuten Auflage um 1914/15 ins alte Bild fotomontiert.
Dem Kenner fällt jedoch auf, daß z.B. die direkt neben dem Schienenstrang sich befindenden bahntypischen Telegraphenmasten und -drähte fehlen.

Abb. 55 und 56: Das idyllische Murntal aus anderer Perspektive; um 1930.
Alle Fotos: Sammlung Karl-Heinz Plab

Abb. 57, links oben: Der Haltepunkt Seebarn; um 1960. *Foto: Leonhard Buchholz*

Abb. 58, links unten: Bahnstationsgebäude und Bahnwärterhaus (rechts) von Hillstett; 1956.
Foto: Sammlung J.Wiemann

Abb. 59, oben: Der Bahnhof von Rötz um 1930. *Foto: Sammlung Erwin Weinfurtner*

Abb. 60: Die Eisenbahnstrecke und das Murntal im Jahre 1925. *Foto: Fritz Kupetz, Sammlung Franz Weig*

Arbeiter, Löhne, Preise

Eine Zugfahrt von Bodenwöhr nach Neunburg v.W. kostete zur Zeit der Eröffnung 1896 in der 3. Klasse 40 Pfennige, Hin- und Rückfahrt 60 Pfennige. Das mag, absolut betrachtet, bei heutigen Preisvorstellungen wenig erscheinen, sagt aber nichts über die tatsächliche Kauf- und Konsumkraft der damaligen Zeit aus. Um sich wenigstens ein ungefähres Bild machen zu können, seien zum Vergleich mit heute einige Zahlen genannt. Der Lohn für eine männliche Arbeitskraft über 16 Jahre bezog sich - wie damals üblich - auf einen Zehn-Stunden-Tag in einer Sechs-Tage-Woche. In der Zeit des Bahnbaues Bodenwöhr - Neunburg v.W. 1895/96 wurde einem ungelernten Arbeiter (eingesetzt bei den Erdarbeiten) der regional übliche Tageslohn von 1,50 Mark gezahlt; ein Facharbeiter erhielt 2,20 Mark, ein Handwerker bzw. Vorarbeiter 3,20 Mark. Beim Bau der Strecke Neunburg v.W. - Rötz zwischen 1912 und 1915 bekam der ungelernte Arbeiter ungefähr 2,70 M, der Facharbeiter 4,20 M, der Handwerker bzw. Vorarbeiter 6,- M.

Bahnfahrten, auch wenn sie in der 3. Klassen erfolgten, waren Luxus. Privat war man eigentlich nur an Sonn- und Feiertagen mit der Eisenbahn unterwegs. Werktags fuhren die meisten Fahrgäste aus beruflichen Gründen mit der Eisenbahn. So mußte ein Taglöhner für eine Bahnfahrt von Bodenwöhr nach Neunburg v.W. und retour vier Stunden schwere Arbeit leisten. Man kann sich leicht ausrechnen, welch luxuriöses Unterfangen eine private Reise z.B. nach Amberg, Regensburg oder gar Nürnberg darstellte, wobei es sich in den allerwenigsten Fällen bei den Reisenden um „Singles" handelte, sondern um vielköpfige Familien, für die weiterführende Bahnfahrten trotz Vergünstigungen an Sonn- und Feiertagen noch lange ein Wunschtraum bleiben sollten.

In welchem Verhältnis Einkommen einerseits und z.B. Bahntarife, sowie Preise für einige Grundnahrungsmittel andererseits damals standen, läßt sich aus nachfolgender Tabelle ableiten.

Preise für Grundnahrungsmittel

Jahr		1896	1912	1914	1915
Rindfleisch	500 gr	65 Pf	96 Pf	95 Pf	1,10 M
Kalbfleisch	500 gr	60 Pf	90 Pf	85 Pf	97 Pf
Schweinefleisch	500 gr	65 Pf	91 Pf	82 Pf	1,16 M
Tafelbutter	500 gr	1,10 M	1,44 M	1,39 M	1,68 M
Kartoffeln	1 Ztr.	2,60 M	3,60 M	3,40 M	5,00 M
Bier	1 Liter	22 Pf	26 Pf	26 Pf	27 Pf
Milch	1 Liter	20 Pf	20 Pf	19 Pf	21 Pf
Brot (Roggen)	500 gr	14 Pf	16 Pf	17 Pf	18 Pf

Fahrpreise

(Normaltarife, ohne Sondertarife)

		1896		1915
		2. Klasse	3. Klasse	3. Klasse
Bodenwöhr-Erzhäuser	einfach	30 Pf	20 Pf	10 Pf
	hin u.zurück	40 Pf	30 Pf	20 Pf
Bodenwöhr-Penting	einfach	45 Pf	30 Pf	20 Pf
	hin u.zurück	65 Pf	45 Pf	35 Pf

Bodenwöhr-Neunburg	einfach	60 Pf	40 Pf	25 Pf
	hin u.zurück	90 Pf	60 Pf	45 Pf
Neunburg v. W.-Rötz	einfach			40 Pf
	hin u.zurück			80 Pf
Bodenwöhr-Rötz	einfach			60 Pf
	hin u.zurück			1,20 M

Die Taglöhnerarbeiten beim Bahnbau wurden in erster Linie, wie schon erwähnt, von Einheimischen ausgeführt, die darin neben ihrer manchmal kargen Landwirtschaft eine willkommene zusätzliche Einkommensquelle sahen. Facharbeiter bzw. Vorarbeiter wurden meist mit Akkordierungsarbeiten der im Vertrag stehenden Handwerksbetriebe beauftragt.
Die Bezahlung der Arbeiter erfolgte üblicherweise wöchentlich. Bei Taglöhnern, entgegen des Wortes Bedeutung, enthielt mancher Subunternehmer den Lohn für eine, manchmal zwei Wochen den Arbeitern vor; zum einen, um sie länger „bei der Stange" zu halten, zum anderen, weil die Mehrzahl der Arbeiter das Geld unmittelbar nach Auszahlung regelrecht versoff. Nicht selten waren am folgenden Tag Standfestigkeit und Leistungsfähigkeit vieler Arbeiter erheblich eingeschränkt, mit dem unangenehmen Nebeneffekt, daß sie häufig in ihrem noch nicht ganz nüchternen Zustand für sich und andere eine unberechenbare Gefahr darstellten. Wenn auch manche der Lohnempfänger sich nur schwer mit dieser Zahlungsweise anfreunden konnten, war der erzieherische Wert nicht zu unterschätzen; lernten sie doch mit dem schwer verdienten Geld bewußter und sparsamer umzugehen - zum Leidwesen so manchen Gastwirts... .
Neben den italienischen Bauarbeitern beim Streckenbau Bodenwöhr - Neunburg v.W. wurden in der Verlängerung nach Rötz 16 russische Gastarbeiter, die vermutlich von der ausführenden Berliner Baufirma Barczynski nach Neunburg v.W. entsandt worden waren, und gegen Ende der Bauarbeiten französische Kriegsgefangene eingesetzt. Die russischen Arbeiter entpuppten sich verständlicherweise unmittelbar nach Ausbruch des Ersten Weltkrieges als erhebliches Konfliktpotential und sahen sich in ihrem eigenen und im Interesse der übrig gebliebenen einheimischen Arbeitskollegen veranlaßt, ihre Arbeitsstätte zu verlassen. Für sie war wegen der politischen Entwicklung eine Fortsetzung der Arbeit aus psychologischen Gründen nicht mehr zumutbar, nachdem Deutschland Rußland den Krieg erklärt hatte. Sonstige Schwierigkeiten mit in- und ausländischen Mitarbeitern gab es kaum. Eine deutliche zahlenmäßige Zunahme lediger Mütter während der oder im Anschluß an die Bauaktivitäten war auch nicht festzustellen. Wirtshausraufereien, zertrümmerte Bierkrüge und Einrichtungen, lädierte Schädel und andere saufexzessbedingte Verletzungen hingegen waren keine Seltenheit und nicht auf Nationalität, sondern auf zu hohen Alkoholkonsum zurückzuführen.
In seinen Erinnerungen schreibt G. Kraus: „An Vorschuß- und Zahltagen ging es dann in den Wirtschaften der Anliegerorte und in den Baukantinen auch entsprechend laut her. So war es auch, wie mir der Wirtsvetter öfters erzählte, beim Bahnbau Bodenwöhr - Neunburg v.W. Tagtäglich war die Wirtsstube mit Leuten voll, darunter auch solchen, bei denen man gleich kassieren mußte und solchen, die bei geringsten Anlässen Streit und Raufhändel inszenierten und auch auf schnellste Weise abhauen wollten. So geschah es einmal wieder, daß an einem Zahltag abends die Wirtsstube gedrängt voll war und infolge starker Alkoholeinwirkung bereits Streithändel laut wurden. Vorsorglich hielt sich der Wirtsvetter an solchen Hauptagen immer mehrere handfeste und gut verläßliche Mannsbilder in Bereitschaft. Auch er postierte sich schon immer so, um im Bedarfsfalle schnellstens eingreifen zu können. Als bereits der Ausbruch eines handfesten Konflikts nahe bevorstand, nahm er die immer hinter der Küchentür bereitgehaltene Fleischhacke und brüllte mit allem Ernste: „Ruhe! Derjenige, der sich rührt und angreift, dem haue ich mit der Hacke den Schädel auseinand!" Damit verbunden, schlug er mit aller Kraft auch gleich mit der Hacke einen Stoß leerer Sulzteller in tausend Scherben. Dieses Vorgehen hinterließ bei allen Anwesenden einen solchen Eindruck, daß sofort Ruhe eintrat." Wieviele Sulzteller insgesamt im Verlauf der Bahnbauarbeiten auf diese Art und Weise zerschmettert wurden, ist nicht überliefert... .
Massive Streitigkeiten untereinander, die bei den großen Streckenbauten Nürnberg - Regensburg oder Schwandorf - Furth i.W. in lebensgefährliche

Körperverletzung oder gar Mord ausarteten, kamen während der beiden Bauepisoden nicht vor. Der einzige schwerwiegende Fall passierte Anfang September 1895 in Bodenwöhr, als ein italienischer Bauarbeiter im Wirtshaus unvorsichtigerweise davon sprach, sich eine größere Geldmenge erspart zu haben und diesen Schatz bei sich zu tragen. Auf dem Heimweg wurde er von mehreren Burschen in der Dunkelheit überfallen, verletzt und beraubt. Zweifelsohne hatten die Täter das Gespräch im Wirtshaus mitangehört. Kleinere Privatfehden zwischen Einheimischen und Fremden gab es hin und wieder. Anlaß dafür waren meist persönliche Eifersüchteleien, denn so mancher ortsansässige „Platzhirsch" sah durch die Fremden oder dunkeläugigen und temperamentvollen Italiener seine Chancen bei der einheimischen Damenwelt auf Null sinken.

Einige wenige Italiener waren des häufigen Hin- und Herwanderns von einer Eisenbahnbaustelle zur anderen müde, wurden seßhaft, fanden zwischen Bodenwöhr und Rötz die Frau ihres Lebens und gründeten eine Familie.

Abb. 61: Bahnbauarbeiter in Neunburg v.W., 1913. Hinter den Häusern liegt der Torweiher. *Foto: Sammlung Max Grünbauer senior*

Gleispläne

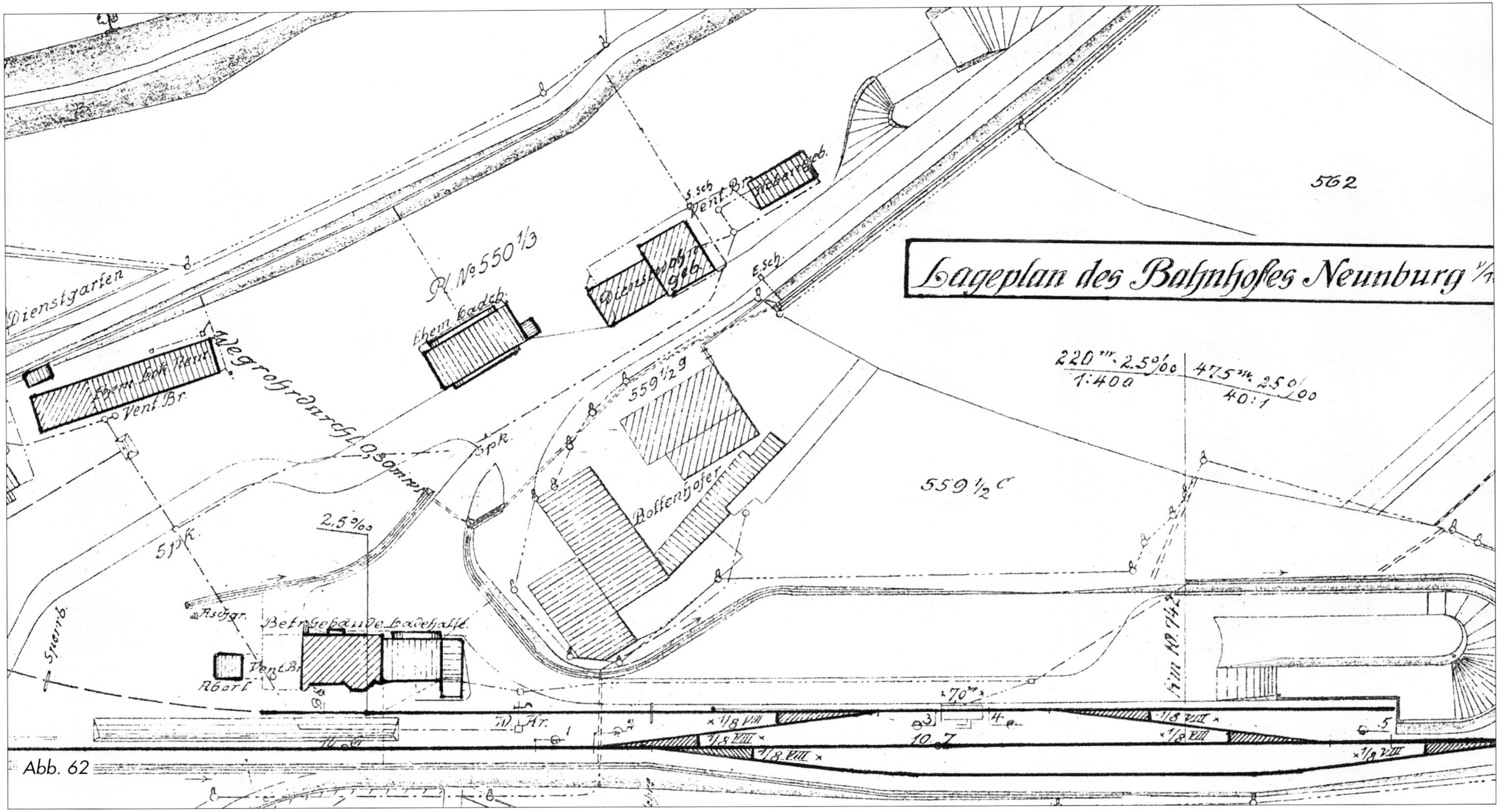

Abb. 62

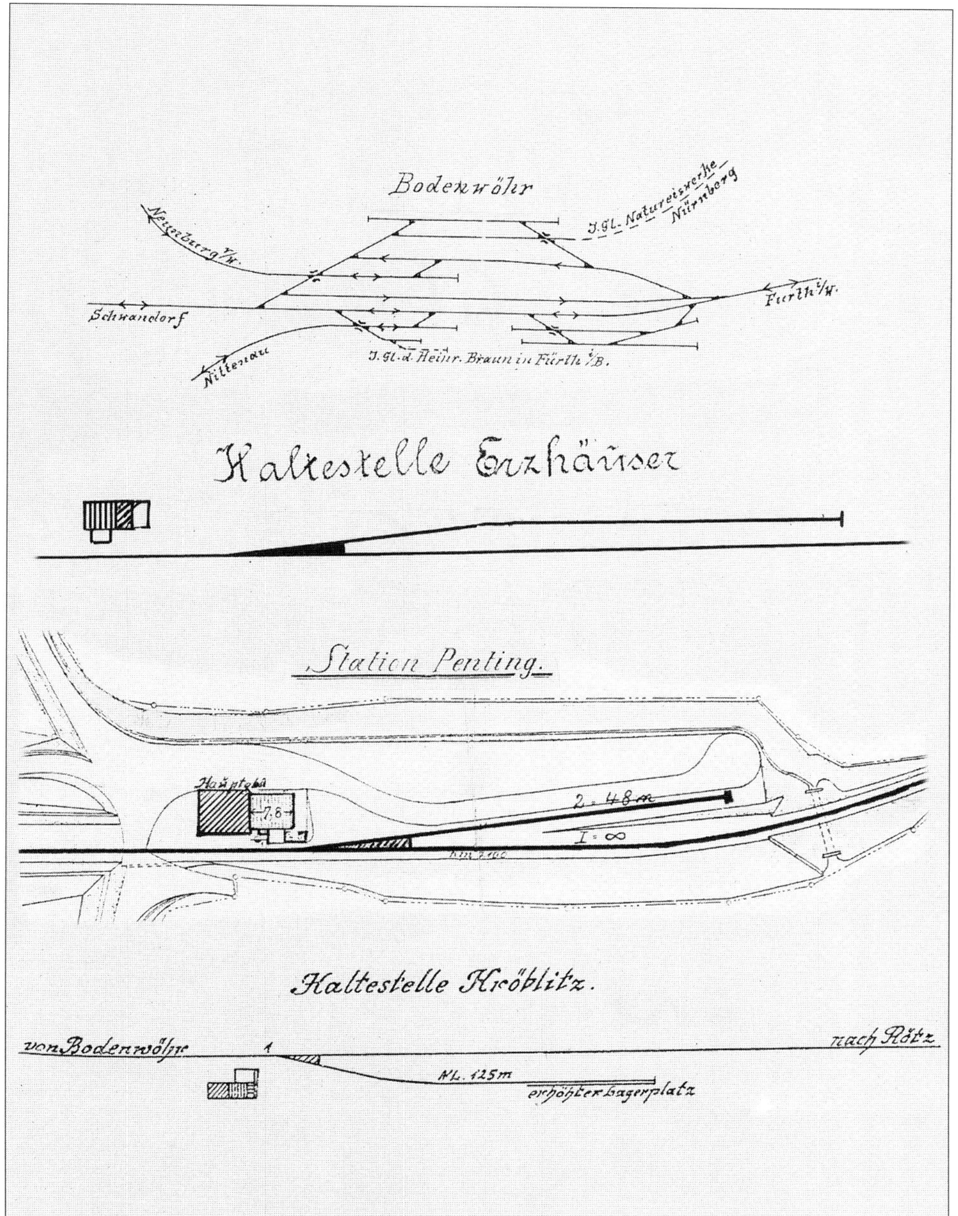
Bodenwöhr
Neunburg v/W.
J. Gl. Natureisewerke Nürnberg
Schwandorf
Fürth i/W.
Nittenau
J. Gl. d. Heinr. Braun in Fürth i/B.
Haltestelle Erzhäuser
Station Penting.
Hauptgeb.
7.8
2 = 48 m
I = ∞
Haltestelle Kröblitz.
von Bodenwöhr
nach Rötz
1
NL. 125 m
erhöhter Lagerplatz
Abb. 63

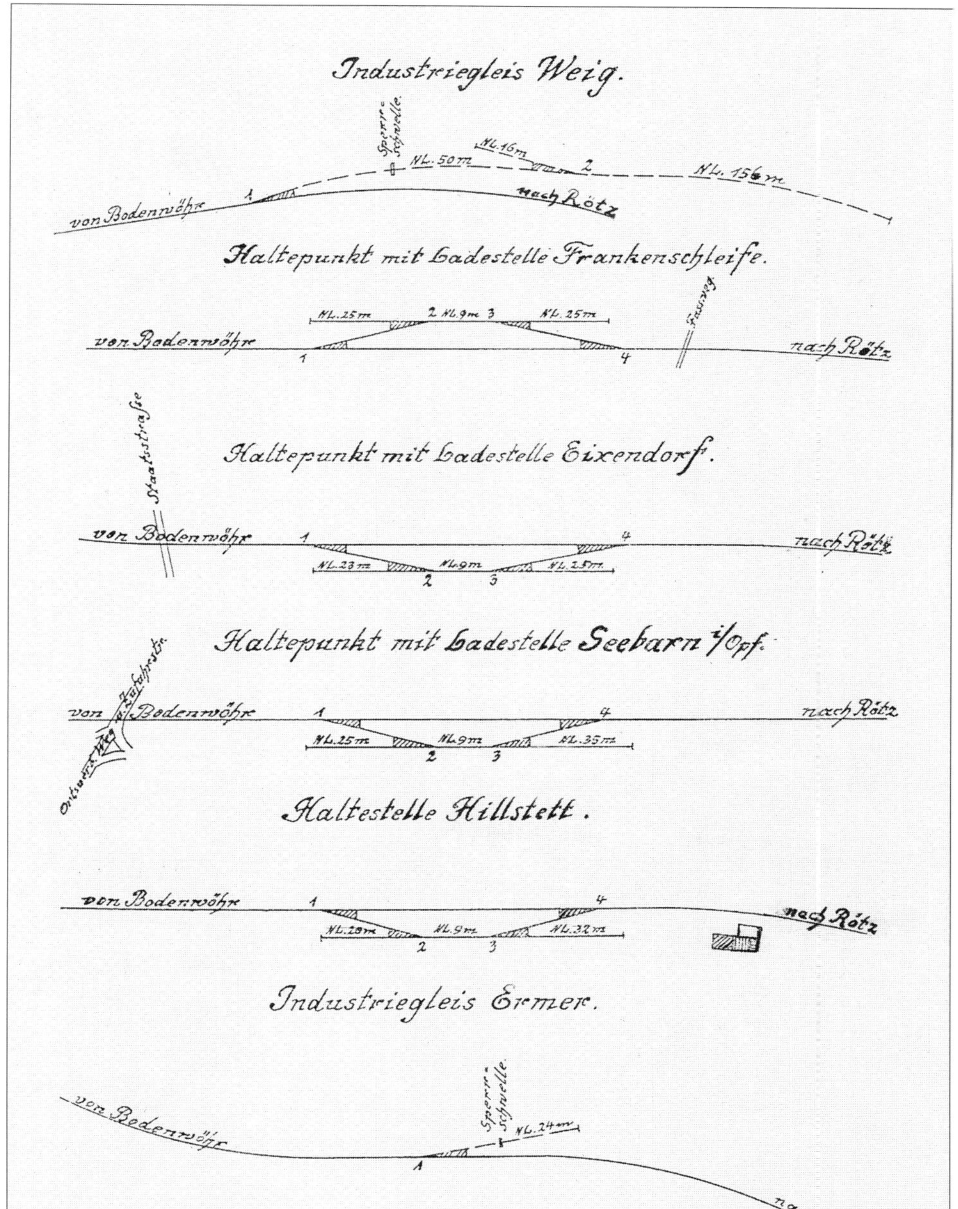
Industriegleis Weig.
Sperr-schwelle.
NL. 16 m
NL. 50 m
2
NL. 156 m
1
von Bodenwöhr
nach Rötz
Haltepunkt mit Ladestelle Frankenschleife.
NL. 25 m
2
NL. 9 m
3
NL. 25 m
von Bodenwöhr
1
4
nach Rötz
Haltepunkt mit Ladestelle Eixendorf.
Staatsstraße
von Bodenwöhr
1
4
nach Rötz
NL. 23 m
NL. 9 m
NL. 25 m
2
3
Haltepunkt mit Ladestelle Seebarn i/Opf.
von Bodenwöhr
1
4
nach Rötz
NL. 25 m
NL. 9 m
NL. 35 m
2
3
Haltestelle Hillstett.
von Bodenwöhr
1
4
nach Rötz
NL. 28 m
NL. 9 m
NL. 32 m
2
3
Industriegleis Ermer.
von Bodenwöhr
Sperr-schwelle.
NL. 24 m
1
nach Rötz
Abb. 64

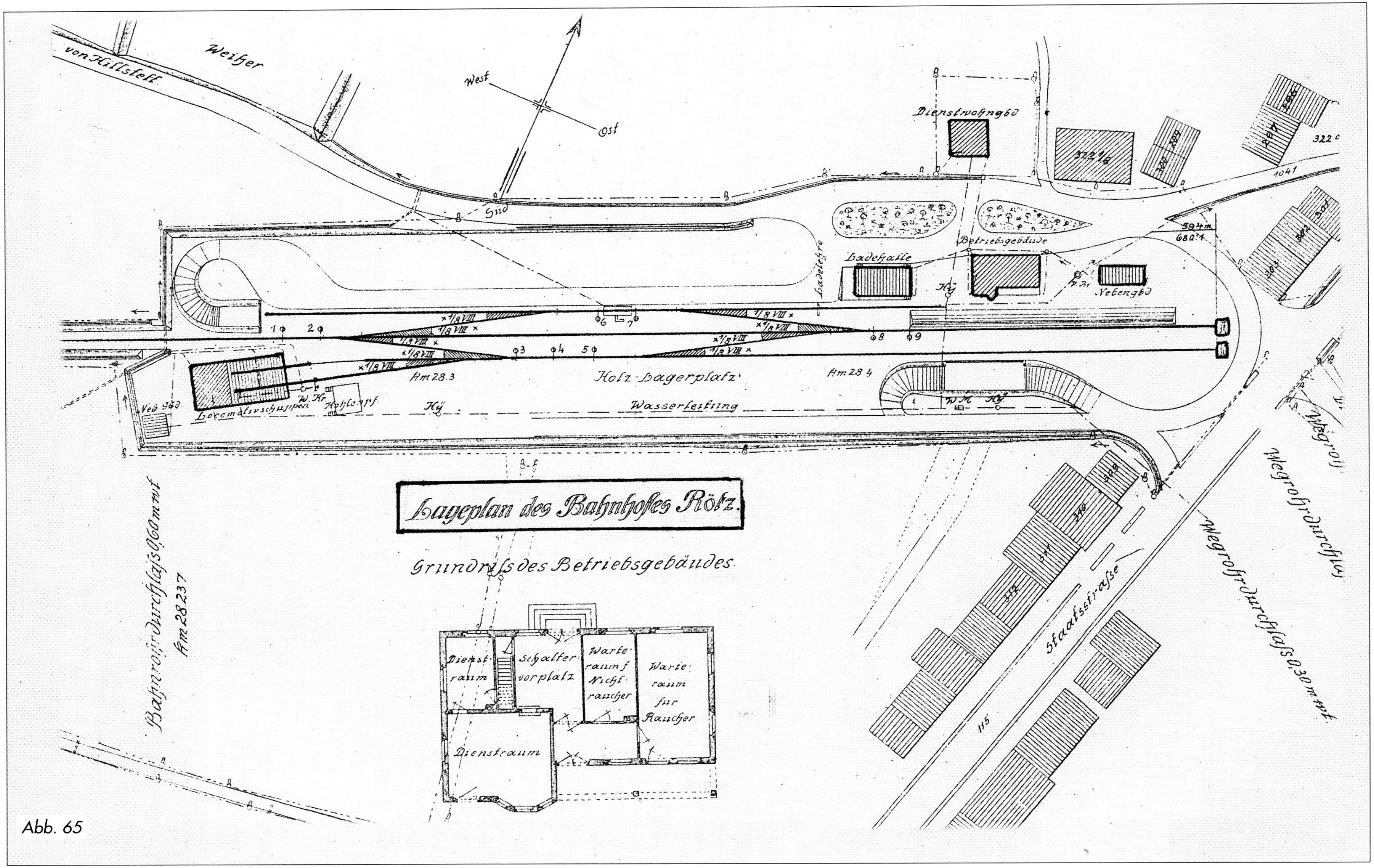

Abb. 65

Abb. 62 bis 65: Dokumentationsstelle des Verkehrsmuseums Nürnberg

Die Strecke im Fahrplan

Im Verlauf der Betriebsjahre hatte die Strecke Bodenwöhr - Neunburg v.W. bzw. Bodenwöhr - Rötz bis zur vollständigen Einstellung des Personenverkehrs in den amtlichen Kursbüchern folgende verschiedene Kursbuchnummern erhalten:

ab 2. August 1896	Nr. 49
ab Mai 1898	Nr. 55
ab Mai 1899	Nr. 57
ab Mai 1900	Nr. 61
ab Mai 1906	Nr. 132
ab Mai 1907	Nr. 159
ab Mai 1909	Nr. 219
ab Mai 1911	Nr. 226
ab Mai 1913	Nr. 199 Bodenwöhr - Rötz; bis zur Betriebsaufnahme mit dem Vermerk „Neunburg v.W. Rötz im Bau"
ab Oktober 1932	Nr. 123 h
ab Mai 1934	Nr. 423 g
ab Oktober 1940 bis zur Einstellung 1969	Nr. 423 d

Mit Gültigkeit des Sommerfahrplans ab 1. Mai 1927 wurden die Zeitangaben im 24 - Stunden - Zyklus angegeben. Bis zu diesem Datum wurde der Zeitbereich von 6.00 Uhr abends bis zum nächsten Morgen 5.59 Uhr durch Unterstreichen der Minutenangaben kenntlich gemacht.
Passend dazu stand in der „Neunburger Zeitung" in der Ausgabe vom 19. April 1927 zu lesen: „Es ist vielleicht für manchen interessant, daß in nächster Zeit speziell für den Bahnbetrieb unsere Uhren nicht mehr 12, sondern 24 Stunden aufzuweisen haben... . Auf diese nun bevorstehende neue Einrichtung hin, hat eine Beamter vor einigen Tagen einen Versuch gemacht und gibt einem Weiberl die Auskunft, als er von demselben befragt wurde: „Ihr Zug geht um 19.28 Uhr." Erstaunt schaut das Frauerl und sagt: „Heier ebber nimmer, da rentiert sich's warten niat, derweil kann i ja scho g'stor'b'n sa." Die Frau hatte den Bahnbeamten mißverstanden und glaubte, der Zug fährt erst im Jahre 1928... . Der Zug wäre also um 7.28 abgefahren."

Neben den für die Öffentlichkeit bestimmten amtlichen Fahrplänen fanden für den bahninternen Gebrauch die Graphischen Fahrpläne (Bildfahrpläne) mit Anschlußleisten an die weiterführenden Züge Verwendung sowie die Fahrplanbücher (heute: Buchfahrpläne) bzw. Fahrplananordnungen mit bahntechnischen Angaben für die Zugmannschaften. Die Abkürzung „Bod" (= Bodenwöhr) bedeutete den Anschlußbahnhof bzw. Ausgangsbahnhof der Nebenbahn.

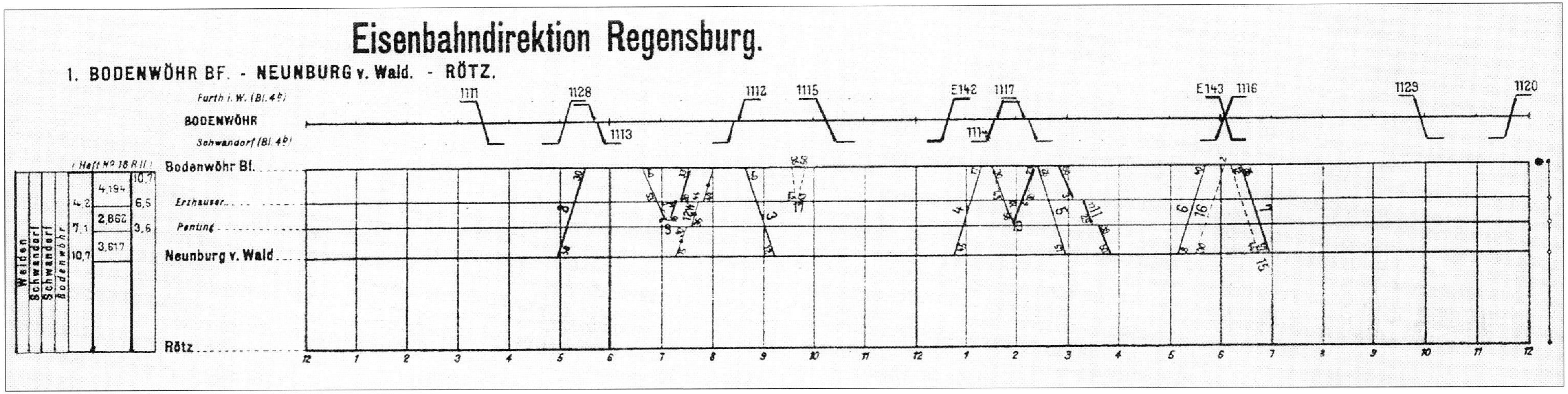

49. Bodenwöhr—Neunburg v. W. und zurück.

km			3601	3603	3605	(Lokalbahn.) 2. u. 3. Klasse	3600	3602	3604		
			8.20	2.32	6 50	ab Schwandf. 39 an	9 35	2 05	9 03		
			7.30	1.08	—	ab Furth i. W. 39 an	10.24	1.53	8 45		
			9.10	3.00	7 30	ab Bodenwöhr an	8.33	12.08	6 53		
5			9.25	3.15	7 45	Erzhäuser ↑	8.22	11.57	6 42		
8			9.39	3.29	7 59	↓ Penting	8.12	11 47	6 32		
11			9.49	3.39	8 09	an Neunbg. v. W. ab	7.55	11.30	6 15		

Giltig vom Tage der Eröffnung an.

61. Bodenwöhr—Neunburg v. W. und zurück.

km	(Lokalbahn.) 2. und 3. Klasse		4511 Λ	4513 Λ	4515 Λ	4517 Λ			
	Bodenwöhr	ab	9.00	12.35	3.00	8 25			
5	Erzhäuser		9.14	12.49	3.14	8 39			
8	Penting		9.27	1.02	3.27	8 52			
11	Neunburg v. W.	an	9.38	1.13	3.38	9 03			

km	2. und 3. Klasse		4510 Λ	4512 Λ	4514 Λ	4516 Λ			
	Neunburg v. W.	ab	5 50	11.30	1.40	6 15			
4	Penting		6.06	11.46	1.56	6 31			
7	Erzhäuser		6.16	11.56	2.06	6 41			
11	Bodenwöhr	an	6.27	12.07	2.17	6 52			
	Schwandorf 52	an	7.03	1.20	3.00	8 30			
	Furth i. W. 52	an	10.26	1.58	3.51	8 46			

199. Bodenwöhr—Neunburg v. Wald—Rötz *(3. Klasse)*

LZ 11	LZ 3	LZ 5	LZ 7	km	(Bayer. Staats-Eisenb.)		LZ 2	LZ 4	LZ 6		
4 54	4 54	1·30	5·32		Ab *Cham* 196	An	9·25	..	6 20	...	...
...	7·55	11·21	5· 7		Ab *Schwandorf* 196 ...	An	6· 8	2·37	6 22	...	..
6·20	8 38	2 20	6 25	0	Ab **Bodenwöhr** Bahnhof 201	An	5 31	1 40	5·27		
6·32	8·52	2·32	6 39	4	Erzhäuser	↑	5 20	1·29	5·18		
6·44	9· 5	2·44	6 52	7	↓ Penting		5 10	1·19	5·11		
6·51	9 16	2 51	7 3	10	An **Neunburg** v. Wald Bf.	Ab	4 54	1 3	4·56		
6·53	9·21	2·53	7 8	10	Ab **Neunburg** v. Wald Bf.	An	4 49	12·58	4·54		
×6·57	×9·25	×2·57	×7 12	11	Neunburg v. Wald Ost ⊙	↑	×4 44	×12·53	×4·51		
7· 3	9·33	3· 3	7 20	13	Kröblitz....... ⊙		4 36	12·45	4·44		
×7· 9	×9·40	×3· 9	×7 27	15	Obermurnthal.. ⊙		×4 26	×12·35	×4·37		
×7·15	×9·47	×3·15	×7 34	18	Frankenschleife ⊙		×4 19	×12·28	×4·31		
×7·21	×9·54	×3·21	×7 41	20	Eixendorf ..... ⊙		×4 12	×12·21	×4·25		
×7·26	×10·0	×3·26	×7 47	22	Seebarn (Opf.).. ⊙		×4 5	×12·14	×4·19		
7·34	10·10	3·34	7 57	25	↓ Hillstett .... ⊙		3 57	12· 6	4·11		
7·43	10·23	3·43	8 8	29	An **Rötz**	Ab	3 45	11·54	4· 0		

Verkehrt nur an Rötzer Viehmarkttagen 1. am 10., 24. Juni, 8., 22. Juli, 5., 19. Aug., 16., 30. Sept. Wird auf der ganzen Strecke Bodenwöhr Bf.-Rötz erst nach der Betriebseröffnung der Teilstrecke Neunburg v. Wald-Rötz abgefertigt.

⊙ Auf der Strecke Neunburg v. Wald—Rötz gültig vom Tage der Betriebseröffnung an.

Abb. 66, ganz oben: Bildfahrplan von 1914.

Abb. 67, links: Kursbuchfahrplan von 1896, dem Jahr der Eröffnung der Bahnlinie.

Abb. 68, oben: Kursbuchfahrplan von 1901.

Abb. 69, links unten: Kursbuchfahrplan von 1915.

199. Bodenwöhr—Neunburg v. Wald—Rötz *(nur 4. Klasse)*

		LZ 3		LZ 5		LZ 7	km		LZ 2	LZ 4		LZ 6	
...	...	5 33	...	(§ 9·36		5·2		Ab *Cham* 196 .... An	(W 7·38		...	6 49	..
		7·23	..	11·9	...	5·25		Ab *Schwandorf* 196 ... An	6·51	2·12	...	6 29	..
...	...	8 10		(ǂ11·47	...	6 15	0,0	Ab **Bodenwöhr** Bahnhof 201 An	6·0	(ǂ 1·35		5 1	..
...	...	8·25	.	(ǂ12·0	..	6 30	4,2	Erzhäuser	5 48	(ǂ 1 24	...	4·50	
...	...	8·41	...	(ǂ12·16	..	6 46	7,1	Penting	5 36	(ǂ 1·15	...	4·38	...
...	...	8·57	...	(ǂ12·23	...	7 2	10,6	Neunburg v. Wald Bf.	5 18	(ǂ12·58	..	4·19	..
...	...	×9·2	...	...	...	×7 7	11,8	Neunburg v. Wald Ost.	×5 8		...	× 4·6	...
...	...	9·9	...	...	...	7 14	13,7	Kröblitz.	5 0	...	...	3·59	...
..	...	×9·22	...	...	...	×7 27	17,7	Frankenschleife 251	×4 43	...	...	× 3·46	...
...	...	×9·36	...	...	...	×7 41	22,1	Seebarn (Opf.)	×4 29	...	...	× 3·33	...
..	...	9·45	..	...	...	7 50	24,7	Hillstett	4 21	...	.	3·26	...
..	..	9 53	..	...	..	8 1	28,5	An **Rötz** .... Ab	4 9	.		3 14	

ǂ Nur an Samstagen u. Werktagen vor Feiertagen. § 1. Juli bis 30. Sept. W = Nur an Werktagen.

423g Bodenwöhr Bahnhof-Neunburg vorm Wald-Rötz

Alle Züge nur 3. Klasse

							km								
...	...	*4.55*	...	*13.04*	...	*18.19*		ab *Cham (Oberpf) 423* .... an	*8.36*	...	*13.25*	...	***17.53***	...	...
...	...	*7.26*	...	*12.16*	...	*18.32*		ab *Schwandorf 423* .... an	*6.06*	...	***13.00***	...	*19.28*	...	...
		2843		2845		2847		Zug Nr *RBD Regensburg* Zug Nr	2842		2844		2846		
...	...	8.10	...	13.55	...	19.10	km	ab **Bodenwöhr** Bahnhof 423 h .. an	5.22	...	12.35	...	17.20	...	...
...	...	8.20	...	14.05	...	19.20	4,2	Erzhäuser	5.14	...	12.27	...	17.12	...	...
...	...	8.32	...	14.17	...	19.32	7,1	Penting	5.07	...	12.20	...	17.05	...	...
...	...	8.40	...	14.25	...	19.40	10,7	Neunburg vorm Wald Bf	4.53	...	12.05	...	16.51	...	...
...	...	×8.43	...	×14.28	...	×19.43	11,8	Neunburg vorm Wald Ost	×4.44	...	×11.57	...	×16.46	...	...
...	...	8.48	...	14.33	...	19.48	13,7	Kröblitz	4.40	...	11.53	...	16.42	...	...
...	...	×8.54	...	×14.39	...	×19.54	15,9	Obermurnthal	×4.32	...	×11.46	...	×16.34	...	...
...	...	×8.58	...	×14.43	...	×19.58	17,7	Frankenschleife	×4.28	...	×11.42	...	×16.30	...	...
...	...	×9.03	...	×14.48	...	×20.03	20,1	Eixendorf	×4.23	...	×11.37	...	×16.25	...	...
...	...	×9.08	...	×14.53	...	×20.08	21,9	Seebarn (Oberpf)	×4.19	...	×11.33	...	×16.21	...	...
...	...	9.15	...	15.00	...	20.15	24,8	Hillstett	4.13	...	11.27	...	16.15	...	...
...	...	9.23	...	15.08	...	20.24	28,5	an **Rötz**. .... ab	4.05	...	11.19	...	16.07	...	...

423 d Bodenwöhr Nord—Neunburg vorm Wald—Rötz

		8379 W	2847 W	Zug Nr.	Zug Nr.	2842 W	8384 W	
		w 8 25	w 18 55	ab **Bodenwöhr Nord** 423, 423e	an	w 6 48	w 17 20	
		{ 8 45	{ 19 05	Erzhäuser . . .		{ 6 39	{ 17 09	
		× 9 04	{ 19 19	Penting		{ 6 33	× 16 53	
		{ 9 38	{ 19 28	Neunburg v Wald		{ 6 15	{ 16 29	
		× 9 42	× 19 30	Neunburg v Wald Ost		× 6 10	× 16 04	
		{ 9 52	{ 19 35	Kröblitz		{ 6 06	{ 15 58	
		× 10 01	× 19 42	Obermurnthal . .		× 6 00	× 15 45	
		{ 10 14	× 19 46	Frankenschleife . .		× 5 56	{ 15 40	
		× 10 21	× 19 52	Eixendorf		× 5 50	{ 15 24	
		× 10 27	× 19 57	Seebarn (Oberpf) .		× 5 46	{ 15 13	
		{ 10 40	{ 20 04	Hillstett		{ 5 39	{ 15 05	
		w 10 52	w 20 13	an **Rötz**	ab	w 5 30	w 14 47	

423 d Bodenwöhr Nord—Neunburg vorm Wald—Rötz

Alle Züge nur 3. Klasse

				km						
6.34	**6.34**	*13.07*	*17.51*		ab *Cham (Oberpf) 423.* an	*6.56*	*13.44*	*18.46*	*18.46*	...
7.36	*7.36*	*12.35*	*17.34*		ab *Schwandorf 423.* . . an	*6.40*	*14.18*	*19.03*	*19.03*	...
S 2843	w 8377	2845	2847		Zug Nr *RBD Regensburg* Zug Nr	2842	2844	S 2846	w 8386	
S 8.10	w 8.10	13.54	18.38	km	ab **Bodenwöhr** Nord 423, an	5.58	12.57	S 17.53	w 17.58	...
{ 8.21	{ 8.24	14.05	18.49	4,2	Erzhäuser . . . . [423 e	5.50	12.49	{ 17.50	{ 17.47	...
{ 8.35	{ 8 41	14.19	19.03	7,1	Penting.	5.43	12.42	{ 17.43	{ 17.35	...
{ 8.45	{ 9.03	14.31	19.13	10,7	Neunburg vorm Wald . .	5.25	12.24	{ 17.25	{ 17.10	...
{ 8.48	{ 9.05	14.34	19.16	11,8	Neunburg vorm Wald Ost	5.18	12.15	{ 17.17	{ 17.00	...
{ 8.53	{ 9.15	14.39	19.21	13,7	Kröblitz	5.13	12.10	{ 17.12	{ 16.53	...
{ 9.00	{ 9.24	14.46	19.28	15,9	Obermurnthal	5.07	12.04	{ 17.06	{ 16.45	...
{ 9.06	{ 9.31	14.52	19.34	17,7	Frankenschleife	5.02	11.59	{ 17.01	{ 16.38	...
{ 9.12	{ 9.39	14.58	19 40	20,1	Eixendorf.	4.55	11.52	{ 16.54	{ 16.29	...
{ 9 16	{ 9.46	15.04	19.45	21,9	Seebarn (Oberpf)	4.50	11.47	{ 16.49	{ 16.23	...
{ 9.26	{ 9.54	15.1	19.54	24,8	Hillstett.	4.42	11.39	{ 16.41	{ 16.14	...
S 9.35	w 10.06	15.21	20.03	28,5	an **Rötz**. . . . . ab	4.33	11.30	S 16.32	w 16.02	...

423 d Bodenwöhr Nord—Neunburg vorm Wald—Rötz

Alle Züge nur 3. Klasse

Bus Nittenau – Bodenwöhr—Rötz Nr 1423 d

...	*17.29*	...		ab *Cham (Oberpf)* } 423 .... an	...	*6.50*	...
...	*17.26*	...		ab *Schwandorf* .... an	...	*6.32*	...
	2847		Zug Nr	*BD Regensburg* Zug Nr		2842	
...	18.14	...	km	ab **Bodenwöhr** Nord 423, e, Bus } 1423d an	...	5.55	...
...	18.23	...	4,2	Erzhäuser	...	5.47	...
...	18.35	...	7,1	Penting	...	5.41	...
...	18.44	...	10,6	Neunburg vorm Wald Bus 1425 a.	...	5.23	...
...	18.48	...	11,7	Neunburg vorm Wald Ost	...	5.17	...
...	18.54	...	13,7	Kröblitz	...	5.12	...
...	19.00	...	15,9	Obermurnthal	...	5.05	...
...	19.06	...	17,7	Frankenschleife..............	...	4.59	...
...	19.12	...	20,1	Eixendorf Bus 1423 d	...	4.53	...
...	19.16	...	21,9	Seebarn (Oberpf)	...	4.48	...
...	19.23	...	24,7	Hillstett	...	4.42	...
...	19.32	...	28,4	an **Rötz** Bus 1423 d .... ab	...	4.32	...

423 d Bodenwöhr Nord—Neunburg vorm Wald—Rötz

Alle Züge nur 2. Klasse

						km										
...	*6.12*	*7.44*	...	*13.16*	*17.40*		ab *Cham (Oberpf)* .... } 423 an	...	*6.36*	X *7.27*	*8.43*	*8.43*	***13:34***	*14.03*	*18.56*	...
...	*5.31*	*7.37*	...	*13.01*	*17.49*		ab *Schwandorf* .... an	...	*6.28*	***7.03***	***7.03***	*8.48*	*14.24*	*14.24*	*18.42*	...
	X 2803	2843		2845	2849		Zug Nr *BD Regensburg* Zug Nr	X 2840	X 8372	■ X 2842	† 2844	X 2804	† 2846	X 2848	2850	
	■ Bus	Bus		Bus	Bus	km		■ Bus	■	* Bus	□ Bus	■ Bus	□ Bus	■ Bus	Bus	
...	X 6.41	8.30	...	14.00	18.23	0,0	ab **Bodenwöhr** Nord 423, e. Bus. an	...	X 5.55	X 6.37	† 6.37	X 7.23	† 13.03	X 13.25	18.04	
...	{ ▲ X 6.49	8.37	...	14.08	18.31	4,2	Erzhäuser	...	{ 5.48	{ 6.31	{ 6.31	{ ▲ X 7.15	{ 12.57	{ 13.19	17.58	
...	{	8.44	...	14.17	18.40	7,1	Penting	an	{ 5.42	{ 6.26	{ 6.26	{	{ 12.52	{ 13.14	17.53	
...	X 7.01	8.51	...	14.25	18.47	10,6	Neunburg v Wald Bus	X 5.29	X 5.32	X 6.15	{ 6.15	X 7.04	{ 12.43	{ 13.07	17.42	
...	an	8.54	...	14.28	18.50	11,7	Neunburg vorm Wald Ost	{ 5.27	...	nach Cham (Opf) (s. 423)	{ 6.11	nach Nittenau (s. 423 e)	{ 12.39	{ 13.03	17.38	
...	von Nittenau (s. 423 e)	X 8.57	...	14.32	18.54	13,7	Kröblitz	{ 5.23	...		{ 6.07		{ 12.35	X 12.59	17.34	
...		X 9.01	...	14.36	18.58	15,9	Obermurnthal	{ 5.19	...		{ 6.03		{ 12.31	{ 12.55	X 17.30	
...		X 9.03	...	14.40	19.02	17,7	Frankenschleife	{ 5.16	...		{ 6.00		{ 12.28	X 12.52	17.27	
...		X 9.07	...	X 14.45	X 19.06	20,1	Eixendorf Bus	{ 5.11	...		{ 5.55		{ 12.23	X 12.48	X 17.22	
...		9.12	...	14.50	X 19.11	21,9	Seebarn (Oberpf)	{ 5.07	...		{ 5.50		{ 12.18	X 12.44	X 17.17	
...		9.19	...	14.57	X 19.17	24,7	Hillstett	{ 5.00	...		{ 5.43		{ 12.12	{ 12.37	17.10	
...		9.27	...	15.05	19.26	28,4	an **Rötz** Bus ab	X 4.52	...		† 5.34		† 12.03	X 12.29	17.01	

▲ Haltestelle im Ort
* verk. Bodenwöhr-Cham (Opf) nicht während der Schulferien
■ verk. nicht 15. VIII.
□ verk. auch 15. VIII.

* 423 d Bodenwöhr Nord—Neunburg vorm Wald—Rötz

Alle Züge Bus 2. Klasse

Am 24. und 31. XII. Verkehr wie Sa
Am 19. XI. Verkehr wie X Am 1. XI., 6. I. und 28. V. Verkehr wie †

Bus Nittenau—Neunburg v. Wald—Rötz Nr. 2423/35

								km								
X *6.38*	X *9.04*	...	*13.29*	...	...	*17.35*	*17.35*		ab *Cham (Oberpf)* .... } 423 an	X *7.28*	*8.30*	...	X *14.25*	...	*18.49*	...
X *5.47*	X *9.00*	...	X *13.35*	...	...	*17.56*	*17.56*		ab *Schwandorf* .. an	***7.03***	*8.40*	...	***13.49***	...	*18.23*	***19.59***
2803	4141	2819	4143	4143	2821	2817	4145		Zug Nr *BD Regensburg* Zug Nr	4140	2804	2822	4142	2824	4144	2820
Bus		Bus			Bus	③ Bus		km		(† o6)	Bus	Bus	o6	Bus		③ Bus
X 6.23	9.39	...	14.03	...	...	Sa 18.20	b 18.24	0	ab **Bodenwöhr** Nord Bus .... an	6.41	X ❶ 7.22	...	13.27	...	b 17.59	Sa 19.36
{ ▲ × 6.29	9.45	...	14.09	...	...	{ ▲ × 18.25	{ 18.30	4	Erzhäuser	6.35	{ ▲ × 7.15	...	13.21	...	{ 17.53	{ ▲ × 19.29
{ ▲ × 6.34	9.50	...	14.14	...	...	{ ▲ × 18.30	{ 18.35	7	Penting	6.30	{	an	13.16	an	{ 17.48	{ ▲ × 19.24
{ 6.37	(X ab) 9.55	10.00	14.19	Sa 14.21	b 14.25	{ 18.33	{ 18.42	11	Neunburg vorm Wald Bus	6.24	{ ▲ 7.05	13.04	13.10	b 17.36	b 17.42	{ ▲ 19.19
X 6.40	an	10.03	an	{ 14.23	{ 14.28	18.36	18.45	12	Neunburg vorm Wald Ost	6.20	X 7.00	13.01	...	{ 17.33	...	{ 19.17
von Nittenau ab X 5.45 (s. 2423/35)	X von Schwandorf (s. 423)	{	...	{ × 14.26	{ ▲ 14.33	{	18.49	14	Kröblitz	6.17	nach Nittenau an 7.45 (s. 2423/35)	▲ 12.58	...	{	...	{
		{	...	{ × 14.30	{	{	18.53	16	Obermurnthal	6.13		{	...	{	...	{
		{	...	{ × 14.32	{	{	18.56	18	Frankenschleife	× 6.09		{	...	{	...	{
		{	...	{ 14.36	{	{	18.59	20	Eixendorf } Bus	6.06		{	...	{	...	{
		▲ 10.11	...	{ × 14.47	{ ▲ 14.44	{ ▲ 18.44	{ × 19.10	22	Seebarn (Oberpf)	5.55		▲ 12.45	...	{ ▲ 17.25	...	{ ▲ 19.09
		▲ 10.16	...	{ × 15.04	{ ▲ 14.49	{ ▲ 18.49	{ × 19.26	25	Hillstett	X × 5.37		▲ 12.40	...	{ ▲ 17.20	...	{ ▲ 19.04
		10.21	...	Sa 15.14	b 14.55	Sa 18.54	b 19.36	29	an **Rötz** ab	5.28		12.34	...	b 17.15	...	Sa 19.00

4140: X nach Cham (s. 423)

b = täglich außer Sa
❶ hält an Schultagen nur zum Zusteigen, sonst nur zum Aussteigen
③ bis und ab Nittenau
▲ Bus hält nicht am Bahnhof

Lokalbahnzug № 4512. (II. III. Kl.)

Entfernung km	Stationen		Kreuzt mit Zug №	Ueberholt den Zug №	Ueberholt von Zug №	Ankunft Uhr	Aufenthalt M.	Abgang Uhr	Fahrzeit fahrplanmäßige	Fahrzeit kürzeste
	Neunburg v. W.	.	.	.	.			11 30		
3,63	Penting	.	.	.	.	11 46	1	11 47	16	14
2,86	Erzhäuser	.	.	.	.	11 56	1	11 57	9	7
4,19	**Bodenwöhr**	×	4513	.	.	12 08	.	.	11	9
10,68										

Lokalbahnzug № 4513. (II. III. Kl.)

Entfernung km	Stationen		Kreuzt mit Zug №	Ueberholt den Zug №	Ueberholt von Zug №	Ankunft Uhr	Aufenthalt M.	Abgang Uhr	Fahrzeit fahrplanmäßige	Fahrzeit kürzeste
	Bodenwöhr	×	4512	.	.			12 35		
4,19	Erzhäuser	.	.	.	.	12 49	1	12 50	14	12
2,86	Penting	.	.	.	.	1 03	1	1 04	13	11
3,63	**Neunburg v. W.**	×	4514	.	.	1 14	.	.	10	8
10,68										

Lokalbahnzug № 4518.
(Verkehrt nur nach Bedarf.)

Entfernung km	Stationen		Kreuzt mit Zug №	Ueberholt den Zug №	Ueberholt von Zug №	Ankunft Uhr	Aufenthalt M.	Abgang Uhr	Fahrzeit fahrplanmäßige	Fahrzeit kürzeste
	Neunburg v. W.	.	.	.	.			4 45		
3,63	Penting	.	.	.	.	5 01	9	5 10	16	14
3,63	**Neunburg v. W.**	.	.	.	.	5 20	.	.	10	8
7,26										

Lokalbahnzug Bod 2. (3. Kl.)
Leichter Zug.
Höchst-G. 40 km.
Größtes Zuggewicht 65 Tonnen.

Entfernung km	Stationen	Br. %	Kreuzt mit Zug №	Ueberholt den Zug №	Ueberholt von Zug №	Ankunft Uhr	Aufenthalt M.	Abgang Uhr	Fahrzeit fahrplanmäßige	Fahrzeit kürzeste
	Neunburg v. Wald	37	.	.	.			4 30		
3,63	Penting			.	.	4 45	1	4 46	15	14
2,86	Erzhäuser		.	.	.	4 52½	1	4 53½	6½	6
4,19	**Bodenwöhr Bf.**		.	.	.	5 02	.	.	8½	8
10,68										

Lokalbahnzug Bod 3. (3. Kl.)
Leichter Zug.
Höchst-G. 40 km.
Größtes Zuggewicht 65 Tonnen.

Entfernung km	Stationen	Br. %	Kreuzt mit Zug №	Ueberholt den Zug №	Ueberholt von Zug №	Ankunft Uhr	Aufenthalt M.	Abgang Uhr	Fahrzeit fahrplanmäßige	Fahrzeit kürzeste
	Bodenwöhr Bf.	37	.	.	.			8 40		
4,19	Erzhäuser		.	.	.	8 51½	1	8 52½	11½	11
2,86	Penting		.	.	.	9 04½	1	9 05½	12	11½
3,63	**Neunburg v. Wald**		.	.	.	9 12	.	.	6½	6
10,68										

Güterzug Bod 12.
Fällt an **Sonn-** und **Feiertagen** aus.
Mit Personenbeförderung in 3. Kl.

Entfernung km	Stationen	Br. %	Kreuzt mit Zug №	Ueberholt den Zug №	Ueberholt von Zug №	Ankunft Uhr	Aufenthalt M.	Abgang Uhr	Fahrzeit fahrplanmäßige	Fahrzeit kürzeste
	Neunburg v. Wald	37	.	.	.			7 15		
3,63	Penting		.	.	.	7 30	5	7 35	15	12
2,86	Erzhäuser		.	.	.	7 44	5	7 49	9	8
4,19	Bodenwöhr Bf.		.	.	.	8 00	.	.	11	10
10,68										

Bedarfsübergabezug Bod 17.

Entfernung km	Stationen	Br. %	Kreuzt mit Zug №	Ueberholt den Zug №	Ueberholt von Zug №	Ankunft Uhr	Aufenthalt M.	Abgang Uhr	Fahrzeit fahrplanmäßige	Fahrzeit kürzeste
	Bodenwöhr Bf.	37	.	.	.			9 35		
2,31	Ladestelle		.	.	.	9 42	1	9 43	7	7
2,31	**Bodenwöhr Bf.**		.	.	.	9 50	.	.	7	7
4,62										

Bedarfsgüterzug Bod 19.
Zugkraft: Pt L ²/₂. Größtes Zuggewicht 85 Tonnen.
Von Erzhäuser bis Industriegleis Taucher und zurück nach Erzhäuser **Übergabezug.**
Darf nicht abgefertigt werden, wenn die Bdgz Bod 15 und 16 verkehren.

Entfernung km	Stationen	Br. %	Kreuzt mit Zug №	Ueberholt den Zug №	Ueberholt von Zug №	Ankunft Uhr	Aufenthalt M.	Abgang Uhr	Fahrzeit fahrplanmäßige	Fahrzeit kürzeste
	Bodenwöhr Bf.	37	6	.	.			5 50		
4,19	Erzhäuser		.	.	.	6 01	.	.	11	11
	Industriegl. Böll bei km 4,54		.	.	.	.	.	.	.	.
1,16	**Industriegl. Taucher** bei km 5,35		.	.	.	6 05	8	6 13	4	4
	Industriegl. Böll bei km 4,54		.	.	.	.	.	.	.	.
1,16	Erzhäuser		.	.	.	6 18	.	.	5	5
4,19	**Bodenwöhr Bf.**		.	.	.	6 29	.	.	11	11
10,70										

1) Lokalbahnzug Bod 2. (3. Kl.)

Entfernung km	Stationen	Br. %	Kreuzt mit Zug №	Ueberholt den Zug №	Ueberholt von Zug №	Ankunft Uhr	Aufenthalt M.	Abgang Uhr	Fahrzeit fahrplanmäßige	Fahrzeit kürzeste
	Rötz	9	.	.	.			3 45		
3,78	Hillstett		.	.	.	3 56	1	3 57	11	10
2,67	Seebarn (Opf.) Hp	31	.	.	.	4 05½	*	4 05½	8½	7½
1,89	Eixendorf Hp	27	.	.	.	4 12	*	4 12	6½	5½
2,45	Frankenschleife Hp		.	.	.	4 19½	*	4 19½	7½	7
2,29	Obermurnthal Hp		.	.	.	4 26	*	4 26	6½	6
1,70	Kröblitz		.	.	.	4 35	1	4 36	9 °	6
1,96	Neunbg. v.W. Ost Hp		.	.	.	4 44½	*	4 44½	8½	7½
1,09	Neunburg v. W. Bf.	37	.	.	.	4 49	5	4 54	4½	4
3,63	Penting		.	.	.	5 09	1	5 10	15	12
2,86	Erzhäuser		.	.	.	5 19	1	5 20	9	8
4,19	**Bodenwöhr Bf.**		.	.	.	5 31	.	.	11	10
28,51										

1) Bedarfsviehzug Bod 10.

Entfernung km	Stationen	Br. %	Kreuzt mit Zug №	Ueberholt den Zug №	Ueberholt von Zug №	Ankunft Uhr	Aufenthalt M.	Abgang Uhr	Fahrzeit fahrplanmäßige	Fahrzeit kürzeste
	Rötz	9	.	.	.			1 48		
3,78	Hillstett		.	.	.	1 59	.	.	11	10
2,67	Seebarn (Opf.) Hp	31	.	.	.	2 07½	.	.	8½	7½
1,89	Eixendorf Hp	27	.	.	.	2 14	.	.	6½	5½
2,45	Frankenschleife Hp		.	.	.	2 21½	.	.	7½	7
2,29	Obermurnthal Hp		.	.	.	2 28	.	.	6½	6
1,70	Kröblitz		.			2 35	*	.	7	6
1,96	Neunbg. v.W. Ost Hp		.	.	.	2 43½	.	.	8½	7½
1,09	Neunburg v. W. Bf.	37	5	.	.	2 48	5	2 53	4½	4
3,63	Penting		.	.	.	3 08	*	.	15	12
2,86	Erzhäuser		.	.	.	3 17	*	.	9	8
4,19	Bodenwöhr Bf.		.	.	.	3 28	.	.	11	10
28,51										

Bedarfsgüterzug Bod 13.
Zugkraft: Pt L ²/₂. Größtes Zuggewicht 85 Tonnen.
Von Erzhäuser bis Industriegleis Taucher und zurück nach Erzhäuser **Übergabezug.**

Entfernung km	Stationen	Br. %	Kreuzt mit Zug №	Ueberholt den Zug №	Ueberholt von Zug №	Ankunft Uhr	Aufenthalt M.	Abgang Uhr	Fahrzeit fahrplanmäßige	Fahrzeit kürzeste
	Bodenwöhr Bf.	37	6	.	.			5 32		
4,19	Erzhäuser		.	.	.	5 45	*	.	13	11
	Industriegl. Böll bei km 4,54		.	.	.		.	.	.	.
1,16	**Industriegl. Taucher** bei km 5,35		.	.	.	5 49	5	5 54	4	4
	Industriegl. Böll bei km 4,54		.	.	.	.	.	.	.	.
1,16	Erzhäuser		.	.	.	6 00	4	6 04	6	5
4,19	**Bodenwöhr Bf.**		.	.	.	6 17	.	.	13	11
10,70										

1) Auf der Strecke Neunburg v. W. Bf. bis Rötz verkehren die Züge erst vom Tage der Betriebseröffnung dieser Strecke an.
° Einschließlich Zuschlag für Anhalten nach Bedarf bei Industriegleis Weig.
° Einschließlich Zuschlag für Anhalten nach Bedarf bei Induitriegleis Ermer.

vorige Seite:

Von links oben nach links unten, sowie von rechts oben nach rechts unten, Abb. 70 bis 76: Kursbuchfahrpläne von 1923, 1940, 1945, 1949, 1954, 1959 und 1969.

diese Seite:

Von links nach rechts, Abb. 77 bis 79: Auszüge von Fahrplanbüchern der Jahre 1897, 1912 und 1915.

Bod 7, Nebenbahnzug. 3. Kl.

Leichter Zug.

Zgg 5

1 Entfernung km	2 Bahnhöfe und Blockstellen	3 Fahrzeit M	4 Ankunft	5 Aufenthalt M	6 Abfahrt	7 Kreuzung mit Zug	8 Überholung durch Zug	9 Kürzeste Fahrzeit M	9 M	10 Für Bremsbesetzung maßgeb. Geschwind. km	11 Bremsbesetzung %
	Bodenwöhr Bf . . .		—	—	19 00	*15				30	26
4,2	●Erzhäuser	13	19 13	1	14			9,5	9,5		
2,9	● Penting Hp . .	14	28	1	29			6,6	6,6		38
3,5	●Neunburg v W. Bf	8	37	5	42			7,5	7,5		
1,1	● Neunburg v W. Ost Hp	10	—	×	46			3	8,5		
2,0	●Kröblitz		52	1	53			5,5			26
2,2	● Obermurnthal Hp		—	×	20 00			5,3			
1,8	● Frankenschleife Hp		—	×	06			5			
2,4	Eixendorf Hp .	32	—	×	12			5,7	26,6		
1,8	● Seebarn (Opf) Hp		—	×	18			4,8			11
2,8	Hillstett		20 25	1	26			5,8			
3,8	●Rötz	11¹)	20 37	—	—			8,5	8,5		
28,5											

¹) Einschließlich Zuschlag für Anhalten nach Bedarf bei P.A. Ermer.

Bod 11, Nahgüterzug.

Von Erzhäuser bis P.A. Kastenhuber und zurück nach Erzhäuser

Übergabezug. Zgg 17

Verkehrt nur Werktags.

Zgg 14

	Bodenwöhr Bf . . .		—	—	6 49					30	26
4,2	●Erzhäuser	14	7 03	5	7 08			3,8	9,8		
	P.A. Pöll bei km 4,54		—	—	—						
1,2	P.A. Kastenhuber bei km 5,35 . . .	4	12	5	17			3,3	3,3		38
	P.A. Pöll bei km 4,54		—	—	—						
1,2	●Erzhäuser	6	23	4	27			4	4		
4,2	Bodenwöhr Bf . . .	13	7 40	—	—			3,5	9,5		
10,8											

Bod 17, Bedarfsnahgüterzug.

Zgg 14 / Sonderl. 5

	Bodenwöhr Bf . . .		—	—	6 10	{2 / *4				30	26
4,2	●Erzhäuser	13	6 23	3	26			9,5	9,5		
2,9	● Penting Hp . . .	25¹)	—	×	43			6,6	14,1		38
3,5	●Neunburg v Wald		6 51	—	—			7,5			
10,6											

¹) Einschl. Bedarfsaufenthalt bei km 4,54 (P. A. Pöll) u. bei km 5,35 (P. A. Kastenhuber.)

Bod 17a, Bedarfsnahgüterzug.

Zgg 14 / Sonderl. 5

	●Neunburg v W. Bf		—	—	6 57					30	38
1,1	● Neunburg v W. Ost Hp	10	—	—	7 01			3	9		
2,0	●Kröblitz		7 07	3	10			6			26
2,0	● Neunburg v W. Ost Hp	10	—	—	16			4,9	8,4		
1,1	●Neunburg v W. Bf		7 20	—	—			3,5			
6,2											

Bod 12, Nebenbahnzug. 3. Kl.

Leichter Zug.

Verkehrt nur Sonn- und Feiertags; unterbleibt am Karfreitag. Zgg 5

1 Entfernung km	2 Bahnhöfe und Blockstellen	3 Fahrzeit M	4 Ankunft	5 Aufenthalt M	6 Abfahrt	7 Kreuzung mit Zug	8 Überholung durch Zug	9 Kürzeste Fahrzeit M	9 M	10 Für Bremsbesetzung maßgeb. Geschwind. km	11 Bremsbesetzung %
	●Rötz		—	—	16 18					35	14
3,8	Hillstett	10	16 28	1	29			7,6	7,6		11
2,8	● Seebarn (Opf) Hp		—	×	36			5,5			36
1,8	Eixendorf Hp . .		—	×	42			5,3			15
2,4	● Frankenschleife Hp	31	—	×	49			5,2	25,5		32
1,8	● Obermurnthal Hp		—	×	55			5			11
2,2	●Kröblitz		17 00	1	17 01			4,5			
2,0	● Neunburg v W. Ost Hp	10	—	×	07			4,7	7,7		
1,1	●Neunburg v W. Bf		11	3	14			3			
3,5	● Penting Hp . . .	18	32	1	33			7	7		43
2,9	●Erzhäuser	7	40	1	41			6	6		
4,2	Bodenwöhr Bf . . .	9	17 50	—	—			7,5	7,5		
28,5											

Bod 13, Bedarfsnahgüterzug.

Zgg 14 / Sonderl. 5

	Bodenwöhr Bf . .		—	—	6 35	*4				30	26
4,2	●Erzhäuser	13	6 48	7	55			9,5	9,5		
2,9	● Penting Hp . . .	22	—	×	7 09			6,6	14,1		38
3,5	●Neunburg v W. Bf		7 17	5	22	*17a		7,5			
1,1	● Neunburg v W. Ost Hp		—	—	26			3			
2,0	●Kröblitz		—	×	32			5,5			26
2,2	● Obermurnthal Hp		—	—	39			5,3			
1,8	● Frankenschleife Hp	52	—	—	45			5	43,6		
2,4	Eixendorf Hp . .		—	—	52			5,7			
1,8	● Seebarn (Opf) Hp		—	—	58			4,8			8
2,8	Hillstett		—	—	8 05			5,8			
3,8	●Rötz		8 14	—	—			8,5			
28,5											

Bod 14, Bedarfsnahgüterzug.

Zgg 14 / Sonderl. 5

	●Neunburg v Wald		—	—	7 25	*13				30	26
3,5	● Penting Hp . .	37	—	×	43			7,7	24		38
2,9	●Erzhäuser		—	×	51			7			
4,2	Bodenwöhr Bf . . .		8 02	—	—			9,3			
10,6											

Zwischen Bodenwöhr Nord und Neunburg v. Wald Zugleitbetrieb

DZ 19442 (24,5) 1./2. Klasse

Bodenwöhr Nord – Neunburg v. Wald

am 26.07.92

Tfz 050 622 200 t Mbr 65

1 Zulässige Geschwindigkeiten ab km	2 km/h	3a Betriebsstellen (verkürzter Vorsignalabstand; Geschwindigkeiten auf Signal Hp 2 in km/h; Zugbahnfunk (Kanalnummern))	3b Lage in km	4 Vor der Trapeztafel hält Zug	5 Ankunft	6 Abfahrt	7 Kreuzung mit Zug	8 überholt / wird überholt durch Zug	9 Zuglaufmeldung durch / Art
	40	Bodenwöhr Nord	0,0			10.25			Zf Fa
0,8	30								
2,9	50								
6,6	30								
		Bü in km 9,440			Halt*1				
		Neunburg v. Wald	10,6		10.50				

*) Weiterfahrt nach Bedienung der Schranken durch Zub

– keine Zuglaufmeldungen –

Üg 67534 Mo + Mi + Fr Bodenwöhr Nord – Neunburg v Wald

Tfz 290 LG 470 t GL Mbr 68 G

1 Zulässige Geschwindigkeiten ab km	2 km/h	3a Betriebsstellen (verkürzter Vorsignalabstand; Geschwindigkeiten auf Signal Hp 2 in km/h; Zugbahnfunk (Kanalnummern))	3b Lage in km	4 Vor der Trapeztafel hält Zug	5 Ankunft	6 Abfahrt	7 Kreuzung mit Zug	8 überholt / wird überholt durch Zug	9 Zuglaufmeldung durch / Art
	40	Bodenwöhr Nord	0,0			14.34			Zf Fa
		BÜ in km 9,440			Halt *				
		Neunburg v Wald	10,6		15.00				

*) Weiterfahrt nach Sicherung des BÜ durch Zub

Üg 67535 Mo + Mi + Fr Neunburg v Wald – Bodenwöhr Nord

Tfz 290 LG 470 t GL Mbr 68 G

1	2	3a	3b	4	5	6	7	8	9
	40	Neunburg v Wald	10,6			15.12			
		BÜ in km 9,440			Halt *				
0,8		Esig	0,8						
	30	Bodenwöhr Nord	0,0		15.40				

*) Weiterfahrt nach Sicherung des BÜ durch Zub

Fahr-plan Bodenwöhr-Neunburg.

(Giltig vom Tage der Eröffnung an.)

Hin				Stationen		Zurück			
9.10	12.35	3.00	7.30	ab **Bodenwöhr**	an	8.33	12.08	2.18	6.53
9.25	12.50	3.15	7.45	„ Erzhäuser	„	8.22	11.57	2.07	6.42
9.39	1.04	3.29	7.59	„ Penting	„	8.12	11.47	1,57	6.32
9.49	1.14	3.39	8.09	an **Neunburg v. W.**	ab	7.55	11.30	1,40	6.15

Fahr-Plan Bodenwöhr-Neunburg-Rötz und zurück.

Giltig vom 1. Mai 1916 an.

Hin				Stationen		Zurück		
*6,26	8,38	2,20	6,35	ab Bodenwöhr Bhf.	an	5,25	1,45	5,37
*6,39	8,53	2,33	6,50	Erzhäuser		5,13	1,33	5,26
*6,54	9,09	2,48	7,06	Penting		5,01	1,21	5,17
*7,03	9,25	2,57	7,22	Neunburg v. W. Bhf.		4,43	1,03	5,—
*7,07	9,30	3,01	7,27	Neunburg v. W. Ost		4,33	12,53	4,55
*7,13	9,37	3,08	7,34	Kröblitz		4,25	12,45	4,48
*7,19	9,44	3,13	7,41	Obermurnthal		4,15	12,35	4,41
*7,25	9,51	3,20	7,48	Frankenschleife		4,08	12,28	4,35
*7,31	9,58	3,26	7,55	Eixendorf		4,01	12,21	4,29
*7,36	10,05	3,31	8,02	Seebarn		3,54	12,14	4,23
*7,44	10,14	3,38	8,11	Hillstett		3,46	12,06	4,15
*7,53	10,27	3,47	8,22	an Rötz	ab	3,34	11,54	4,04

* Verkehrt nur an Rötzer Viehmarkttagen d. i. am 11., 25. Mai, 8., 21. Juni 6., 20. Juli 3., 17. und 31. August, 14., 28. September.

vorige Seite:

Abb. 80 und 81: Auszüge aus Fahrplanbüchern des Jahres 1930.

Abb. 66 bis 81: Dokumentationsstelle des Verkehrsmuseums Nürnberg.

Abb. 82: Fahrplananordnung für den Dampfsonderzug „Pfalzgraf Johann" und seine erste Fahrt von Bodenwöhr-Nord nach Neunburg v. W. am 26. Juli 1992. *Sammlung J. Wiemann*

Abb. 83: Auszug aus dem Buchfahrplanheft 986, Sommer 1994, für die Übergabezüge (Üg) 67534 von Bodenwöhr-Nord nach Neunburg v.W. und Üg 67535 von Neunburg v.W. nach Bodenwöhr-Nord. *Sammlung J.Wiemann*

oben, von links nach rechts:

Darstellung der Fahrpläne in der Presse.

Abb. 84: Der erste Fahrplan , gültig vom 3. August 1896, mit v i e r Zugpaaren, abgedruckt im Neunburger Amtsblatt, Juli 1896.

Abb. 85: Der Sommerfahrplan von 1916 im Neunburger Amtsblatt.

Abb. 84 und 85: Stadtarchiv Neunburg v.W.

Das rollende Material

Triebfahrzeuge

Eingehender beschrieben sind die Triebfahrzeuge, die in einer gewissen Regelmäßigkeit über viele Jahre hinweg die Strecke befuhren.
Sporadisch bedienten mit langen Kohlezügen für die Neunburger „Pfalzgraf-Johann-Kaserne" z.B. auch Dampflokomotiven der Baureihe 050 die Strecke. Beim Gleisabbau taten Vertreterinnen der Baureihe 064 „Bubikopf" (nur bis Neunburg v.W.) oder der typischen Dieselrangierlokomotive der Baureihe 260 ihren Dienst. Aber auch der Dieseltriebzug 614 fand als Gesellschaftszug seinen Weg nach Neunburg vorm Wald.

Dampflokomotiven

Die bayerischen Lokalbahndampflokomotiven, die zwischen Bodenwöhr und Neunburg v.W. bzw. Rötz verkehrten, wurden von den beiden renommierten Münchener Lokomotivfabriken Maffei und Krauss & Comp. gebaut. Im Jahre 1931 übernahm Krauss & Comp. das ganze Fabrikationsgeschäft der Firma Maffei. Fortan hieß die Lokomotivfabrik Krauss-Maffei.

Zunächst einige Abkürzungserläuterungen

BR : Baureihe
D : mit diesem Buchstaben waren in der Anfangszeit alle bayerischen Tenderlokomotiven versehen; dazu gehörten Hauptbahntender-, Rangier- und Lokalbahnlokomotiven.
Gt = Güterzugtenderlokomotive
Pt = Personenzugtenderlokomotive
L = (für) Lokalbahnen
Zählerziffer bedeutet die Anzahl der gekuppelten Treibachsen
Nennerziffer bedeutet die gesamte Achsanzahl
Beispiel:
GtL 4/5: Güterzugtenderlokomtive für Lokalbahnen; vier gekuppelte Treibachsen, insgesamt fünf Achsen.

D VI (BR 98.75)
In den ersten ungefähr fünf Jahren nach der Streckeneröffnung 1896 wurden die Züge von Lokalbahnlokomotiven der Baureihe D VI gezogen. Mit diesen Maschinen begann 1880 die serienmäßige Herstellung von Lokalbahnlokomotiven, um das bayerische Lokalbahnnetz in seiner schon recht beträchtlichen Ausdehnung entsprechend versorgen zu können. Von den 53 Lokomotiven wurden 30 von der Firma Maffei und die restlichen 23 von der Firma Krauss produziert. Gedacht waren die Loks für den Einsatz im flachen Land und bei leichten Steigungen.

Mit einem Dienstgewicht zwischen 16,5 und 19 Tonnen war sie die derzeit leichteste normalspurige Lokalbahndampflokomotive Bayerns. Die Leistung dieser Loktype war trotz des kleinen Kessels und dank des großen Feuerrostes relativ hoch. Mit bis zu sieben zweiachsigen Personenwaggons am Haken war die Steigung vor Penting noch zu schaffen. An ihre Belastungsgrenze stieß die kleine Dampflok, wenn auch noch schwer beladene Güterwagen mit angehängt wurden.

Zwischen Bodenwöhr und Neunburg v.W. kam in der Regel die „Leonore" vom Bw Schwandorf zum Einsatz.

Abb. 86: Lokomotive D VI „Euterpe" *Krauss-Maffei-Werkfoto*

D XI (BR 98.4-5)

Die stetige Zunahme der Güterlasten zwang die Lokleitung die Züge immer häufiger in Doppeltraktion verkehren zu lassen. Aus diesem Grund wurde schon nach wenigen Jahren um die Jahrhundertwende die D XI zwischen Bodenwöhr und Neunburg v.W. auf die Gleise geschickt. Mit 147 Exemplaren war sie die am häufigsten eingesetzte Dampflokgattung der bayerischen Lokalbahnen; eine Art „Allzweckwaffe", die speziell für Vizinal- und Lokalbahnen konstruiert wurde. Die erste Lokomotive dieses Typs wurde 1895, die letzte 1914 gebaut. Die letzte Vertreterin dieser Baureihe tat bis zur Einstellung des Reisezugverkehrs 1960 auf der Strecke Greißelbach - Freystadt (Opf.) zuverlässig ihren Dienst.

Abb. 87: Lokomotive D XI *Krauss-Maffei-Werkfoto*

PtL 2/2 (BR 98.3) „Glaskasten"

Lange Zeit verkehrten auf der Strecke Bodenwöhr - Neunburg v.W. keine regelmäßigen Güterzüge. Lediglich fallweise kamen entweder bedarfsbedingt Güterzüge bzw. später Viehgüterzüge zum Einsatz oder Nahgüterzüge zwischen Bodenwöhr und der bei Erzhäuser gelegenen Dampfziegeleien Taucher, später Pöll, und Kastenhuber. Sie wurden ab ungefähr 1910 von der PtL 2/2 gezogen. Personenzüge wurden von ihr zwischen Bodenwöhr und Neunburg v.W. nie bespannt, wohl aber nach Nittenau.

Die PtL 2/2 war eine zweifach gekuppelte Tenderlokomotive, die zwecks wirtschaftlicher Vorteile auf Ein-Mann-Bedienung ausgelegt war. Durch einen trichterförmigen Kohlekasten fielen bei der Bedienung des Rüttelhebels die Kohlen auf den Rost. Der Lokführer stand an der rechten Seite des Langkessels. Weil das Führerhaus an jeder Seite drei große waggonähnliche Fenster hatte, erhielt sie den Spitznamen „Glaskasten". Der letzte Vertreter dieser sparsamen und 50 km/h schnellen Loktype, die 98 307, war noch bis 1963 auf der ehemaligen Vizinalbahnlinie Georgensgmünd - Spalt anzutreffen (Spalter Bockl).

Abb. 88: Lokomotive PtL 2/2 *Krauss-Maffei-Werkfoto*

GtL 4/4 (BR 98.8-9)

Anfang der 30er Jahre dampften erstmals Lokomotiven vom Typ GtL 4/4 auf den Gleisen zwischen Bodenwöhr und Rötz. Sie waren 1911 speziell für lange steigungsreiche Nebenbahnen konstruiert worden. Im Gegensatz zu den vorangegangenen Lokomotiven, die für eine Höchstgeschindigkeit von 45 km/h zugelassen waren, lag ihre Höchstgeschwindigkeit bei 40 km/h.

Abb. 89: Lokomotive GtL 4/4 *Krauss-Maffei-Werkfoto*

GtL 4/5 (BR 98.10) Neubau

Ab 1929 wurde eine schnellere Variante (45 km/h) , die GtL 4/5 gebaut. Ihr Hauptunterschied zur GtL 4/4 lag in der zusätzlichen ungekuppelten Laufachse hinten.

Abb. 90: Lokomotive GtL 4/5 (BR 98.10) Neubau *Krauss-Maffei-Werkfoto*

GtL 4/5 (BR 98.11) Umbau

In der Zeit von 1934 bis 1941 wurden im Reichsbahnausbesserungswerk in Weiden (Opf.) 29 GtL 4/4 - Lokomotiven nach entsprechendem Umbau mit einer zusätzlichen vorderen Laufachse versehen (GtL 4/5) und durften dadurch 15 km/h schneller laufen. Sie erhielten die Baureihennummer 98.11 mit den Betriebsnummern 98 1101 bis 98 1129.

Weitere Daten der Dampflokomotiven:

	D VI	D XI	PtL 2/2	GtL 4/4 bzw. GtL 4/5 Umb.	GtL 4/5 Neubau
Dampfdruck	12 kp/qcm	12 kp/qcm	12 kp/qcm	12 kp/qcm	12 kp/qcm
Rostfläche	0,75 qm	1,34 qm	0,6 - 083 qm	1,36 qm	1,36 qm
Verdampfungsfl.	25,7-28,5 qm	67,3 qm	37 - 42 qm	61 qm	61,0 qm
Kohlevorrat	0,75 t	1,5 - 1,8 t	0,3 - 0,6 t	1,8 t / 2,6 t	2,7 t
Wasservorrat	2,3 cqm	4,3 cqm	1,5 - 2,2 cqm	5,0 - 5,3 cqm	6,3 cqm
Leistung		320 PSi	210 PSI	450 PSi	450 PSi
Dienstgewicht	16,5 - 18,9 t	40 t	21,8 - 22,7 t	43,9 t / 48,1 t	52 t
Länge ü. Puffer	6,86 - 6,91 m	9,24 - 9,31 m	6,57 - 7,0 m	9,25 /10,2m	10,05 m

Dieseltriebfahrzeuge

VT 75.9

Im Personenverkehr waren die Dampflokomotiven 98.8-11 bis zum Ende der Winterfahrplanperiode 1954/55 im Einsatz. An ihre Stelle traten ab 22. Mai 1955 die Verbrennungstriebwagen der Baureihe VT 75.9. Eigentlich sollten diese Dieseltriebwagen schon 1934 zwischen Bodenwöhr und Rötz zum Einsatz kommen.
Sie wurden in der Zeit von 1932 bis 1936 von der Waggonfabrik Bautzen und der MAN geliefert. Motor und Getriebe waren in einem schwanenhalsförmigen Maschinenrahmen gelagert, der sich unter dem Waggonboden zwischen zwei Achsen befand. Teile des Motors ragten konstruktionsbedingt in den Fahrgastraum, wurden aber durch die Sitzbänke abgedeckt. Die erste Bauserie hatte Daimler-Dieselmotoren mit einer Leistung von 120 PS. Die zweite und dritte Bauserie erhielt leistungsgesteigerte 135 PS-Dieselmotoren, ebenfalls von Daimler. Bei allen drei Serien lag die Höchstgeschwindigkeit bei 70 km/h. Das Gastspiel dieser Dieseltriebfahrzeuge dauerte auf der Strecke Bodenwöhr - Neunburg v.W. - Rötz nur gut vier Jahre.

Abb. 91: Lokomotive GtL 4/5 (BR 98.11) Umbau
Foto: Carl Bellingrodt, Sammlung Helge Hufschläger

VT 98.95 (BR 798.5)

Abgelöst wurde der VT 75.9 im Verlauf der Winterfahrplanperiode 1959/60 durch den moderneren „Schienenbus" VT 98.95, der in den kommenden Jahrzehnten bundesweit zum bekannten „Retter der Nebenbahnen" avancierte. Die Maschinenanlage bestand aus zwei wassergekühlten 6-Zylinder-Büssing-Unterflurdieselmotoren mit je 150 PS Leistung. Seine Höchstgeschwindigkeit lag bei 90 km/h. Den Fahrzeugaufbau lieferten die Waggonfabrik Uerdingen, MAN und WMD (Waggon- und Maschinenbau GmbH Donauwörth).

Am 22. Mai 1993 - zum Ende des Winterfahrplans 1992/93 - verabschiedete sich der Schienenbus vom oberpfälzischen Gleisnetz.

Abb. 94, oben: Der „Schienenbus". Hier verläßt er am 25. Juni 1987 den Bahnhof Bodenwöhr-Nord Richtung Furth im Wald. *Foto: Johannes Wiemann*

Abb. 92 und 93, links oben und links unten: Zweimal der Verbrennungstriebwagen der Baureihe VT 75.9 in jeweils leicht unterschiedlicher Bauausführung; im unteren Bild noch mit der alten Baureihenbezeichnung „135". *Beide Fotos: Verkehrsmuseum Nürnberg*

V 100 (BR 211 / 212)
Im Güterverkehr, repräsentiert durch das Güterzugpaar Ng 8375 Bodenwöhr - Rötz und Ng 8384 Rötz - Bodenwöhr, war die 98er Dampflokomotive noch bis Anfang der 60er Jahre unentbehrlich.
Ihre Ablösung erfolgte durch die Diesellokomotive V 100 (ab 1968 BR 211 / 212). In Zusammenarbeit mit der Maschinenbau Kiel (MaK) und dem Bundesbahnzentralamt München war sie sowohl für den gemischten Nebenbahnbetrieb als auch für den leichten Reise- und Güterzugbetrieb auf Hauptstrecken konzipiert worden. Am verbreitetsten sind die Versionen V 100.10 (BR 211) mit 1.100 PS und V 100.20 (BR 212) mit 1.350 PS. Beide Typen hatten eine Höchstgeschwindigkeit von 100 km/h.

V 90 (BR 290)
Mit Anfang der 90er Jahre traten auf der verbliebenen Teilstrecke Bodenwöhr-Nord - Neunburg v.W. immer häufiger Dieselloks der Baureihe 290 (ehemals V 90) mit Übergabezügen am Haken in Erscheinung.

Wegen der fortschreitenden Elektrifizierung wurden die Güterzüge immer länger, so daß in den Rangier- bzw. Verschiebebahnhöfen stärkere Rangierloks als die V 60 benötigt wurden. Wie auch bei der V 100 sind eine Reihe Exemplare für den Wendezugbetrieb eingerichtet worden. Ihre Leistung betrug 1.350 PS und ihre Höchstgeschwindigkeit lag bei 80 km/h. Indienststellung war 1964.
Die letzte Transportleistung auf der Strecke Bodenwöhr - Neunburg v.W. am 17. Oktober 1994 wurde von einer Vertreterin dieser Lokomotivtype erbracht.

Abb. 96, oben: Eine Diesellok vom Typ V 90 alias 290 im August 1994 mit einem Übergabezug zwischen Bodenwöhr und Erzhäuser. Foto: Johannes Wiemann

Abb. 95, links: Eine Vertreterin der Dieselloktype V 100 alias 212 ist am 25. April 1962 mit einem Militärzug im Bf Rötz eingetroffen. Foto: Helge Hufschläger

Personenwaggons

Bis zur Umstellung im Jahre 1955 von dampflokbespannten Personenzügen auf die Dieseltriebzüge VT 75.9 und den „Schienenbus“ wurden die Fahrgäste mehr oder minder komfortabel in Lokalbahnwaggons dritter Klasse

befördert. Zu den fast 60 Jahre auf dieser Strecke eingesetzten zweiachsigen Lokalbahnwaggons gehörten in erster Linie
- der Lokalbahnwaggon CL mit vier großen Fenstern (Abb. 97),
- der Lokalbahnwaggon CL mit sechs Doppelfenstern (Abb. 98),
- der Lokalbahnwaggon mit Packwagen- und Postabteil PwPostL (Abb. 99)

und der einem Personenzug oft beigestellte Lokalbahngüterwaggon GwL (Abb. 100)(Abb. 97 - 100 VMN). In der Zeit ab 1955, als Dieseltriebzug VT 75.9 und „Schienenbus" ihre Aufgaben übernahmen, kamen auch vereinzelt lokbespannte Züge für besondere Gesellschaftsfahrten wie z.B. Pilgerfahrten mit unterschiedlichem Waggonmaterial „Umbauwagen" oder „Silberlinge") von Bodenwöhr-Nord heraufgefahren.

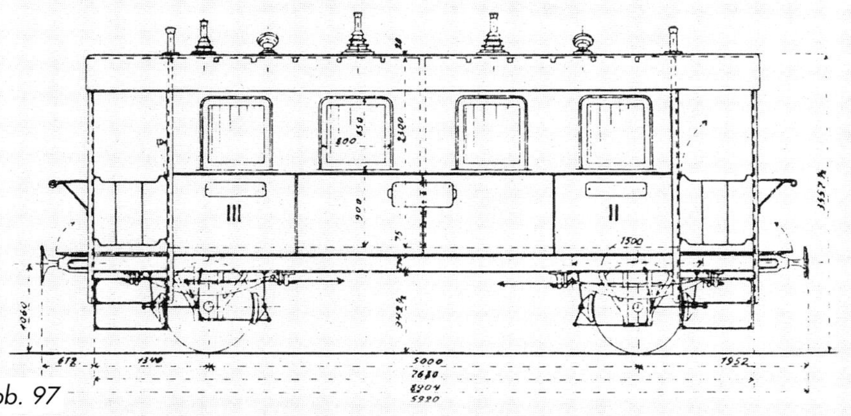

Abb. 97

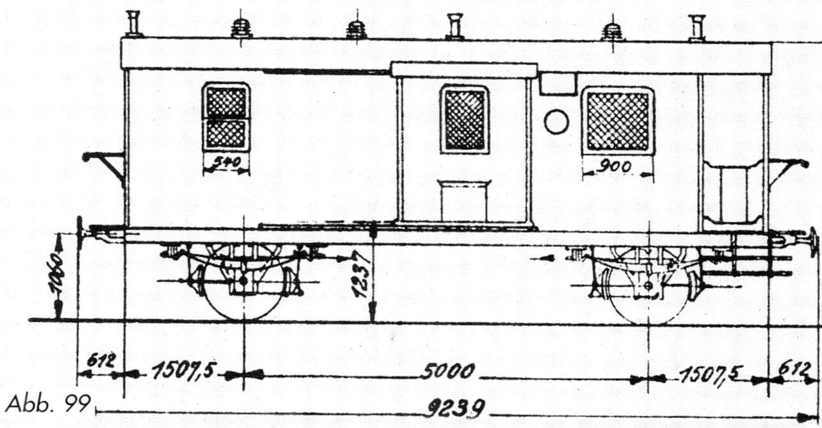

Abb. 99

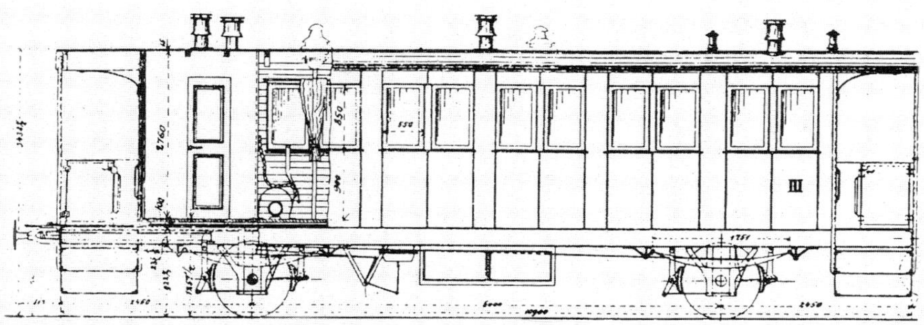

Abb. 98

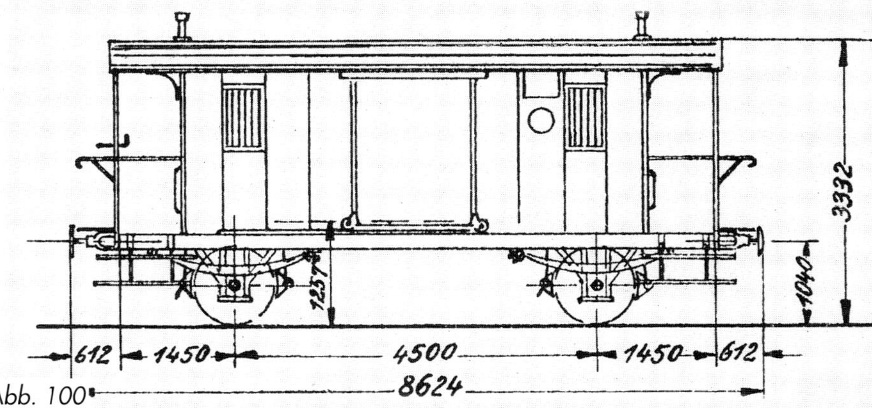

Abb. 100

Der Betrieb

Der Alltag

Vom ersten Tag der Betriebsaufnahme an erfreute sich die Eisenbahn auf der Bodenwöhr-Neunburger Strecke sowohl bei einheimischer Bevölkerung als auch bei Geschäftsleuten sehr regen Zuspruchs. Personen- und Frachtverkehr gestalteten sich unerwartet günstig, was zum Wegfall des Lokalbahnzuschlags ab 1. Januar 1898 führte. (Am Sonntag, den 30. August 1896, war der Abendzug von Neunburg v.W. nach Bodenwöhr mit über 300 Besuchern des Neunburger Jahrmarktes überbesetzt.) Unverständlicherweise reduzierte die Generaldirektion der kgl. Staatseisenbahnen das anfängliche Personenzugangebot von vier auf drei Zugpaare, was aber durch energischen Einsatz des Neunburger Bürgermeisters Strohmeyer und des Bezirksamtmannes von Leistner ab Frühjahr 1897 wieder rückgängig gemacht werden konnte, verbunden mit besser abgestimmten Fahrzeiten auf die in Bodenwöhr weiterführenden Züge.

Im Zuge der Expansion sah sich die Generaldirektion der kgl. Staatseisenbahnen schon im November 1896 gezwungen, den Lagerplatz am Neunburger Bahnhof um ungefähr drei Tagwerk (ca. 10.220 qm) zu erweitern und einen zusätzlichen Güterschuppen zwecks Erhöhung der Unterstellkapazitäten zu errichten.
Extra Güterzüge gab es auf dieser Strecke vorerst nicht. Bei Bedarf, wenn z.B. Güterwaggons beigestellt werden mußten, half man sich mit einer zweiten vorgespannten Dampflokomotive und fuhr in sog. Doppeltraktion, die aber neben den höheren Betriebskosten auch noch zusätzliche Personalkosten verursachte.

Leider gab es anfänglich unangenehme Zeitgenossen, die ihr Mißfallen an der neuen Bahn nur zu deutlich durch ihr verkehrsgefährdendes Handeln zum Ausdruck brachten. Oft wurden Steine und Baumstämme nachts als Hindernis für den Frühzug nach Bodenwöhr auf die Schienen gelegt. Am 28. August 1905 z.B. brachte der Lokführer seinen Zug unterhalb der Station Erzhäuser gerade noch vor einem großen Steinblock zum Stehen. Der Übeltäter konnte eine Woche später dingfest gemacht werden, als er an fast gleicher Stelle schon größere Steinmengen bis auf Pufferhöhe aufs Gleis gewälzt hatte, um eine Entgleisung herbeizuführen. Als Grund für sein ruchloses Treiben bekannte der Rohling - ein Steinmetz aus Kothmaisling -, daß er die ganze Eisenbahn und Post vernichten wolle. Wie in diesem so auch in allen anderen Fällen konnte das Lokomotivpersonal dank seiner Aufmerksamkeit und der geringen Fahrtgeschwindigkeit den Zug jeweils rechtzeitig anhalten.

Das betriebliche Programm ab 1915

Einen genaueren Einblick in den betrieblichen Ablauf auf der Bahnlinie zwischen Bodenwöhr und Rötz ab 1915 verleiht das in den meisten Punkten durchgeführte Betriebsprogramm, das auszugsweise nun folgend abgedruckt ist.

Zuvor noch einige Erklärungen der gebräuchlichsten Abkürzungen:

Bahnintern wurden die Lokalbahnzüge auf der Strecke Bodenwöhr - Neunburg v.W. - Rötz unter der Bezeichnung „Bod", dem Ausgangspunkt der Lokalbahnstrecke, geführt.

Bdgz = Bedarfsgüterzug (verkehrte nicht regelmäßig)
Bdvz = Bedarfsviehzug (an Tagen des Rötzer Viehmarktes eingesetzt)
Bf = Bahnhof
Bm = Bahnmeisterei
Bw = Bahnbetriebswerk
C = 3. Klasse (Buchstabe „C" an dritter Alphabetstelle)
C L = Lokalbahnpersonenwaggon 3. Klasse
C P L = Lokalbahnpersonenwagen mit Gepäckabteil
GwL = Lokalbahngüterwagen
Gz = Güterzug
i.B.U.D. = im Bahnunterhaltungsdienst
i.M.D. = im maschinentechnischen Dienst
i.N.D. = im nichttechnischen Dienst
i.St.D. = im Stationsdienst
L = Lokalbahn
Lkz = Lokalbahnzug
PwL = Lokalbahnpackwagen
PwPost L = Lokalbahnwagen mit Packwagenabteil und Postabteil
Pz = Postzug
Sdz = Sonderzug
Westinghouse-Bremse = die von dem amerikanischen Ingenieur George Westinghouse entwickelte und nach ihm benannte Luftdruckbremse
Zg = Zug

Betriebsart

Auf der Nebenbahnstrecke Bodenwöhr - Neunburg v.W. - Rötz werden gemischte Züge mit gewöhnlichen Dampflokomotiven unter Verwendung der Westinghousebremse geführt. Die Reisenden werden ausschließlich in der 3. Wagenklasse befördert.
Außer den Nebenbahnzügen sind auch die Bdgz Bod 9 und 13 zwischen Bodenwöhr Bf und Industriegleis Taucher sowie der Bdvz 10 zwischen Rötz und Bodenwöhr Bf vorgesehen, letzterer zum Abtransport der an den Rötzer Viehmarkttagen anfallenden Viehwagen.
Die Güterwagen sind tunlichst auf die Zg 2, 3, 4 und 7 zu verteilen.
Wegen der kurzen Übergangszeiten sind bei den mit 40 km/h Höchstgeschwindigkeit fahrenden Nebenbahnzügen 5 und 6 Güterwagen möglichst nur in den Stationen Bodenwöhr Bf, Neunburg v.W. Bf und Rötz sowie bei Nebenbahnzug 6 auch am Industriegleis Ermer einzustellen, damit Zugverspätungen vermieden bleiben und die Anschlüsse in Bodenwöhr Bf nicht gefährdet werden.
An den Tagen, an denen auf der Nebenbahnstrecke regelmäßig nur ein Wagenzug verkehrt, kommt das Zugmeldeverfahren nicht zur Anwendung. Dagegen ist das Zugmeldeverfahren beim Verkehren eines weiteren Wagenzuges - so insbesondere auch an den Verkehrstagen des Nebenbahnzuges 11, des Bdvz 10 oder eines anderen Sdz mit eigenem Wagenpark - im vorgeschriebenen Umfange und nach den entsprechenden Bestimmungen durchzuführen, wobei Station Neunburg v.W. und Rötz als Zugmeldestellen zu gelten haben.

Verwendung des Fahrmaterials

Wagenpark

Für den Pendelbetrieb in Strecke Rötz - Bodenwöhr Bf gestaltet sich der tägliche Wagengarniturlauf wie folgt: Zg 2, 3, 4, 5, 6, 7.

Die hierfür zu verwendende Garnitur besteht aus:
1 PwPost L und 2 C L, jeweils mit Westinghouse- und Plattformhandbremse ausgestattet. Abweichend hiervon werden an den Verkehrstagen des Zg 11 beim Zg 3 statt 2 C L nur 1 C L verwendet. Außer dieser Stammgarnitur ist als Reserve 1 C L (mit Westingshousebremse) zugeteilt.
Die Reserve für den PwPost L (mit Westinghousebremse) ist erforderlichenfalls aus den Wagenbeständen benachbarter Nebenbahnen mit gleicher Bremsgattung zu decken. Der bisher schon für die Teilstrecke Bodenwöhr - Neunburg v.W. zugeteilte Gw L (mit Westinghousebremse) wird zur Stückgutbeförderung bei den Nebenbahnzügen 4 und 7 benützt.
Bei dem in Strecke Bodenwöhr - Rötz an den Rötzer Viehmarkttagen verkehrenden Lkz 11 werden verwendet: 1 C P L und 2 C L mit Westinghouse- und Plattformhandbremse und zwar außer dem als Reserve geltenden o. g.1 C L aus der Stammgarnitur. Für rechtzeitige Zuführung der Garnitur für Zg 11 nach Bodenwöhr Bf hat von Fall zu Fall Station Rötz zu sorgen.
Beim Bdvz 10 ist der zugewiesene C P L zur Aufnahme der Viehwagenbegleiter einzustellen. Das gesamte Wagenmaterial wird in Rötz hinterstellt.

Lokomotiven

Zum regelmäßigen Betrieb bei den Zügen Bod 2, 9 Bod 3, 4, 5, 6, 13 und Bod 7 wird eine Lokomotive der Gattung D XI mit Westinghousebremse verwendet, die in Rötz hinterstellt wird. Eine Reserve-D XI-Lokomotive (mit Westinghousebremse) ist dem Bw Schwandorf zugeteilt.
Als Zugkraft für den nur an bestimmten Tagen verkehrenden Zg 11 wird in Strecke Bodenwöhr - Rötz eine Lokomotive (mit Westinghousebremse) des Bw Schwandorf verwendet. Diese Lokomotive wird mit Gz 2506, der an diesen Tagen möglichst fahrplanmäßig in Bodenwöhr Bf anzubringen ist, nach Bodenwöhr Bf gebracht. Bei Abfertigung des Bdvz 10 wird die Lokomotive von Zg 11 als Zugkraft von Rötz nach Bodenwöhr rückverwendet, anderfalls verkehrt sie als Vorspann bei Zg 4. Ihre Rückleitung von Bodenwöhr Bf nach Schwandorf erfolgt im Fahrplan des Bdgz 2503 oder mit diesem vereinigt.

Zugbildung

Die Zugbildung erfolgt in nachstehender Weise:
a. für die von Rötz ausgehenden Zg 2, 4 und 6: Lok (mit Kamin nach hinten), 1 PwPost L, 2 C L und nach Bedarf 1 Gw L;
b. für die von Bodenwöhr Bf ausgehenden Zg 3, 5 und 7 in umgekehrter Reihenfolge mit der Abweichung, daß beim Zg 3 an den Verkehrstagen des Zg 11 nur 1 C L (statt 2 C L) eingestellt ist;
c. für den nur an bestimmten Tagen zwischen Bodenwöhr Bf und Rötz verkehrenden Marktzug Zg 11: Lok (mit Kamin nach vorne), 1 C P L und 2 C L. Die Güterwagen werden bei allen Zügen beider Richtungen am Schluß geführt, und zwar in der Reihenfolge der zu bedienenden Verkehrsstellen.

Fahrzeiten

Der Marktzug Bod 11 sowie Zg Bod 5 und 6 werden mit 40 km/h Höchstgeschwindigkeit gefahren, und zwar erstgenannter Zug wegen rechtzeitiger Verbringung der Marktbesucher nach Rötz und letztgenannte Züge zur Gewinnung eines entsprechenden Übergangs von Zg 5 auf Zg 6 in Rötz. Für alle übrigen Züge der Strecke Bodenwöhr - Rötz beträgt die Höchstgeschwindigkeit 30 km/h.

Bahnaufsichts- und Bahnunterhaltungsdienst

Für den Bahnaufsichts-(Streckengeher-)Dienst der Strecke Rötz - Erzhäuser (24,3 km) wird ein Aufsichtsbezirk gebildet, der dem seither in Strecke Bodenwöhr Bf - Neunburg v.W. verwendeten Streckengeher (Gehilfen i.B.U.D.) übertragen wird. Mit Rücksicht auf die Wohnungsverhältnisse bleibt als Dienstsitz für diesen Streckengeher Penting bestimmt. Der Bahnaufsichts-(Streckengeher-)Dienst in der 4,2 km langen Reststrecke Erzhäuser - Bodenwöhr Bf wird einem Bahnarbeiter der Bahnmeisterei Bodenwöhr Bf übertragen, der in der übrigen Zeit bei der Bahnunterhaltung verwendet wird.

Verkehrsdienst

Die vorgesehenen Nebenbahnzüge dienen für den Gesamtverkehr. Wegen der notwendigen Einschränkung der Güterwagenbeförderung bei Zg 5 und 6 wird auf „Betriebsart" verwiesen.
Bei Ver- und Entladung von Kleinvieh, von schweren und umfangreichen Sendungen wie Obst, Gemüse, Möbel und dergleichen sind die Aufgeber bzw. die Empfänger zum Ladegeschäft mitheranzuziehen. Zur Stückgutbeförderung sind die Nebenbahnzüge 4 und 7 vorgesehen.

Personen-, Reisegepäck- und Expreßgutverkehr

Die Fahrkartenausgabe - unter Verwendung fertiggedruckter Fahrkarten - sowie die Abfertigung von Reisegepäck und Expressgut findet in den besetzten Verkehrsstellen Kröblitz, Hillstett und Rötz hauptbahnmäßig am Schalter statt, bei den Haltepunkten Neunburg v.W. Ost, Obermurnthal, Frankenschleife, Eixendorf und Seebarn (Opf.) dagegen am oder im Zug durch den Schaffner mittels Wertkarten.
In Rötz werden Blankokarten unbeschränkt ausgegeben, während die Ausgabe solcher Karten bei den anderen besetzten Verkehrsstellen Kröblitz und Hillstett auf die Fälle gleichzeitiger Aufgabe von Reisegepäck beschränkt ist. Hiervon ausgenommen sind die Blankokarten für Arbeiter, Militär und Hunde. Bahnsteigsperre besteht auf keiner Verkehrsstelle. Amtliche Gepäckaufbewahrungsstellen werden nicht eingerichtet. Expressgut wird auch nach und von den Haltepunkten Neunburg v.W. Ost, Obermurnthal, Frankenschleife, Eixendorf und Seebarn (Opf.) befördert. Zuführung von angekommenen Expreßgütern an die Empfangsberechtigten findet in Rötz statt.

Tierverkehr

Bei sämtlichen besetzten Verkehrsstellen (Kröblitz, Hillstett und Rötz) erfolgt die Abfertigung von lebenden Tieren hauptbahnmäßig am Schalter, bei den Haltepunkten Neunburg v.W.Ost, Obermurnthal, Frankenschleife, Eixendorf und Seebarn (Opf.) hingegen, die jedoch für den Großviehverkehr nicht eingerichtet sind, mittels Wertkarten durch den Schaffner am Zuge.
Kleinvieh in Einzelsendungen ist stets erst nach dem Verladen der übrigen Sendungen im Wagen unterzubringen. Hierbei sind die Tiere von den Aufgebern an den im Wagen angebrachten Vorrichtungen mit Bindematerial zu befestigen.
Die Reinigung und Entseuchung der auf der Nebenbahn zum Transport von Kleinvieh in Einzelstücken und verpacktem Geflügel in Einzelsendungen benützten Wagen ist von den Stationen Rötz und Bodenwöhr Bf vorzunehmen.
Für die Beförderung der Viehwagen an den Rötzer Viehmarkttagen ist Bdvz Bod 10 in Strecke Rötz - Bodenwöhr Bf vorgesehen. Die mit Bdvz Bod 10 in Bodenwöhr Bf für Richtung Schwandorf eintreffenden Viehwagen können im Fahrplan des verspäteten Bdgz 2503 oder mit diesem vereinigt weiterbefördert werden. Wegen Rückverwendung der Schwandorfer Lokomotive von Zg 11 von Rötz nach Bodenwöhr Bf oder Schwandorf wird auf Schlußsatz von „Fahrmaterial" - Lokomotiven- verwiesen. Mit Rücksicht auf den an den Rötzer Viehmarkttagen zu erwartenden Viehversand werden nach Station Rötz Lademittel (Ladebrücken, Viehgatter) in der erforderlichen Anzahl zugeteilt.

Güterverkehr

Die Güterabfertigung auf der Nebenbahnstrecke Neunburg v.W. - Rötz erfolgt hauptbahnmäßig nach den einschlägigen Tarifen.
Die besetzten Verkehrsstellen Kröblitz, Hillstett und Rötz haben vollständigen Güterdienst. Eine feste Kopf- und Seitenrampe ist nur in Rötz vorhanden. Die Beförderung von schwerwiegenden Fahrzeugen und sonstigen Gegenständen, die nur auf festen Rampen ein- und ausgeladen werden können,

nach und von Kröblitz und Hillstett ist ausgeschlossen. Für den Holzverkehr ist in Kröblitz ein hochliegender Lagerplatz mit 50 m Länge vorgesehen. Die Station Rötz besitzt eine Bodenwaage mit 6 m Tafellänge und 25.000 kg Tragkraft.
Als Dienststunden für die Auflieferung der Güter gelten:
in Kröblitz:
an Werktagen: 9.00 Uhr - 10.00 Uhr, 12.00 Uhr - 1.00 Uhr, 2.00 Uhr - 3.00 Uhr und 4.00 Uhr - 5.00 Uhr;
an Sonn- und Festtagen: 9.00 Uhr - 10.00 Uhr.
in Hillstett:
an Werktagen: 10.00 Uhr - 12.00 Uhr und 3.00 Uhr - 5.00 Uhr;
an Sonn- und Festtagen: 10.00 Uhr - 12.00 Uhr.

Bei der Station Rötz bestehen keine Abweichungen von den regelmäßigen Dienststunden.
Die unbesetzten Ladestellen Frankenschleife, Eixendorf und Seebarn (Opf.) dienen dem öffentlichen Wagenladungsverkehr und einem beschränkten Stückgutverkehr für Sendungen im Einzelgewicht von 250 kg. Die güterdienliche Bedienung der Ladestellen erfolgt mit den Zügen 2 und 7. Als Mutterstationen für die unbesetzten Ladestellen zur Wahrnehmung des Güterabfertigungs- und Verrechnungsdienstes werden bestimmt: Station Kröblitz für die Ladestelle Frankenschleife, Station Hillstett für die Ladestellen Eixendorf und Seebarn (Opf.).
In den Ladestellen Frankenschleife, Eixendorf und Seebarn (Opf.) sind bahneigene Güterschuppen, Rampen und Ladegeräte sowie Bodenwaagen nicht vorhanden. Die Beförderung von Fahrzeugen und sonstigen Gegenständen, die nur auf festen Rampen ein- und ausgeladen werden können, nach und von diesen Ladestellen ist daher ausgeschlossen. Nach und von den unbesetzten Haltepunkten Neunburg v.W.Ost und Obermurnthal können Eil- und Frachtgüter nicht befördert werden.

Personalbesetzung im Stations-, Zugs-, Bahnaufsichts- und Bahnunterhaltungsdienst

a. Stations- und Zugbegleitpersonal

Station Rötz

Nach dem zu erwartenden örtlichen Betriebs- und Verkehrsumfang kann Station Rötz unter die künftigen Stationen 3. Klasse eingereiht werden, deren Vorstandsstelle nach dem Stellenbesetzungsplan mit einem Oberstationsmeister i.N.D. (übergangsweise mit einem Stationsmeister oder Stationsdiener i.N.D.) zu besetzen ist. Für Station Rötz werden benötigt:

1 Oberstationsmeister i.N.D. als Stationsvorsteher, zugleich für den Betriebs-, Abfertigungs-, Rechnungs- und Kassendienst;

2 Stationsdiener i.N.D. für den Zugbegleitdienst - ausnahmlich der Züge Bod 10 und 11 - auf der Strecke Bodenwöhr Bf - Rötz und zugleich für den Abfertigungs-, Rechnungsbeihilfe- und niederen Stationsdienst. Station Schwandorf stellt für den nur an bestimmten Tagen verkehrenden Marktzug Bod 11 und für Bdvz Bod 10 den Zugführer (Schaffner), der mit Gz 2506 in Bodenwöhr Bf eintrifft und mit Pz 1117 - an den Verkehrstagen des Bdvz Bod 10 mit Bdgz 2503 - nach Schwandorf zurückkehrt.

1 Gehilfe zur Ausbildung i.N.D.

Der Inhaber des Ausbildungspostens kann zur Beihilfeleistung im niederen Stationsdienst zur Ablösung der Stationsdiener im Zugbegleitdienst und ausnahmsweise erforderlichenfalls auch zum Bremsdienst herangezogen werden. Im übrigen ist dem Gehilfen Gelegenheit zu geben, den gesamten Abfertigungsdienst zu erlernen.

Stationen Hillstett und Kröblitz

Diese zwei Verkehrsstellen werden mit Bahnagenten besetzt und in die 5. Stationsklasse eingereiht.

Station Neunburg vorm Wald Bf

Der bisherigen Endstation Neunburg v.W. sind derzeit zugeteilt:

1 Stationsmeister i.N.D. als Stationsvorsteher, 3 Stationsdiener i.N.D. für den Zugbegleit- und Stationsdienst und 1 Gehilfe i.St.D. für den niederen Stationsdienst.

Mit Inbetriebnahme der Teilstrecke Neunburg v.W. - Rötz werden daselbst 2 Stationsdiener und 1 Gehilfe i.St.D. entbehrlich. Der künftige Personalstand der unter den Stationen 4. Klasse einzurechnenden Station Neunburg v.W. Bf ist mit 1 Stationsmeister i.N.D. als Stationsvorsteher und 1 Stationsdiener i.N.D. als Nebenbeamten - oder übergangsweise mit 2 Stationsdienern i.N.D. - anzunehmen.

Station Bodenwöhr Bf

Eine Änderung des Stellenstandes in Station Bodenwöhr Bf ist nicht veranlaßt.

b. Maschinentechnischer Dienst

Für den maschinentechnischen Dienst auf der Nebenbahn Bodenwöhr Bf - Rötz ausnahmlich der Züge Bod 10 und 11 - sind in Rötz benötigt:

1 Lokomotivführer für den Zugförderungsdienst, 2 Führerheizer für den Zugförderungs- und Heizerdienst, 3 Gehilfen i.M.D. für den Heizer-, Maschinenhaus- und Bremsdienst. Zur Gewinnung der Ruhetage für die Stationsdiener i.N.D. können die Gehilfen i.M.D. auch zu Ablösungen im Zugbegleitdienst verwendet werden.

Bw Schwandorf stellt für den nur an bestimmten Tagen verkehrenden Marktzug Bod 11 und für Bdvz Bod 10 das Lokomotiv- und Bremspersonal, das mit Gz 2506 in Bodenwöhr Bf eintrifft. Die Rückkehr von Bodenwöhr Bf nach Schwandorf erfolgt für das Lokomotivpersonal mit Bdgz 2503, für das Bremspersonal ebenfalls mit Bdgz 2503 - sofern Bdvz Bod 10 verkehrt -, andernfalls mit Pz 1117.

c. Bahnaufsichts- und Bahnunterhaltungsdienst

Da der Bm Bodenwöhr Bf derzeit schon 1 Gehilfe i.B.U.D. für den Streckengeherdienst zugeteilt ist, ist eine Änderung des Personalstandes nicht erforderlich. Der Bahnunterhaltungsdienst auf der Strecke Neunburg v.W. - Rötz wird dem Bahnunterhaltungspersonal der Bm Bodenwöhr Bf mitübertragen.

Regelung der Verwaltung und Aufsicht; Kassendienst, Abgabe von Betriebs- und Werkstättenmaterialien

Station Bodenwöhr Bf wird als Fahraufsichtstation für die ganze Nebenbahnstrecke bestimmt. Station Neunburg v.W. Bf bleibt selbständige Station und erledigt ihre Verwaltungs-, Kassa- und Rechnungsgeschäfte nach wie vor selbständig wie eine Hauptbahnstation.

Desgleichen wird Station Rötz selbständige Station, die ebenfalls ihre Verwaltungs- Kassa- und Rechnungsgeschäfte - letztere beiden unter unmittelbarer Abrechnung und Einsendung des Rechnungsmaterials an das Rechnungsbüro und an die beiden Verkehrskontrollen sowie unter Abführung der entbehrlichen Barmittel an die Königliche Filialbank Regensburg - wie eine Hauptbahnstation zu erledigen hat. Hinsichtlich des Verwaltungs-, Kasse- und Abrechnungsdienstes wird Station Bodenwöhr Bf als Abrechnungsstation für die unselbständigen Verkehrsstellen Erzhäuser, Penting, Kröblitz und Hillstett bestimmt.

Die Abgabe der Betriebs- und Werkstättematerialien an die Lokomotivhinterstellungsstation Rötz und an die Kohlenstation Bodenwöhr Bf hat durch Bw Schwandorf zu erfolgen.

Zuteilung von Seriennummern an selbständige Dienststellen

Zur Durchführung des Meldeverfahrens wird der Station Rötz die Seriennummer 2420 zugeteilt.

Belastungsverzeichnis

Belastungsangaben in Tonnen für Nebenbahnzüge mit Höchstgeschwindigkeit 40 km/Std. (links vom Teilstrich) und 30 km/Std. (rechts vom Teilstrich). Die Loktypen BB II und D VII waren lediglich als Alternative vorgesehen, kamen auf der Strecke aber nicht zum regelmäßigen Einsatz.

Bahnstrecke — Belastung in Tonnen bei folgenden Lokomotiven

von	bis	BB II	Pt L 2/2	D VI	D VII	D XI
Neunburg Bf	Seebarn (Opf.)	140 / 175	55 / 75	50 / 65	75 / 95	95 / 120
Seebarn (Opf.)	Rötz	300 / 385	125 / 160	115 / 145	155 / 210	215 / 280
Rötz	Neunburg Ost	300 / 385	125 / 160	115 / 145	155 / 210	215 / 280
Neunburg Ost	Neunburg Bf	140 / 175	55 / 75	50 / 65	75 / 95	95 / 120

Fahrzeitenverzeichnis mit Bremstafel

Entfernung in km	Brems % Höchstgeschw. Kilometer / Std.		Fahrzeiten für Hinf. nach einer Höchstgeschw. v Kilometer / Std.				Stationen	Fahrzeiten für Rückf. einer Höchstgeschw. v Kilometer / Std.			
	40 km/h	30km/h	40 km/h fahrpl.	40 km/h kürz.	30 km/h fahrpl.	30 km/h kürz		40 km/h fahrpl.	40 km/h kürz.	30 km/h fahrpl.	30 km/h kürz
	36	30					Neunburg v. W. Bf	3 ½	3	4 ½	4
1,096			4	3 ½	4 ½	4	Neunburg v. W. Ost	7	6 ½	8 ½	7 ½
1,961			6	5 ½	6 ½	6	Kröblitz	6	5 ½	7	6
2,226			5 ½	5	7	6 ½	Obermurnthal	6	5 ½	6 ½	6
1,767			6 ½	5 ½	7	6	Frankenschleife	6 ½	6	7 ½	7
2,421	39	31	6	5 ½	7	6 ½	Eixendorf	6	5	6 ½	5 ½
1,839	14	9	5	4 ½	6 ½	6	Seebarn (Opf.)	7 ½	6 ½	8 ½	7 ½
2,751			7	6 ½	8 ½	7 ½	Hillstett	9	8	11	10
3,776			9	8	11	10	Rötz				
Sum. 17,84			Summe 49	44 ½	58	52 ½		Summe 51 ½	46	60	53 ½

Streckenverzeichnis der Bremsvorschriften

Bahnstrecke hin und zurück	Größte Steigung ‰	dürfen Achsen ohne Bremse am Schluß laufen	dürfen an die durchgehende Bremse nicht angeschlossene Wagen am Zugschluß laufen
Neunburg - Seebarn	25	2 in Bergfahrt 4 in Talfahrt	bis zu 16 Achsen bei 30 km/h und bis zu 12 Achsen bei 40 km/h Höchstgeschwindigkeit
Seebarn - Rötz	4	8	

Wie sich der Bahnalltag, das Verhältnis zwischen Eisenbahn und Menschen, in dieser Region gestaltete, läßt sich zu einem großen Teil anhand der „Geschichten" nachvollziehen.

Vierte Klasse

Mit dem Sommerfahrplan 1918 wurde in Bayern die 4. Wagenklasse eingeführt, um mit anderen deutschen Ländern gleichzuziehen. Im Gegensatz z.B. zu Preußen oder Sachsen gab es in Bayern keine Eisenbahnwaggons mit je einer durchgehenden Bank an der Längsseite, so daß die Passagiere nebeneinander mit dem Rücken zum Fenster saßen. Der bayerische Verkehrsminister war kein Freund dieser Neuerung. Er ließ kurzerhand die alten Waggons 3. Klasse zu Waggons 4. Klasse degradieren und sparte damit die Neuanschaffung spezieller Vierter-Klasse-Waggons. Den Fahrgästen konnte das nur recht sein: sie fuhren weiterhin 3. Klasse, zahlten aber den billigeren Vierte-Klasse-Tarif. Erst mit der Umstellung auf den Winterfahrplan 1928/29 fuhr man zwischen Bodenwöhr und Rötz wieder 3. Klasse, die ab Mitte 1956 von der Deutschen Bundesbahn endgültig abgeschafft wurde.

Sparen

Am Komfort mußten die Reisenden kriegsbedingt erhebliche Abstriche machen. Schon gut ein Jahr nach Eröffnung des Streckenteils Neunburg v.W. - Rötz wurde das Zugangebot auf zwei Paare pro Tag reduziert, um Material zu schonen und Brennstoff zu sparen. Außerdem durften nur Schnell- und Eilzüge sowie jene Personenzüge beheizt werden, die nicht nur dem Nahverkehr dienten und im allgemeinen länger als zwei Stunden unterwegs waren. Die Passagiere auf der Strecke Bodenwöhr - Neunburg v.W. - Rötz wurden in eisiger Kälte befördert - und damals gab es noch richtige Winter! Oft aber hatte das Zugpersonal ein gutes Herz und verschaffte den Insassen des Frühzuges etwas angenehmere Temperaturen. Veranlaßt wurden die Einsparungen jedoch nicht so sehr durch die Kohlenknappheit, sondern vielmehr durch den Mangel an Heizkupplungen. Die Verbindungsschläuche zwischen den einzelnen Waggons waren zumeist aus Gummi hergestellt. Ihr Ersatz war wegen des fehlenden Kautschuks sehr schwierig - und die noch brauchbaren reichten kaum für die weiter zu beheizenden Zuggattungen aus.

Richtig warm durfte es laut Verwaltung der Deutschen Reichsbahn erst wieder mit Inkrafttreten des Winterfahrplans 1927/28 werden: die Abteile sollten auf eine Wärme von 15 bis 18 Grad Celsius gebracht und Temperaturen von über 20 Grad vermieden werden.

Waren in der wirtschaftlich schlechten Zeit nach dem Ersten Weltkrieg weitere Möglichkeiten zur Einsparung gegeben, nahm man sie wahr. Ab 1922 wurden die Haltepunkte Obermurnthal und Eixendorf wegen des zu geringen Fahrgastaufkommens für den Personenverkehr aufgelassen; das sparte Metallabrieb an den Bremsklötzen und Radsätzen sowie zusätzliche Kohle fürs Anfahren.

Daß nach zwei Jahren die Züge in Obermurnthal (später auch wieder in Eixendorf) anhielten, lag an einem Übereinkommen zwischen der Deutschen Reichsbahn, vertreten durch die Reichsbahndirektion Regensburg, und dem Stadtrat von Neunburg v.W.,wonach sich die Stadt Neunburg v.W. verpflichtete, zwei Jahre lang für das Anhalten der Züge Bod 2, 3, 6 und 7 zur Bedienung des Personen-, Reisegepäck-, Expreßgut- und Viehverkehrs einen monatlichen Betriebskostenzuschuß von 12 Goldmark zu leisten und ihn an die Bahnstation Neunburg v.W. zu überweisen. Wie aus einem Zusatzvermerk des Sitzungsprotokolls des Neunburger Stadtrats vom 18. Juni 1924 hervorgeht, mußte in Wirklichkeit der Glasschleifenbesitzer Alois Weig den o.e. Betriebskostenzuschuß berappen. Schließlich lag die Wiedereröffnung des Haltepunktes Obermurnthal in seinem Interesse. Die Stadt Neunburg v.W. hatte lediglich einem seiner guten Steuerzahler amtliche Unterstützung widerfahren lassen.

Als die Fahrgastzahlen wieder anstiegen, erließ die Reichsbahn im Jahre 1929 die Ausnahmebelastung, nachdem bis dahin immerhin noch 9 Goldmark pro Monat gezahlt worden waren.

Besondere Züge

Neben den planmäßigen Zügen wurden vor allem bis zum Zweiten Weltkrieg für verschiedene Anlässe zusätzliche Waggons angehängt oder gar Sonderzüge eingesetzt. Fester Bestandteil waren Extra-Züge für Familien besonders an Pfingsten und zur Advents- bzw. Weihnachtszeit, aber auch Sonderzüge zu publikumswirksamen Veranstaltungen der Machthaber des Dritten Reiches.
Die längsten Züge mußten zu Pilgerfahrten eingesetzt werden. Besonders erwähnenswert, nicht nur aus religiöser sondern auch aus bahntechnischer Hinsicht, ist der Pilgersonderzug von Neunburg v.W. nach Altötting aus dem Jahre 1930. Abfahrt Samstag, 6. September 7 Uhr morgens von Neunburg v.W. „Hauptbahnhof". Zusammen mit den zugestiegenen Teilnehmern aus der Gegend von Kröblitz, Obermurnthal, Eixendorf, Penting und Erzhäuser zählte die fromme Pilgerschar über 500 ! Personen. Als am nächsten Tag abends gegen 20.45 Uhr der Sonderzug mit seinen Pilgern von Bodenwöhr die letzte Etappe der Rückreise Richtung Neunburg v.W. in Angriff nahm, mußten drei Dampflokomotiven mit maximalem Kesseldruck und unter höchster Anstrengung die schier unendliche Wagenschlange über die 25 ‰ Steigung nach Neunburg v.W. schleppen. Es gehört nicht viel Vorstellungskraft dazu, sich auszumalen, daß schon zur damaligen Zeit dieses Schauspiel speziell für einen Eisenbahnfreund eine optische und akustische Festveranstaltung ersten Ranges war.
Auch nach dem Zweiten Weltkrieg wurden bis in die 80er Jahre hinein Pilgersonderzüge mit langen Waggonschlangen von Neunburg v.W. aus auf die Reise geschickt.
Andererseits aber war Neunburg v.W. nicht nur Ausgangspunkt von Sonderzügen, sondern auch Ziel. Am 28. September 1985 kamen die „Nürnberger Eisenbahnfreunde" (NEF) mit Doppelstockwagen der Lübeck-Büchener-Eisenbahn nach Neunburg v.W. und am 26. Juli 1992 gab sich der Dampfsonderzug „Pfalzgraf Johann" des Autors in der Pfalzgrafenstadt ein Stelldichein.

Zu anfangs verkehrten regelmäßig keine reinen Güterzüge. Wenig später gingen wegen des gestiegenen Frachtaufkommens zu bestimmten Veranstaltungen Bedarfsgüter- und Bedarfsviehzüge auf die Strecke. Bis Anfang der 50er Jahre waren an Rötzer Viehmarkttagen Bedarfsviehzüge mit bis zu 13 Großviehwaggons keine Seltenheit. Schwere mit Panzern beladene Züge zu den in „Camp Reed" in Rötz stationierten US - Streitkräften mit zwei Dampfbockerln vorne und einem Bockerl hinten als Schublok fanden ebenfalls gelegentlich ihren Weg durch das Schwarzachtal. Auch Holztransportzüge, gezogen von nur einer Tenderlokomotive waren auf der Strecke anzutreffen. Zumeist handelte es sich dabei um das um die Mittagszeit verkehrende Nahgüterzugpaar Ng 8375 Bodenwöhr - Rötz und Ng 8384 Rötz - Bodenwöhr. Bis ungefähr Anfang der 60er Jahre wurde dieses Zugpaar noch von Dampflokomotiven der Baureihe 98. 8-11 gezogen, ehe Dieselloks „zum Zuge" kamen.

Die Dienstherren

Seit Beginn der Eisenbahnära zwischen Bodenwöhr und Neunburg v.W. bzw. Rötz hatten die Nebenbahn und ihre Mitarbeiter verschiedene Dienstherren. Bis zum 31. März 1920 unterstand die Strecke den Königlich Bayerischen Staatseisenbahnen. Ab 1. April gingen dann die bayerischen Eisenbahnen wie auch alle anderen deutschen Länderbahnen unter der Bezeichnung „Reichseisenbahn" in das Eigentum des Deutschen Reiches über. Erst ab 1921 gab es offiziell den Namen „Deutsche Reichsbahn" (ab 1924 „Deutsche Reichsbahn-Gesellschaft", ab 1937 wieder „Deutsche Reichsbahn"). Nach dem Zusammenschluß zur Deutschen Reichsbahn wurden sämtliche sich im Deutschen Reich befindenden Lokomotiven in einem einheitlichen Nummernschema zusammengefaßt. Lokomotiven der Gattung D XI wurden beispielsweise der neuen Baureihe 98. 4-5 zugeordnet.
Nach dem Zweiten Weltkrieg wurde am 7. September 1949 in Westdeutschland die „Deutsche Bundesbahn" (DB) zur Nachfolgerin der Deutschen Reichsbahn.

Mit Beginn des Jahres 1994 unterstand die verbliebene Reststrecke zwischen Bodenwöhr und Neunburg vorm Wald bis zu ihrer Stillegung nach Inkrafttreten der Bahnstrukturreform der Deutschen Bahn AG.
Nach außen hin änderte sich zu den jeweiligen Terminen für die Eisenbahn und die Strecke Bodenwöhr - Neunburg v.W. - Rötz nichts wesentlich, auch was die hin und wieder zurecht beklagten Mißstände betraf, die nicht auf höhere Gewalt zurückzuführen und nicht nur auf dieser Strecke anzutreffen waren.

Die Mißstände

Steine des Anstoßes waren schlechte Fahrplanabstimmungen, mangelnder Komfort, aber in erster Linie die Verquickung von Personen- und Güterverkehr. Im Gegensatz zu den Bedarfsgüter- und Bedarfsviehzügen, die unregelmäßig eingesetzt wurden und nur ihrem eigentlichen Zweck dienten, mußten die fahrplanmäßigen Personenzüge häufig einen oder mehrere Güterwaggons abfertigen, die an den Bestimmungsbahnhöfen durch zeitraubende Rangiermanöver an- oder abgehängt wurden. Reisende wie auch die Städte Neunburg v.W. und Rötz sowie das Bezirksamt Neunburg v.W. machten in entsprechenden Schreiben ihrem verständlichen Ärger über die Mißstände und die stiefmütterliche Behandlung ihrer Eisenbahnlinie Luft.

Auszug aus einem Brief „Eingesandt" an das Neunburger Amts- und Anzeige-Blatt vom 28.April 1912.
„Der neue Fahrplan (Sommer 1912) zeigt für unsere Lokalbahn Neunburg v.W. - Bodenwöhr insofern eine tiefgreifende Änderung, als der erste Zug, welcher früher um 5.30 Uhr abgefertigt wurde, ab 1. Mai bereits um 4.30 Uhr hierorts abdampft. Es ist ja sehr zu begrüßen, daß man mit dem D-Zuge bereits gegen 9 $^1/_2$ Uhr in München ist; aber warum hierorts diese frühe Abfahrtszeit? Man ist ja schon um 5.02 Uhr in Bodenwöhr, während der Postzug nach Schwandorf erst um 5.46 Uhr dort abfährt; man hat also in Bodenwöhr eine Wartezeit von 44 Minuten. Wenn man nun bedenkt, daß in Neunburg v.W. sämtliche Fahrkarten aufliegen und auch das Gepäck komplett abgefertigt wird, so hat das reisende Publikum in Bodenwöhr lediglich das Vergnügen zu warten und sich zu langweilen..."

Neunburger Amts- und Anzeige-Blatt, 31.Januar 1913
„Unser Bahnhof, welcher so oft das Ziel Einheimischer als auch Fremder bildet, ist zur Nachtzeit so schlimm beleuchtet, daß man sich wundern muß, wie sich das reisende Publikum bei dieser unzureichenden und ganz 'veralteten' Beleuchtungsmethode zurecht findet.. . Doch diese vorsintflutlichen Zustände scheinen sich in neuerer Zeit noch zu verschlimmern; denn in den letzten Tagen war auch der Wartesaal III. Klasse in schauriges Dunkel gehüllt. Wo soll sich das wartende Publikum bei dieser winterlichen Kälte aufhalten? Vielleicht dann im Wartesaal II. Klasse? Gott bewahre! Dieser Raum ist seit urdenklichen Zeiten für keine Sterblichen mehr zugänglich; er dient bloß als Lagerplatz für die Gepäcke der Geschäftsreisenden. Man braucht kein Pessimist zu sein, um diese Mißstände in diesen düsteren Farben zu sehen; jeder objektiv denkende Laie würde eine Remedur (Abhilfe; Anm.d.Verfassers) in dieser Hinsicht für angebracht und notwendig erachten..."

Neunburger Zeitung vom 19. März 1927
„In letzter Zeit sind erhebliche Verspätungen der Züge, besonders des Abendzuges, wieder an der Tagesordnung. Diese Verspätungen bedeuten für die Fahrgäste eine direkte Qual, wenn man bedenkt, daß dieselben bei ihrer Ankunft in Bodenwöhr bereits stundenlang in der Bahn gesessen sind (München ab 11.10 Uhr, Nürnberg ab 1.35 Uhr) oder daß es die in Bodenwöhr beschäftigten Arbeiter sind, die um 5 Uhr früh zur Arbeitsstelle fuhren und abends endlich um 7 Uhr zu ihrer Familie nach Hause kommen wollen... . Wer öfters die Lokalbahn benützen muß, ist bereits an Vieles gewöhnt, aber einigermaßen Pünktlichkeit möchte man doch erwarten dürfen... . Obwohl nun der Lokalzug bereits 1 $^1/_2$ Stunden in Bodenwöhr sich befindet, steht nun der Zug zur Abfahrtszeit um 6.15 Uhr meistens noch ohne Maschine da, denn diese rangiert irgendwo umher und wird endlich nach einer viertel- oder halbstündigen Verspätung angeprellt. Hier darf man wohl verlangen, die Einteilung der Arbeit so vorzunehmen, daß wenigstens in der Regel die fahrplanmäßige Abfahrtszeit eingehalten werden kann. Oder besteht für das Personal der Lokalbahn keine Aufsicht? Zu der verspäteten Abfahrt kommt nun regelmäßig eine starke Überfüllung der Wägen - von deren Güte abgesehen - und am Bahnhofe in Neunburg v.W. ein endloses Wasserfassen und Rangieren! Mögen diese Zeilen dazu beitragen, daß ein Herr der Reichsbahndirektion auch einmal eine Fahrt von Bodenwöhr nach Rötz mit dem Abendzug unternimmt und seine Eindrücke an Leib und Seele eine Besserung der Zustände bringen."

Neunburger Zeitung vom 29. Oktober 1927
„...Wenn man die Hauptbahn in Bodenwöhr verläßt und die Lokalbahn besteigt, bekommt man das Gefühl, daß man sich nun in einem anderen Weltteil und auch nicht mehr in der Deutschen Reichsbahn befindet. Die zwei kleinen, meist rauchigen, schmutzigen und schlecht mit Petroleum beleuchteten Personenwagen sind regelmäßig überfüllt, sodaß die Reisenden öfters stehen müssen und zusammengepfercht sind. Der Zug

steht zur fahrplanmäßigen Abgangszeit meistens noch ohne Maschine da, denn diese rangiert irgendwo im Bahnhofe Bodenwöhr umher und wenn schließlich der Zug mit wesentlicher Verspätung abgeht, muß man damit rechnen, daß er auf der Fahrt noch ein- oder zweimal stecken bleibt, dann kommt das markerschütternde Rangieren am Bahnhofe Neunburg v.W. u.s.w.. Die Zustände sind wirklich derart, daß sich manche Reisende scheuen, den Zug zu benützen und lieber mit einem viel teueren Fuhrwerk oder Auto nach Neunburg v.W. fahren. Besonders der fahrplanmäßig um 6.15 Uhr in Bodenwöhr abgehende Abendzug hat regelmäßig Verspätung, in letzter Zeit sogar um eine Stunde und noch mehr; am 26. d. Mts. kam dieser Zug, nach dem er mit über einer Stunde Verspätung in Bodenwöhr abgegangen war und auf der Fahrt noch zweimal stecken blieb, erst um 8 Uhr abends in Neunburg v.W. an... . Man kann doch nicht annehmen, daß diese Lokalbahn ganz ohne Aufsicht ist und daß die vorgesetzten Stellen gar nichts tun wollen, um die Mißstände zu beseitigen. Es gäbe hierzu wohl verschiedene Möglichkeiten, nämlich die Einlegung eines eigenen Güterzuges oder die Verwendung einer größeren Maschine mit Einstellung eines weiteren oder größeren, sauberen Personenwagens und die Beauftragung des Zugführers, daß die Maschine zur fahrplanmäßigen Abgangszeit am Zuge zu stehen und nicht im Bahnhofe in Bodenwöhr umher zu rangieren hat... ."

Die Beschwerden über die Mißstände wurden immer häufiger und lauter, so daß sich die Eisenbahnverwaltung gezwungen sah, darauf zu reagieren. Am 24. Januar 1929 fand im „Gasthof zur Post" in Neunburg v.W. zwischen dem Vorstand der Betriebsinspektion Schwandorf und einer größeren Anzahl von Interessenten aus dem Bezirk Neunburg v.W. eine eingehende Aussprache über die unhaltbaren Zustände auf der Lokalbahn statt. Man forderte Pünktlichkeit und die generelle Früherverlegung der Abfahrtszeit des Abendzuges Richtung Rötz, außerdem eine strikte Trennung des Personen- und Güterverkehrs, um nicht ständig mit zeitraubendem langwierigem Rangieren und umständlichen Ladegeschäften konfrontiert zu werden. Die Bahnverantwortlichen gelobten Abhilfe zu schaffen - und bei dem Versprechen blieb es.
Nach dem Zweiten Weltkrieg wurde mit dem Güterzugpaar Ng 8375 Bodenwöhr - Rötz, Ng 8384 Rötz - Bodenwöhr Erleichterung geschaffen. Dennoch gab es weiterhin Anlaß, die schlechte Fahrplanabstimmung mit Zugverbindungen in Bodenwöhr und übervolle Triebwagen, besonders an Wochenenden, zu bemängeln. Am 8. August 1959 schrieb diesbezüglich der passoinierte Wanderer Wilhelm Perl aus Nürnberg an die Bundesbahndirektion Regensburg:

„...und ich mußte mit vielen anderen Fahrgästen in der kurvenreichen Strecke nach Neunburg v.W. stehen, weil der Triebwagen nur einen Anhänger hatte. Auf der Rückfahrt...ging es von Neunburg v.W. her noch schlechter... . Es war nur ein Wagen (Wägelchen)! Der vordere Teil gehörte dem Triebwagenführer und dem Schaffner, in dem verhältnismäßig kurzen Mittelteil waren alle Sitz- und Stehplätze überbesetzt. Im Gepäckraum waren Menschen und Gepäck durcheinander gewürfelt in drangvoller Enge... .Das war aber keine gemütliche Fahrt mehr, sondern wir waren wie die Heringe hineingeschlichtet und, was ich absolut nicht verstehen konnte, es wäre nach meiner Auffassung kein Grund gewesen, den Anhänger des Triebwagens in Bodenwöhr oder Rötz unbenützt stehen zu lassen... ."

In einer Stellungnahme vom 25. August 1959 bedauerte die Bundesbahndirektion Regensburg die ungünstige Situation, machte aber deutlich, daß aufgrund der recht starken Steigungen nach Penting hinauf ein zweiter Anhänger nicht beigestellt werden kann und daß aber nach Beginn des Winterfahrplans 1959/60 die derzeit eingesetzten Triebwagen durch neue Schienenbusse mit größerer Sitzplatzkapazität ersetzt würden. Das Problem löste sich in den folgenden Jahren von alleine: Immer mehr deutsche Wohlstandsbürger erkannten die Individualität des Automobils - und machten ausgiebig Gebrauch davon.

Zu den Abbildungen der folgenden Seite:

Abb. 101, links oben: 98 1027 faßt am 19. März 1966 für den Nahgüterzug Ng 8375 Bodenwöhr - Rötz im Bahnhof Bodenwöhr Kohle und Wasser. Auf Wunsch der „Nürnberger Eisenbahnfreunde" (NEF) erhielt sie gegenüber der normalerweise eingesetzten Diesellokomotive vom Typ V 100 den Vorzug. Foto: Dieter Dettelbacher

Abb. 102, links unten: Das Bockerl zwischen Bodenwöhr und Erzhäuser im Mai 1956. Foto: Gottfried Turnwald

Abb. 103, rechts oben: Aufenthalt an der Station Erzhäuser; 19. März 1966. Foto: Dieter Dettelbacher

Abb. 104, rechts unten: Auch so etwas gab es; die Lokomotive zwischen den Waggons. Gottfried Turnwald hatte mit dem plötzlichen Auftauchen des Zuges nicht gerechnet; 1956.

98 1027

98 1027

Abb. 105: Nahgüterzug bei Erzhäuser, 1957. Foto: Gottfried Turnwald

Abb. 106: In der Nähe von Erzhäuser mit Gleisanschluß das Ziegelwerk des Fritz Kastenhuber, um 1928. Foto: Sammlung Erwin Weinfurtner

nächste Seite:

Abb. 107: Ziegelwerk Eichenthal - Erzhäuser am 7. Juli 1928. Foto: Sammlung Rudolf Haas

Ziegelwerk Wichenthal - Erzhäuser
Bes. Fritz Kastenhuber Schwandorf i. Bayern
7. Juli 1928.

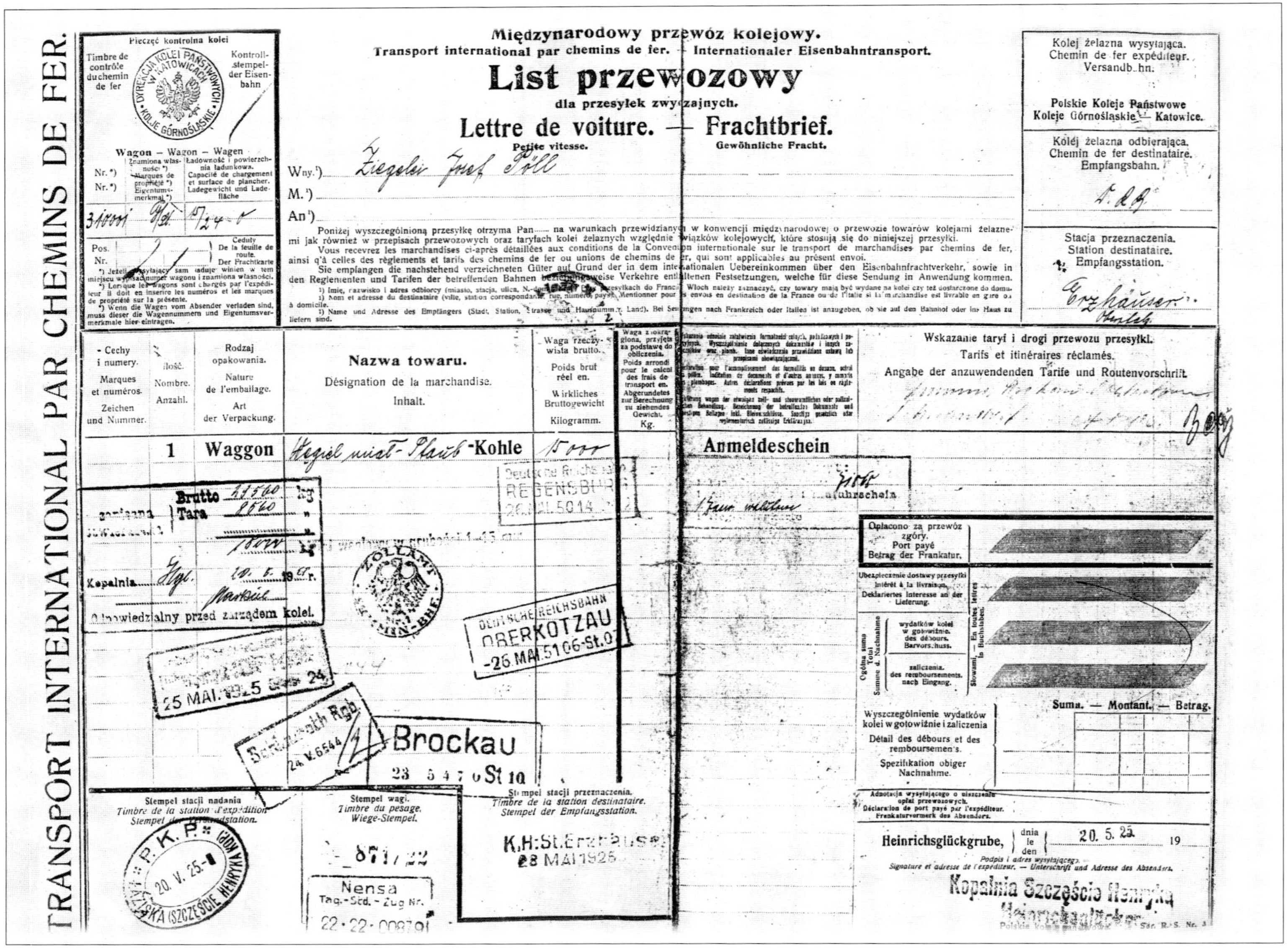

TRANSPORT INTERNATIONAL PAR CHEMINS DE FER.

Międzynarodowy przewóz kolejowy.
Transport international par chemins de fer. — Internationaler Eisenbahntransport.

List przewozowy

dla przesyłek zwyczajnych.

Lettre de voiture. — Frachtbrief.

Petite vitesse. Gewöhnliche Fracht.

Pieczęć kontrolna kolei / Timbre de contrôle du chemin de fer / Kontrollstempel der Eisenbahn

Wagon — Wagon — Wagen

Kolej żelazna wysyłająca. Chemin de fer expéditeur. Versandbahn.
Polskie Koleje Państwowe Koleje Górnośląskie — Katowice.

Kolej żelazna odbierająca. Chemin de fer destinataire. Empfangsbahn.

Stacja przeznaczenia. Station destinataire. Empfangsstation.
Erzhäuser

Wny.¹) Ziegelei Josef Pöll
M.¹)
An¹)

Poniżej wyszczególnioną przesyłkę otrzyma Pan..... na warunkach przewidzianych w konwencji międzynarodowej o przewozie towarów kolejami żelaznemi jak również w przepisach przewozowych oraz taryfach kolei żelaznych względnie związków kolejowych, które stosują się do niniejszej przesyłki.
Vous recevrez les marchandises ci-après détaillées aux conditions de la Convention internationale sur le transport de marchandises par chemins de fer, ainsi qu'à celles des règlements et tarifs des chemins de fer ou unions de chemins de fer, qui sont applicables au présent envoi.
Sie empfangen die nachstehend verzeichneten Güter auf Grund der in dem internationalen Uebereinkommen über den Eisenbahnfrachtverkehr, sowie in den Reglementen und Tarifen der betreffenden Bahnen beziehungsweise Verkehre enthaltenen Festsetzungen, welche für diese Sendung in Anwendung kommen.

Cechy i numery. Marques et numéros. Zeichen und Nummer.	Ilość. Nombre. Anzahl.	Rodzaj opakowania. Nature de l'emballage. Art der Verpackung.	Nazwa towaru. Désignation de la marchandise. Inhalt.	Waga rzeczywista brutto. Poids brut réel en. Wirkliches Bruttogewicht Kilogramm.
	1	Waggon	Węgiel miał-Staub-Kohle	15000

Wskazanie taryf i drogi przewozu przesyłki. Tarifs et itinéraires réclamés. Angabe der anzuwendenden Tarife und Routenvorschrift.

Anmeldeschein

Brutto 23560 kg
Tara 8560
15000

Kopalnia ... 20. 5. 1925 r.

Odpowiedzialny przed zarządem kolei.

Opłacono za przewóz zgóry. Port payé. Betrag der Frankatur.

Wyszczególnienie wydatków kolei w gotowiźnie i zaliczenia. Détail des débours et des remboursements. Spezifikation obiger Nachnahme.

Suma. — Montant. — Betrag.

DEUTSCHE REICHSBAHN OBERKOTZAU -26 MAI 5106-St.0

25 MAI 1925

Brockau 23 5 4 7 0 St 10

Stempel stacji nadania. Timbre de la station d'expédition. Stempel der Versandstation.

Stempel wagi. Timbre du pesage. Wiege-Stempel.

Stempel stacji przeznaczenia. Timbre de la station destinataire. Stempel der Empfangsstation.

Nensa

Heinrichsglückgrube, dnia / le / den 20. 5. 25. 19

Podpis i adres wysyłającego. Signature et adresse de l'expéditeur. — Unterschrift und Adresse des Absenders.

Kopalnia Szczęście Henryka

Abb. 108: Frachtbrief über Staubkohle aus Polen für das Ziegelwerk Pöll bei Erzhäuser; Mai 1925. Sammlung Johann Pöll

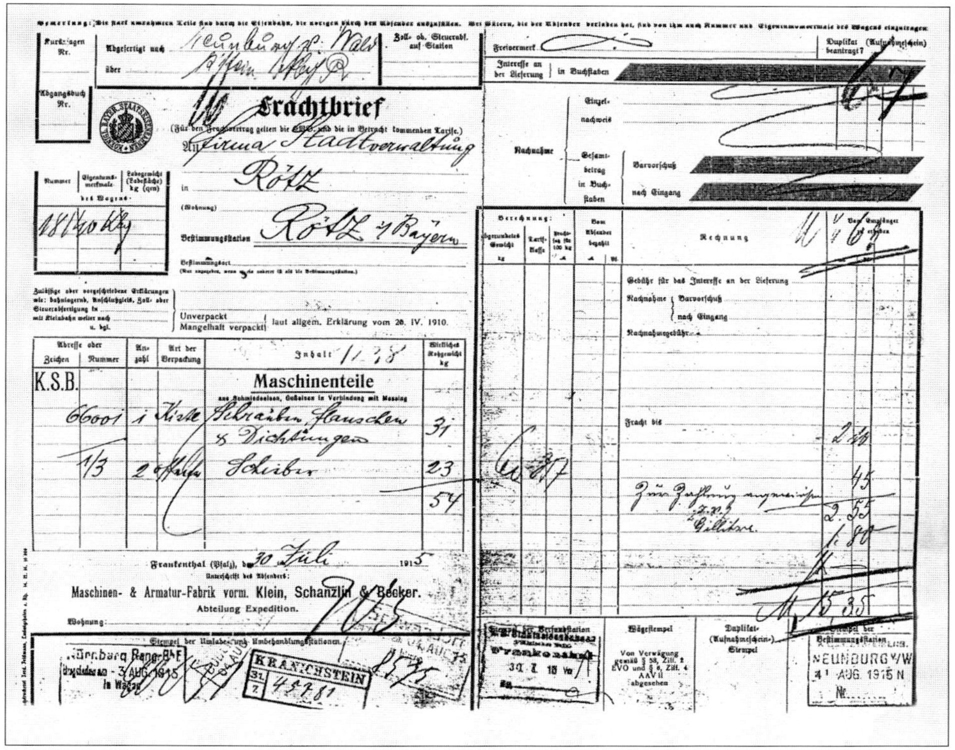

Frachtbrief

Abgefertigt nach Neunburg v. Wald

An Firma Stadtverwaltung

in Rötz

Bestimmungsstation Rötz i/Bayern

Unverpackt / Mangelhaft verpackt } laut allgem. Erklärung vom 20. IV. 1910.

Zeichen	Nummer	Anzahl	Art der Verpackung	Inhalt	Wirkliches Rohgewicht kg
K.S.B.				Maschinenteile	
	6601	1	Kiste	Schrauben, Flanschen & Dichtungen	31
	1/3	2		Schieber	23
					54

Frankenthal (Pfalz), den 30 Juli 1915

Maschinen- & Armatur-Fabrik vorm. Klein, Schanzlin & Becker.

Abteilung Expedition.

NEUNBURG V/W 31. AUG. 1915

KRANICHSTEIN

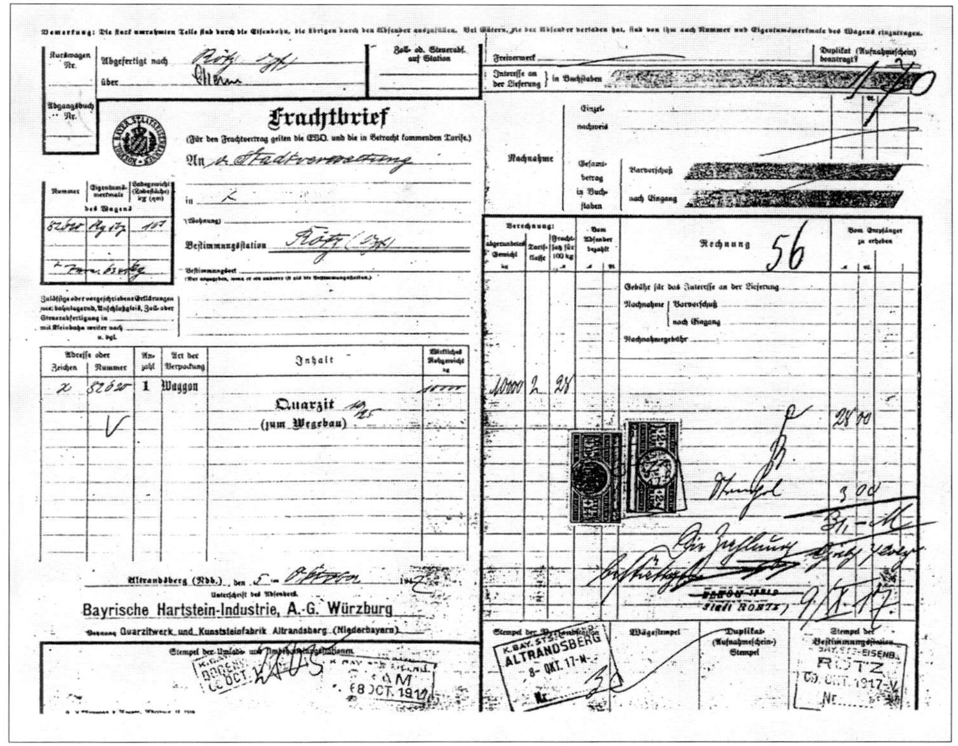

Frachtbrief

(Für den Frachtvertrag gelten die EVO. und die in Betracht kommenden Tarife.)

An Stadtverwaltung

Bestimmungsstation Rötz

Zeichen	Nummer	Anzahl	Art der Verpackung	Inhalt	Wirkliches Rohgewicht kg
X	52620	1	Waggon	Quarzit (zum Wegebau)	15000

Rechnung 56

Altrandsberg (Ndb.), den 5. Oktober 1917

Bayrische Hartstein-Industrie, A.-G. Würzburg

Quarzitwerk und Kunststeinfabrik Altrandsberg (Niederbayern).

K. BAY. STAATSB. ALTRANDSBERG 8. OKT. 17

RÖTZ 9. OKT. 1917

Mittwoch, den 31. August

steht am Bahnhofe Neunburg v. W.

ein Waggon sehr feines und festes

Kraut,

Holländer Ware zum Verkauf.

Der Zentner kostet 4 Mk. 50 Pfg.

Abb. 111, oben: Frachtbrief vom Oktober 1917 über einen Waggon Quarzit an die Stadtverwaltung von Rötz.

Abb. 109, links oben: Frachtbrief vom Juli 1915 über Maschinenteile an die Stadtverwaltung von Rötz. Die Lieferung auf der Schiene erfolgte zu dieser Zeit noch bis Neunburg vorm Wald. *Abb. 109 und 111 Stadtarchiv Rötz*

Abb. 110, links: Anzeige im Neunburger Amtsblatt, August 1904. Auch für solche Verkaufsaktivitäten mußte der Bahnhof von Neunburg v.W. herhalten.

Stadtarchiv Neunburg v.W.

Abb. 112: Eine 98.8 mit der typischen Lokalbahnwagengarnitur verläßt an einem Frühjahrstag 1950 den Bahnhof Penting Richtung Neunburg vorm Wald.
Hinter der Lokomotive befinden sich ein PwPostL, ein CL mit vier Fenstern, ein CL mit sechs Doppelfenstern und wieder zwei CL mit je vier Fenstern.
Foto: Felix Thürl, Slg. Theo Männer

Abb. 115, oben: Ein Güterzug mit Personenbeförderung (GmP) mit 98 853 an der Spitze in der Nähe von Wilbersdorf; Ende der 50er Jahre. Foto: Sammlung Erwin Weinfurtner

Abb. 113, links oben: Erst im Januar 1914 wurde das Bahnhofsgebäude für 16.000,- Mark fertiggestellt. Die Personen vor dem Gebäude (von links): Katharina Seebauer, Barbara Dachs geb. Seebauer, Max, Barbara und Michael Seebauer, Maria Babl geb. Lacher (Hammerhof), Johann Reichert (ganz rechts); Mitte der 30er Jahre. Foto: Sammlung Peter Bartmann

Abb. 114, links: 98 1027 mit GmP auf dem Weg nach Bodenwöhr; im Hintergrund Neunburg v.W., 1961. Foto: Gottfried Turnwald

Abb 118, oben: GmP am 3. Juli 1961 im Bahnhof Neunburg vorm Wald.
Foto: Dr. Peter Erhard Kristl

Abb. 116, links oben: Aufenthalt des Personenzuges im Bahnhof Neunburg v.W. vor der Weiterfahrt nach Rötz; um 1950. Foto: Hans Lasser

Abb. 117, links unten: Lokalbahnzug mit einer D XI an der Spitze verläßt auf dem Weg nach Rötz den Haltepunkt Obermurnthal; um 1925. Foto: Sammlung Fritz Weig

Abb. 119: Eine Meisteraufnahme von Fritz Kupetz. Sommer 1925; der morgendliche Lokalbahnzug Nr.3 verläßt unterhalb der Villa Weig den Haltepunkt Obermurnthal Richtung Rötz. An der Spitze die 98 434 (ehem. D XI, gebaut 1898). Vor dem herannahenden Zug (von links) Fritz Weig, Trudi Bruckmayer und Franz Weig. Sammlung Franz Weig

Abb. 120, oben: Aus Richtung Neunburg v.W. nähert sich eine 98. 4-5 (D XI) mit ihrem Zug dem Haltepunkt Obermurnthal; 1925. *Foto: Fritz Kupetz, Sammlung Franz Weig*

Abb. 121, rechts oben: 98 1027 am 19. März 1966 am Haltepunkt Frankenschleife. *Foto: Kurt Müller*

Abb. 122, rechts unten: Derselbe Zug zwischen Frankenschleife und Eixendorf. *Foto: Dieter Dettelbacher*

Abb. 123, oben: 98 1011 vor dem hölzernen, zweiständigen Lokschuppen in Rötz am 25. April 1962.
Foto: Helge Hufschläger

Abb. 124, links und Abb. 125, rechts: Das Bockerl, 98 1005, mit seinem Nahgüterzug zwischen Erzhäuser und Penting; Februar 1957.

nächste Seite:
Abb. 126: Der Zug zwischen Hillstett und Rötz; Februar 1957.
Fotos 124 - 126: Gottfried Turnwald

Eicher Traktoren für den Bayerwald
DB

Jos. Bücherl
Landw. Lagerhaus

Abb. 131, links außen, oben: Zug mit US-Panzern kurz vor der Abfahrt von Rötz; Anfang der 50er Jahre. Foto: Hans Lasser

Abb.132, links außen, unten: Der Strecke um 1960 in einem schneereichen Winter zwischen Neunburg v.W. und Kröblitz. Im Hintergrund ist die Schloßbrauerei von Kröblitz zu erkennen. Foto: Johann Schumm

Abb. 133, links: Hans Lasser erteilt einem Zug im Bahnhof Rötz den Abfahrauftrag; um 1950. Foto: Hans Lasser

vorige Seite:

Szenen vom Bahnhof Rötz, Ende der 50er, Anfang der 60er Jahre. Land- und Forstwirtschaft bestimmen hauptsächlich das Güteraufkommen.

Abb. 127, links oben und Abb. 130, rechts unten — *Beide Fotos: Stadtarchiv Rötz*

Abb. 128, links unten und Abb. 129 , rechts oben — *Beide Fotos: Josef Bücherl*

Abb. 136, oben: Verladung von US-Panzern im Bahnhof Rötz; Mitte der 50er Jahre.
Foto: Hans Lasser

Abb. 134, links oben: VT 75 911 im Bahnhof Rötz; um 1957. *Foto: Hans Lasser*

Abb. 135, links unten: Bahnhof Hillstett und Bahnwärterhaus im Winter; 50er Jahre.
Foto: Sammlung Therese Scherr

Abb. 137, oben: Ein VT 75.9 in der Felsenschlucht zwischen Hillstett und Rötz; um 1958.

Abb. 138, rechts oben: VT 75 902 an der Station Hillstett, um 1957.
Beide Fotos: Sammlung Dietmar Görgner

Abb. 139, rechts unten: Stationsgebäude und Bahnwärterhaus von Hillstett aus anderer Perspektive; Anfang der 50er Jahre. *Foto: Sammlung Therese Scherr*

Abb. 140: Eine 98.8 mit ihrem Zug auf dem Weg nach Bodenwöhr beim Haltepunkt Obermurnthal; um 1960. Foto: Sammlung Wolfgang Sonnleitner

Abb. 141: Eine 98. 4-5 (ehem. D XI) am Haltepunkt Obermurnthal; um 1925. Foto: Sammlung Fritz Weig

Abb. 142, oben:
Lokalbahnzug mit 98 825 kurz vor Bahnhof Neunburg v.W. Ost; Sommer 1950.
Foto: Felix Thürl, Slg. Theo Männer

Abb. 143, rechts oben:
Der Zug auf dem Weg über den Torweiher-Bahndamm zum Bahnhof Neunburg v.W.; 1949.
Foto: Rudi Traup, Slg. Theo Männer

Abb. 144, rechts: Ein Lokalbahnzug am Haltepunkt Neunburg v.W. Ost.

Im März 1913 wurde im Verlauf der Bahnbauarbeiten der Torweiher abgelassen, um die Aufschüttung des Bahndammes zu ermöglichen.
Foto: Slg. Karl-Heinz Plab

Abb. 145. Der Lokalbahnzug aus Rötz ist am Haltepunkt Neunburg v.W. Ost eingefahren. Vom Führerstand schaut Heizer Georg Wittmann herunter; Sommer 1949.
Foto: Rudi Traup, Sammlung Theo Männer

98 850
98 850

98 1027

98 825

Abb. 150: Beim Felseinschnitt von der Wilbersdorfer Brücke aus fotografiert; GmP 8384 auf seinem Weg nach Bodenwöhr im Mai 1956.
Foto: Gottfried Turnwald

vorige Seite:
Abb. 146, links oben: 98 1027 befährt am 19. März 1966 mit seinem Zug Ng 8384, bestehend aus einer „Donnerbüchse" und verschiedenen Güterwagen,das Neunburger Viadukt Richtung Bf Neunburg vorm Wald.

Abb. 147, links unten: Der gleiche Zug nach Ankunft im Neunburger Bahnhof.
Beide Fotos: Dieter Dettelbacher

Abb. 148, rechts oben: Ladepause im Bf Neunburg v.W. am 3. Juli 1959.
Foto: Dr. Peter Erhard Kristl

Abb. 149, rechts unten: 98 825 verläßt Neunburg v.W. Richtung Bodenwöhr; Frühjahr 1951.
Foto: Felix Thürl, Sammlung Theo Männer

Abb. 153, oben: Der Schienenbus im Winter zwischen Erzhäuser und Bodenwöhr; 60er Jahre. *Foto: Gustav Schwarz, Sammlung Erwin Weinfurtner*

Abb. 151, links oben: Fortsetzung von Abbildung 150, vorige Seite. 98 850 mit ihrem schweren Zug am Haken nimmt bei Wilbersdorf die Steigung nach Penting in Angriff.

Abb 152, links: 98 829 mit einem GmP zwischen Erzhäuser und Bodenwöhr. Im Zug wird noch ein Güterwagen mit Bremserhäuschen mitgeführt. Die Aufnahme stammt aus dem Jahr 1954. *Beide Fotos: Gottfried Turnwald*

nächste Seite:

Abb. 154: Großer Andrang am Haltepunkt Neunburg v.W. Ost. Wahrscheinlich handelt es sich hier um den Pilgerzug nach Altötting, September 1930. *Foto: Sammlung Johannes Wiemann*

Neunburg

P
2

Erzhäuser

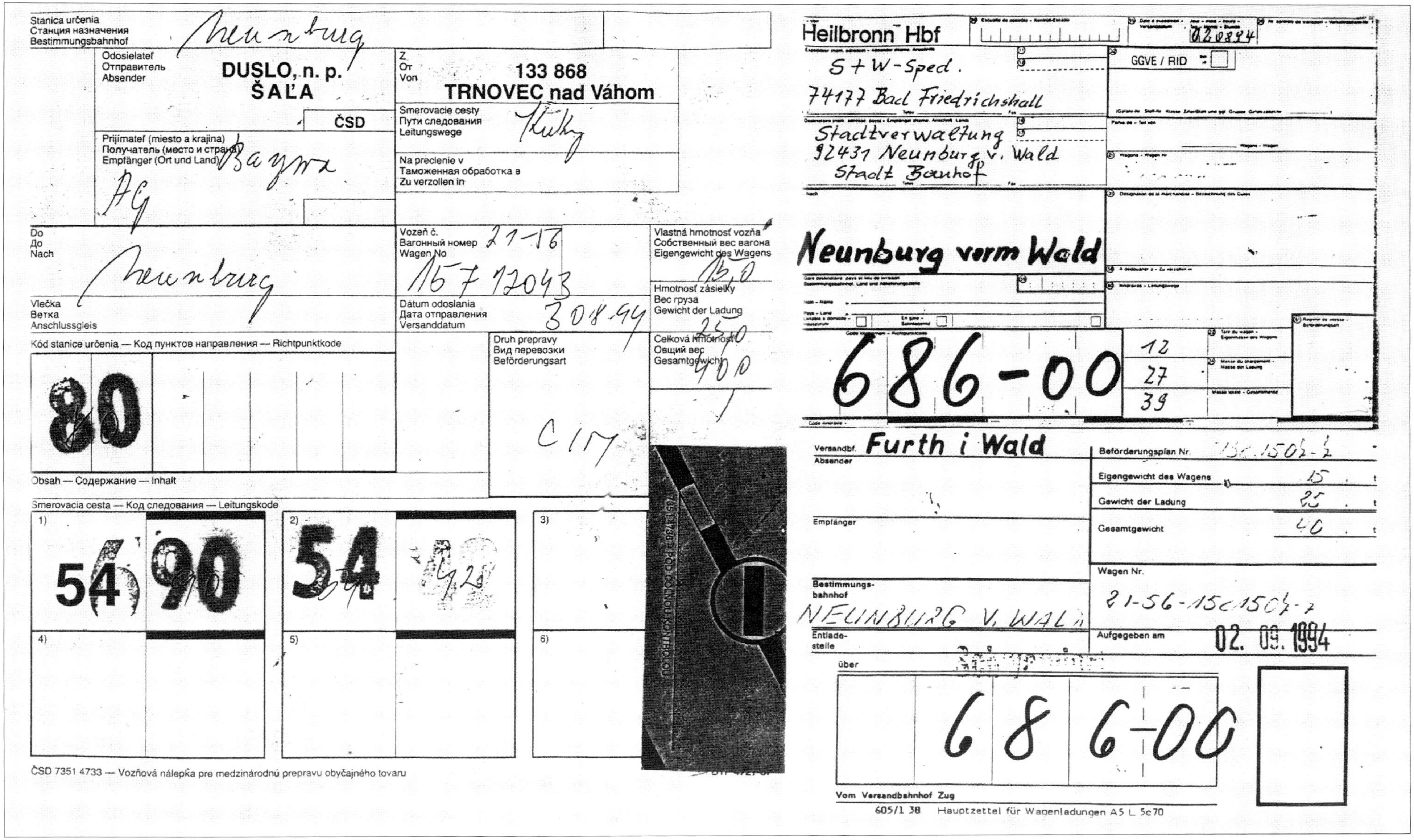

Stanica určenia
Станция назначения
Bestimmungsbahnhof — Neunburg

Odosielateľ
Отправитель
Absender — DUSLO, n. p. ŠAĽA

Z
От
Von — 133 868 TRNOVEC nad Váhom

ČSD

Smerovacie cesty
Пути следования
Leitungswege

Prijímateľ (miesto a krajina)
Получатель (место и страна)
Empfänger (Ort und Land) — Baywa AG

Na preclenie v
Таможенная обработка в
Zu verzollen in

Do
До
Nach — Neunburg

Vozeň č.
Вагонный номер
Wagen No — 21-56 157 7204 3

Vlastná hmotnosť vozňa
Собственный вес вагона
Eigengewicht des Wagens — 15,0

Hmotnosť zásielky
Вес груза
Gewicht der Ladung — 25,0

Vlečka
Ветка
Anschlussgleis

Dátum odoslania
Дата отправления
Versanddatum — 30.8.94

Celková hmotnosť
Общий вес
Gesamtgewicht — 40,0

Kód stanice určenia — Код пунктов направления — Richtpunktkode — 80

Druh prepravy
Вид перевозки
Beförderungsart — CIM

Obsah — Содержание — Inhalt

Smerovacia cesta — Код следования — Leitungskode
1) 54 90 2) 54 42 3) 4) 5) 6)

ČSD 7351 4733 — Vozňová nálepka pre medzinárodnú prepravu obyčajného tovaru

Heilbronn Hbf — 020894

S+W-Sped.
74177 Bad Friedrichshall

GGVE / RID

Stadtverwaltung
92431 Neunburg v. Wald
Stadt Bahnhof

Neunburg vorm Wald

686-00 — 12 / 27 / 39

Versandbf. Furth i Wald
Absender

Beförderungsplan Nr.

Eigengewicht des Wagens — 15 t
Gewicht der Ladung — 25 t
Gesamtgewicht — 40 t

Empfänger

Wagen Nr. — 21-56-150 1504-7

Bestimmungsbahnhof — NEUNBURG V. WALD

Entladestelle

Aufgegeben am — 02. 09. 1994

über

6 8 6-00

Vom Versandbahnhof Zug

605/1 38 Hauptzettel für Wagenladungen A5 L 5c70

vorige Seite: Abb.155, links oben: Ein Übergabezug mit 211 313 an der Spitze kommt am 7. August 1989 am „jüngeren" Neunburger Bahnhof an.
Abb. 156 bis158: 290 048 vor dem ehemaligen Neunburger Bahnhof, beim Rangieren und auf der Rückfahrt bei Erzhäuser; August 1994.

Abb: 159, oben: Drei Waggonbegleitpapiere mit Bestimmungsbahnhof Neunburg vorm Wald vom August / September 1994. Am 17. Oktober 1994 wurde der „Tarifpunkt" Neunburg v.W. zum letzten Mal angefahren.

Alle Fotos und Sammlung: Johannes Wiemann

Abb. 160, links oben: Ein Sonderzug, bestehend aus verschiedenen Waggons, mit einer 211er an der Spitze, ist im Bf Neunburg v.W. angekommen; Anfang der 70er Jahre.
Foto: Sammlung Johannes Wiemann

Abb. 161, links unten und Abb. 162, oben: Am 28. September 1985 besuchten die „Nürnberger Eisenbahnfreunde" (NEF) mit einem Sonderzug die Oberpfalz und kamen dabei auch nach Neunburg vorm Wald. Der Zug bestand aus einer Diesellok vom Typ 211 (ehem. V 100) und zwei Doppelstockwaggons der „Lübeck-Büchener-Eisenbahn".
Beide Fotos: Kurt Müller

Abb. 163: Aus der Luft gesehen: Die Neunburger Bahnhofsanlage im Frühjahr 1957; dahinter freies Feld... Foto: Stadtarchiv Neunburg vorm Wald

Abb. 164: Neunburgs Ostbahnhof und die durch den Bahndamm getrennten beiden Torweiher; 1957. Der große Bau schräg rechts hinter dem Stationsgebäude auf der anderen Straßenseite ist das Stammkloster des Ordens der Armen Schulschwestern. Foto: Stadtarchiv Neunburg vorm Wald

Luftbildvergleich: damals (1957) und heute (1995).

Abb. 167, oben: Zum Vergleich mit Abb. 168. Blick Richtung Kröblitz. Bei dieser Luftaufnahme wird die rücksichtslose Landschaftszersiedelung besonders deutlich erkennbar.

Abb. 165, links oben: Zum Vergleich mit Abb. 164. Das Klostergebäude mag die Orientierung erleichtern. Die Gegend um den ehemaligen Haltepunkt Neunburg v.W. Ost: Die Torweiher sind verschwunden und das Bahnhäuschen dient heute als Edelklo.

Abb. 166, links: Zum Vergleich mit Abb. 169. An der Stelle des Rötzer Bahnhofs steht heute das Gerätehaus der Feuerwache.

Alle Luftaufnahmen: Johannes Wiemann

Abb. 168: Vorbei am Gebäudekomplex der Armen Schulschwestern führt der Schienenstrang weiter nach Kröblitz. Auf dem einen Dach des klösterlichen Anwesens hat sich bereits Meister Adebar eingefunden, während auf den beiden Torweihern Schwäne in der behaglich warmen Frühjahrssonne des Jahres 1957 ihre Kreise ziehen. Foto: Stadtarchiv Neunburg vorm Wald

*Abb. 169: Luftaufnahme vom Frühjahr 1957 mit dem Bahnhofsareal von Rötz und seiner Umgebung; früher Nachmittag.
Die weiße Dampffahne zeigt an, daß der Nahgüterzug Ng 8384 mit seiner 98er und den fünf Waggons sich gerade auf den Weg nach Bodenwöhr-Nord macht.*
Foto: Stadtarchiv Rötz

Bahnpost

Der betriebliche Ablauf

Fachleute betrachten den 16. Januar 1851 als den Geburtstag der Bahnpost. An diesem Tag fuhren nach verschiedenen Anläufen und Versuchen mit Gepäckwagen die ersten Bahnpostkurse in extra dafür gebauten Bahnpostwagen auf der Strecke München - Nürnberg und Nürnberg - Hof.
Der bedeutende Vorteil der Bahnpost lag verständlicherweise in der schnellen Beförderung der Postsendungen. Von diesem Vorzug sollten dann auch in steigendem Maße die ländlichen Gegenden profitieren. Auf den großen Durchgangsstrecken kamen zweiachsige, im letzten Drittel des 19. Jahrhunderts sogar drei- und vierachsige Bahnpostwaggons zum Einsatz.

In den ländlichen Bereichen der Lokalbahnen fiel naturgemäß nicht so viel Post an. Deswegen wurde in einigen Nebenbahngüterwagen ein Postabteil mit einem Briefsortierplatz eingebaut. Das betraf auch die Züge, die auf der Strecke Bodenwöhr - Neunburg v.W. verkehrten. Als ab 3. August 1896 der reguläre Zugverkehr aufgenommen wurde, führten alle acht Züge entsprechende Waggons mit sich. Es handelte sich immer um dieselbe Waggongarnitur, einschließlich des Nebenbahngepäckwagens mit Postabteil. Welcher der eingesetzten Züge Bahnpostpersonal (Schaffnerbahnposten) mitführte, das am Zug eingereichte Briefsendungen entgegennahm und bearbeitete, war nicht zu klären.
In die Aufnahme des Zugbetriebes nach Rötz ab August 1915 wurde auch gleichzeitig die Bahnpost miteinbezogen. Transportiert wurde die Post in den Waggons vom Typ PwPost L, die schon einige Jahre zuvor zwischen Bodenwöhr und Neunburg v.W. Verwendung gefunden hatten. Von den planmäßigen Zügen verkehrten die Züge Nr. 3, 4 und 6, 7 zwischen Bodenwöhr und Rötz regelmäßig mit Schaffnerbahnposten. Die Schaffnerbahnposten der Züge 3 und 4 wurden von einem Postboten des Postamtes Bodenwöhr, jene der Züge 6 und 7 von einem Postboten des Postamtes Rötz begleitet. Die Postsendungen, die direkt am Zug abgegeben und bearbeitet wurden, erhielten nur in den vier erwähnten Zügen den Stempel „Bahnpost“. Keine Abfertigung eingereichter Post an den Bahnstationen, sondern nur regelmäßige Beförderung von verschlossenen Briefbeuteln durch Eisenbahnpersonal fand im Zug 2 von Rötz und Neunburg v.W. Hauptbahnhof nach Bodenwöhr Bf statt, im Zug 5 von Bodenwöhr Bf nach Bf Neunburg v.W. Ost und Rötz. Die für Zug 2 bestimmten Briefbeutel mit nur gewöhlichen Briefpostsendungen wurden durch das Postpersonal der Postämter Rötz und Neunburg v.W. tagsvorher spätestens bis zur Ankunft des Zuges 7 bei den Stationen Rötz und Neunburg v.W. Bf abgegeben und dort während der Nacht hinterlegt. Der Postumschlag (Ein- und Ausladen der Postsendungen) für Neunburg v.W. bei den Zügen 3, 4, 5, 6 und 7 fand am Haltepunkt Neunburg v.W. Ost statt, weil er, laut Bahnbetriebsprogramm, dem Neunburger Postamt näher gelegen war.
Eine zeitweilige Änderung erfuhr die Bahnpost-Transportpraxis mit Beginn des Winterfahrplans 1916/17 zum einen mit der Reduzierung der Schaffnerbahnpost auf zwei Zugpaare und zum anderen mit der Erfüllung eines langehegten Wunsches der Bevölkerung nach Anbringung eines Postkastens am Neunburger Bahnhof (oft auch Westbahnhof bezeichnet). Der Briefkasten wurde vor Weiterfahrt eines jeden Personenzuges mit Postbeförderung vom zuständigen Bahnpostpersonal geleert.

Eine weitere Änderung: Das Bahnpostpersonal des Zug 7 von Bodenwöhr nach Rötz fertigte für den Frühzug (Zug 2) die Retourpost ab, die durch das Personal der Eisenbahn befördert und nach Ankunft im Bahnhof Bodenwöhr-Nord dann weitergeleitet wurde; das bedeutete, daß das Bahnpostpersonal des Frühzuges Rötz - Bodenwöhr den Briefkasten nicht leerte und somit die einfache Post schon am Abend vorher bis spätestens 19 Uhr im Briefkasten am Bahnhof Neunburg v.W. Ost eingeworfen sein mußte und nach Mitnahme durch das Bahnpostpersonal des Abendzuges einen Umweg über Rötz nahm. Diese Regelung wurde erst wieder ab 1. März 1926 aufgehoben. Nach dieser Zeit wurde die an Werktagen bis 19 Uhr eingeworfene Post nicht mehr vom Bahnpersonal abgeholt, bearbeitet und am nächsten Morgen retour befördert, sondern noch während der Nacht im Neunburger Postamt bearbeitet und am nächsten Morgen dem Frühzug Rötz - Bodenwöhr mitgegeben. Pakete und Wertbriefe gingen von Rötz bzw. Neunburg v.W. nur mit dem Nachmittagszug nach Bodenwöhr.

PwPost L - Waggons im Einsatz; Position laut Betriebsprogramm hinter der Lok.

Abb. 170, links oben: Um 1930. *Foto: Sammlung Erwin Weinfurtner*
Abb. 171, links unten: Im Bf Rötz, rechts der Einwurfschlitz; um 1949. *Foto: Hans Lasser*
Abb. 172, oben: im Bf Penting, 1950. *Foto: Felix Thürl, Sammlung Theo Männer*

Orte oder Siedlungen wie beispielsweise Obermurnthal, Eixendorf, Frankenschleife oder Seebarn hatten keine eigenen Postämter oder Briefkästen, die von Neunburger oder Rötzer Postbeamten geleert wurden. Dort anfallende Post kam entweder nach Rötz oder Neunburg v.W. oder - und das war meist der Fall - wurde direkt dem haltenden Zug mitgegeben; Postsachen, die an die Bewohner der Ortschaften adressiert waren, aus ihm heraus entgegengenommen. In Hillstett beispielsweise fungierte der Bahnagent zwischen Bahnstation und Ortsempfängern als Postbote - aus Gefälligkeit. Zusätzlich war im Bahnhof Hillstett ein Briefkasten angebracht, der vom Bahnpostpersonal geleert wurde.
Diese Praxis hatte bis nach dem Zweiten Weltkrieg Bestand. Am 18. Mai 1952 wurde der Bahnpostbetrieb auf der Strecke Bodenwöhr - Neunburg v.W. - Rötz eingestellt und als Ersatz dafür z.B. in Hillstett eine Posthilfsstelle eingerichtet.

Der Bahnpoststempel

Obwohl der Bahnpostbetrieb zwischen Bodenwöhr, Neunburg v.W. und Rötz nur 56 bzw. 37 Jahre dauerte, gab es zahlreiche Varianten des Bahnpoststempels in drei Formen.
In der Zeit, als die Lokalbahnzüge nur zwischen Bodenwöhr und Neunburg v.W. verkehrten, wurden am Zug eingelieferte Postsendungen mit einem Rundstempel (Kreisstempel) entwertet. In der oberen Hälfte der Innenseite stand K (öniglich) B (ayerische) Bahnpost. Die Daten waren vierzeilig angegeben. Von oben nach unten: Tag, Monat (meist abgekürzt), Bahnpoststrecke (abgekürzt), daneben (oft betriebsinterne) Zugbezeichnung sowie die Jahreszahl durch Angabe der letzten beiden Jahresziffern. Die Ortsnamenanordnung war nicht immer mit der entsprechenden Transport- bzw. Fahrtrichtung des Zuges identisch, z.B. „Bod - Neun" von Bodenwöhr nach Neunburg v.W. oder umgekehrt. Das erklärt sich daraus, daß dem Bahnpostpersonal mehrere Stempel zur Verfügung standen, die entweder mit dem Text „Bod - Neun" oder „Neun - Bod" ausgestattet waren. Man nahm einen Stempel auf die Fahrt mit und änderte lediglich Zugnummer und Datumsangaben. Der Zeitaufwand für die mögliche, aber lästige, jeweilige Textänderung stand für das Bahnpostpersonal verständlicherweise in keinem Verhältnis zur ungefähr 40minütigen Fahrtdauer.
Nur wenige Wochen nach Eröffnung des Teilstücks von Neunburg v.W. nach Rötz gelangte der Rechteckstempel mit Sehnenkasten (auch Kasten- oder Viereckstempel genannt) zur Einführung. Bis dahin kam ein Rundstempel mit Inschrift „Bod-Rötz" bzw. „Rötz-Bod" zur Verwendung. Als Beweis für diesen äußerst seltenen Stempel spricht die abgebildete Feldpostkarte mit Entwertung vom 19. August 1915 (Abb. 175). Obwohl die Postabteilung des Verkehrsmuseums in Nürnberg nahezu sämtliche Stempelvariationen und Abschlagstempel vorliegen hat, ist diese Variation dort unbekannt.
Der Text in den Rechteckstempeln wurde unter Weglassung des Wortes „Königlich" auf „Bayerische Bahnpost" reduziert. Einen historischen Hintergrund hat diese Maßnahme nicht, denn erst 1918 mit Ende des Ersten Weltkrieges waren die Zeiten der Monarchie endgültig vorbei. Auch in diesen Stempeln wurde zwischen „Bodenwöhr - Rötz" und „Rötz - Bodenwöhr" variiert. Eine andere Seltenheit stellten die Kastenstempel mit der Inschrift „Neunburg v.W. - Rötz" bzw. „Rötz - Neunburg v.W." dar. Vermutlich fand dieser Stempelaufdruck in der schon erwähnten Zeit von 1916 bis 1926 im Zug 7 Anwendung, als die abendliche Post von Neunburg v.W. nach Rötz mitgenommen und erst am nächsten Tag mit dem Frühzug Nr. 2 nach Bodenwöhr befördert wurde. Ein Kastenstempel sowohl aus dieser Zeit als auch später mit dem Text „Bodenwöhr - Neunburg v.W.", bzw. umgekehrt, existierte nie.
Ab 20. Juni 1928 bis 18. Mai 1952 wurden die Briefsendungen mit dem Ovalstempel und dem Innenaufdruck „Bodenwöhr - Rötz" versehen. Nun hieß es nur noch „Bahnpost". Der Text „Rötz - Bodenwöhr" im Ovalstempel ist nicht bekannt.
Anzumerken ist noch, daß es sich bei den Stempeln in Abbildung 173 um Muster-Abschlagstempel handelt, deren Datum und Zugnummern willkürlich von der Gravuranstalt gewählt worden waren. Es existierte beispielsweise kein Zug C 1 (linker Rundstempel), weil der erste Zug des Tages nicht vom Ausgangsbahnhof (Bodenwöhr Bf) der Nebenbahn ausging, sondern vom

Endbahnhof (Neunburg v.W. Bf), und das war dann Zug Nr. C 2. (Die Richtungsangabe jedoch wäre korrekt gewesen, im Gegensatz zum rechten Stempel, denn Zug C 4 fuhr von Neunburg v.W. nach Bodenwöhr Bf). Ebenso gab es niemals einen Zug mit der Nummer 26 (erster Kastenstempel); auch das Datum ist irreführend, da um diese Zeit der Zugverkehr nach Rötz noch gar nicht in Betrieb war. Genausowenig verkehrte in all den Jahren auf der Strecke ein Zug mit der Nummer 6051 (Ovalstempel) und auch hier ist das Datum 15.6.1928 unrichtig, weil diese Stempelform ja erst ab 20. Juni 1928 (nach Unterlagen der Postabteilung des Verkehrsmuseums Nürnberg) Verwendung fand.

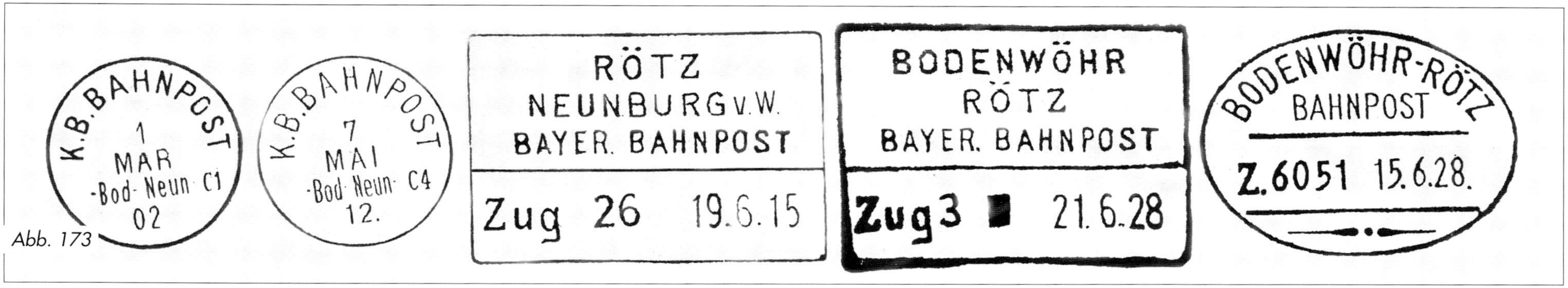

Abb. 173

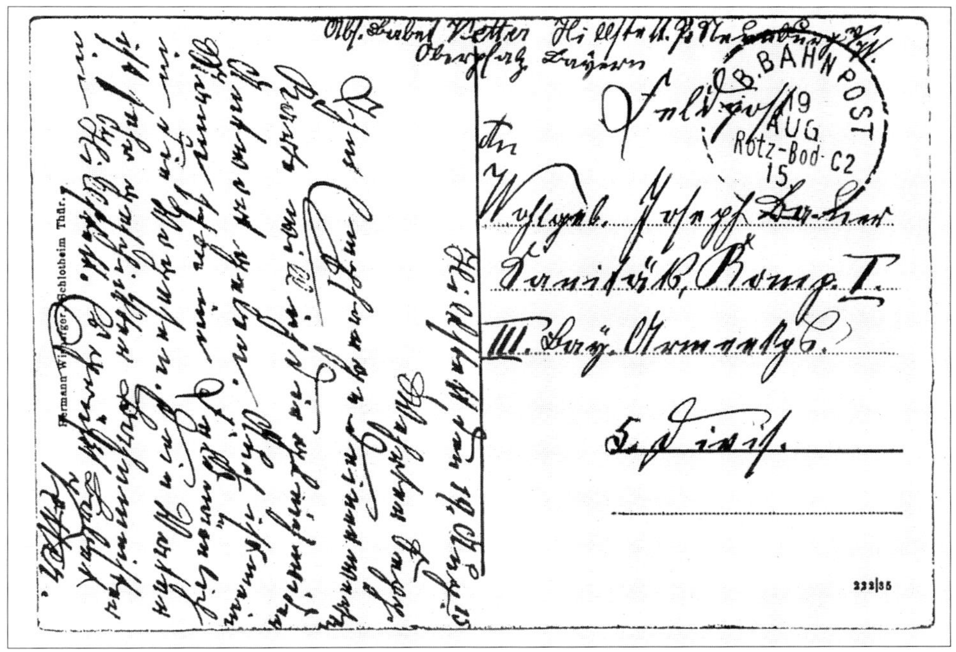

Abb. 174: Postkarte mit Bahnpoststempel vom Juli 1902. Abb.173 u. 174: Postabtlg. VMN

Abb 175: Feldpostkarte mit Bahnpoststempel „Rötz-Bod" von 1915. Slg. Heinrich Bauer

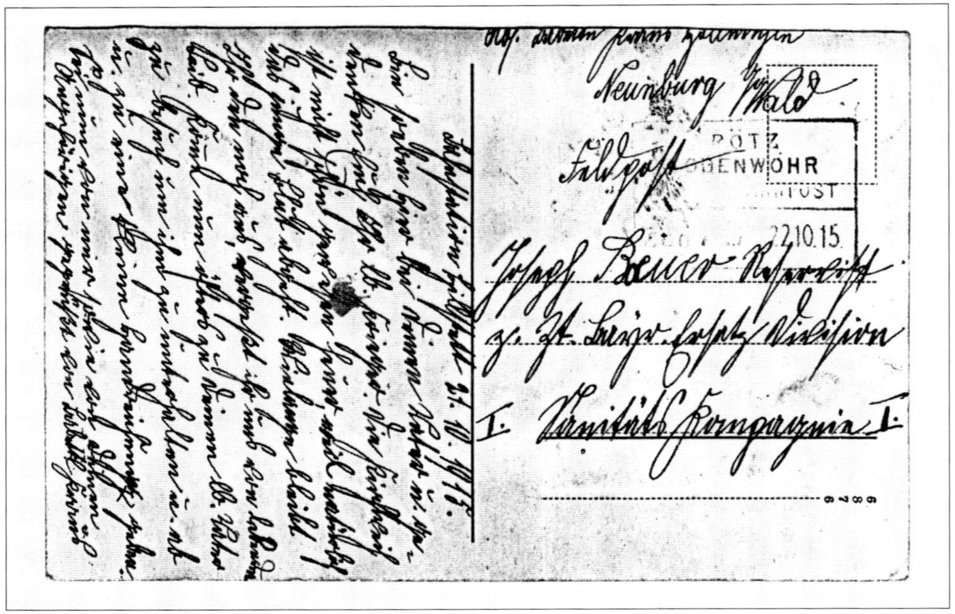

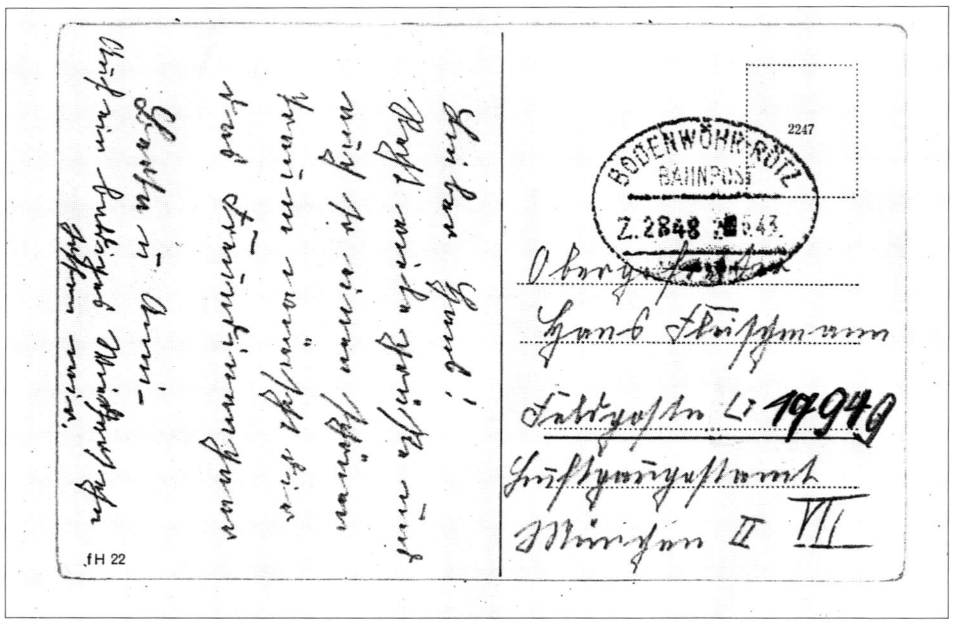

Abb. 178, oben: Postkarte mit Bahnpost-Ovalstempel vom 9. Januar 1933.
Sammlung Erwin Weinfurtner

Abb. 176, links oben: Feldpostkarte mit Bahnpost-Kastenstempel „Rötz-Bodenwöhr" vom 22. Oktober 1915.
Sammlung Heinrich Bauer

Abb. 177, links unten: Feldpostkarte mit Bahnpost-Ovalstempel vom Mai 1943.
Sammlung Johannes Wiemann

Das Ende in Etappen

Der Anfang vom Ende

Mit Einbeziehung des Streckenteils Neunburg v.W. - Rötz ab August 1915 stand die gesamte Nebenbahn unter einem ungünstigen Stern. Erst spät in Angriff genommen, erfuhr der Teilstückausbau durch den Ausbruch des Ersten Weltkriegs zusätzliche Verzögerungen. Obwohl sie von einheimischen Privat- und Geschäftsleuten, sehnlichst erwünscht, mit großen Vorschußlorbeeren und anfänglicher Euphorie bedacht worden war, blieben die Bahnverantwortlichen in München und Regensburg bei ihrer, wie sich sich später herausstellen sollte, berechtigten Skepsis. Ihre Geringschätzung gegenüber der Nebenbahn zeigt sich deutlich in den bereits geschilderten Mißständen, die ihr Scherflein dazu beitrugen, Bahnkunden nachhaltig zu verprellen. In den Folgejahren bekam die Bahnlinie die schlechte wirtschaftliche Situation deutlich zu spüren. Die Weltwirtschaftskrise von 1929 warf auch in das Schwarzachtal ihre dunklen, drohenden Schatten. 1930 mußten die Schleif- und Polierwerke ihren Betrieb einstellen und wurden zu elektrizitäterzeugenden Wasserkraftwerken umfunktioniert. Gleichzeitig zeigten auch die Rötzer Viehmärkte rückläufige Tendenz. Trotz dieser Ereignisse erfuhr das Frachtaufkommen bei der Bahn keine erheblichen Einbußen, weil die Haupttransportgüter nach wie vor in der Land- und Forstwirtschaft anfielen. Anlaß zur Sorge hingegen gab die Entwicklung der Passagierzahlen.

Erste Erwägungen

Bedingt durch den starken Fahrgastschwund begannen die ersten Gedankenspielereien um eine Einstellung des Personenverkehrs auf der Strecke schon im Jahre 1931. Aufgeschreckt durch Zeitungsberichte, bat am 17. Juli 1931 der Neunburger Bürgermeister Schaller die Reichsbahndirektion Regensburg um eine Stellungnahme. In der Antwort vom 22. Juli verneint zwar die RBD Regensburg die Absicht, demnächst den Personenverkehr aufzuheben, fügt aber in ihrem Schreiben unmißverständlich hinzu, „...daß es in der Hand der Bevölkerung liegt, sich ihre Nebenbahnen zu erhalten. Wenn der bisher von den Nebenbahnen bediente geringe Verkehr auf den Kraftwagen abwandert, wird auf die Dauer der Bestand der Nebenbahn(en) kaum aufrecht erhalten werden können.“ Ähnliche Sätze waren gut 30 Jahre später wiederum zu hören und zu lesen und betrafen besonders die Bevölkerung von Rötz und Umgebung.

Argumente und Gegenargumente

Auslöser für die Anfang der 60er Jahre erneut beginnende Diskussion um Einstellung des Nebenbahnbetriebs waren besonders die sinkenden Fahrgastzahlen und der bereits seit 1954 geplante Bau des als Wasserrückhaltespeicher gedachten Eixendorfer Stausees. Im Zuge der Bauarbeiten hätte die Bahntrasse zwischen Haltepunkt Frankenschleife und Haltepunkt Seebarn (Opf.) auf einer Länge von 4,2 Kilometer höher und neu verlegt werden müssen, bei einem zu erwartenden Kostenaufwand von ungefähr

11 Mio DM; im Vergleich zu den alternativen Straßenbaukosten eigentlich eine Lapalie. Der Rötzer Bürgermeister Thamer bezweifelte in seinen Schreiben vom 22. Juni 1965 an das Bayerische Staatsministerium für Wirtschaft und Verkehr und den Bayerischen Ministerpräsidenten die für eine Streckenneuverlegung o.e. Kosten. Die damaligen allgemein bekannten Kosten pro Kilometer Neubau einer Bahnstrecke lägen bei ungefähr 1 Mio DM, wobei die nach seiner Auffassung übertrieben hohen genannten Kosten einer volkswirtschaftlich vertretbaren Verlagerung der Strecke den Wind aus den Segeln nehmen sollten. Zusätzlich verwies Thamer auf den 1958 von Bahnmeister Schumm gemachten Vorschlag, die ursprünglich (1911) geplante Streckenführung über Diendorf - Seebarn als Alternative zu realisieren. Thamer kam im Einklang mit seinen Kollegen aus den umliegenden betroffenen Ortschaften zu dem Ergebnis, daß bei Milliardenaufwendungen für Verkehrsverbesserungen in Ballungsräumen die Bevölkerung in den ländlichen Zonenrandgebieten kaum Verständnis für die Auflassung einer Bahnlinie aufbringen wird, nur „...weil der Staat seine Aufgabe und Verpflichtung, eine Bahnstrecke mit einem Kostenaufwand von 5 Mio DM neu zu verlegen, nicht erfüllen will."

Das plötzliche Aus

Nachdem die Bundesbahndirektion Regensburg schon am 7. Dezember 1964 wegen der schlechten Auslastung des Streckenabschnitts Neunburg v.W. - Rötz einen Stillegungsantrag zunächst noch erfolglos stellte, versuchte sie es am 10. Juli 1968 ein weiteres Mal, als sie die Einstellung des Personenverkehrs zwischen Bodenwöhr-Nord und Rötz und gleichzeitig die Gesamteinstellung des Bahnverkehrs zwischen Neunburg v.W. und Rötz beantragte. Der Antrag wurde am 3. Oktober 1969 genehmigt. Allerdings sollte der gesamte Zugbetrieb noch solange aufrecht erhalten bleiben, bis die Bauarbeiten am Stausee diesen Schritt erforderlich machten - und den erwartete man, den Planungen nach zu schließen erst 1972. Zur allgemeinen Überraschung fackelte die DB nicht lange und schuf Tatsachen. Die seit Jahren kaum erfolgten Instandhaltungsarbeiten des Schienenwegs und der daraus resultierende schlechte Zustand lieferten der DB den Anlaß, die Stillegung um fast drei Jahre vorzuziehen. Ende November 1969 flatterte den betroffenen Gemeinden entlang der Bahnstrecke ein entsprechendes offizielles Schreiben der DB auf den Tisch, in dem sie von der bevorstehenden Stillegung ab 14. Dezember 1969 unterrichtet und ihnen nochmals die fehlende Kostendeckung und der zu hohe Kostenaufwand für einen Streckenumbau als Argumente für die Betriebseinstellung dargebracht wurden. Als die vollbesetzte Schienenbusgarnitur am 13. Dezember 1969 nachmittags zum letzten Mal die Strecke befuhr, traf sie trotz des angeblich so miserablen Schienenzustands zehn Minuten vor Plan in Rötz ein!

Die geleimten Kunden

Die Totalstillegung zu diesem Zeitpunkt erfolgte für Privatleute ebenso unerwartet wie für Gewerbetreibende. Von der miesen Verhaltensweise der staatlichen Transportbehörde Bahn einem ihrer regional besten Kunden gegenüber konnte der Unternehmer Josef Bücherl aus Rötz ein unschönes Lied singen: Er handelte in seinem Betrieb u.a. mit Futtermitteln, Landmaschinen, Dünger und Holz und war mit ca. 1/3 des Frachtaufkommens einer der größten Kunden der Bahn. 1968 machte sein Bahnfracht- und Stückgutanteil rund DM 115.000,- aus, im Jahre 1969 DM 106.000,-.
Noch Mitte der 60er Jahre, als schon bei der DB hinter den Kulissen von einer baldigen Auflassung der Strecke gesprochen wurde, ließ die Firma Bücherl an ihrem Zubringergleis eine Lose-Verladestelle für DM 50.000,- errichten, nachdem von bahnverantwortlicher Seite (Frankfurt, München, Regensburg) bei Voranfragen eine Stillegung der Strecke für die nächsten Jahre mit Sicherheit ausgeschlossen worden war.
Obwohl ab 14. Dezember 1969 der ganze Zugbetrieb zwischen Rötz und Neunburg v.W. eingestellt sein sollte, lagen noch große Mengen Holz am Anschlußgleis der Firma Bücherl im Rötzer Bahnhof zum Abtransport per Bahn bereit. Die DB sah sich nun gezwungen, an den folgenden Tagen nach der offiziellen Stillegung mit mehreren Güterzügen das Holz noch abzutransportieren... .

Letzte-Fahrt
13.12.69.
Letzte Fahrt

vorige Seite: Samstag, 13. Dezember 1969, der letzte Tag des Schienenpersonenverkehrs zwischen Bodenwöhr und Rötz.

Abb. 179, links oben: Der Schienenbus, mit Trauergirlanden geschmückt, nach Ankunft im Bahnhof Rötz. Foto: Stadtarchiv Rötz

Abb 180, links unten: Bahnhofsvorstand Fritz Weindler erteilt zum letzten Mal in Rötz einem Zug den Abfahrauftrag. Foto: Stadtarchiv Rötz

Abb. 181, rechts oben und 182, rechts unten: Richtig betrübte Gesichter sind seltsamerweise nicht zu erkennen...

Abb181: Beim Fachsimpeln am Rötzer Bahnhof, von links nach rechts: die DB-Vertreter Hans Schumm, Josef Zisler und Fritz Weindler; Bürgermeister Georg Thamer, Landrat Max Stadlbauer, im Hintergrund Stadtrat Rudolf Gröbner. Foto: Slg. Fritz Weindler

Abb. 182: Am Abend im Thamerbräu; von links Bürgermeister Georg Thamer, Fritz Weig, Dr. Karl Frank, Bahnhofsvorstand von Bodenwöhr Josef Zisler, Bahnmeister Hans Schumm und mit dem Rücken zur Kamera Landrat Max Stadlbauer. Foto: Slg. Fritz Weindler

Der Gleisabbau

Schon am 29. Dezember 1969 begannen aus verwaltungstechnischen Gründen die Gleisabbauarbeiten: Die dafür im Jahr 1969 bereitgestellten Gelder mußten im gleichen Jahr zumindest noch angezapft werden. Hätte man den Anfang des Abbaus auf 1970 verschoben, wären die für 1969 vorgesehenen Gelder verfallen und hätten extra wieder beantragt und bewilligt werden müssen. Wahrscheinlich wären sie auch geringer ausgefallen, von der zeitlichen Verzögerung ganz zu schweigen. So rissen an den letzten beiden Arbeitstagen des Jahres 1969 die Arbeiter lediglich ungefähr drei Gleislängen und Gleisjoche trotz des frostharten Bodens heraus. Das reichte; der Anfang vom endgültigen Ende war gemacht! Die einstmals als letzte in der Oberpfalz in Betrieb genommene Eisenbahnteilstrecke war nach nur etwas mehr als 54 Jahren zugleich die erste, die wieder abgebaut wurde!

Der Bürgerprotest

Die Bevölkerung jedoch wollte sich damit nicht abfinden und wurde durch ihre Volksvertreter an verschiedenen Stellen vorstellig. Aber weder das Landratsamt, noch die Bayerische Staatsregierung, noch das Verkehrsministerium in Bonn wollten für diese „Nacht- und Nebelaktion" die Verantwortung übernehmen. Die Bevölkerung fühlte sich gelinkt und war wie auch Unternehmer Bücherl der Auffassung, daß vor allem von seiten des Landratsamtes bzw. des amtierenden Landrats entgegen vollmundigen Behauptungen zu wenig gegen die drohende Auflassung unternommen worden war. Bürgermeister Thamer von Rötz sowie der gesamte Stadtrat legten am 22. Januar 1970 unter Protest resigniert ihr Mandat nieder.

Bürger von Rötz!

Wir alle haben in den vergangenen Wochen die Nutzlosigkeit und Aussichtslosigkeit unserer Arbeit für unsere Stadt erleben müssen.

- Die Bundesbahn ist stillgelegt und wird abgebaut.
- Der Tarifpunkt Rötz ist trotz gegenteiliger Versprechungen nicht beibehalten worden.
- Wer von Rötz aus mit der Bahn versenden will, muß mehr bezahlen und länger warten.
- Die Grundstücke, die von der Stadt Rötz und den betroffenen Gemeinden beim Bau der Bahn kostenlos zur Verfügung gestellt wurden, werden nicht mehr zurückgegeben.
- Die bayerische Regierung hat der Stadt Rötz den Ausbau der Straße zwischen Neunburg und Rötz bis zur Bahnstillegung zugesagt.

Was ist geschehen?

NICHTS!

Ist das der Dank für die CSU-Stimmen bei den Wahlen?

RÖTZER BÜRGER — es kann so nicht weitergehen; man treibt mit uns nur mehr Schindluder. Wir wehren uns ganz entschieden dagegen.

Kommt deshalb alle am Sonntag um 10 Uhr zu unserer Protestdemonstration am Marktplatz, um den Verantwortlichen zu zeigen, daß wir nicht alles unwidersprochen hinnehmen.

Aktionskomitee der Bürgerschaft Rötz

Am 15.Februar 1970 veranstaltete das „Aktionskomitée der Bürgerschaft Rötz" einen Protestmarsch, an dem rund 2.000 Bürger aus Rötz, Neunburg v.W. und Umgebung teilnahmen. Vom Bahnhof Rötz führte der Protestmarsch zu einer Großkundgebung zum Stadtplatz vor der Kirche. Bürgermeister Thamer, der Vorsitzende der Gewerkschaft der Eisenbahner Deutschlands des Bezirks Regensburg, Baptist Trautner, sowie Vertreter der Städte Neunburg v.W. und Waldmünchen äußerten in Ansprachen ihren Unmut. Landrat Dr. Max Fischer aus Cham war um einige Klarstellungen bemüht, konnte sich aber gegenüber der erzürnten Menschenmenge kein Gehör verschaffen.

Die Proteste blieben wirkungslos und als Zeichen ihrer Verbitterung über die hohen Herren Politiker gingen im Frühjahr 1970 nur 4,6 % (nur 90 von 1.406) der wahlberechtigten Bürgerinnen und Bürger zur Urne, um einen neuen Landrat zu wählen.

Abb. 183: Bürger aus Rötz, Neunburg v.W. und Umgebung beim erfolglosen Protestmarsch vom Bahnhof Rötz (im Hintergrund) zum Marktplatz. *Foto: Oskar Görgner*

Nachtarock

So verständlich die empörten und verbitterten Reaktionen auch waren, darf dennoch nicht außer acht gelassen werden, auch wenn es hart klingen mag, daß in erster Linie die Bewohner von Rötz und Umgebung die Streckenstillegung auf dem Gewissen haben. Es kann keinem Unternehmen zugemutet werden, jahrelang rote Zahlen zu schreiben ohne entsprechende Konsequenzen zu ziehen. Allein die Zahlen vom Fahrkartenverkauf in Rötz sind im Verlauf der letzten Jahrzehnte auf ein beschämend niedriges Niveau gefallen (siehe auch Kapitel „Die Strecke im Zahlenspiegel"; ein gründliches Studium der Zahlenentwicklung ist dringend empfohlen!!!). 1969 betrugen sie nicht einmal mehr 10 % vom Neunburger Fahrkartenverkauf. Eine Eisenbahn haben wollen ist die eine Sache, sie auch entsprechend benützen die andere! Es ist sicherlich bequemer mit dem eigenen PKW von Überall nach Überall zu fahren, aber nicht akzeptabel zu verlangen, die Bahn dreimal täglich fast menschenleer als transportierenden Notnagel zwischen Bodenwöhr-Nord und Rötz hin- und herzuckeln zu lassen. Diesen Luxus kann sich weder ein privates noch ein staatliches Unternehmen leisten. Insofern war die Einstellung des Personenverkehrs völlig gerechtfertigt.
Anders verhält sich die Angelegenheit mit dem Güterverkehr. Man darf durchaus annehmen, daß ohne das Projekt „Eixendorfer Stausee" zumindest noch der Güterverkehr weitere Jahre aufrecht erhalten worden wäre. Diesbezüglich jedoch sah sich die DB nicht nur in der Oberpfalz, sondern bundesweit mit einer generellen, unaufhaltsamen negativen Entwicklung konfrontiert: die Frachtraten gingen stetig durch die umweltschädliche Verlagerung des Güterverkehrs auf die Straße zurück. Im Klartext hätte es für die Bahn bedeutet, hohe finanzielle Investitionen für die stauseebedingte Streckenverlegung und -renovierung zu tätigen, gleichzeitig aber das Risiko weiterer Fracht- und Umsatzrückgänge in den Folgejahren billigend zu Lasten des Steuerzahlers in Kauf zu nehmen. Deswegen machte man Nägel mit Köpfen und beschloß das grundsätzliche Aus. Die Art und Weise hingegen, w i e die DB die Stillegung im Hauruckverfahren durchboxte und sich aus ihrer flächenversorgenden Verantwortung ausklinkte, war zurecht ärgerlich.

Kein Land zurück

Als die ehemaligen Grundeigentümer an die Bahn das Ansinnen stellten, ihnen den damals kostenfrei zur Verfügung gestellten Grund und Boden wieder zurückzugeben, stießen sie auf taube Ohren. Die Familie Erhard aus Schönthal beispielsweise steuerte damals 14 Tagwerk von ihrem Grund bei. Wie bei ihnen so auch bei anderen Grundstücksabtretern weigerte sich das Staatsunternehmen Deutsche Bundesbahn das Gelände zurückzugeben. Das Argument: im Vertrag von einst steht nichts von einer Zweckbindung; also kann die Bahn mit dem Grund verfahren, wie sie will. Als ob die ehemaligen Eigentümer ihren Grund für irgend etwas anderes als für den Bahnbau

bereitgestellt hätten! So verhökerte die Deutsche Bundesbahn den Grund an den Bayerischen Staat - und machte aus ihrem Rückzug aus der Fläche nachträglich auch noch ein gutes Geschäft! Diese schlitzohrige und fragwürdige Verhaltensweise, die ohnehin auf den juristischen Prüfstand gehört hätte, ließ bei den Betroffenen zusätzlich Wut und Verärgerung zurück.
Das Kapitel Eisenbahn war für die Rötzer ein für allemal geschlossen.

Das Ende vom Ende

So wie vielen anderen Bahnlinien, die nur noch von Übergabezügen des Güterverkehrs bedient wurden, erging es auch der verbliebenen Anfangslinie Bodenwöhr - Neunburg vorm Wald. Wenn auch, von Schwankungen abgesehen, die Tonnagezahlen rückläufig waren, kam der große Einbruch erst 1993. Da war die Betriebseinstellung nur mehr eine Frage der Zeit. Der Grund lag auf der Hand: Güterverkehr in der Fläche ist defizitär und betriebswirtschaftlich nicht mehr zu rechtfertigen, z.B. durch hohen Rangieraufwand im Wagenladungsverkehr und die Verschiedenartigkeit des Güteraufkommens. Der wochentägliche Übergabezugverkehr wurde in den wenigen Jahren vor der Stillegung auf zwei bis drei Tage pro Woche zusammengefaßt. Im letzten Jahr des Bestehens wurde die Fracht nur mehr fallweise nach Neunburg v.W. transportiert. Neben den ziemlich mangelhaft harmonisierten Wettbewerbsbedingungen zur Straße und der unbefriedigenden Kooperationsbereitschaft der DB AG kamen erschwerend speziell in der Oberpfalz die ruinierenden Billigtransporte mit tschechischen Lastkraftwagen hinzu. Von der nun privaten DB AG konnte nicht erwartet werden, unrentable Leistungen vorzuhalten. Die geplante Aufhebung des Tarifpunktes Neunburg v.W. war demnach lediglich die logische Konsequenz. Folglich beantragte daraufhin der Unternehmensbereich „Netz" der Deutsche Bahn AG beim Eisenbahnbundesamt das sogenannte Infrastrukturstillegungsverfahren.
Die letzte Transportleistung wurde am 17. Oktober 1994 in der Zeit von 13.00 Uhr bis 13.15 Uhr durch eine Waggonabholung von Neunburg v.W. erbracht.

Seit 30. April 1995 ist die Bahnstrecke Bodenwöhr-Nord - Neunburg v.W. offiziell stillgelegt.

Das Schicksal der Bahnhöfe

Mit der Einstellung des Personenverkehrs waren die Bahnstationen ihrer jahrzehntelangen Bedeutung beraubt worden. Sie verschwanden entweder vollständig oder wurden einer anderen Bestimmung zugeführt.

Abb. 184: Das Bahnhofsgebäude von Rötz kurz nach der Betriebseinstellung.
Foto: Sammlung Fritz Weindler

Station Rötz

Bahnhofsarreal und -gebäude wurden von der Stadt Rötz käuflich erworben und das alte Empfangsgebäude abgerissen. An seiner Stelle errichtete man das Feuerwehrgerätehaus.

Station Hillstett

An der Stelle des Bahnhofs von Hillstett wurde vom Bundesbahnsozialwerk (BSW) Schwandorf am 1. Oktober 1981 ein Freizeitheim für Bundesbahner eröffnet, und fiel schon einen Monat später einem Feuer zum Opfer. Am 1. Oktober 1982 wurde der Neubau seiner Bestimmung übergeben. An die Eisenbahnzeit erinnert unmittelbar neben dem sehenswerten Handwerksmuseum die als Denkmal aufgestellte Dampflokomotive 64 355. Sie wurde am 10. August 1973 mit einem Tieflader an ihren jetzigen Standort geschleppt. Wegen ihres hohen Gewichts und Achsdrucks kamen Dampflokomotiven der Baureihe 64, auch Bubikopf genannt, zwischen Bodenwöhr und Rötz nie planmäßig zum Einsatz, allenfalls in Ausnahmefällen bis Neunburg vorm Wald.

Station Kröblitz

Schon im Juli 1961 trat die Gemeindeverwaltung von Kröblitz bezüglich des örtlichen Bahnhofsgebäudes an die Deutsche Bundesbahn mit dem Wunsch heran, ihr im Falle einer geplanten Veräußerung das Vorkaufsrecht einzuräumen. Das Gebäude wäre für gemeinnützige Zwecke sehr geeignet. 1968 war es soweit. Die Gemeinde Kröblitz erwarb das Gebäude mit Güterhalle für DM 4.000,- sowie 1.575 qm Grund zu DM 1,50 je qm und weitere 390 qm zu einem Preis von DM 4,-. Darüberhinaus verpflichtete sich Kröblitz u.a. für die Dauer des Personenverkehrs zwischen Rötz und Neunburg v.W. einen Unterstellraum für den öffentlichen Verkehr freizuhalten. Im Zuge der Eingemeindung wurde der Bahnhof in den 70er Jahren von der Stadt Neunburg v.W. erworben, an Privatleute verkauft und zum Wohnhaus umgebaut.

Abb. 185: Die Denkmallok 64 355 in Hillstett. *Foto: Johannes Wiemann*

Station Neunburg v.W. Ost

In der zweiten Hälfte der 80er Jahre ließ die Stadt Neunburg v.W. ihren ehemaligen Haltepunkt „Neunburg v.W. Ost" für ungefähr DM 100.000,- äußerlich originalgetreu im ursprünglichen Baustil herrichten - und zum Edelklo umfunktionieren bzw. degradieren. Sic transit gloria mundi!

Station Neunburg v.W. (alt)

Das alte Empfangsgebäude wurde der Stadt Neunburg v.W. 1923 gegen eine Entschädigung von 10.000,- Mark zurückgegeben und dient heute als Wohnhaus. Das übrige Bahnhofsareal war der Stadt Neunburg v.W. schon 1922 kostenfrei rückübereignet worden, die darauf befindlichen Gebäude

(Güterhallen u.ä.) gegen eine geringe Entschädigung. Neben dem alten Bahnhof ließ die Stadt Kleinwohnungsbauten errichten, die heute noch Sozialwohnungen beherbergen.

Station Neunburg v.W. (neu)

Der neue Neunburger Bahnhof wurde zu Anfang der 90er Jahre von der DB an die ortsansässige Spedition Winderl verkauft, die das Gebäude für ihre Belange dementsprechend um- und ausbaute.

Station Penting

Der erst in den Jahren 1913/14 erbaute Gebäudekomplex der Haltestelle Penting dient zur Zeit der „Ökologischen Modellregion" als Ökostation.

Station Erzhäuser

Das Holzgebäude der Station Erzhäuser wurde kurze Zeit nach Einstellung des Personenverkehrs ersatzlos abgerissen.

An die Stationen Eixendorf und Seebarn (Opf.) erinnert nichts mehr. In Obermurnthal ist nur mehr das Schild der Haltestelle zur Erinnerung noch vorhanden.

Heute dienen längere Abschnitte der ehemaligen Bahntrasse zwischen Neunburg v.W. und Rötz als beliebter Wander- und Radwanderweg. Ein Schicksal, das möglicherweise eines Tages auch der Reststrecke Bodenwöhr - Neunburg v.W. beschieden sein könnte.

Was einst in den Jahren 1896 bzw. 1915 so hoffnungsvoll begann, endete nach noch nicht einmal einhundert Jahren sang- und klanglos auf dem Friedhof der Eisenbahngeschichte.

Abb. 186: Das ehemalige Bahngelände von Hillstett aus der Luft gesehen. Oberhalb der überdachten Denkmallok steht heute an der Stelle des Bahngebäudes das Freizeitheim des BSW, rechts, durch eine hohe Tanne teilweise verdeckt, das einstige Bahnwärterhaus.
Foto: Johannes Wiemann

Abb. 187: 13. Dezember 1969. Zum letzten Mal hält der Schienenbus am Haltepunkt Seebarn.
Foto: Johann Käsbauer

Abb. 188, rechts oben: Der alte Neunburger Bahnhof dient heute als Wohnhaus.
Foto: Johannes Wiemann

Abb. 189, rechts unten: Das alte Holzgebäude der Station Erzhäuser in den 60er Jahren.
Foto: Renate Ehrlich

Abb. 190: August 1994, ein Übergabezug auf dem Weg nach Bodenwöhr poltert am ehemaligen Bahnhof Penting vorbei, der heute eine Ökostation beherbergt.

Abb. 191, oben rechts: Unmittelbar neben der einstigen Bahntrasse, die inzwischenzeit als Wander- und Radwanderweg intensiv genutzt wird, steht auch heute noch das alte Bahnstationsschild von Obermurnthal.

Abb. 192, unten rechts: Der Prellbock am Ende der Reststrecke in Neunburg vorm Wald.
Fotos 181 bis 183: Johannes Wiemann

Einzelne Themenbereiche in Farbe

Abb. 194, oben: Neunburg v.W. um 1920; die kolorierte Ansichtskarte zeigt das Kloster der Armen Schulschwestern, den Torweiher und den Neunburger Ostbahnhof, vor dem gerade eine D XI ist mit ihrem Lokalbahnzug eingefahren ist. *Sammlung Karl-Heinz Plab*

Abb. 195, rechts: Die kolorierte Postkarte aus den 20er Jahren zeigt Ansichten von Rötz. Im Bahnhof ist eine D XI mit ihrem Personenzug eingetroffen. *Sammlung Karl Beer*

Abb. 193, vorige Seite: Bodenwöhr-Nord; der Ausgangspunkt der Strecke nach Neunburg v.W. und Rötz (links oben). Zum Zeitpunkt der Aufnahme am 18. September 1993 durcheilt EC 166 „Albert Einstein“ auf seiner Fahrt von Prag nach Bern die Gleisanlagen. *Foto: Johannes Wiemann*

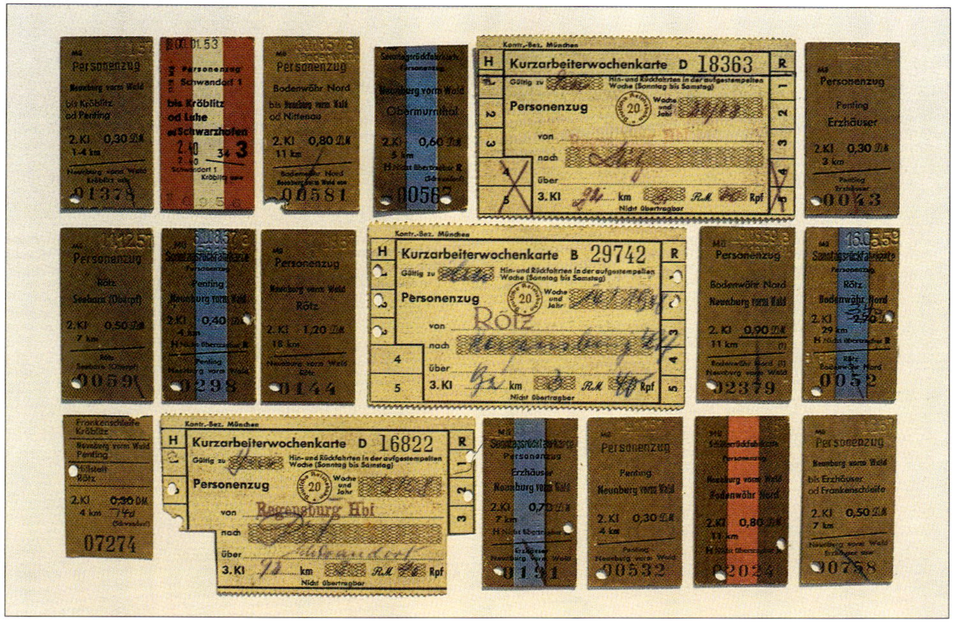

Abb. 196, links oben: Fahrkarten der 50er Jahre aus den Sammlungen von Jürgen Bauer, Otto Häusler und Martin Pangerl.

August 1970, der Streckenabbau ist in vollem Gange.
Abb. 197, links: Im Murntal. *Foto: Josef Kopp*
Abb. 198, oben: In Neunburg vorm Wald. *Foto: Theo Männer*

Abb. 199: Übergabezug mit 211 325 am 1.7.1987 auf dem Weg nach Bodenwöhr.

Abb. 200: Kohle für die „Pfalzgraf-Johann-Kaserne" in Neunburg v.W.; 25.7.1987.

Abb. 201: Übergabezug am 5.10.1987 bei Eichenthal auf dem Weg nach Bodenwöhr.
Alle Fotos: Johannes Wiemann

Abb. 202, oben: Inmitten der Häuser die beiden ehemaligen Neunburger Bahnhöfe aus der Vogelperspektive; 18. September 1993.
Abb. 203, rechts oben: Ein Übergabezug mit 211 316 an der Spitze am 8. Mai 1989 auf dem Weg von Neunburg v.W. nach Bodenwöhr bei Wilbersdorf.
Abb. 204, rechts unten: Es gibt nur mehr wenig auf der Schiene nach Neunburg v.W. zu transportieren. Aus der Lokomotive 290 402 und nur einem Waggon besteht der Übergabezug Ug 67534 am 22. Juli 1994. *Alle Fotos: Johannes Wiemann*

Abb. 205: Übergabezug am Neunburger Bahnhof; 7. August 1989.

Abb. 207: Der ehemalige zweite Bahnhof von Neunburg v.W. am 22. Juli 1994.

Abb. 206: Ordnung herrscht im alten Bahnhof von Bodenwöhr-Nord.

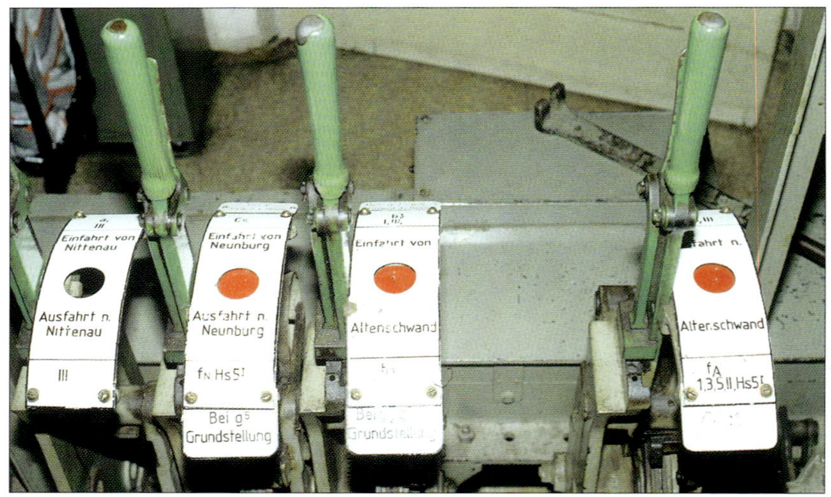

Abb. 208: Im Stellwerk von Bodenwöhr-Nord.

Alle Fotos: Johannes Wiemann

Abb. 209: Die Bahnanlagen von Schwandorf; rechts von den Gleisen der Bahnhof, gegenüber das Bahnbetriebswerk (Bw), die „Heimat" und Wartungsstelle fast aller Triebfahrzeuge, die auf der Strecke Bodenwöhr - Neunburg v.W. - Rötz verkehrten. Unten im Bild, links verlaufend, die Strecke nach Regensburg, rechts verlaufend, die Bahnlinie nach Furth i.W. über Bodenwöhr-Nord, Roding, Cham.
Foto: Johannes Wiemann

Abb. 210: Zuglaufschild des Dampfsonderzuges „Pfalzgraf Johann“.
Foto: J.Wiemann

Abb. 211, unten: „Pfalzgraf Johann“ am Einfahrtsignal zum Bf Bodenwöhr-Nord.
Foto: Richard Graßler

Abb. 212, rechts oben: „Pfalzgraf Johann“ in der „Wilbersdorfer Kurve“, kurz vor seiner ersten Ankunft in Neunburg vorm Wald.

Abb. 213, rechts unten: Der Dampfsonderzug hat auf einer Pendelfahrt Neunburg v.W. verlassen und bezwingt mit donnernden Auspuffschlägen die Steigung nach Penting.
Beide Fotos: Kolping Foto-Kreis Neunburg v.W.

Die Menschen und ihr Bockerl

Abb. 214, links: Gedenkblatt für den Eisenbahngehilfen im Bahnunterhaltungsdienst Michael Weikmann aus Wutzelskühn. *Sammlung Max Seebauer*
Abb. 215, oben: Arbeiter der Reichsbahn, die für den ordnungsgemäßen Zustand des Gleiskörpers zu sorgen haben, stellen sich am Kilometerstein 26,5, ungefähr zwei Kilometer vom Endbahnhof Rötz entfernt, zum Gruppenfoto auf; um 1925. Als Podest dient ein Felsbrocken. *Foto: Stadtarchiv Rötz*

Abb. 216: Die gleiche Stelle heute.
Foto: J.Wiemann

Abb. 218, rechts: Heizer zu sein auf der Dampflok war eine vor allem rußige Angelegenheit. Georg Wittmann bei der Körperpflege vor dem Rötzer Lokschuppen. Lokführer Richard Geitner betrachtet vom Führerstand aus die Szenerie; um 1950. Foto: Sammlung Erika Gietl

Die anderen beiden Dampflokbesatzungen, die auf dem Führerstand ihrer Lokomotiven bei jedem Wetter auf der Strecke zwischen Bodenwöhr und Rötz den Personenzugdienst versahen, waren in den 40er und 50er Jahren - bis auf wenige Ausnahmen:

Adolf Daiser	(Lokführer)	-	Johann Zisler (Heizer)
Otto Ernstberger	(Lokführer)	-	Josef Zisler (Heizer)

Abb. 217, unten: Die Schwandorfer Besatzung des GmP 8384 lächelt dem Fotografen Felix Thürl freundlich in die Kamera, Frühjahr 1951. Foto: Sammlung Theo Männer

Abb. 219: Zum Abschied ein Ständchen am Neunburger Ostbahnhof; Anfang der 40er Jahre. Skepsis drücken die Mienen der jungen Männer aus, die mit dem Marschbefehl in der Tasche ins feindliche, kriegerische Leben ziehen müssen. Für manche ein Abschied für immer von Eltern, Geschwistern, Verwandten, Freunden und der liebgewonnenen Heimat.
Um „Hans Albers" alias Josef Grünbauer mit der „Quetsch'n" sind versammelt, von links: Georg Spiegler, Karl Schwindler, Mina Spiegler, Josef Spiegler, Max Hofweber, Hans Zimmermann, Karl Spiegler, Georg Schwendner, Fritz Keilhammer, ? , Alfons Schmid, Karl Spitzhirn. *Foto: Sammlung Leonhard Fröhler*

Abb. 220, oben: Dienststellenleiter Alois Wallinger mit Söhnchen Reinhart. Foto: Hans Lasser

Abb. 221, rechts: Eisenbahner Andreas Ziereis aus Neunburg v.W. am letzten Betriebstag, 13. Dezember 1969, in Rötz. Er hatte auch schon als Junge die Eröffnungsfahrt zwischen Neunburg v.W. und Rötz am 7. August 1915 miterlebt. Foto: Stadtarchiv Rötz

Abb. 222, links oben: Fahrdienstleiter Hans Lasser beim Schalterdienst im Bahnhof Rötz, Anfang der 60er Jahre. Foto: Hans Lasser

Abb. 223, links: Bahnhofsvorstand Fritz Weindler (rechts) im Gespräch mit einem Kollegen in der Dienststube des Bahnhofs Rötz; um 1965. Foto: Stadarchiv Rötz

Abb. 224, oben: Gleisbaurotte in den 60er Jahren zwischen Erzhäuser und Penting. Foto: Sammlung Erwin Weinfurtner

Abb. 225, links oben: Während einer Zugpause in Rötz, Sommer 1960; von links: Hans Lasser, Tochter Edeltraud, Söhnchen Ulrich, Ehefrau Martha und Zugführer Albert Vogl.
Foto: Hans Lasser

Abb. 226, links: Kollegen unter sich am Bahnhof Rötz, um 1960; von links: Hans Krämer, Günter Dippold und Hans Lasser. *Foto: Hans Lasser*

Abb. 227, oben: Der Schienenbus nahm alles mit; beim Einsteigen und Einladen am Bahnhof Erzhäuser, Anfang der 60er Jahre. *Foto: Gustav Schwarz, Sammlung Erwin Weinfurtner*

Abb. 228, links oben: Bahnbeamter Friedrich Pöppl bei der Schalterarbeit im alten Bodenwöhrer Bahnhofsgebäude; 1994.

Abb. 229, links: Rangierer Erwin Wittmann im Bahnhof Bodenwöhr mit den Weichen- und Gleisschlüsseln der Neunburger Gleisanlagen; 1994.

Abb. 230, oben: Friedrich Pöppl und Heinz Hellmuth (von links) in der neuen „Kommandozentrale" des Bf Bodenwöhr-Nord; Oktober 1996.

Alle Fotos: Johannes Wiemann

Abb. 231: Sommer 1940; glückliche und sorgenfreie Kindergesichter lachen dem Fotografen entgegen. Obwohl schon Krieg herrscht, trübt noch nichts den Lebensalltag von Otto (mit VW Käfer!), Rita und Georg Birner im elterlichen Sägewerk. Im Hintergrund ist mit Holz beladen der Nahgüterzug aus Rötz mit einer 98.11 an der Spitze im Neunburger Bahnhof eingefahren. Gelassen lehnt während einer kurzen Pause der Ladeschaffner an der Schiebetür und betrachtet still, vielleicht in Gedanken an die eigene Kindheit, die Szene als einst auch er vor vielen Jahren, wie jetzt die Birner-Kinder, das Spiel des Lebens begann.
Foto: Sammlung Rita Dotzler

Die Eisenbahn und der Künstler

Die zeitgenössischen, künstlerischen Darstellungen, in denen auch die Eisenbahn gewürdigt wird, stammen zumeist von dem Neunburger Heimatchronisten, Maler, Zeichner und Eisenbahnfreund Georg Dorrer, der sich vehement für den Eisenbahnbau einsetzte. Von ihm stammt auch ein Entwurf für das Stationsgebäude Neunburg v.W. Ost. Sein Entwurf, im Schwarzachtaler Heimatmuseum von Neunburg v.W. zu sehen, wurde jedoch nicht angenommen.

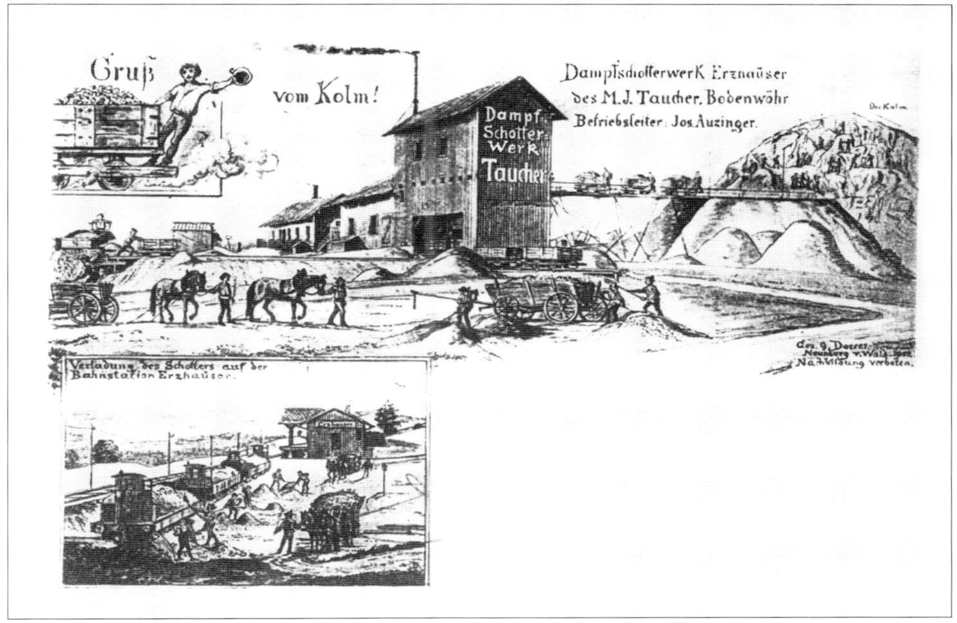

Abb. 232, links, und 233, oben: Sammlung Peter Bartmann

Dampfziegelei (Ringofen) von Jos. Pöll, Erzhäuser (bayr. Bahnstation)
Fabrication fest durchgearbeiteter, gut gebrannter, exact geformter Ziegel aus feinem Lehm, Billige Preise!
Gruß aus Erzhäuser!
Gastwirthschaft u. Sommerhalle des Jos. Pöll.

Neunburg v. Wald

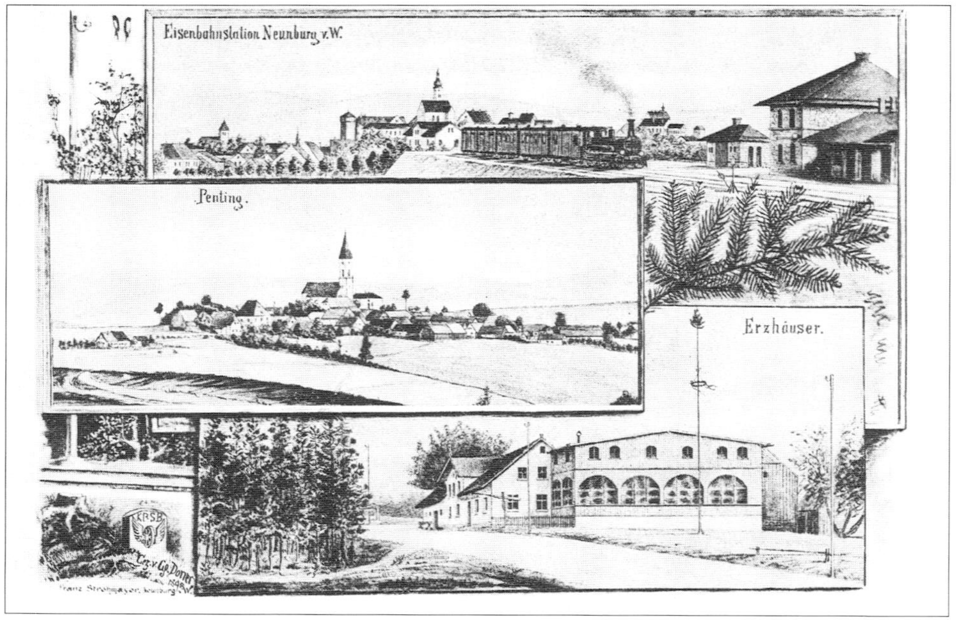
Eisenbahnstation Neunburg v.W.
Penting.
Erzhäuser.

Panorama Neunburg v.W.

vorige und diese Seite, jeweils von links oben nach links unten und von rechts oben nach rechts unten, Abb. 234 bis Abb. 241

Abb. 234, 235, 238, 239 und 240: Sammlung Theo Männer

Abb. 236 und 237: Sammlung Karl-Heinz Plab

Abb. 241: Sammlung Johannes Wiemann

Abb. 242: Radierung von Hanna Sommer, zeichnerisch gestaltet von Heinz Wehlisch nach einer historischen Vorlage. Limitierte Auflage für Kunden zum Jubiläum „150 Jahre Sparkasse im Landkreis Schwandorf". Sammlung Johannes Wiemann

Chronik

Was auf der Strecke Bodenwöhr - Neunburg v.W. - Rötz geschah
Wichtiges und weniger Wichtiges im Überblick

(ohne Anspruch auf Vollständigkeit)

2. August 1896	Feierliche Eröffnung der Eisenbahnstrecke Bodenwöhr - Neunburg vorm Wald.
3. August 1896	Aufnahme des fahrplanmäßigen Zugbetriebs.
18. Mai 1898	Entgleisung des letzten Güterwagens des Mittagszuges bei Station Erzhäuser.
26. Januar 1900	Dammrutsch zwischen km 7,45 und km 7,46 infolge Einsickerns von Schneewasser von der Dammkrone in den Dammkörper; 3 ½ tägige Verkehrseinstellung. Michael Weikmann aus Wutzelskühn hatte als erster die gefährliche Situation entdeckt und den herannahenden Frühzug nach Bodenwöhr noch rechtzeitig gewarnt.
24. Februar 1904	Erdrutsch bei Erzhäuser; zwei Güterwaggons stürzen Abhang hinunter.
29. Oktober 1904	Führerloser Waggon mit Kalkstaub beladen rast von Penting Richtung Neunburg v.W.; siehe auch Geschichte „Der rasende Kalkwaggon".
5. September 1910	Drei mit Ziegeln beladene Waggons rollen durch Rangierfehler führerlos vom Ziegelwerk Eichenthal-Erzhäuser Richtung Erzhäuser; stürzen einen Kilometer unterhalb des Ausgangsortes den Bahndamm hinab; Schaden 500,- Mark.
18. Juni 1912	Entgleisung und Beschädigung zweier Güterwaggons im Bf Neunburg v.W. wegen Bruchs einer Bremsstange; Prellbock beschädigt.
7. August 1915	Feierliche Eröffnung des Bahnstreckenteilstücks von Neunburg v.W. nach Rötz.
8. August 1915	Aufnahme des fahrplanmäßigen Zugbetriebs zwischen Bodenwöhr und Rötz.

21. Oktober 1915	Lokomotive des Zuges Nr. 5 entgleist bei Penting.
21. Mai 1917	Waldbrand bei Pechmühle durch Funkenflug, verursacht durch Dampflokomotive; mehrere Tagwerk werden vernichtet.
1. Juli 1923	Umwandlung der Station Penting in einen unbesetzten Haltepunkt mit Ladestelle für den Frachtgut-Wagenladungsverkehr.
25. Dezember 1923	Zug bleibt auf Fahrt nach Rötz in Schneewehe bei Kröblitz stecken; eine Stunde Verspätung.
22. September 1927	Auf der Fahrt von Rötz nach Bodenwöhr entgleist bei Station Frankenschleife der letzte Packwagen; Strecke 6 Stunden blockiert.
2. Februar 1927	Zug Nr. 4 nach Rötz fällt wegen Platzens eines Siederohres in der Lokomotive aus.
13. Oktober 1928	Zwei Todesopfer bei Unfall im Bahnhof Erzhäuser; siehe auch Geschichte „Aus der Dunkelheit kam der Tod“.
8. Juni 1929	Zwischen Bodenwöhr und Erzhäuser fängt ein mit Stroh beladener Güterwagen durch Funkenflug der Lokomotive Feuer.
11. November 1929	Lokschaden bei Erzhäuser; 2 Stunden Verspätung.
25. November 1929	Lokschaden bei Eixendorf; 2 1/2 Stunden Verspätung.
22. Juni 1931	Mittagszug nach Rötz überfährt beim Neunburger Krankenhaus den Bäckereibesitzer Irl mit seinem Rinderfuhrwerk. Irl wird durch Heuwagen schwerverletzt, Heuwagen zertrümmert, Kühe unverletzt. Der 70jährige schwerhörige Irl hatte die akustischen Warnzeichen der Lokomotive nicht wahrgenommen.
16. Oktober 1932	Um 17.15 Uhr entgleist am Kirchweihsonntag bei km 20,8 zwischen Eixendorf und Frankenschleife die Lokomotive des Zuges Nr.12 Rötz - Bodenwöhr. Gegen 18.45 Uhr trifft der angeforderte Hilfszug ein. Zug Nr. 12 hatte 107 Minuten Verspätung, der Gegenzug Nr. 7 155 Minuten. Keine Verletzten, geringer Sachschaden.
27. Januar 1934	Zwischen Bf Rötz und Haltestelle Hillstett wird auf freier Strecke die Fabrikbesitzersehefrau Ermer aus der Wutzschleife vom Personenzug Nr. 8 überfahren und lebensgefährlich verletzt. Sie erliegt ihren Verletzungen im Neunburger Krankenhaus.
17. Juli 1935	Lokomotive entgleist beim Rangieren im Neunburger Bahnhofsbereich. Ein Gerätewagen aus Schwandorf hebt sie wieder ins Gleis. Verspätung 3 1/4 Stunden, kein Personen-, geringer Sachschaden.

30. Dezember 1935	Gegen 1.30 Uhr versucht am Bahnhof Neunburg Ost ein lediger 30jähriger Hilfsarbeiter in der Wartehalle sich zu erhängen. Durch einen Bekannten kann er rechtzeitig gerettet werden.
27. Mai 1935	Zusammenstoß eines vollbesetzten PKW mit dem Zug beim Bahnhof Neunburg Ost. Lokführer bringt Zug zum Stehen. PKW schwer beschädigt; kein Personenschaden.
19. Oktober 1936	Zusammenstoß des Motorradfahrers Georg Götz mit Zug in der Nähe des Bahnhofs Neunburg Ost. Götz verstirbt später im Neunburger Krankenhaus; siehe auch Geschichte „Der Unfalltod des Georg Götz".
26. Mai 1937	Durch schwere Gewitter wird an einigen Stellen das Gleis unterspült.
6. Dezember 1937	Starker Schneefall knickt kurz vor Bodenwöhr Telegraphenmast um, der noch an den Drähten hängend in die Strecke hineinragt. Die Lok des von Rötz einfahrenden Frühzuges stößt gegen den Mast; Windschutzscheibe der Lokomotive sowie einige Waggonfenster werden zertrümmert.
16. Juni 1938	Beim Spielen am Neunburger Bahnhof gerät der Junge Willy Birner mit seinem Fuß in die Drehscheibe. Dabei wird ihm die Ferse abgequetscht.
27. August 1938	Unmittelbar nach Abfahrt aus dem Bahnhof Bodenwöhr-Nord springt die Lokomotive aus dem Gleis. Die Fahrgäste werden mit einem aus Neunburg v.W. herbeigerufenen Reiseomnibus an ihre Ziele gebracht.
21. Oktober 1938	Am schienengleichen Bahnübergang beim Bahnhof Neunburg Ost wird morgens ein von Rötz kommender PKW vom langsam fahrenden Zug erfaßt und stark beschädigt; die drei Insassen tragen nur leichte Verletzungen davon.
12. Januar 1940	Starker Ostwind weht an mehreren Stellen mit Schnee die Gleise zu. Mehrstündige Zugverspätungen sind die Folge.
11. Februar 1940	Auf seinem Heimweg von Neunburg v.W. nach Kröblitz gerät der 78jährige Wagnermeister Franz Xaver Duscher in der Dunkelheit vom Weg ab und in große Schneewehen. Nach langem Suchen findet er das Bahngleis, auf dem er sich völlig erschöpft niederläßt und einschläft. Duscher wird vom Frühzug aus Rötz überrollt. Ihm werden beide Beine abgetrennt, außerdem erleidet er Schädel- und Bauchverletzungen, an deren Folgen er kurze Zeit später verstirbt.
23. Februar 1943	Auf der Fahrt nach Rötz entgleist wegen zu hoher Geschwindigkeit bei Eixendorf ein Personenzug. Die Tenderlokomotive kommt im rechten Winkel zum Gleis zum Stehen, hangabwärts Richtung Schwarzach. Mitreisender war u.a. der spätere Bürgermeister von Rötz Alois Zisler.

9. Mai 1943	Beim Anfahren des Zuges im Bf Neunburg v.W. gerät der 15jährige Albert Maderer unter den Zug und wird schwer verletzt; siehe auch Geschichte „Der Fall Albert Maderer".
24. Februar 1945	Ankunft und Weiterfahrt eines Kretinenzuges; siehe auch Geschichte „Der Elendszug".
26. Februar 1945	Ankunft des Lazarettzuges aus Görlitz an der Neiße.
März / April 1945	Angriffe alliierter Jagdflugzeuge auf die Bahnstationen Seebarn und Rötz.
17. April 1945	Amerikanischer Fliegerüberfall auf den Personenzug bei Erzhäuser. Zwei Tote und einige Schwerverletzte, hoher Sachschaden; siehe auch Geschichte „Das Bockerl im Visier amerikanischer Jagdflieger".
15. März 1947	Bei der Einfahrt in den Bahnhof Penting stürzt der 11jährige Fritz R. aus dem Zug. Ihm werden beide Beine abgefahren; siehe auch Geschichte „Ein Leben mit Krücken und Prothesen".
Ende September 1947	Auf der Zufahrt zur Ziegelei Kastenhuber wird der Fuhrunternehmer Wolfgang Forster in seinem LKW vom Zug erfaßt und schwer verletzt; hoher Sachschaden; siehe auch Geschichte „Das Unglück des Wolfgang Forster".
18. Mai 1952	Einstellung des Bahnpostbetriebs.
22. Mai 1955	Mit Beginn des Sommerfahrplans 1955 werden die dampfgeführten Personenzüge durch Dieseltriebwagen der Baureihe VT 75.9 (ehem. VT 135) ersetzt.
1. November 1955	Hillstett: Einstellung der Abfertigung von Expreßgut , Stückgut und Güterwagenladungen.
1. Januar 1956	Beim südlichen Bahnübergang am Bahnhof Neunburg Ost stoßen ein von Neukirchen-Balbini kommender PKW und der Richtung Bahnhof Neunburg v.W. fahrende Triebwagen zusammen. Wegen der Schneeglätte wird der PKW zur Seite geschoben und dadurch niemand verletzt. Beide Fahrzeuge sind beschädigt.
16. März 1957	Zusammenstoß des Nahgüterzuges Ng 8375 kurz vor Rötz mit einem LKW an einem schienengleichen Bahnübergang. Der 29jährige Mitarbeiter der Rötzer Firma Bücherl Georg Bauer aus Stockarn wird tödlich verletzt; siehe auch Geschichte „Der Tod kam zur Mittagszeit".
20. März 1957	1. Achse der Lokomotive 98 851 des Ng 8375 entgleist bei Seebarn (bei Kilometer 21.813).

27. Dezember 1957	Zusammenstoß eines Lieferwagens mit dem Nahgüterzug Ng 8375 an der Ringseisstraße in Neunburg v.W.. Nur Sachschaden; siehe auch Geschichte „Bockerl, Schnee und Hanomag".
4. Oktober 1959	Mit Beginn des Winterfahrplans 1959/60 werden die Triebwagen der Baureihe VT 75.9 durch modernere Triebwagen der Baureihe VT 98 (Schienenbusse) ersetzt.
1. November 1959	Hillstett: Einstellung des Fahrkartenverkaufs.
1. Januar 1960	Erzhäuser, Penting, Frankenschleife: Einstellung des Fahrkartenverkaufs sowie der Abfertigung von Expreßgut, Stückgut und Güterwagenladungen.
1. Januar 1962	Kröblitz: Einstellung des Fahrkartenverkaufs.
19. März 1966	Das Nahgüterzugpaar Ng 8375 Bodenwöhr - Rötz und Ng 8384 Rötz - Bodenwöhr wird für die „Nürnberger Eisenbahnfreunde" (NEF) anstelle der regulären Diesellok V 100 extra wieder mit einer Dampflokomotive der Baureihe 98 (98 1027) bespannt.
14. Dezember 1969	Einstellung des Personenverkehrs auf der gesamten Strecke zwischen Bodenwöhr-Nord und Rötz sowie auch des Güterverkehrs zwischen Neunburg v.W. und Rötz.
28. September 1985	Sonderzug der „Nürnberger Eisenbahnfreunde" (NEF) bestehend aus der Diesellokomotive 211 325 und zwei Doppelstockwagen der Lübeck-Büchener-Eisenbahn kommt nach Neunburg v.W. (und Nittenau).
26. Juli 1992	Dampfsonderzug „Pfalzgraf Johann", bestehend aus der Dampflokomotive 50 622 und vier Reisezugwaggons aus den dreißiger Jahren, kommt von Nürnberg nach Neunburg v.W. und unternimmt drei Pendelfahrten zwischen Neunburg v.W. und Bodenwöhr-Nord; siehe auch Geschichte „Der verdurstete Pfalzgraf".
20. September 1994	Umstellung der Signalanlage im Bahnhofsbereich Bodenwöhr-Nord durch Demontage der alten Flügelsignale und Inbetriebnahme der neu installierten Lichtsignale. Auch das Einfahrtsignal auf der Neunburger Strecke vor Bodenwöhr wird trotz bevorstehender Streckenbetriebseinstellung miterneuert.
17. Oktober 1994	Letzte Waggonabholung vom „Tarifpunkt" Neunburg v.W.; ab Neunburg v.W. 13.00 Uhr, an Bodenwöhr-Nord 13.15 Uhr.
1. April 1995	Endgültige offizielle Stillegung der Nebenbahnlinie Bodenwöhr-Nord - Neunburg v.W. durch das Eisenbahnbundesamt.

Die Strecke im Zahlenspiegel

Bei dieser Betrachtung spielen sowohl beim Personen- als auch beim Güterverkehr die beiden Bahnstationen Neunburg vorm Wald und Rötz die Hauptrolle. Tarifpunkte wie z.B. Erzhäuser, Penting, Kröblitz, Frankenschleife oder Hillstett sind mit ihren Ergebniszahlen lediglich zum Größenvergleich auszugsweise angegeben. Ihre Zahlenentwicklungen entsprechen im großen und ganzen denen von Neunburg v.W. und Rötz.

Von 1896 bis 1914 bezieht sich das statistische Zahlenmaterial grundsätzlich nur auf die S t r e c k e; stationsbezogene Zahlenangaben für Erzhäuser, Penting und Neunburg v.W. existieren nicht.

Von 1907 bis einschließlich 1912 wurden die beiden Strecken Bodenwöhr - Neunburg v.W. und Bodenwöhr - Nittenau (1907 eröffnet) in den Statistiken zusammengefaßt. Eine zahlenbezogene Einzelbetrachtung der genannten Strecken ist daher nicht möglich.

Für den Zeitraum von 1920 bis einschließlich 1927 gibt es über die einzelnen Lokalbahnstrecken keine statistsichen Erhebungen, somit auch nicht für die Strecke Bodenwöhr - Neunburg v.W. - Rötz.

Genauere Angaben sowie eine stationsbezogene Aufschlüsselung des Fahrkartenverkaufs bzw. der Fahrgast- und Güterumschlagszahlen liegen erst mit den Geschäftsberichten der Bahn ab 1928 vor.

Personenverkehr

Die Zahlen zeigen deutlich, wie gut die Eisenbahn auf Anhieb von der Bevölkerung angenommen wurde.

Bis zur Aufnahme der Betriebserweiterung nach Rötz erzielte die Bahn meist eine Rendite zwischen 1 % und 2 %.
Am Ende des ersten vollen Betriebsjahres der Strecke Bodenwöhr - Neunburg v.W. - Rötz (1916) weist die Statistik zwar die stattliche Zahl von 152.397 beförderten Personen, aber keine positive Rendite mehr auf. Diese Negativserie hatte bis zum Ende 1969 Bestand.

Im Jahre 1937 wurden erstmals seit der genaueren stationsbezogenen Erfassung am Bahnhof Neunburg v.W. mehr Billetts verkauft, als am Bahnhof Rötz.
Obwohl ab 1939/40 die Anzahl der verkauften Fahrkarten noch einmal in entsprechendem Verhältnis gestiegen ist (Zahlen für die Kriegsjahre 1943 - 1945 liegen nicht vor), so fällt dennoch der dramatische Absatzrückgang in Rötz ganz besonders negativ auf.
Der hohe Verkaufsrückgang bei wiederum beiden Stationen zwischen 1952 und 1955 mit Tiefpunkt 1954 ist auf das erheblich ausgedünnte Zugangebot in den Fahrplanperioden vom 18. Mai 1952 bis 21. Mai 1955 - meist nur ein Zugpaar pro Tag (s. a. „Die Strecke im Fahrplan") - zurückzuführen. Auf deutlich abgeschwächtem Niveau pendelten sich die Zahlen wieder leicht steigend ein.

Diese unsinnige, kurzsichtige Maßnahme der DB basierte nur auf betriebswirtschaftlichen Argumenten. Sie zeigt deutlich, wie schnell Kunden verprellt werden können, wie schwer es aber ist, sie wieder für die Bahn zurückzugewinnen.

Güterverkehr

Wenn auch beim Güterumschlag, von Ausnahmen abgesehen, die Tendenz generell leicht nach unten zeigt, so ist dennoch eine gewisse Kontinuität ohne erhebliche Schwankungen bis 1969 festzustellen. Der Löwenanteil entfällt auf den Güterempfang, nicht auf den Güterversand. Einen bedeutenden Anteil an der Gütertonnageentwicklung in der Zeit nach dem Zweiten Weltkrieg hatten für Neunburg v.W. die Bundeswehr und für Rötz die in Camp Reed stationierte US-Armee.
Obwohl im Verlauf der weiteren Jahre immer mehr Güter per LKW auf der Straße umweltschädlich, aber vordergründig kostengünstiger transportiert wurden, konnte der verbliebene Streckenabschnitt Bodenwöhr - Neunburg v.W. im Vergleich zu anderen (Stich-) Bahnlinien nach 1969 immer noch mit relativ günstigen Frachtzahlen aufwarten.
Erst nach 1992, als recht hohe Frachttarife der DB AG logischerweise eine verstärkte Verlagerung der Fracht auf den Lastkraftwagen nach sich zogen, brachen die Umschlagszahlen ein und begünstigten, vielleicht sogar gewollt, die Aufgabe des Tarifpunktes Neunburg v.W. und damit die Einstellung des noch verbliebenen fallweisen Güterverkehrs.

P E R S O N E N V E R K E H R

Anzahl der beförderten Passagiere und der verkauften Fahrkarten in der Zeit von 1896 bis 1906 und 1913 bis 1915, bezogen auf die Strecke Bodenwöhr - Neunburg vorm Wald

Jahr	Anzahl der beförderten Passagiere	verkaufte Fahrkarten
1896 (ab 3. August)	24832	8336
1897	40242	18235
1898	47403	21336
1899	48121	22186
1900	50429	20886
1901	54297	21816
1902	50445	22309
1903	52241	22634
1904	50789	19443
1905	45732	17056
1906	47048	17881
1913	82810	k. A.
1914	63075	k. A.
1915 (ab Aug. inkl. Rötz)	94258	k. A.

Ab 1916 liegen mit Unterbrechungen (1920 bis 1927) stationsbezogene Zahlen über den Fahrkartenverkauf vor.
Anzahl der verkauften Fahrkarten in der Zeit von 1916 bis 1919 und von 1928 bis 1969

Jahr	Erzhäuser	Penting	Neunburg v.W.	Kröblitz	Hillstett	Rötz
1916	6890	5521	23691	4606	4718	64601
1917	6874	4653	22506	5163	4218	61606
1918	6286	5518	26902	6590	4265	75009
1919	8035	4807	31042	6675	4128	80056
1928	5356	k.A.	26653	3557	2788	38661
1929	6713	k.A.	25604	3240	3026	39009
1930	5751	k.A.	21261	2584	2665	31699
1931			17078			25995
1932			13587			18001
1933			12946			17250
1934			12024			15536
1935			11492			15672
1936			11533			15255
1937	3794	k.A.	13116	1619	1416	11323
1938			14080			9695
1939			17895			7180
1940			22702			10903

1941			31163			14249
1942	10428	9096	40718	6980	5356	20186
1946	18653	12134	60729	8913	10081	38319
1947	30442	19649	73426	10533	8091	46420
1948	27028	14446	50068	8855	7110	37905
1949	14236	8242	30067	4358	3337	14173
1950	9231	6473	24403	3496	2651	9360
1951			23456			7891
1952			12308			4050
1953			10320			2202
1954			7161			1906
1955			10546			3042
1956			11800			3217
1957			1340			3189
1958			12388			3170
1959	2340	3618	11100	1998	984	3123
1960	— — -	— — -	10979	1185	— — -	3087
1961			11534			3086
1962			12729			2743
1963			17552			2548
1964			16396			2374
1965			16394			2506
1966			15112			2022
1967			12941			1748
1968			12895			1992
1969			11169			1072

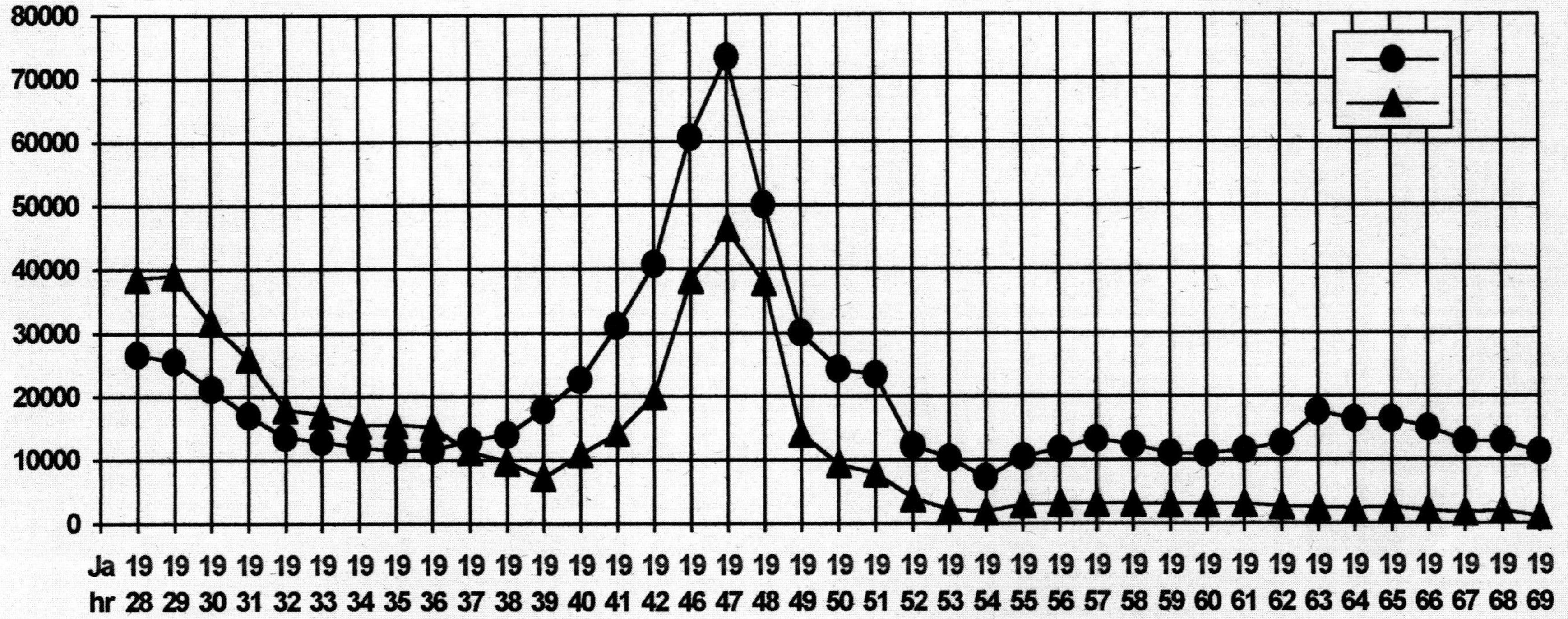

Entwicklung der Verkaufszahlen für Fahrkarten in der Zeit von 1928 bis 1969 : Neunburg vorm Wald ● Rötz ▲ Abb. 243 a

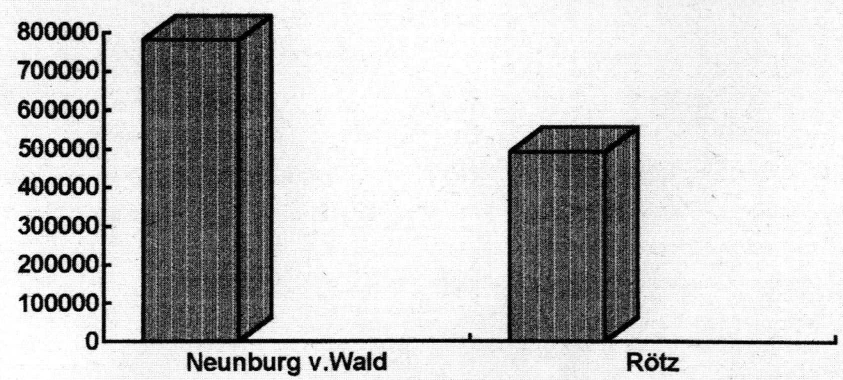

G Ü T E R V E R K E H R

Güterumschlag (Eilstückgut, Stückgut, Frachtgut, Wagenladungen) in Tonnen in der Zeit von 1896 bis 1906 sowie 1913 und 1914, bezogen auf die Strecke Bodenwöhr - Neunburg vorm Wald

1896	6.110,17
1897	13.507,72
1898	18.521,14
1899	27.045,94
1900	35.488,63
1901	31.895,27
1902	32.662,84
1903	30.838,80
1905	23.366,57
1906	34.804,00
1913	39.920,00
1914	30.760,00

Ab 1916 liegen mit Unterbrechungen (1920 bis 1927) stationsbezogene Zahlen über den Güterumschlag vor. Güterumschlag (Eilstückgut,Stückgut,Frachtgut,Wagenladungen) in Tonnen in der Zeit von 1916 bis 1919 und von 1928 bis 1994

Jahr	Erzhäuser	Penting	Neunburg v.W.	Kröblitz	Frankenschleife	Hillstett	Rötz
1916	2744	742	9820	597		534	8753
1917	2014	956	7172	515		272	9331
1918	4001	865	9391	882		449	12632
1919	11589	1306	10328	1044		535	15019
1928	17897	1430	22460	1889	4490	5824	13063
1929	16971	1003	22720	1269	3539	10069	10759
1930	12220	948	23346	1159	2907	7369	12114
1931			21777				7311
1932			20999				5666
1933			23154				11389
1934			23819				8611
1935			21840				8413
1936			18640				9018
1937	7949	1387	22423	783	1683	221	14133
1938			21626				16911
1939			20940				22663
1940			25222				13788
1941			22429				13318
1942	662	851	23595	1276	3595	133	12047
1946	1442	453	13761	863	1256	267	12244
1947	1036	391	17050	247	948	274	11861
1948	1321	327	19194	1080	1758	327	15365
1949	1723	331	17531	726	1453	163	11995
1950	1287	322	16646	594	613	77	12591

1951			18075				17026
1952			16643				12516
1953			13108				10091
1954			12161				9490
1955			12539				12357
1956			13617				12837
1957			12564				12955
1958			14823				12547
1959	1446	323	16652	1197	1151	—	11689
1960	—	—	14284	1164	—	—	14138
1961			14021				11986
1962			18176				11345
1963			22513				10657
1964			23706				12139
1965			21172				10836
1966			18665				9305
1967			14793				7759
1968			13651				7276
1969			13736				9050
1970			12724				—
1971			14268				
1972			12781				
1973			11707				
1974			10501				
1975			13033				
1976			10818				
1977			9763				
1978			8119				
1979			8051				
1980			8278				
1981			6706				
1982			6058				
1983			7676				
1984			6772				
1985			7868				
1986			6493				
1987			6513				
1988			5755				
1989			4155				
1990			7505				
1991			7490				
1992			7585				
1993			3127				
1994			1792				

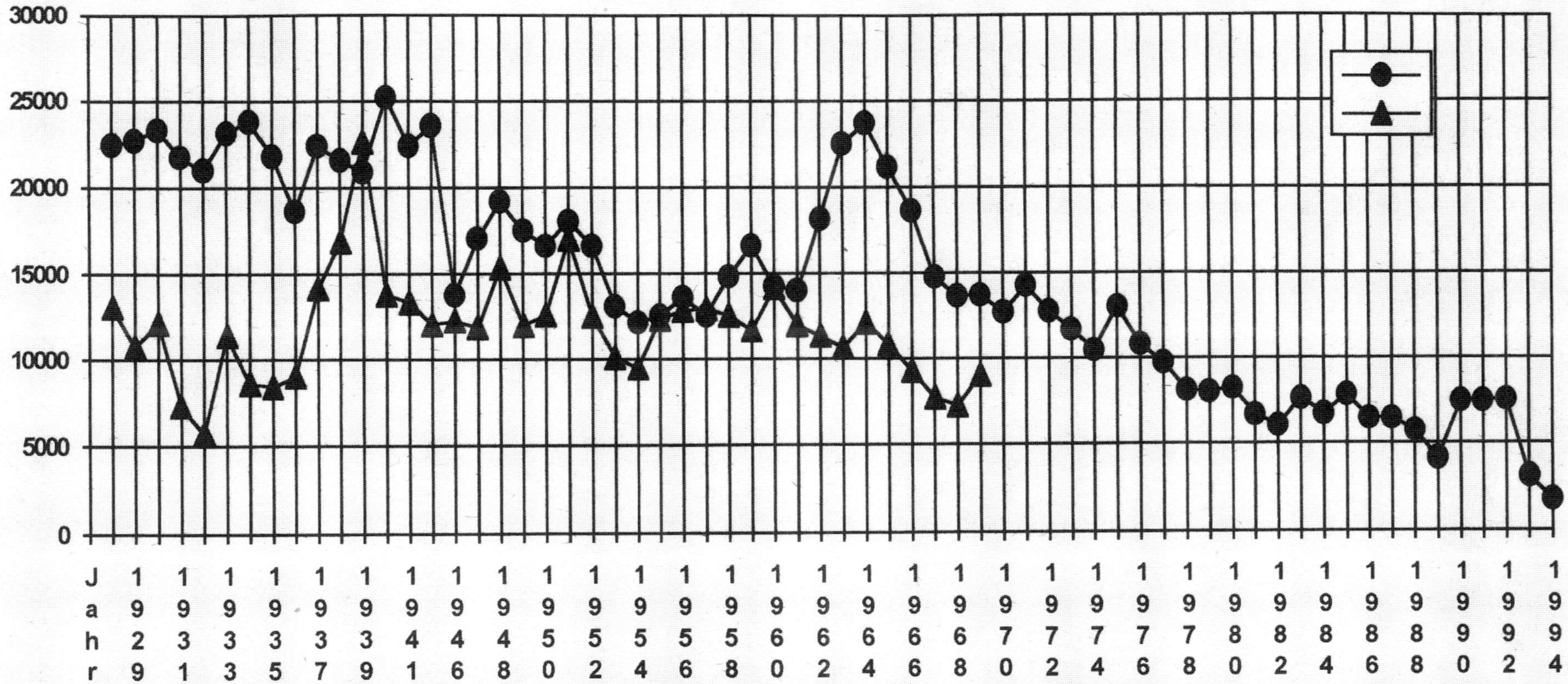

Entwicklung der Güterfracht in Tonnen in der Zeit von 1928 - 1969 bzw. 1994 : Neunburg v.W. ● Rötz ▲ Abb. 243 b

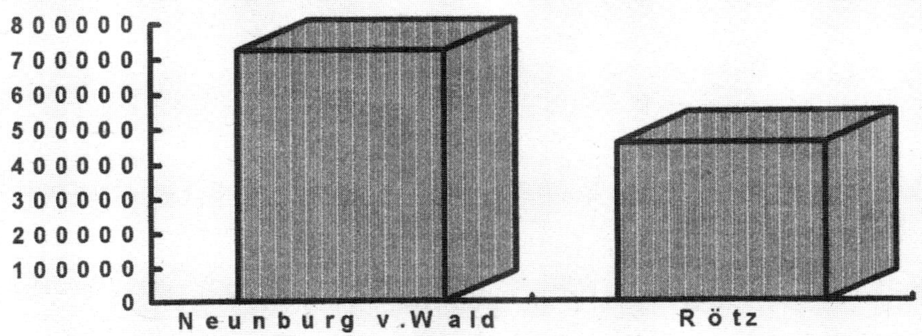

Quellen und Literatur

Blab, Wilhelm: Bodenwöhr - Geschichte und kulturelle Entwicklung eines Berg- und Hüttenortes, Bodenwöhr 1960

Mages, Emma: Eisenbahnbau, Siedlung, Wirtschaft und Gesellschaft in der südl. Oberpfalz (1850-1920), Kallmünz 1984

Meier, Josef: Aus Neunburgs Vergangenheit, Neunburg v.W. 1937

Müller, Gerhard: Arbeiterleben und Arbeiterbewegung in der Oberpfalz 1848 - 1919, Theuern 1988

Obermayer, Horst: Diesellokomotiven, Stuttgart 1990

Paulus, Johann: Der Bau der Lokalbahn Neunburg v.W. - Rötz, aus: „Die Oberpfalz", 52. Jahrgang, Kallmünz 1964

Schnabel, Heinz: Lokomotiven bayerischer Eisenbahnen von 1835 bis zur Deutschen Reichsbahn-Gesellschaft, Berlin 1992

Spielhoff, Lothar: Länderbahnen-Dampflokomotiven, Band 2, Stuttgart 1990

Stadt Rötz: Rötz, Unsere Heimat in Geschichte und Gegenwart, Rötz 1981

Stark, Franz: Verkehrskreuz Oberpfalz, Weiden 1978

Ücker, Bernhard: Die Bayerische Eisenbahn 1835 - 1920, München 1985

Verdenhalven, Fritz: Alte Maße, Münzen und Gewichte aus dem deutschen Sprachgebiet, Neustadt an der Aisch 1968

Weigelt, Horst: Bayerische Eisenbahnen, Stuttgart 1986

Zeitler, Walther: Eisenbahnen in Niederbayern und der Oberpfalz, Weiden 1985

Zintl, Robert: Bayerische Nebenbahnen, Stuttgart 1977

Zisler, Alois: Chronik der Gemeinde Hillstett, Hillstett 1952

Ausgaben von
- Amts- und Gerichts-Blatt für das Königliche Bezirksamt Neunburg v.W.
- Amts- und Anzeige-Blatt für das Königliche Bezirksamt und Königliche Rentamt Neunburg v.W.
- Neunburger Zeitung
- Amberger Tagblatt
- Amberger Volkszeitung
- Amberg-Sulzbacher Zeitung
- Mittelbayerische Zeitung
- Eisenbahn Journal, Fürstenfeldbruck
- Eisenbahn Kurier, Freiburg

Jahres- und Geschäftsberichte sowie amtliche Kursbücher
- der Königlich Bayerischen Staatseisenbahnen
- der Deutschen Reichsbahn
- der Deutschen Bundesbahn
- der Deutschen Bahn AG

Archiv der Krauss - Maffei AG
Bayerisches Hauptstaatsarchiv, München
Bayerisches Staatsarchiv, Amberg
Bayerische Staatsbibliothek, München
Bayerisches Statistisches Landesamt, Zweigstelle Weiden i.d.Opf.
Dokumentationsstelle und Postabteilung des Verkehrsmuseums Nürnberg
Stadtarchiv Neunburg vorm Wald
Stadtarchiv Rötz
Zeitzeugen

Geschichten

Um Fünfzehn Pfennige

Über einen Vorfall, der sich während der Pfingstfeiertage 1897 auf der Lokalbahnstrecke Bodenwöhr - Neunburg v.W. zugetragen hat, schreibt das „Chamer Amtsblatt“ wie folgt:

„Stiegen am Pfingstmontag in den Zug in Neunburg v.W. wackelnden Schrittes zwei Bauern ein. Pfiffig wie sie sein wollten, versuchten sie eine kleine Freifahrt nach der nächsten Station Penting herauszuschlagen, was ihnen aber vorbei gelang; denn der Kondukteur war noch schlauer als sie. Zwick-zwack, der Kondukteur, auch Herr Zwicker im Vollmund genannt, zwickte die Fahrkarten. Das eine Bäuerlein hatte ein Billett. Das wurde dargereicht, koupirt und - Geschwindigkeit ist keine Hexerei - dem Kumpan zugeschoben, worauf dann der erste Schlauberger einstweilen auf die Plattform verduftete. Kalt und kühn, wie er war, reicht nun der zweite Schlauberger dem Kondukteur die Fahrkarte dar. Ja, ötz wos war den dös? Das Billett ist ja schon koupirt und nach Penting ist ja nur ein Billett ausgegeben. Bauer, merkst du was? Nun war der Kondukteur so honorig und forderte den Kumpan zum wiederholten Male auf, ein Billett nach Penting zu lösen, kostet ganze 15 Pfennige; aber kalt und kühn wie er immer noch war, verweigert mein Bauer die Zahlung und hält sein Billett dem Kondukteur immer unter die Nase. Da wallt dem Manne auch sein Blut: Er holt Papier und Bleistift und notiert den Namen des Bauern. Dann wird von der Plattform, wo er inzwischen Bauchgrimmen gekriegt, der Helfershelfer zitiert, der die Angabe seines Namens verweigert. Penting! Aussteigen! und hinaus trollt das edle Paar, scheinbar noch ohne rechte Einsicht in die Folgen ihrer netten Handlungsweise. Die Fahrt an Pfingsten kommt den Herren teuer zu stehen und sie werden an das Stücklein denken. Solche Leute sind trotz ihrer Pfiffigkeit und ihres Alters fürs Eisenbahnfahren noch nicht reif, aber reif für etwas anderes. - Die Frau, die neulich nach Waffenbrunn mit dem „Bockerl“ fuhr und dem Kondukteur 10 Pfennig abhandeln wollte, worüber der Mann ganz gekränkt war, ist offenbar auch noch nicht fürs Eisenbahnfahren reif; aber sie hat doch auf ehrliche Weise ihren Vorteil gesucht, während jene Allzugescheiten vom 7. Gebot wenig zu wissen scheinen.“

Der rasende Kalkwaggon

Samstag, 29. Oktober 1904, 9.40 Uhr. Der Lokalbahnzug LZ 3 von Bodenwöhr ist gerade im Bahnhof Neunburg v.W. eingefahren. Die Passagiere steigen aus, der Rangierer kuppelt die Dampflok von den Waggons ab. Der Lokführer fährt seine D XI über ein Rangiergleis ans andere Ende des Zuges, damit sie für die Rückfahrt um 12.45 Uhr nach Bodenwöhr angekuppelt werden kann.
Im Büro des Stationsvorstehers kommt plötzlich eine Meldung über den Telegraphenapparat herein, die den Bahnbediensteten vor Schreck erstarren läßt: bei Rangierarbeiten in Penting hat sich ein zum Abladen abgestoßener Waggon mit Kalkstaub selbständig gemacht und rollt unaufhaltsam mit zunehmender Geschwindigkeit auf den Bahnhof Neunburg v.W. zu.
Der Stationsvorsteher rennt nach draußen und befiehlt, daß alle noch anwesenden Personen sich schnellstens in Sicherheit bringen sollen. Lokführer, Heizer, Rangierer, Zugschaffner, Ladeschaffner sowie sämtliche Personen, die sich in der Nähe der Gleise befinden, stellen sich in Erwartung des heranrasenden Waggons in respektablem Abstand zum Bahnhof auf. Auch der Bahnhofsvorstand bringt sich in Sicherheit. Er hat noch rasch vorher die Weiche so gestellt, daß der Waggon, falls er überhaupt bis in den Neunburger Bahnhof vordringt, nicht auf den gerade eingefahrenen Lokalbahnzug aufprallt, sondern über das inzwischen wieder freie Nebengleis auf den Prellbock gelenkt wird.
Sekunden später kann man oberhalb von Wilbersdorf den Waggon aus dem Wald herauskommen sehen - dem steilsten Teil zwischen Penting und Neunburg v.W.. Bauern, die an der Strecke ihre Felder bearbeiten, werden Zeugen eines faszinierenden Schauspiels: Eine lange weiße Wolke, herrührend vom aufgewirbelten Kalkstaub, zieht der Waggon hinter sich her. 28,4 ‰ Gefälle verleihen dem Selbstläufer eine hohe Geschwindigkeit - trotzdem hat er bisher alle Kurven glatt durchlaufen. Nun saust er dem Felseneinschnitt bei Wilbersdorf entgegen. Jeder glaubt und hofft, daß der Waggon in der Linkskurve nach der Wilbersdorfer Brücke sich den physikalischen Gesetzen beugen muß. Aber auch in dieser Kurve sind Geschwindigkeit und Fliehkraft offenbar immer noch nicht groß genug, um den Ausreißer aus den Gleisen zu tragen. Im Gegenteil, als ob es ihm Spaß machen würde, die Spannung auf äußerste zu treiben, durchmißt er vor den Augen der erstaunten Zuschauer die Kurve nur auf den rechten zwei Rädern, während die anderen zwei Räder keinen Kontakt mehr zu der Schiene haben. Unaufhaltsam nähert er sich dem Neunburger Bahnhof und jeder, der inzwischen zahlreich erschienenen Schaulustigen, sieht vor seinem geistigen Auge schon ein Bild der Verwüstung.
Gerade mal vier Minuten sind vergangen, als der Waggon seinen unfreiwilligen Ausflug begonnen und nun schon fast dreieinhalb Kilometer zurückgelegt hat. Immer noch eine lange wehende Kalkfahne hinter sich herziehend, donnert er in die letzte Kurve. Plötzlich ein ohrenbetäubendes Krachen, eine riesige Kalkstaubwolke, die alles in weißen Nebel hüllt - dann gespenstische Ruhe. Der glücklichste Ausgang, den man sich denken kann: Am Ende der letzten Kurve schießt der Waggon, seine Richtung beibehaltend, über das Gleis hinaus, überschlägt sich zweimal und bleibt total zertrümmert mit den Rädern nach oben auf dem Schneeschutzdamm liegen. Abgesehen vom materiellen Schaden, verhinderte nur Glück eine schreckliche Katastrophe. Wäre der Waggon fünf Minuten früher zu Tal gerast und auf den Lokalbahnzug LZ 3 oder gar auf einen entgegenkommenden Zug geprallt - die Folgen wären verheerend gewesen.

Aus der Dunkelheit kam der Tod

Zu einem aufsehenerregenden Unfall mit Todesfolge kam es am Samstagabend, 13. Oktober 1928, im Bahnhof Erzhäuser.

Neben ungefähr zwölf weiteren Fahrgästen, die den letzten Zug des Tages Richtung Neunburg v.W., Rötz erwarteten, waren der Amtsgerichtsobersekretär Anton Mehltretter und der ehemalige Schmiedemeister Johann Spiegler, beide aus Neunburg v.W.. Sie hatten die Feier zum 80. Geburtstag des Gastronomen, Ökonomen und Dampfziegeleibesitzers Josef Pöll in Erzhäuser wegen der Abfahrt des letzten Tageszuges nach Neunburg v.W. vorzeitig verlassen.
Wenige Minuten nach sieben Uhr fuhr Zug Nr. 7, von Bodenwöhr kommend, an der Bahnstation Erzhäuser ein. Wegen der um diese Zeit schon herrschenden Dunkelheit und der mangelhaften Haltestellenbeleuchtung müssen Anton Mehltretter und Johann Spiegler den herannahenden Zug nicht rechtzeitig bemerkt haben. Beide gerieten auf die Schienen und wurden von der Dampflokomotive, einer 98 4-5 (bayer. D XI), erfaßt. Johann Spiegler wurde durch die Lokomotive der rechte Arm abgefahren und noch einige Meter mitgeschleift. Zusätzlich erlitt er durch den um diese Jahreszeit schon an der Lokomotive installierten Schneeräumer schwerste Kopfverletzungen. Nach der Einlieferung ins Neunburger Krankenhaus wurde ihm der nur noch an Sehnen- und Fleischfetzen hängende Arm amputiert. Die Kopfverletzungen waren aber derart schwerwiegend, daß er noch in derselben Nacht bei vollem Bewußtsein, versehen mit den Heiligen Sterbesakramenten, gegen 24.00 Uhr im Alter von 74 Jahren verstarb.

Sein Weggefährte Anton Mehltretter geriet zwischen die Gleise, wurde ebenfalls von der Lok mitgeschleift und kam unter der Lokomotive zu liegen. Nachdem er hervorgezogen worden war, wurden bei ihm nur einige Hautabschürfungen, die durch seinen Überzieher noch gemildert worden waren, und mehrere Rippenbrüche festgestellt. Auch ihn lieferte man ins Neunburger Krankenhaus ein. Im Verlauf einer genaueren Untersuchung wurden entgegen dem anfänglichen Eindruck schwere innere Verletzungen diagnostiziert, an denen der Verunglückte am nächsten Tag verschied, nicht ohne ebenfalls die Letzte Ölung empfangen zu haben.
Nach dem tragischen Unglücksfall wurde starker Protest gegen die Reichsbahngesellschaft laut. Die Augenzeugen waren allgemein der Auffassung, daß bei besserer Beleuchtung das Unglück sich nicht ereignet hätte. Weiterhin sagten sie aus, daß das Stationsgebäude in Erzhäuser an diesem Abend nur mit einer einzigen Petroleumlampe an der östlichen Ecke völlig ungenügend beleuchtet war. Die beiden Verunglückten warteten auf der Bank vor dem Stationsgebäude auf die Ankunft des Zuges. Als sie den Zug kommen hörten, standen sie auf, gingen auf den Bahnsteig, bis fast zur Mitte des Stationsgebäudes und machten höchstwahrscheinlich dabei in der Dunkelheit einen verhängnisvollen Fehltritt in den tiefer gelegenen Gleiskörper, wodurch sie auf die Gleise stürzten und in den nächsten Augenblicken von dem herankommenden Zug überfahren wurden. Von den anderen Anwesenden, die auch mit dem Zug fahren wollten, sah niemand, wie Mehltretter und Spiegler auf die Gleise fielen.

So sehr die Empörung über den unhaltbaren Zustand an der Bahnstation Erzhäuser zu verstehen war, muß dennoch zur Ehrenrettung der Reichsbahngesellschaft zweierlei erwähnt werden: Zum einen konnte nicht sie für das Unglück verantwortlich gemacht werden, weil für Unterhaltung der Station und allem was dazu gehört - das betraf auch die Beleuchtung - laut Vertrag die Gemeinde Erzhäuser zuständig war; zum anderen bestand die Möglichkeit, daß durch den feierbedingten Alkoholgenuß die Aufmerksamkeit beider Opfer eingeschränkt war.

Todes-Anzeige.

Nach schwerem, kurzen Leiden verschied durch einen Unglücksfall wohlvorbereitet durch die hl. Sterbsakramente, mein lieber Gatte, unser herzensguter Vater, Bruder, Schwiegervater, Großvater, Onkel und Pate

Herr

Johann Spiegler

Privatier in Neunburg v. W.

heute nachts 12 Uhr, bei vollem Bewußtsein, im Alter von 74 Jahren und 2 Monaten ruhig und sanft im Herrn.

Wir bitten, dem teuren Verstorbenen ein stilles Gedenken im Gebete zu bewahren.

Neunburg vorm Wald, München, Wolfratshausen, Roßholzen, Nürnberg, Aschaffenburg, Unteraschau, Wohntreb, den 14. Oktober 1928.

Die tieftrauernde Gattin
nebst Hinterbliebenen.

Der Trauergottesdienst mit darauffolgender Beerdigung findet am Mittwoch, den 17. Oktober vormittag 10 Uhr statt.

Abb. 244 und Abb. 245: Die Traueranzeigen für die beiden Verünglückten.
Stadtarchiv Neunburg v.W.

Danksagung.

Für die Beweise herzlicher, aufrichtiger Teilnahme, sowie für die überaus zahlreichen und herrlichen Kranzspenden, welche mir anläßlich des Hinscheidens meines lieben Gatten, unseres unvergeßlichen Vaters, Schwiegervaters, Bruders, Onkels und Vetters

Herrn

Anton Mehltretter

Amtsgerichtsobersekretär a. D.

zuteil geworden sind, bitten wir Alle, die mit uns so innig gefühlt, unseren wärmsten Dank entgegen nehmen zu wollen.

Ganz besonders danken wir Hochw. Herrn Geistl. Rat Koller für die Spendung der hl. Sterbsakramente, Hochw. Herrn Chorregent Dietl für Krankenbesuch und tröstenden Beistand in der Sterbestunde, Hochw. Herrn Pater Ettl für die überaus trostreichen Worte am Grabe, Herrn Dr. Gradl für die aufopfernden ärztlichen Bemühungen, dem Kirchenchor für den erhebenden Gesang, Herrn Amtsgerichtsinspektor Wittmann und Herrn Obersekretär Nagel-Amberg für Kranzniederlegung und ehrenden Nachruf.

Ebenso aufrichtigen Dank der verehrl. Beamten-, Bürger- und Einwohnerschaft von hier und Umgebung für das zahlreiche letzte Geleite.

Neunburg vorm Wald, 19. Oktober 1928.

Familie Mehltretter.

Der Raupenzug

Einige werden sich fragen, was Raupen mit der Eisenbahn wohl zu tun haben. Aber lesen Sie selbst, was am 23. September 1926 der Reporter des „Neunburger Anzeiger“ seinen Leserinnen und Lesern dazu zu berichten wußte:

„Eine halbstündige Zugsverspätung hatte dieser Tage infolge eines nicht alltäglichen Anlasses auf der stark ansteigenden Nebenbahnstrecke Neunburg v.W. - Penting der Nebenbahnzug 4 zu verzeichnen. Ein von einem leergefressenen Kraut- und Rübenacker abwandernder Raupenzug wollte gerade den Schienenstrang passieren, als er von dem langsam die Höhe hinaufdampfenden Zug 4 erfaßt wurde. Den Bemühungen des Lokomotivführers gelang es jedoch nicht, die Maschine durch die nach Millionen zählende Raupenmenge zu zwingen. Da nun auch die schlüpfrig werdenden Schienen ein Schleudern der Räder verursachten, blieb nichts anderes übrig, als zurückzufahren, um dann mit erhöhtem Kraftaufwand, unterstützt durch reichliche Schienenbesandung mit besserem Erfolg die kritische Stelle zu nehmen.“

Sechs Wochen später stand in gleicher Zeitung zu diesem Ereignis zu lesen:
„Die vor einiger Zeit auch in unserem Blatte erschienene Notiz über den „Raupenzug“, der auf der Nebenbahnstrecke Bodenwöhr - Neunburg v.W. ein Verkehrshindernis gebildet haben soll, bedarf der Berichtigung. Nicht die Raupen haben nämlich den Zug zum Stehen gebracht, sondern die Ursache war, wie Nachforschungen ergeben haben, der starke Graswuchs auf dem Bahndamm und besonders neben dem Schienenstrang. Wären im Bezirk Neunburg v.W., wie berichtet wurde, die Raupen in solcher Unmenge aufgetreten, so müßten wohl sämtliche Kraut- und Rübenfelder längs der Bahnlinie und in weitem Umkreise vollständig kahlgefressen gewesen sein, was jedoch nicht der Fall war. Auch das Auftreten des Heerwurmes konnte im hiesigen Bezirk noch nie beobachtet werden. Vielmehr war die Sachlage die, daß das stark wuchernde Gras infolge des anhaltenden Regens sich über die Schienen neigte und beim Zermalmen durch die Räder der Lokomotive eine schlüpfrige Masse bildete, wodurch das Vorwärtskommen des Zuges infolge beständigen Zurückgleitens der Maschine einfach nicht mehr möglich war. Daß einige wenige Räupchen, die zufällig an den Grashalmen sich befanden, die Wirkung vielleicht noch etwas erhöht haben, soll gar nicht weiter untersucht und auch nicht in Abrede gestellt werden. Jedenfalls muß aber entschieden betont werden, daß dem Vorkommnis die eben geschilderte Ursache zugrunde lag. Die „Raupengeschichte“ gehört demnach in das Reich der Märchen verwiesen. (Vorstehende Zeilen wurden uns zur Aufnahme übersandt, möchten aber bemerken, daß uns bei telefonischer Anfrage von der Neunburger Bahnstation bestätigt wurde, daß seinerzeit die Raupen die Zugattentäter gewesen wären. Der Artikelschreiber stellt auch gar nicht in Abrede, daß die Raupen nicht dazu beigetragen haben. D. Red.)“

Fips

Hunde sind in der Regel intelligente Lebewesen und haben bisweilen, wie Menschen, ihre Eigenheiten. Besonders bekannt dafür sind die Promenadenmischungen. Ein Vertreter dieses vierbeinigen Rinnsteinadels mußte auch „Fips“ gewesen sein. Er hatte etwas Ähnlichkeit mit einem Spitz, schien aber darüberhinaus noch so manche andere Hunderasse in sich zu vereinen, war überall bekannt und beliebt und wohnte bei der Familie Peissner in Bodenwöhr.
Josef Peissner war in der Zeit von 1938 - 1945 Technischer Bahninspektor bei der Deutschen Reichsbahn, für den Streckenoberbau zuständig und berufsbedingt häufig mit dem Zug unterwegs - natürlich in Begleitung seines Hundes Fips.
Fips entwickelte im Laufe der Zeit immer mehr Gefallen an den Bahnausflügen mit Herrchen, lernte bald fast jede Bahnstation und vielleicht auch so manche interessante Hundedame kennen. Besonders die Strecke Bodenwöhr - Neunburg v.W. - Rötz hatte es ihm angetan. Waren es Fernweh, die schöne Landschaft, das Bahnfahren selbst oder eben bestimmte Artgenossinnen, die ihn plötzlich veranlaßten, ohne Herrchen auf Reisen zu gehen? Fips gab darüber keine Auskunft; es blieb sein Geheimnis. Jedenfalls kletterte Fips, wenn ihm danach zumute war, in den Zug nach Rötz, blieb meist auf der Plattform stehen und stieg an irgendeiner Station wieder aus. Die Passagiere amusierten sich über den kleinen, selbständigen, vierbeinigen Ausreißer und schon bald war das unternehmungslustige Kerlchen bei Stammfahrgästen bekannt.
Wollte Fips seinen Tagesausflug beenden, tippelte er mit seinen kurzen krummen Beinchen die Gleise bis zur nächsten Bahnstation entlang und wartete geduldig auf's Bockerl.
Auch die Bahnbediensteten der einzelnen Stationen kannten Fips. War Fips in den Zug eingestiegen, gaben die dann per Diensttelefon die Meldung durch, daß Fips mit dem nächsten Zug wieder in Bodenwöhr zu erwarten sei.

Der Ausreißer

Ungefähr einen Kilometer vom Bahnhof Bodenwöhr entfernt Richtung Neubäu an der Strecke Schwandorf - Furth i.W. steht das Bahnwärterhaus „Bahnposten 21". Die Zahl 21 bedeutet, daß das Bahnwärterhaus 21 Kilometer vom Bahnhof Schwandorf entfernt ist.
Frühjahr 1933. Der Reichsbahner Xaver Vogl und seine bessere Hälfte Margaretha sind vor einigen Wochen dort eingezogen. Es ist früher Nachmittag, ein starker Westwind hat die Wolken am Himmel weggeblasen. Margaretha Vogl erledigt ihre Hausarbeit und nebenbei einige kleine eisenbahnspezifische Aufgaben. Ihr Mann Xaver hat sich nach Einnahme der Mittagsmahlzeit wieder zum Bahnhof Bodenwöhr-Nord begeben und seine Tätigkeit am Schreibtisch aufgenommen.
Erst schwach, dann immer stärker werdend, vernimmt Margaretha Vogl durch das einen Spalt geöffnete Küchenfenster ein gleichmäßiges, dumpfes, metallisches Geräusch. Es kommt ihr zwar irgendwie bekannt vor, aber nicht in ihrer neuen Umgebung. Als sie nach draußen auf die Gleisanlage schaut, erschrickt sie. Unaufhaltsam nähert sich im Schrittempo der Blockstelle ein einzelner führerloser Güterwagen. Sofort meldet sie über Streckentelefon ihrem Mann die seltsame Erscheinung.
Der Waggon wurde kurz vorher mit anderen nach Bodenwöhr zurückgebracht, nachdem er in Neunburg v.W. bei der Firma Duscher tags zuvor entladen worden war. In Bodenwöhr haben die Rangierer nach dem Entkuppeln noch nicht einmal sein Verschwinden bemerkt. Ein einzelner davongelaufener Güterwaggon wäre eigentlich kein Problem, wenn er sich nicht ausgerechnet auf das Hauptgleis der zwischen Furth i.W. und Schwandorf verkehrenden Züge verirrt hätte. Zu allem Übel wird in wenigen Minuten auch noch der Personenzug aus Furth i.W. um 13.25 Uhr im Bahnhof Bodenwöhr erwartet.
Margaretha Vogl ist außer sich, sieht das drohende Unheil auf Zug und Waggon zukommen. Mittlerweile ist der Güterwagen auf Höhe der Blockstation. Die von ihr zur Abbremsung auf die Schienen gelegten Schottersteine werden von den Rädern zermalmt und verfehlen ihre Wirkung gänzlich. Der Waggon rollt mit gleichbleibender Geschwindigkeit weiter, Richtung Station Neubäu, dem Personenzug entgegen.
In diesem Streckenteil ist kein Haupt- oder Vorsignal, das auf „Halt" gestellt werden kann, zu weit hat sich der Güterwagen schon in die freie Strecke von dem Einfahrtsignal weg vorgearbeitet.
Margaretha Vogl sieht jetzt nur noch eine Chance, das drohende Unheil zu verhindern: sie läuft so weit und schnell, wie sie ihre Füße tragen können, am Gleisbett entlang, dem Güterwagen voraus, dem Zug entgegen. Als sie die zweite Kurve durchlaufen hat und der Blick auf den nun gerade vor ihr liegenden Schienenstrang frei ist, sieht sie auch schon den Personenzug herannahen. Sie nimmt ihr großes weißes Kopftuch und schwenkt es hin und her - in der Hoffnung, die Lokmannschaft würde diese „Zeichensprache" verstehen. Lokführer und Heizer merken sofort, daß hier irgendjemand nicht aus purer Freude einem Zug zuwinkt, sondern Gefahr im Verzug zu sein scheint. Sofort schließt der Lokführer den Regler seiner preußischen P 8 und leitet eine Vollbremsung ein. Der Zusammenstoß wird im letzten Moment noch verhindert. Margaretha Vogl fällt eine Zentnerlast von der Seele.
Als der Waggon dem inzwischen stehenden Personenzug immer näher entgegenrollt, öffnet der Lokführer wieder den Regler, nachdem er vorher noch rasch die Steuerung auf „rückwärts" ausgelegt hat, fährt langsam einige Meter rückwärts und fängt so mit seiner 38er behutsam den Waggon auf.

Die Erleichterung im Bodenwöhrer Bahnhof ist groß, als der Zug mit dem Ausreißer an der Spitze im Gleisvorfeld auftaucht.

Ausreißen konnte der der Güterwagen nur, weil erstens der hauptverantwortliche Rangierer nicht aufgepaßt hatte, zweitens die Achslager des Güterwagen deutscher Gründlichkeit gemäß immer bestens geschmiert waren und drittens der Waggon mit seinem hohen Aufbau dem starken Westwind eine große Angriffsfläche bot und dadurch „davongeblasen“ wurde.

Der Rangierer erhielt von seiner vorgesetzten Dienstbehörde in Amberg einen kräftigen Rüffel sowie eine saftige Geldstrafe, Margaretha Vogl ein offizielles Dankschreiben und 25 Reichsmark Belohnung... .

Vom Güterwagen überrollt

Für den Rangierer Xaver Vogl aus Blechhammer ist der 8. August 1939 ein Arbeitstag wie jeder andere. Güterwagen müssen für ihre Bestimmungsorte zu einem Zug zusammengestellt werden. Xaver Vogl und seine Mitarbeiter verrichten eine Routinearbeit, bei der aber die kleinste Unachtsamkeit tödliche Folgen haben kann.
Heute stehen auf den Rangiergleisen im Bodenwöhrer Bahnhof Waggons aus Cham und Furth i.W., die für ihre Ziele Frankenschleife und Rötz zusammengestellt werden müssen. Der Güterzug ist bis auf einen noch fehlenden Waggon zusammengestellt. Xaver Vogl steht zwischen den Schienen auf dem Schotter vor den bereitstehenden Waggons. Von der anderen Seite kommt die Rangierlokomotive mit dem noch fehlenden gedeckten Güterwagen langsam auf die Wagenschlange und den wartenden Xaver Vogl zu. Der hat schon die Wagenkupplung in der Hand; immer näher kommen Wagen und Lokomotive. Eigentlich müßte der Lokführer die Geschwindigkeit erheblich drosseln, denkt sich Vogl. Er versucht noch durch lautes Rufen auf sich aufmerksam zu machen - aber zu spät. Der verantwortliche Hauptrangierer hat einen Moment nicht aufgepaßt und dem Lokführer, der durch den hohen Güterwagen verdeckt den Rangierer nicht sehen kann, zu spät das Zeichen zum Bremsen gegeben.
Xaver Vogl hat noch schnell die Kupplung an den Haken des herannahenden Waggons gehängt, wird im gleichen Augenblick hart angefahren und auf das Gleisbett geworfen. Er hat riesiges Glück im Unglück; er kommt genau zwischen beiden Schienen auf den Gleisschwellen zu liegen, so daß der Waggon, ohne ihn weiter zu verletzen, mit seiner ersten Achse über ihn hinwegfährt. Weil nach dem Güterwagen schon die Dampflokomotive mit ihrem tiefhängenden Aschekasten folgen wird, reagiert Xaver Vogl, die drohende Gefahr vor Augen, blitzschnell: noch während der Waggon sich über ihn hinwegbewegt, rollt Vogl sich schnell bevor die zweite Achse kommt über die Schiene nach draußen - in Sicherheit. Unmittelbar darauf verliert er das Bewußtsein.
Mit schweren Prellungen und Hautabschürfungen wird er auf einer Draisine nach Hause zum Bahnposten 21 in die pflegende, fürsorgliche Obhut seiner Frau Margaretha gebracht.
Seine robuste Natur ermöglicht ihm schon nach wenigen Tagen der Ruhe und Erholung, seiner gewohnten Tätigkeit wieder nachzugehen.

Diesen Vorfall hätte eigentlich der diensthabende Fahrdienstleiter seinem Vorgesetzten melden müssen. Möglicherweise wegen Xaver Vogls Gutmütigkeit, besonders aber um sich peinliche Recherchen zu ersparen, die vor allem für den Hauptrangierer nicht ohne unangenehme Folgen geblieben wären, ließ man die Sache im Sande verlaufen - zum Nachteil des Xaver Vogl; sonst hätte der wenigstens einen verdienten Prozentsatz Unfallrente erhalten.

Der Unfalltod des Georg Götz

Am 19. Oktober 1936 ereignete sich in der Nähe des Neunburger Ostbahnhofs ein gräßliches Unglück, in dessen Verlauf dem Kohlenhändler Georg Götz aus Neunburg v.W. beide Beine abgefahren wurden.

Der Unfall trug sich nach Aussage verschiedener Augenzeugen ungefähr folgendermaßen zu: „Georg Götz, vielen Zeitgenossen unter dem Spitznamen „Gicko“ bekannt, war gerade im Begriff, mit seinem motorisierten Zweirad stadteinwärts zu fahren, als sich zur gleichen Zeit der fahrplanmäßige von Rötz herkommende Personenzug nach kurzem Halt am Bahnhof Neunburg v.W. Ost in Bewegung setzte. An der schrankenlosen Bahnüberfahrt beim Anwesen Grünbauer trafen Georg Götz und der Zug zusammen. Götz, der weder das Halten eines Ochsenfuhrwerkes, noch das durchdringende Pfeifsignal des herannahenden Zuges zur Kenntnis nahm, fuhr mit einer Geschwindigkeit von ungefähr 25 km/h geradeaus weiter, bemerkte jedoch plötzlich die Gefahr, riß seine Maschine noch geistesgegenwärtig nach links und kam über einen kleinen Abhang und Graben auf die Bahngleise. Das Kraftrad wurde sofort von dem unmittelbar an der Lokomotive angehängten Waggon erfaßt, einige Meter mitgeschleift und wieder hinausgeworfen, während Georg Götz stürzte und so unglücklich auf dem Gleis mit beiden Füßen zu liegen kam, daß sie ihm oberhalb des Knöchels abgetrennt wurden. Der Lokomotivführer, der anfänglich der Meinung war, Georg Götz wolle absichtlich nach links auf den Dammeinschnitt abbiegen und nicht den Bahnübergang passieren, bremste erst, als er durch das Geknatter, verursacht durch das Mitschleifen des Motorrads, aufmerksam wurde. Der Verunglückte wurde von herbeieilenden Passanten sofort unter dem Zug hervorgezogen. Um weiteren hohen Blutverlust zu vermeiden, wurden beide Beine abgebunden. Sanitäter transportierten den Schwerstverletzten, der außerdem noch eine Kopfwunde davontrug, ins Neunburger Krankenhaus. Kurz zuvor ist er von Kaplan Dr. Johann Baptist Auer mit den Heiligen Sterbesakramenten versehen worden.

Abb. 246: Einige Mitbürger bemühen sich um den am Boden liegenden Georg Götz. Unmittelbar zuvor spendete ihm Kaplan Dr. Johann Baptist Auer (im langen schwarzen Talar stehend neben dem Schwerstverletzten) die „Letzte Ölung“.
Foto: Sammlung Max Grünbauer, senior

Am nächsten Tag erlag Georg Götz im Krankenhaus seinen schweren Verletzungen. Ursächlich für seinen Tod waren jedoch nicht die abgetrennten Füße, sondern die erheblichen Kopfverletzungen, die er sich zuzog, als er bei dem Sturz vom Motorrad mit dem Kopf mit voller Wucht gegen das eiserne Trittbrett des Waggons prallte.

Todes-Anzeige.

Heute verschied an den Folgen eines Unglücksfalles unser lieber Bruder, Schwager, Onkel und Neffe

Herr Georg Götz

Kohlenhändler in Neunburg vorm Wald

versehen mit den hl. Sterbesakramenten, im 45. Lebensjahre.

Neunburg vorm Wald, Nürnberg, Freilassing, Regensburg, Burgweinting, Weiden, den 20. Oktober 1936.

In tiefer Trauer: Die hinterbliebenen Geschwister.

Der Trauergottesdienst mit darauffolgender Beerdigung findet am Donnerstag, den 22. Oktober vormittags 10 Uhr in Neunburg vorm Wald statt.

Abb. 247: Todesanzeige in der „Neunburger Zeitung“ *Hauptstaatsarchiv München*

Kohlen, Waffeln und Rosinen

Zweite Hälfte der dreißiger Jahre; die Wagengarnitur von Lokalbahnzug Nr. 5 steht noch ohne Lokomotive in Gleis 4 des Bahnhofs Bodenwöhr-Nord. Vereinzelt nehmen Reisende an einem sommerlich warmen Tag in den bereitstehenden Waggons Platz. Hinter der Personenzuggarnitur stehen noch vier weitere Waggons: zwei mit „Sonnebriketts" vollbeladene offene Güterwagen mit Bestimmungsbahnhof Erzhäuser, ein gedeckter Güterwagen mit Süßigkeiten und anderen Leckereien für die Firma Senft in Neunburg v.W. sowie direkt am Betonprellbock, der am Kopfende des Bahnsteigs gelegen ist, ein dreiachsiger preußischer Abteilwagen. Er dient als Reserve und wird nur im Bedarfsfalle bei hohem Passagieraufkommen zusätzlich eingesetzt. Das Dampfbockerl der Baureihe 98.8 hat vorne in der Nähe des Stellwerks seine Vorräte, Kohle und Wasser, ergänzt, rollt langsam an die bereitstehenden Personenwagen heran und wird angekuppelt. Weil die Bahnbetriebsleitung wegen der drei Güterwagen keinen Extrazug auf die Strecke schikken will, soll der Personenzug zu einem „PmG" (Personenzug mit Güterbeförderung) umfunktioniert werden. Bei Überprüfung der Begleitpapiere stellt sich allerdings heraus, daß wegen zu großer Anhängelast nicht alle drei Güterwagen mitgenommen werden können. Folglich kuppeln die Rangierer nur die beiden offenen Brikettwaggons an die Personenwagen an. Das Lokpersonal macht anschließend vorschriftsmäßig die Bremsprobe und wartet auf den Abfahrauftrag. Pünktlich, 13.19 Uhr dampft Zug Nr. 5 ohne „Senft-Waggon" Richtung Neunburg v.W. davon. Im Zug mit dabei sind auch zwei Rangierer, die in Erzhäuser die Abkoppelung der beiden Kohlewaggons vornehmen müssen.
Die Fahrt verläuft problemlos, aber die zwei schweren Güterwagen machen der kleinen 98er doch zu schaffen. Ungefähr 30 - 40 Meter vor der Station Erzhäuser fällt nach längerem Anstieg für ungefähr 100 Meter die Strecke leicht ab, bevor sie Richtung Penting weiter ansteigt; eine Bodenbeschaffenheit, die alle Rangierer bei der Bahn gerne für einen arbeit- und zeitsparenden, aber nicht ungefährlichen Trick beim Abkopplungsmanöver ausnützen, auch wenn dessen Anwendung ihnen ausdrücklich verboten ist. In der Eisenbahnersprache nennt man diesen Vorgang „Roussen". Damit das „Roussen" auch einwandfrei klappt, braucht man unbedingt eine gut aufeinander eingespielte dreiköpfige Mannschaft: Lokführer und zwei Rangierer; sonst kann 's schiefgehen - mit fatalen Folgen. Funktionieren soll das Ganze folgendermaßen: die Lokomotive zieht mit verlangsamter, aber nicht zu langsamer Geschwindigkeit den Zug bergan. Der eine Rangierer fährt auf dem Waggontrittbrett mit. Ungefähr 40 Meter vor dem Brechpunkt gibt der Lokführer mit der Dampfpfeife ein Zeichen. Er bremst die Lokomotive kurz ab, so daß die Kupplungsstränge der folgenden Anhänger nicht mehr gespannt sind, sondern leicht entspannt durchhängen können. In diesem Moment hebt der Rangierer die Kupplung aus dem Zughaken heraus. Damit nun aber durch den noch anhaltenden Schwung die Waggons nicht wieder auf die abgebremste Lok auffahren und ihrerseits gebremst werden, muß der Lokführer sofort nach dem Aushängen der Kupplung kräftig „Dampf geben" und davonfahren. Der zweite Rangierer läuft unterdessen nach vorne und wirft schnell die Weiche herum, nachdem der Hauptzug darüber hinweggerollt ist. Der verbliebene Schwung reicht nun für die führungslosen Waggons aus, um über den Brechpunkt hinweg in das gewünschte Gleis zu gelangen.

Schon unzählige Male gemacht, soll auch heute die Methode Anwendung finden, um die zwei Kohlewagen ins Erzhäuser Abstellgleis zu leiten.
Der Zug nähert sich Erzhäuser, das Zeichen ertönt, der Rangierer entkuppelt und die Lok fährt davon, das Waggonduo auf den Brechpunkt zu.

Wenige Sekunden später läutet in der Amtsstube des Fahrdienstleiters im Bahnhof Bodenwöhr das Telefon. Im Hörer vernimmt er eine aufgeregte Stimme und wird schreckensbleich. Was ihm da über den Fernsprecher mitgeteilt wird, kann er im ersten Moment kaum glauben, findet aber sofort seine Fassung wieder, rennt nach draußen und ruft laut mit sich überschlagender und zitternder Stimme irgendwelche Kommandos den wenigen anwesenden Bahnbediensteten zu. Auch die können nicht glauben, was da in wenigen Augenblicken auf sie zukommen soll: die beiden Kohlewaggons haben den Brechpunkt mangels Geschwindigkeit nicht überwunden, konnten nicht mehr aufgehalten werden und rasen jetzt führerlos und ungebremst die Strecke zurück, auf den Bahnhof Bodenwöhr zu. Allen anderen Herumstehenden befiehlt der Fahrdienstleiter, sich sofort aus dem Bahnhofsbereich zu entfernen. Er hofft, daß die Wagen spätestens in der letzten Kurve vor dem Einbiegen ins Bodenwöhrer Gleisvorfeld aus den Schienen getragen werden, will sich aber nicht darauf verlassen und überlegt, in welches Gleis er die rasenden Waggons leiten soll. Gleis 1 für die Züge von und nach Nittenau spielt wegen fehlender direkter Schienenverbindung keine Rolle. In Gleis 5 steht ein Arbeitszug. Aber in dieses Gleis kann man nur von der Further Seite herkommend einfahren. Also bleiben ihm nur drei Alternativen: Gleis 4, das „Rötzergleis“. Dort stehen der zurückgelassene „Senft-Güterwaggon“ und der preußische Abteilwagen. Gleis 2; das Hauptdurchgangsgleis für die Züge von und nach Schwandorf bzw. Furth i.W., auf dem er die Waggons auslaufen lassen könnte. Zu allem Unglück jedoch nähert sich zu diesem Zeitpunkt ein Zug aus Richtung Furth i.W.. Gleis 3 ist das Überholungsgleis und mündet auf Gleis 2. Er entscheidet sich für das kleinere Übel. Damit der Zug aus Furth i.W. erst gar nicht in die Gefahrenzone gelangt, stellt er Vor- und Hauptsignal auf Halt - und die Weiche für die zwei Waggons zur Einfahrt auf Gleis 4. In aller Eile werden von Bahnbediensteten noch zwei Hemmschuhe in der letzten Kurve vor dem Bodenwöhrer Gleisbereich auf den Schienen angebracht, um spätestens an dieser Stelle die Waggons zum Entgleisen zu bringen. Für weitergehende Maßnahmen bleibt keine Zeit mehr.

Abb. 248: 98 834 mit GmP 8375 zwischen Erzhäuser und Penting; März 1958.
Foto: Gottfried Turnwald

Lokführer und Rangierer in Erzhäuser gehen fast die Nerven durch. Trotz ausdrücklichen Verbots haben sie „gerousst“. Sie

denken weniger an den zu erwartenden hohen materiellen Sachschaden als vielmehr an die Gefahren, denen ahnungslose Menschen entlang der Strecke jetzt ausgesetzt sind und die nicht gewarnt werden können. Welche Folgen für sie eventuelle menschliche Opfer haben werden, welches Leid und Elend auch über sie hereinbrechen wird, kommt ihnen in ihrem bisherigen Eisenbahnerleben zum ersten Mal voll zu Bewußtsein. Aber sie können nichts mehr tun, nur hoffen und beten.
Unterdessen rast das Zweiergespann über die unbeschrankte, schienengleiche Verbindungsstraße zwischen Blechhammer und Erzhäuser und andere ungesicherte Übergänge und befindet sich auf dem geraden Streckenabschnitt durch den Wald vor der letzten Kurve, die in den Bahnhofsbereich von Bodenwöhr einmündet. Gottlob ist bisher alles glimpflich verlaufen. Sie rasen auf die Kurve und die zwei Hemmschuhe zu. Auch die können den Lauf nicht aufhalten und werden weit in den Wald katapultiert (einer wird erst durch Zufall 1942 wiedergefunden). Selbst in der Kurve vermag die Fliehkraft den Lauf der Waggons nicht zu verändern - zu tief liegt der Schwerpunkt. Ungebremst jagen sie ins Gleis 4 auf die zwei Waggons am Prellbock zu.
Sekunden später zerreißt ein ohrenbetäubendes Krachen die gespenstische Stille. Briketts und andere Gegenstände werden in hohem Bogen durch die Luft geschleudert. Ein riesiger schwarzer Kohlestaubpilz breitet sich über dem Bahnhof aus und behindert die Sicht. Erst nach einiger Zeit gibt die sich auflösende Staubwolke den Blick auf ein Bild der Verwüstung frei. Über alle Gleise verstreut liegen Kohlen und Briketts; dazwischen Waffeln, Gummibärchen, Rosinen, Plätzchen sowie Holz- und Metallteile der total zertrümmerten Güterwaggons. Die Wucht des Aufpralls hat den Abteilwagen über den oberen Prellbockrand gedrückt, so daß er hochkant gestellt mit seinen beiden Puffern an die Bahnsteigüberdachung heranreicht.
Den restlichen Tag sind Aufräumtrupps mit der Beseitigung der Schäden und Trümmer vollauf beschäftigt.

Warum über diesen schweren Zwischenfall in keiner lokalen oder regionalen Zeitung auch nur die kleinste Notiz zu finden ist, kann nur spekuliert werden. Viele Anwohner in Blechhammer und ehemalige Bahnbedienstete hingegen wissen von diesem Unfall und haben übereinstimmende Aussagen darüber gemacht. Nur das genaue Datum - wahrscheinlich Juli oder August (Schulferienzeit) 1937 - war nach beinahe sechzig Jahren nicht mehr in Erfahrung zu bringen.

Der Ritt auf dem Güterwaggon

Es gibt Menschen, die reiten auf Pferden, Eseln, Kamelen, Elefanten oder anderen vierbeinigen Lebewesen. Seltener sind da schon Varianten auf Straußen oder Delphinen. Aber auf einem Güterwaggon? Bei der Eisenbahn ist alles möglich!
Freitag, 31. März 1939; Rangierbetrieb im Haltepunkt Frankenschleife. Aus Rötz ist der mittägliche Nahgüterzug Ng 8384 nach Bodenwöhr eingetroffen. Zwei leere Niederbordwagen sollen dem Zug beigestellt werden. Eine Tätigkeit, die in der Regel flott erledigt ist. Und gerade dann, wenn etwas zur Gewohnheit geworden ist, schleichen sich manchmal kleine Fehler durch Unachtsamkeit ein.
Der Zugführer steht zum Ankuppeln bereit auf dem Trittbrett eines der Niederbordwagen, als die Lokomotive etwas zu scharf herangefahren kommt, nicht frühzeitig genug abgebremst wird und den zwei Waggons eine heftigen Stoß versetzt, die dadurch ins Rollen kommen.
Unglücklicherweise verläuft von der Frankenschleife Richtung Neunburg v.W. die Bahnlinie leicht abschüssig. Der Zugführer weiß nun nicht recht, ob er abspringen oder bleiben soll. Während er noch überlegt, werden die Waggons immer schneller, so daß ein Abspringen für den Zugführer gefährlich werden kann. Er entschließt sich, auf die Ladefläche zu klettern. Die Lokmannschaft reagiert sofort und fährt in Windeseile dem Ausreißer hinterher. Mit zunehmender Geschwindigkeit der führerlosen Niederbordwagen steigt die verständliche Furcht des Zugführers vor einem Unglück überproportional. Völlig verkrampft, das Schienenband vor Augen, sitzt der hilflose Eisenbahner ängstlich kauernd auf den Holzplanken des Waggons, während ihm gleichzeitig die verschiedenen Unglücksmöglichkeiten durch den Kopf schießen: aus einer Kurve getragen zu werden, eine Kollision mit einem entgegenkommenden Zug, ein Zusammenstoß mit einem Gefährt an einer Straßenüberführung, und viele andere mehr. Für das schöne in zartes frühlinghaftes Grün getauchte Schwarzachtal hat der arme Kerl in diesen Minuten keinen Blick übrig. Inzwischen ist Obermurnthal durchfahren und Kröblitz schon in Sichtweite. Die entsetzte Lokmannschaft läßt zur Warnung die Dampfpfeife ertönen, macht ihrer 98er weiterhin gehörig Dampf und ist mittlerweile auf ungefähr 200 Meter herangekommen. Die Waggons aber rollen mit unverminderter Geschwindigkeit weiter - den unbeschrankten schienengleichen Straßenübergängen von Neunburg v.W. entgegen... . Da hockt er nun auf dem Waggonboden, der Zugführer, schicksalsergeben, wie ein Häufchen Elend, mit schlotternden Knien, schreckensbleichem Gesicht, weit aufgerissenen Augen, die Vierzehn Nothelfer anflehend, - und kann nichts tun, nur hoffen und beten! Im Geiste sieht er sich und die Waggons mit Karacho durch den Haltepunkt Neunburg v.W. Ost sausen, danach in die Rechtskurve, weiter über das Viadukt und rein in die Gleisanlagen des Neunburger Bahnhofs. Ihm wird speiübel bei diesen Gedanken. Je näher aber die zwei Waggons mit ihrem „Jockey“ der Bahnstation Neunburg v.W. Ost kommen, um so mehr rückt auch die Dampflok an sie heran. Plötzlich bemerkt der Zugführer, daß seine zwei Waggons langsamer werden - wegen der leichten Steigung vor Neunburg vorm Wald. Gott sei Dank! Die Geschwindigkeit sinkt weiter und allmählich kommen die zwei Niederbordwagen zum Stillstand. Auch Lokführer und Heizer haben ihre 98er angehalten, sind herabgestiegen und zu den „Ausreißern“ geeilt. Völlig entnervt, immer noch käseweiß, aber überglücklich wird der erschöpfte Zugführer von den beiden Lokmännern vom Waggon runtergeholt und mit einer speziellen flüssigen „Medizin“ versorgt. Er erholt sich rasch.
Später wird er von sich sagen können, im ganzen Landkreis wohl der einzige gewesen zu sein, der jemals auf einem Güterwaggon geritten ist - wenn auch unfreiwillig.

Der Fall Albert Maderer

Mai 1943. Obwohl zu dieser Zeit schon eine deutsche Stadt nach der anderen durch verheerende alliierte Bombenangriffe in Schutt und Asche sinkt, bekommen die Menschen in Neunburg v.W. und Umgebung nicht allzu viel von den Tod und Verderben bringenden Ereignissen mit. Daß der Krieg zu diesem Zeitpunkt eigentlich schon verloren ist, wissen nur wenige Eingeweihte. Um den „Endsieg" für Deutschland zu erringen, mobilisiert eine geschickt täuschende Propaganda tausende junge Männer zum freiwilligen Kriegsdienst. Auch einige Neunburger wollen sich durch ihren Einsatz in den Dienst der Sache stellen.
Und so warten am Sonntagabend des 9. Mai 1943 mehrere junge Neunburger Männer, umringt von ihren engsten Familienmitgliedern, Verwandten und Freunden am „Hauptbahnhof" auf den letzten Zug des Tages Richtung Bodenwöhr, um anschließend von dort zur Rekrutierung nach Regensburg weiterzufahren. Unter ihnen ist auch der erst 15jährige Albert Maderer.
Keine Spur von gedrückter Kriegsstimmung. Man unterhält sich mit den Seinen, schäkert mit den Mädels, als endlich der Dampfzug mit seiner neuen Lokmannschaft eintrifft. Es gehört fast schon zur Normalität, daß der Zug erst noch auf einem Nebengleis bereitgestellte Güterwaggons mitnehmen muß. Im Verlauf des Rangiermanövers setzt der Zug in das Nebengleis zurück; die Waggons werden angekuppelt, der Zug zieht wieder vor zum Bahnsteig, so daß dann die Reisenden einsteigen können.
Auch heute müssen zwei Waggons angehängt und nach Bodenwöhr mitgenommen werden. Die meisten Passagiere steigen schon vor dem Rangieren ein, während Albert Maderer und sein Freund, der Gymnasiast Rudolf Bedacht, die kurze noch verbleibende Zeit bis zur endgültigen Abfahrt bei ihren Verwandten und Freunden verbringen wollen.
Als hinten im Nebengleis die Waggons angekuppelt sind, betätigt der Lokführer kurz die Dampfpfeife und setzt den Zug in Bewegung. Niemand ahnt, daß Sekunden später ein entsetzliches Drama die fröhliche Sonntagsstimmung ins Gegenteil verkehren wird: der neue Lokführer wähnt alle Reisenden schon zugestiegen und beschleunigt seinen Zug ohne am Bahnsteig noch einmal anzuhalten. Zu spät erkennen Albert Maderer und Rudolf Bedacht die Situation, laufen eilenden Schrittes nebenher und wollen auf den fahrenden Zug aufspringen. Rudolf Bedacht gelingt es einen Einstieg zu erreichen und wird unter Beihilfe des Mitreisenden Max Grünbauer auf die Waggonplattform hochgezogen - als plötzlich ein gellender Aufschrei ertönt und die Umstehenden sich entsetzt die Hände vors Gesicht schlagen. Albert Maderer wollte an einem anderen Einstieg aufspringen, erfaßt die seitlich angebrachte Haltestange, rutscht aber auf dem Trittbrett aus und schafft es nicht mehr sich an der Stange festzuhalten. Er dreht sich um 180 Grad, prallt mit dem Rücken gegen die Waggonseite, rutscht ab und fällt unter den rollenden Zug.

Lebensgefährlich verletzt wird Albert Maderer geborgen. Seine linke Hand unterhalb der Elle sowie sein rechtes Bein unterhalb vom Knie sind abgequetscht. Der anwesende Ferdinand Duscher leistet Erste Hilfe, bindet die Wundstellen ab und bringt Maderer, unterstützt von anderen Passanten, ins Neunburger Krankenhaus. Dort werden weitere sieben Knochenbrüche festgestellt und die Tatsache, daß sein rechter Arm für immer steif bleiben wird. Nach der Notversorgung in Neunburg v.W. wird Albert Maderer mit einem Krankenwagen zur Operation nach Schwandorf gebracht.

Trotz dieses fürchterlichen Ereignisses läßt sich der junge Mann nicht unterkriegen und stellt sich voll Lebensmut seinem Schicksal. Schon ein Jahr später spielt er - soweit es die Behinderung zuläßt - mit Hilfe seiner Prothesen mit seinen Freunden Fußball. Später macht er sogar seinen Motorradführerschein.

Duplizität der Ereignisse: Am gleichen Tag wird sein älterer Bruder im Partisanenkrieg auf dem Balkan schwerst verwundet - ausgerechnet am Muttertag!

Das Bockerl im Visier amerikanischer Jagdflieger

April 1945. Militärisch ist der Zweite Weltkrieg schon längst zugunsten der Alliierten entschieden. Nur noch vereinzelt führen deutsche Jagdflieger einen heldhaften, aber aussichtslosen Kampf am Himmel gegen die alliierte Übermacht. Vor allem Mangel an Treibstoff hält sie am Boden. Die Alliierten beherrschen nahezu vollständig den gesamten deutschen Luftraum - und machen leider nicht selten auf unrühmliche Art und Weise davon Gebrauch, so auch in der Oberpfalz. Es herrscht eben der von den Nazis gewollte Totale Krieg, der sich nun auch gegen die eigene Bevölkerung richtet. Passanten, Radfahrer und Pferdefuhrwerke werden von britischen und amerikanischen Tieffliegern ebenso beschossen wie Bauern auf dem Feld. Auch Personenzüge auf kleinen Nebenstrecken bleiben nicht verschont. Die Gegend um den Bahnhof Bodenwöhr-Nord ist ohnehin sehr gefährdet: Dort werden nahezu noch täglich in den letzten Kriegsmonaten auf einem Rangiergleis Flugzeugteile für die Endmontage in den Regensburger Messerschmitt-Werken verladen. Amerikanische Jagdflugzeuge halten im Tiefflug Ausschau nach den ausgelagerten Messerschmitt-Produktionsstätten, die sich durch den Wald hervorragend getarnt, teilweise unterirdisch in der Nähe von Mappach befinden. Auch am Dienstag, den 17. April 1945, überfliegen am Vormittag amerikanische Flugzeuge suchend die Gegend.

Bei Fliegeralarm und Fliegerangriffen

läuft der Eisenbahnbetrieb weiter

werden Bahnhöfe möglichst rasch – auch vor planmäßiger Abfahrzeit – von besetzten Zügen geräumt

fahren Züge unter Umständen auf Bahnhöfen ohne Halten durch

darf beim Halten eines Zuges auf freier Strecke nicht ausgestiegen werden

ist beim Halten auf Bahnhöfen ruhig auszusteigen und der nächste Sammelschutzraum (oder Schutzgraben) aufzusuchen, auf den zahlreiche Schilder hinweisen

ist jeder unnötige Aufenthalt auf Bahnhöfen zu vermeiden

sind die Verdunklungsmaßnahmen der Reichsbahn in den Zügen ganz besonders zu beachten

Deutsche Reichsbahn

Auf Gleis 4 des Bahnhofs Bodenwöhr-Nord steht abfahrbereit Zug Nr. 2843; planmäßige Abfahrt nach Rötz 7.56 Uhr. Weil er um die Sicherheit der Fahrgäste und des Zugpersonals wegen der amerikanischen Tieffliegerfürchtet, erteilt der Fahrdienstleiter dem kleinen Zug keine Ausfahrterlaubnis. Um nicht von einem plötzlichen Luftangriff überrascht zu werden, suchen die Menschen im Bahnhofsgebäude und in der Gleisunterführung Schutz. Als nach etwa einer Dreiviertelstunde keine akute Gefahr mehr zu bestehen scheint, begeben sich nach und nach ungefähr fünfzehn Fahrgäste in die zwei Personenwaggons. Unter ihnen ist die 19-jährige Rotkreuz-Helferin Anneliese Schefter aus Lehrte bei Hannover. Sie will endlich nach langer Zeit ihre Mutter und ihre beiden jüngeren Schwestern einmal wiedersehen, nachdem die Familie zunächst wegen den alliierten Bombenangriffen nach Forst an der Neiße, dann von dort, wegen den heranrückenden sowjetischen Truppen, mit einem Flüchtlingszug nach Neunburg vorm Wald evakuiert worden war. Mit dabei im Zug der Junghelfer bei der Deutschen Reichsbahn Robert Wittmann aus Bodenwöhr, das Ehepaar Katharina und Georg Zinnbauer aus Penting mit seinem sechs Monate alten Söhnchen Helmut, sowie die Hebamme Theresia Steiner und deren Schwester Anna Stabl. Katharina Zinnbauers Schwester Gretl Reichert, ebenfalls aus Penting, stellt sich mit ihrem Fahrrad auf die Waggonplattform. Zu den Reisenden ge-

sellen sich noch die 14-jährige Realschülerin Maria Götz aus Nürnberg, die, nachdem die Amerikaner in der Nacht des 2. Januar 1945 ihre wunderschöne, mittelalterliche Heimatstadt in Schutt und Asche gebombt hatten, mit ihren Eltern bei ihrer Tante mütterlicherseits in Neunburg v.W. eine vorübergehende Bleibe gefunden hat. Mit eingestiegen ist Georg Bösl, Beamter im Neunburger Landratsamt, der gerade zuvor sein Motorrad im Gepäckwagen hinter der Lokomotive untergebracht hat; außerdem der Wehrmachtsangehörige, Jurist und spätere Landgerichtspräsident in Regensburg Dr. Felix Odersky. Auf seinem Weg ins Lazarett bei Chamerau nimmt er sich einige Stunden Zeit, um seine Familie in Neunburg v.W. zu besuchen. Seine Lieben konnten noch rechtzeitig vor den heranrückenden sowjetischen Truppen aus Schlesien Richtung Westen flüchten und haben seit 15. Februar 1945 bei der Familie Eckl liebevolle Aufnahme gefunden. Auch Karl Probst aus Neunburg v.W. will in seine Heimatstadt. Mit einem Gestellungsbefehl sollte er sich in Trasching bei Roding zum Volkssturm einfinden. Für den Sechzehnjährigen endet die Anreise schon in Bodenwöhr. In der Nacht zuvor wurde Schwandorf von einem schweren Bomberangriff heimgesucht. Bahnanlagen sowie rollendes Material sind schwer beschädigt. Für ihn wie für Dr. Odersky bedeutet dies, daß Richtung Furth i.W. kein Zug mehr verkehren kann.
Mit knapp einstündiger Verspätung erhalten gegen 9 Uhr Lokführer Adolf Daiser und sein Heizer Johann Zisler auf ihrer Dampflok vom Fahrdienstleiter endlich den Abfahrauftrag, in dem Glauben und der trügerischen Hoffnung, daß nun „die Luft rein“ sei. Adolf Daiser öffnet behutsam den Regler seiner 98er. Zug Nr. 2843 mit seiner ahnungslosen Schicksalsgemeinschaft dampft los Richtung Rötz - seinem Unheil entgegen.
Bei Erzhäuser preschen plötzlich zwei amerikanische Jagdflugzeuge vom Typ P 51 Mustang aus Richtung Neukirchen-Balbini heran und haben den kleinen Zug im Visier. Gerade auf diesem Streckenabschnitt führen die Schienen auf einem höhergelegenen Bahndamm entlang und zeigen den Zug wie auf einem Präsentierteller - mit fatalen Folgen. Während der erste Jagdbomber direkt wie ein Geier im Sturzflug eine leichte Rechtskurve beschreibend von schräg hinten auf den Zug zurast, fliegt der zweite ungefähr tausend Meter weiter Richtung Schwandorf, um den Zug von der anderen Seite her aufs Korn zu nehmen. Der erste Jagdbomber beschießt den vorderen Teil des Zuges: Lokomotive, Gepäckwagen und ersten Personenwaggon. Lokführer Adolf Daiser, der den Zug ungefähr bei Kilometer 3,7 inzwischen zum Stehen gebracht hat, wird durch einen Lungensteckschuß lebensgefährlich verwundet. Heizer Johann Zisler bleibt unverletzt. Von den Patronen und Leuchtspur-Explosivgeschossen getroffen, entweichen der Lokomotive Dampf und Wasser. Weitere Geschosse haben die Außenwand des Gepäckwagen durchschlagen und unter anderem das Motorrad des Georg Bösl getroffen. Das auslaufende Benzin entzündet sich sofort, und im Nu werden der Gepäckwagen und sein Inhalt ein Raub der Flammen.
Im ersten Personenwaggon hat Robert Wittmann die heranfliegende Gefahr sofort erkannt und nach kurzer, aber lauter Warnung an die anderen Passagiere sich über die Plattform nach außen in einen nahestehenden Holzschuppen gerettet, während Maria Götz Bruchteile von Sekunden später noch auf ihrem Platz sitzend von todbringenden Patronen durchsiebt wird. Gretl Reichert bleibt wie durch ein Wunder unverletzt, ihr Fahrrad hingegen wird völlig zertrümmert. Die Geschoßsalven des ersten Jagdbombers setzen darüberhinaus auch noch das Anwesen Rösch neben dem Bahndamm in Brand.
Karl Probst und einige Fahrgäste haben versucht, im Waggon zum Teil unter den Sitzen Schutz zu finden. Nachdem der erste Angriff vorbei ist, schnappt Karl Probst geistesgegenwärtig noch schnell seinen Koffer, schwingt sich durch ein Fenster ins Freie, rutscht den Bahndamm hinunter, rennt so schnell ihn die Füße tragen können ebenso auf den oben erwähnten Schuppen zu und verkriecht sich hinter einem Holzstoß, um das Ende des Angriffs abzuwarten. Unterdessen hat der zweite Jagdbomber aus der anderen Richtung sein Feuer auf den kleinen Lokalbahnzug und seine wehr- und hilflosen Fahrgäste eröffnet. Allen wird in diesen Sekunden des Infernos brutal vor Augen geführt, wie nahe Leben und Tod beieinander liegen. In Panik versuchen die restlichen Passagiere, den Zug fluchtartig zu verlassen. Den meisten gelingt es; auch der Familie Zinnbauer. Für Anneliese Schefter endet der Fluchtversuch jedoch mit dem sofortigen Tod: Als sie nach Verlassen des ersten Waggons vom Bahndamm zu dem schutzgebenden Schuppen hinübereilt, durchschlagen Geschosse ihr Herz und ihren Hals.

Es folgen noch zwei weitere Angriffe, ehe der fürchterliche Spuk vorbei ist und die amerikanischen Jagdflieger endlich davonziehen. Zurück bleiben neben den beiden Toten u.a. einige Leicht- und Schwerverletzte sowie ein seltsamerweise unversehrter zweiter Personenwaggon.
Zur gleichen Zeit sieht in Neunburg vorm Wald Anna Braun von ihrer Wohnung aus die Flugmanöver der amerikanischen Jagdflieger mit bangen Gefühlen und großer Sorge. Sie ahnt, daß ihr Mann Franz sich in höchster Gefahr befindet.
Franz Braun wurde im Rußlandfeldzug an der rechten Hand so schwer verletzt, daß er sie praktisch nicht mehr voll gebrauchen kann. Er hat, für den Militärdienst nicht mehr verwendbar, eine Stelle als Streckengeher bei der Reichsbahn erhalten. Zu seinem Bereich gehören abwechselnd die Streckenabschnitte Bodenwöhr-Neunburg v.W.und Bodenwöhr-Nittenau, und heute ist wieder Bodenwöhr-Neunburg v.W. an der Reihe....
Anna Brauns böse Ahnungen sollen sich bestätigen, als der 14-jährige Walter Odersky, der in seinem späteren Leben einmal der Präsident des Bundesgerichtshofs sein wird, ihr im Auftrag seines Vaters ausrichtet, daß ihr Mann den Luftangriff zwar schwerst verwundet überlebt hat, aber dem ersten Eindruck nach sein Zustand nahezu hoffnungslos ist.
Nachdem er seinen Gang von Neunburg v.W. nach Bodenwöhr absolviert hatte und sich danach auf der Heimfahrt befand, wurde Franz Braun bei der Attacke durch Leuchtspurmunition so schwer verletzt, daß ihm - tragische Ironie des Schicksals - im Neunburger Krankenhaus der l i n k e Arm amputiert werden mußte. Und er überlebte!

Dieser Zug war der letzte, der bis zum Kriegsende auf der Strecke Bodenwöhr - Neunburg v.W.- Rötz verkehrte.

Es spricht für das großartige Organisationstalent sowie die enorme Arbeitskraft der Eisenbahner, daß schon Ende Mai, drei Wochen nach Kriegsende, die Strecke werktags von einem Zugpaar wieder bedient werden konnte. Mit Erscheinen des Fahrplans vom 10. Oktober 1945, herausgegeben von der Deutschen Reichsbahn, Reichsbahndirektion Regensburg, wurde der regelmäßige Betrieb auf zwei Zugpaare, die nur werktags jeweils morgens und abends verkehrten, ausgedehnt - und langsam der Weg in die Normalität zurückgefunden.

Abb. 249, links oben: Der Kriegsschauplatz heute (1995), von Osten her aus der Luft betrachtet. Die schwarzen Striche zeigen den Bereich, in dem der Zug zum Halten kam und unter Beschuß genommen wurde. Unmittelbar neben dem Bahndamm das Anwesen des Wolfgang Spitzer. In seinem Haus fanden die Passagiere Zuflucht und Erste Hilfe.

Abb. 250, links unten: Der gleiche Ort aus der Sicht von Westen.

Abb. 251, oben: Einer der Überlebenden, Karl Probst (links), betrachtet ein Teilstück des getroffenen Gepäckwagens, das heute bei Wolfgang Spitzer (rechts) in Erzhäuser als Abdeckung für Brennholz dient. Rechts sind die Einschußlöcher im Blech deutlich zu erkennen. *Alle Fotos: Johannes Wiemann*

Der Elendszug

Samstag, 24. Februar 1945. Gegen 8.00 Uhr morgens läutet bei Neunburgs Bürgermeister Carl Mayerhofer das Telefon; am anderen Ende der Strippe die Kreisleitung in Roding. Die Information ist kurz, aber inhaltsschwer: ein besonderer Zug mit Insassen in gedeckten Güterwaggons befindet sich auf dem Weg nach Neunburg v.W. und wird dort in ungefähr einer Stunde eintreffen. An Bord des Zuges sind Flüchtlinge aus der Lausitz, die vor den heranrückenden sowjetischen Truppen evakuiert worden sind. Begleitet werden sie von zwei Krankenschwestern und einem evangelischen Geistlichen. Wenn man sie in Neunburg v.W. schon nicht für längere Zeit aufnehmen kann, so soll man ihnen wenigstens eine Notversorgung zuteil werden lassen.
Bürgermeister Carl Mayerhofer setzt daraufhin Oberinspektor Ellert in Kenntnis, der seinerseits die Versorgung durch die Stadt Neunburg v.W. anordnet.
Als der angekündigte lange Güterzug gegen 9.00 Uhr am Bahnhof Neunburg v.W. Ost zum Stehen kommt, haben Frauenschaft, Ärzte und Krankenschwestern in größter Eile die notwendigsten Vorbereitungen getroffen. Beim Öffnen der Waggontüren werden viele von ihnen vor Schrecken leichenblaß. Bestialischer Gestank schlägt ihnen entgegen, und es bietet sich ihnen ein Bild unvorstellbaren Grauens und Elends: Die Insassen sind in der Mehrzahl alte, schwer geistig behinderte Menschen. Sie liegen völlig verwahrlost und verdreckt in ihren eigenen Exkrementen, zeigen kaum Reaktionen, blicken den um Fassung ringenden Krankenschwestern starr und apathisch entgegen. Einigen Helferinnen und Helfern geht der Anblick über ihre psychische Kraft. Sie wenden sich angeekelt ab, als man unter den Geisteskranken sogar Leichen entdeckt, die später auf dem Neunburger Friedhof namenlos ihre letzte Ruhestätte finden werden. Auch die drei Begleitpersonen sind am Ende ihrer Kräfte.
Nachdem der erste Schock überwunden ist, bemühen sich die Krankenschwestern und Helferinnen der Neunburger Frauenschaft, diesen armseligen Geschöpfen wenigstens ein Mindestmaß an hygienischer und medizinischer Versorgung angedeihen zu lassen. Auf Tragen werden die Menschen in die Neunburger Mädchenschule gebracht, gewaschen, mit frischer Kleidung und Lebensmitteln versorgt.
Der Zug erregt großes Aufsehen in der Pfalzgrafenstadt. Immer mehr Bewohner werden Zeugen dieses unvergeßlichen, jammervollen Anblicks.
Um das Gleis frei zu machen, setzt der Lokführer den Zug in den Neunburger Hauptbahnhof zurück. Dort sind freiwillige Helfer damit beschäftigt, die verdreckten Waggons notdürftig zu reinigen und mit Decken, Matratzen und Stroh auszustaffieren.
Am späten Nachmittag werden die Güterwaggons wieder zum Haltepunkt Neunburg v.W. Ost gebracht und die ungefähr 150 Elendsgestalten nach der Notversorgung in den Zug zurückgeführt. Gegen 17.00 Uhr verläßt der Kretinenzug den Neunburger Ostbahnhof.
Wohin der Zug dirigiert wurde, welchem Schicksal seine Insassen entgegenfuhren, ist nicht bekannt.

Zwei Tage später, am 26. Februar 1945, trifft aus Görlitz an der Neiße ein Lazarettzug in Neunburg v.W. ein. Auch seine Insassen - Patienten, Krankenschwestern und Ärzte - sind vor den heranrükkenden Sowjetsoldaten mitsamt der beweglichen medizinischen Ausrüstung des dortige Krankenhauses nach Bayern evakuiert worden. Sie finden im Theresia-Gerhardinger-Kloster der Armen Schulschwestern und in der Mädchenschule, oft sogar nur mehr auf Stroh gebettet, bis über das Kriegsende hinaus vorübergehende Bleibe.

Ein Leben mit Krücken und Prothesen

15. März 1947. Angenehme, milde Temperaturen herrschen an diesem Samstagnachmittag. Die Sonne sendet schon recht kräftige Strahlen und läßt die Schneereste allmählich dahinschmelzen. Es wird langsam Frühling. Nichts deutet darauf hin, daß dieser Tag für den 11jährigen Pentinger Bürger, Fritz R., der schicksalhafte Wendepunkt seines weiteren Lebens sein wird.

Mit zwei Freunden hat er sich nach Erledigung seiner Hausaufgaben zur Nachbarstadt Neunburg v.W. aufgemacht. Für die drei gleichaltrigen Buben gibt es in dem größeren Neunburg v.W., obwohl erst knapp zwei Jahre nach Kriegsende vergangen sind, doch einiges mehr zu sehen und zu erleben als im kleineren Heimatort Penting. Sie verbringen die Zeit mit „Schmatzen" und Spazierengehen, schauen sich die Auslagen in den Schaufenstern der Geschäfte an, beäugen interessiert die neuesten Bilder und Plakate des Kinos, spielen mit anderen Freunden Fußball - kurzum, erfreuen sich ihres jungen, unbeschwerten Lebens.

Mit dem Nachmittagszug müssen die Pentinger Buben wieder zurück nach Hause und steigen gegen 17.15 Uhr am Bahnhof Neunburg v.W. Ost in einen der vier alten Lokalbahnwaggons. Weil's so angenehm mild ist, bleiben sie draußen auf der Plattform und lassen sich das Duftgemisch aus Vorfrühlingsluft und Lokomotivendampf um ihre jungen Nasen wehen.

Nach einem längeren Zwischenaufenthalt im Neunburger Bahnhof, ist der kleine Zug auf seiner Fahrt nach Bodenwöhr nur noch wenige Meter von der nächsten Haltestation, Penting, entfernt.

Unvorsichtigerweise jedoch haben die Buben das Sperrgitter schon geöffnet, um noch vor dem Anhalten von der Waggonplattform abzuspringen, als der Zug die Einfahrtsweiche befährt, die Waggons deswegen stark gerüttelt werden - und das Schicksal seinen grauenhaften Lauf nimmt. Genau nachzuvollziehen ist es nicht mehr; war es das Rütteln alleine oder wurde einer der Freunde auf Fritz R. geschleudert.

Alles ereignet sich blitzschnell. Der 11jährige verliert den Halt, stürzt von der Plattform und gerät unversehens mit seinen Beinen unter die Räder des Waggons. Seine Freunde sind vor Schreck fast gelähmt. Auch er hat im ersten Moment noch nicht begriffen, was Sekunden zuvor mit ihm passiert ist. Bei vollem Bewußtsein sieht er die zwei Stummel seiner Füße auf der anderen Schienenseite zwischen den Schwellen auf dem Schotter liegen. Er verspürt keinen Schmerz, wird nicht bewußtlos, umreißt aber allmählich die lebensverändernde Tragik seiner unfaßbaren Situation. Sofort wird Hilfe herbeigeholt, Sanitäter bemühen sich um den lebensgefährlich verletzten Buben. Der dramatischen Lage entsprechend spendet ihm Pfarrer Bauer aus Penting die Krankensalbung. Bewußtlos wird Fritz R. erst durch die Narkose auf dem Operationstisch. Als er nach der Operation wieder erwacht, muß er feststellen, daß ihm, obgleich durch die Waggonräder „nur" die Füße vom unteren Teil des Unterschenkels abgefahren worden waren, beide Beine sogar bis unmittelbar unterhalb des Beckens amputiert wurden... .

Nach 11 Wochen kommt er nach Hause. Von nun an muß sich Fritz R. ohne Beine durchs Leben kämpfen. Ein Durch's - Leben - gehen wird es für ihn nie geben. Und er kämpft! Er hadert nicht mit seinem Los - was hätte es ihm auch genutzt -, bietet tapfer dem Schicksal die Stirn und läßt sich, wie der junge Albert Maderer, nicht unterkriegen. Er macht seinen Schulabschluß und beginnt in Bodenwöhr - Ironie des Schicksals - eine Lehre bei der Eisenbahn. Jahrelang schleppt er sich täglich auf Krücken bei jedem Wetter zur über einen Kilometer entfernten Pentinger Bahnstation, um von dort mit dem Zug nach Bodenwöhr-Nord zu seinem Arbeits-

platz zu gelangen. Selbst hohe Schneewehen im Winter können ihn nicht aufhalten.
Von 1954 bis zu seiner Pensionierung 1993 verrichtet er bei der Eisenbahn stets zuverlässig seinen Dienst als Bahnbeamter.
Fritz R. ist nicht unzufrieden, hat sich seinem harten Schicksal gefügt und versucht nun zusammen mit seiner Frau den verdienten Ruhestand zu genießen.

Ein Leben ohne Beine leben zu müssen, kann eigentlich nur der ermessen, der sich in ähnlicher oder gleicher Situation befindet.
Wie erbärmlich wirken, besonders materielle Wünsche und Forderungen, die sich jeglicher Bescheidenheit entziehen, versucht man das tragische Glücksempfinden eines jungen, hoffnungsvollen Menschen zu verstehen, der, den dunkelsten Tiefen seines Lebens entronnen, sich am Weihnachtsfest 1947 über ein Geschenk besonders freute: zwei Beinprothesen... .

Die Musik kam mit dem Bockerl

Der Zweite Weltkrieg war endlich vorbei und langsam kehrte Normalität in das Leben der Menschen ein. Lange waren ihnen Festlichkeiten, Feiern und Fröhlichsein verwehrt gewesen. Umso verständlicher war vor allem bei den jungen Menschen beispielsweise der Wusch nach Tanzveranstaltungen. Aber leider fehlte es an entsprechenden Räumlichkeiten. Einer der wenigen Tanzböden war in der großen Schloßbrauerei zu Kröblitz. Zu besonderen Festen und Feiertagen wie Fasching, Ostern, Pfingsten oder Kathrein fanden dort Tanzveranstaltungen statt. Daß sie von besonderer Qualität waren, hatte sich bei den Menschen in der näheren und weiteren Umgebung von Kröblitz rasch herumgesprochen. Für Musik sorgte nämlich eine Kapelle aus Bruck, denn Gleichwertiges war zu dieser Zeit in den angrenzenden Ortschaften nicht aufzutreiben. Die Jungs kamen im Gegensatz zu heute ohne überdimensionierte, trommelfellmarternde Verstärkeranlagen, Lichtorgeln oder ähnliche Diskothekenausstattung aus. Kröblitz erreichten sie jeweils mit dem letzten Tageszug.

Für das Bahnpersonal, insbesondere für den Schaffner, wurde diese Fuhre zum Alptraum; nicht wegen der Musikanten, sondern wegen der vielen tanzhungrigen jungen Menschen.

War der Zug schon ab Bodenwöhr recht gut besetzt, herrschte spätestens nach den Stationen Erzhäuser und Penting drangvolle Enge. Die Jugend wollte tanzen, hatte aber wenig Geld. So entwickelte sie eine spezielle Taktik, um die Bahnfahrtkosten so niedrig wie möglich zu halten. Die in Erzhäuser und Penting Zugestiegenen lösten ihre Fahrkarten nur bis Bahnhof Neunburg v.W.. Dort wartete aber schon eine große Anzahl weiterer junger Passagiere, die durch ihr gewollt schnelles Zusteigen die vermeintlich Aussteigewilligen nicht erst haben aussteigen lassen. Durch die rasch Zugestiegenen wurden die Fahrgäste noch mehr zusammengedrängt - und mitten unter ihnen der arme Schaffner, der, machtlos und resignierend, weder vor noch zurück bzw. nach außen gelangen konnte. Kontrolle oder Fahrkartenverkauf waren für ihn unter diesen Umständen nicht möglich - auch wenn die Lokmannschaft das Tempo des Zuges noch so drosselte. Viele Passagiere fuhren auf den Trittbrettern und Puffern der Waggons das kurze Stück von Neunburg v.W. nach Kröblitz mit und sprangen schon bei der Schloßbrauerei ab. Nach Ankunft im Bahnhof Kröblitz verließen auch die Musikanten den Zug, nahmen Aufstellung und marschierten zur Freude der Anwohner musizierend durch Kröblitz zum Tanzboden.

Nach Beendigung der Veranstaltung und einer sehr kurzen Nacht marschierte in aller Herrgottsfrühe die Brucker Kapelle, laut musizierend, von der Schloßbrauerei zum Kröblitzer Bahnhof zurück, um mit dem ersten Tageszug wieder nach Bruck zu gelangen.

Die toleranten Kröblitzer Bürger empfanden diese Gaudi keineswegs als Ruhestörung; war es doch für sie einer der wenigen gesellschaftlichen Farbtupfer in ihrem ansonsten recht eintönigen Dasein in Kröblitz.

Das Unglück des Wolfgang Forster

Samstagnachmittag, Ende September 1947. Die frisch gebrannten Ziegelsteine der Firma Kastenhuber liegen abholbereit nur wenige Meter vom Gleisübergang entfernt am Weg. Um das Aufladen der Steine zu erleichtern, steuert Wolfgang Forster, seines Zeichens Fuhrunternehmer, seinen Mercedes-Benz-Kipper langsam rückwärts den schmalen Weg Richtung Aufladestelle. Nur noch kurz das Bahngleis überqueren, und die mühsame Arbeit kann beginnen.

Auf dem Beifahrersitz befindet sich die hochschwangere Lebensgefährtin eines Mitarbeiters der Firma Kastenhuber. Sorgfältig schauen beide nach rechts und links, erkennen keine Gefahr, und behutsam lenkt Forster den Kipper über die Gleise.

Doch als sich der LKW mitten auf den Gleisen befindet sehen Wolfgang Forster und die Frau einen großen Schatten von rechts immer näher auf sich zukommen. Wegfahren kann Forster nicht mehr. Er versucht zu retten, was noch zu retten ist, und reagiert blitzschnell. Genauer gesagt: Er könnte von seiner Fahrerseite rasch die Tür öffnen, abspringen und sich damit in Sicherheit bringen. Und die Frau? Was soll mit der Frau geschehen, die nicht mehr flüchten kann ?

Während das dampfende Ungetüm unaufhaltsam nur noch wenige Meter zum Lastwagen zurückzulegen hat, reißt Wolfgang Forster geistesgegenwärtig seine Fahrertür auf, packt die junge Frau, zerrt sie von ihrer bedrohten Seite über sich hinweg und wirft sie hinaus - in Sicherheit. Forster will ihr noch nachspringen, aber für ihn bleiben keine Zeit und Chance mehr, sich zu retten. Krachend bohrt sich die 98er Dampflok in Ladefläche und Führerhaus des Mercedes-Kippers, schiebt ihn noch ungefähr 40 bis 50 Meter vor sich her, trennt ihn fast in zwei Teile auf, bevor sie, trotz sofort eingeleiteter Bremsmanöver, endlich zum Stillstand kommt. Der LKW ist völlig zertrümmert. Und Wolfgang Forster?

Der Boden des Führerhauses wurde ihm unter den Füßen weggerissen. Forster liegt nun eingeklemmt zwischen verbogenen Blechteilen und dem Motor auf den Gleisen. Die schwere Autobatterie ist aus ihrer Halterung gerissen worden und auf ihn gefallen. Er hat fürchterliche Schmerzen. Wegen der Splitterbrüche in Ober- und Unterschenkel und der Rippenbrüche kann er sich nicht bewegen. Von der Batterie ergießt sich ätzende Säure auf sein offenes Bein, aus dem gebrochene Knochenteile herausragen. Der Lebensgefährte seiner Beifahrerin versucht so gut und schnell es geht, ihn aus der lebensbedrohlichen Lage zu befreien. Er hat Angst, mit seinen Bemühungen die Verletzungen des Forster eventuell sogar noch zu verschlimmern. Nach mehreren Versuchen gelingt es, den hilflosen Schwerstverletzten unter dem LKW hervorzuziehen.

Eingeliefert ins Krankenhaus, beginnt für Wolfgang Forster der zweite Teil seines Martyriums: Mit letzter Anstrengung kann er den übereifrigen, diensthabenden Arzt gerade noch von einer vorschnellen und überflüssigen Amputation seines rechten Beines abhalten. Für den Rest seines Lebens bleibt Forster zwar gehbehindert, ist aber dennoch froh, mit beiden Beinen im Leben stehen zu können.

Bei der juristischen Nachuntersuchung stellte sich heraus, daß unglückliche Umstände, technisches und menschliches Versagen für den Unfall verantwortlich zeichneten. Wegen des zurückliegenden Krieges waren Bäume und Sträucher dicht am Gleis aus Sichtschutzgründen seit Kriegsende sehr hoch gewuchert und noch nicht durch sog. Sichtschneiden ausreichend gestutzt worden. Ein Umstand, der das Blickfeld stark einschränkte. Bei einem nachgestellten Ortstermin registrierte man, daß vom Führerstand der Lokomotive 120 Meter Sicht auf den LKW gegeben waren, umgekehrt hingegen, wegen der niedrigeren Position des LKW-Fahrers lediglich 30 Meter. Außerdem hatte der Lokführer vergessen, vorschriftsgemäß am Übergang Dampfpfeife und Läutewerk der Lokomotive zu betätigen. Dabei stützte sich das Gericht auf die Zeugenaussagen von Spielern der Neunburger Fußballmannschaft, die sich zum Zeitpunkt des Geschehens außen auf der Waggonplattform aufhielten. Verblüffend erschien allen Beteiligten und dem Gericht der lange Bremsweg des Zuges. Ursache hierfür war nach Aussage der Lokmannschaft die defekte Luftdruckbremse. Schon auf der Fahrt von Rötz nach Neunburg v.W. hatte sie Probleme bereitet. Eine erneute Bremsprobe beim Aufenthalt im Neunburger Bahnhof bestätigte die fast völlige Wirkungslosigkeit. An eine Reparatur vor Ort war in dieser kritischen Nachkriegs- und Vorwährungszeit wegen Personal- und Ersatzteilmangels nicht zu denken, geschweige denn an eine rasch herbeigeholte Ersatzlokomotive. Und so entschloß sich das Lokomotivpersonal nicht aus Leichtsinn, sondern insbesondere wegen der vielen Fahrgäste die Fahrt bis Bodenwöhr zu Ende zu bringen. Außer der defekten Luftdruckbremse nämlich, verfügte die Lokomotive noch über eine allerdings weniger wirksame Handbremse.

Hätten in der damaligen schwierigen Zeit nicht häufig Courage und Improvisationsvermögen der Lokmannschaften so manche technischen Mängel wettgemacht, wären mehrere Züge, deren Einsatz so dringend notwendig war, erst garnicht auf die Strecke gegangen. Wäre es beim Bahnübergang an der Ziegelei zu keinem Unfall gekommen - niemand Außenstehender hätte von dem technischen Defekt etwas bemerkt.
Die Lokmannschaft wußte in diesem Fall sehr wohl, daß sie eigentlich wegen der eingeschränkten Betriebssicherheit von Neunburg v.W. nicht hätte weiterfahren dürfen. Sie riskierte es dennoch - und hatte Pech!

Hilfsbereitschaft

Anders als in der Anonymität einer Großstadt, kennt in einer kleinen Ortschaft nahezu jeder jeden. Gibt's Probleme, versucht man, sich gegenseitig zu helfen - egal, worum es geht.
In Obermühle sollte nach dem Zweiten Weltkrieg das stillgelegte Schleifwerk zu einem Tanzlokal umgebaut werden. Die Schreinerarbeiten übertrug man einer bekannten Rötzer Firma.
Leider fehlten der Schreinerei für größere Werkstücke die geeigneten Transportkapazitäten; man hatte kein Auto, keinen Lieferwagen, ja noch nicht einmal ein Pferde- oder Ochsenfuhrwerk, aber ein gutes Verhältnis zu Lokführer Adolf Daiser. Dem wurde beiläufig bei einer Maß Bier das Problem geschildert, und nach einer weiteren Maß hatte Adolf Daiser die Lösung für das Problem gefunden... .
„Ich geb' Euch B'scheid, wann i den nächsten Güterzug zu fahr'n hob'. Damit aber die Leut' vom Bahnhof nix merken, wartet Ihr draußen, einige hundert Meter vom Rötzer Bahnhof entfernt, an der Streck'n. Da ladet ihr Eure Sachen ein, und an der Obermühle halt i zum Abladen wieder an; alles klar?“

Alles hatte prima geklappt - und der Daiser Adolf hat sich in seiner Stammwirtschaft die nächste Mahlzeit inklusive Getränke aus Dankbarkeit auf Rechnung von einem „unbekannten Gönner“ recht gut schmecken lassen dürfen.

Armut macht erfinderisch

Viel Taschengeld haben ‘s damals nicht gehabt, die Kinder; woher auch. Die Oberpfalz war ein strukturschwaches, armes Gebiet, in dem es nicht einfach war, den Lebensunterhalt für sich und seine Lieben zu verdienen. Man lebte in erster Linie von der Landwirtschaft und vom Handwerk, eher schlecht als recht. An große Ferienreisen wie heute war also nicht zu denken. Und wer hatte vor 40, 50 Jahren schon ein Auto!? Selbst eine Zugfahrt nur nach Regensburg, München oder Nürnberg war für eine ganze Familie ein teurer Spaß. So blieb für die meisten Kinder die heimatliche Umgebung sowohl Alltags- als auch Feriendomizil.
Wenigstens hin und wieder wollte man in den größeren Nachbarort. Nur wie, wenn das Taschengeld recht knapp bemessen, der Fußweg aber zu lange und zu beschwerlich war?
Armut macht erfinderisch, und so hatten manche Rötzer Kinder die Eisenbahnsituation pfiffig für sich ausgenützt. Gelöst wurde eine Kinderfahrkarte von Rötz nach Hillstett. Vor dem Einsteigen wurde den Reisenden für die kurze Entfernung die Fahrkarte an der Bahnsteigsperre wieder abgenommen. Somit konnte man dem kontrollierenden Schaffner sagen, daß man beispielsweise bis Neunburg v.W. Ost gelöst hatte. Man stieg also in Neunburg v.W. Ost aus, verbrachte allein oder mit Freunden einen schönen Nachmittag in Neunburg v.W. und fuhr mit dem letzten Zug wieder heim, wobei der gleiche Trick mit der Fahrkarte von Neunburg v.W. Hauptbahnhof nach Neunburg v.W. Ost zur Anwendung kam, weil ja nur am großen Neunburger Bahnhof eine Bahnsteigsperre vorhanden war, nicht aber in Neunburg v.W. Ost. Wäre man nämlich am „Ostbahnhof“ eingestiegen, hätte man im Zug die Fahrkarte lösen müssen.

Schaffner und Stationsvorsteher hatten schon bald den Dreh der kleinen Passagiere herausgefunden, stellten sich aber weiterhin ahnungslos. Sie drückten beide Augen zu, um den Kindern, die es in dieser Zeit wahrlich nicht leicht hatten, wenigstens ein bißchen Abwechslung und Freude in ihrem recht eintönigen Lebensalltag zu gönnen.

Die Überraschung im Bremserhäuschen

Der Reiz des Verbotenen übte eine starke Anziehungskraft aus, auch auf die Pentinger Kinder - gezwungenermaßen; denn sie waren ebenfalls arm. Was blieb ihnen anderes übrig, als der Versuch, „kostenlos" mit der Eisenbahn zu fahren.
Noch in den 20er und 30er Jahren hatte der letzte Wagen des Güterzuges ein Bremserhäuschen, das jedoch wegen der geringen Transportlast meistens unbesetzt blieb.
Sowohl von Bodenwöhr, als auch von Neunburg v.W. her kommend, mußte der Zug vor Penting die größte Streckensteigung von 28,4 ‰ überwinden und logischerweise sehr langsam fahren. Max Seebauer aus Wutzelskühn und seine Freunde nutzten diesen Umstand aus: sie verbargen sich hinter Büschen, um im geeigneten Moment auf das Zugende aufzuspringen und im Bremserhäuschen zu verschwinden. Meistens ging es gut. Aber jeder Krug geht bekanntlich solange zum Brunnen, bis er bricht.
Eines Tages wollten Max Seebauer und zwei seiner Spezl'n mit der gleichen Methode an der Wilbersdorfer Brücke die Heimfahrt von Neunburg v.W. nach Penting antreten. Der Zug kam, die Jungs verließen ihr Versteck, rissen die Tür vom Bremserhäuschen auf - und fanden „ihren" Platz besetzt vor. Der Bremser packte die drei überraschten Buben am Schlafittchen. Jeder bekam erst einmal den Hintern versohlt, dann ermahnte der Bremser sie: „Ihr hockt 's Euch jetzt auf d' Puffer, Ihr Hundsbuam, Ihr miserablig'n, aber abspringen dürft 's Ihr net." Kurz vor Bahnhof Penting hielten es die drei „Schwarzfahrer" für besser, doch abzuspringen. Wieselflink verschwanden sie nach Hause, um nicht noch einmal die Hosen stramm gezogen zu bekommen.
Als Revanche holten die drei aus dem häuslichen Geräteschuppen schwarze Wagenschmiere, stellten sich nach getaner „Arbeit" ans Gleis und warteten auf den letzten Tageszug, der von Bodenwöhr heraufschnaufte.
Als der Zug die mit Wagenschmiere bearbeitete Gleisstelle befuhr, begannen die Treibräder der Dampflok zu schleudern. Der Lokführer fluchte was das Zeug hielt, konnte aber nicht verhindern, daß das Bockerl mehr rückwärts rutschte als vorwärts fuhr - und die drei Lausbuben feixend mit Genugtuung und Unschuldgesichtern aus sicherem Abstand ihre „Rache" genossen.

„Penting-Ost“

Früher arbeitete man am Samstag bis 12.00 Uhr mittags und erhielt dann den Wochenlohn ausbezahlt. Viele Arbeitnehmer aus der Region begannen dann ihre allwöchentliche Kneipentour durch Neunburg v.W., die oft bis Sonntag früh dauerte. Der bis dahin reichlich erfolgte Biergenuß ließ den Spätheimkehrer die scharfe Gardinenpredigt der Frau nicht gar so arg spüren.
Einer, den dies auch betraf, war der Bahnangestellte Johann Reichert, der mit seiner resoluten Frau im Pentinger Bahnhofsgebäude wohnte und hin und wieder mit dem Bockerl von einer ausgiebigen Neunburger Zechtour in entsprechender Verfassung am Bahnhof Penting ankam. Er verließ jedoch den Zug nicht auf der Bahngebäudeseite, sondern auf der gegenüberliegenden unbefestigten Seite und versteckte sich erst einmal hinter dort wachsenden Sträuchern, um sich in einem geeigneten Augenblick an der heimischen Wohnung und der darin wartenden Ehegattin vorbei unentdeckt zum Pentinger Stammlokal durchzuschlagen. Dadurch beschaffte er sich seiner besseren Hälfte gegenüber ein Alibi, wonach er nur im Pentinger Wirtshaus war. Seinen Spezl'n vertraute er dann immer heimlich an: „Heut' bin i wieder in „Penting-Ost“ ausg'stiegn!“

Der Tote im Pissoir

Als Lehrling bei der Deutschen Bundesbahn konnte man mit den seltsamsten Dingen konfrontiert werden. Die verschiedensten Tätigkeiten wurden einem übertragen. Ob sie in Zusammenhang mit der Ausbildung standen oder nicht, kümmerte vor fast 50 Jahren niemanden - auch keine heute noch so pingelige Gewerkschaft.
Dem Bahnhofsvorstand von Rötz, Josef Feldmeier, waren damals zwei Lehrlinge anvertraut; einer war 17 Jahre alt und schon über ein Jahr bei der Bahn, der andere war 16, hieß Hans Lasser und hatte wenige Wochen zuvor seine Ausbildungszeit begonnen.
Nach einem arbeitsreichen Tag sagte kurz vor Dienstschluß Josef Feldmeier zu seinem Lehrling Hans Lasser: „Im Pissoir liegt ein Toter; um den mußt Du Dich kümmern!" Nach einer ersten Schrecksekunde stand für Lasser fest, daß Feldmeier ihn gehörig auf den Arm nehmen wollte, schenkte der Angelegenheit keine weitere Aufmerksamkeit und ging nach Hause.
Am nächsten Morgen sah er sich einem finster dreinschauenden Stationsvorsteher gegenüber. „Der Tote liegt ja immer noch im Pissoir!", herrschte Feldmeier ihn an. Hans Lasser beschlich ein mulmiges Gefühl. Scheinbar doch kein Ulk, dachte er sich und strebte zögernden Schrittes dem Rötzer Bahnhofspissoir zu.
Und tatsächlich! Da lag der „Tote" mitten auf dem Fußboden und war schon in Verwesung übergegangen. „So eine Schweinerei," kam es Hans Lasser über die Lippen, holte Besen und Wasserschlauch, und beseitigte angewidert die tags zuvor von irgendeinem Zeitgenossen dort abgelegte Notdurft.

Brotzeit

Daß die Züge, besonders Richtung Rötz, nicht immer pünktlich fuhren, war eine ärgerliche Tatsache. Den Reisenden war verständlicherweise dieser Umstand ein Dorn im Auge, den Bahnbediensteten egal; die hatten die Ruhe weg.
Für den Personenzug N 2849, ab Bodenwöhr-Nord ca. 18.20 Uhr, an Neunburg v.W. 25 Minuten später, war laut Fahrplan im BF Neunburg v.W. ein zweiminütiger Aufenthalt vorgesehen, um dann über Neunburg v.W. Ost nach Rötz weiterzufahren. Aber die Züge absolvierten im Neunburger „Hauptbahnhof" einen ausgedehnteren Aufenthalt: Das Personal verließ den Triebwagen und blieb für längere Zeit von der Bildfläche verschwunden. Ein „starkes Stück", und viele Reisende beschwerten sich, oft auch lautstark, über solch lange Warterei. Derartiger Mißstand ist den Vorgesetzten nicht verborgen geblieben.
Um sich von dem Mißstand persönlich zu überzeugen befand sich eines Tages unter den Passagieren der Amtsvorstand von Amberg und beobachtete äußerst ungehalten die Situation. Nun war just zu diesem Tag in Neunburg v.W. ein neuer Bahnbeamter tätig, der den Vorgesetzten nicht persönlich kannte.
Nach mehr als 20minütiger Zwangspause riß dem Amtsvorstand der Geduldsfaden und er stellte den Stationsvorsteher zur Rede. „Warum fahren wir denn nicht weiter?" „Das Personal macht g'rad drüben in der Bahnhofsgaststätte beim Bottenhofer Brotzeit." antwortete der. „Geschieht denn so etwas hier öfter?" „Ja, fast immer, aber die Fahrgäste merken dös net", gab der ahnungslose Bahnhofbeamte mit ruhiger Stimme ehrlich und unbefangen zur Antwort. „Beim Bottenhofer gibt's nämlich a guats Bier und a üppige Brotzeit - - - , müssen's auch amol probier'n. Dös wissen auch viele Kollegen vom Oberbau. Die kommen mit der Draisine her, heben's aus 'm Gleis - und verschwinden für längere Zeit in der Wirtschaft", erzählte er bereitwillig weiter. „Während der Dienstzeit?" fragte der Amtsvorstand süffisant und schaute den neuen Eisenbahner durchdringend an. „Ja! - - äh - - wieso?" war dem die Antwort noch rausgerutscht, obwohl es ihm bei dem Wort „Dienstzeit" langsam dämmerte, welch besonderes Interesse der Fragende zu haben schien.
Leichenblaß wurde mit einem Mal der Bahnbeamte, als sich der fragende Herr ihm als sein Vorgesetzter aus Amberg zu erkennen gab. Zwar versuchte er noch, die Angelegenheit zu bagatellisieren, mußte aber dennoch zusammen mit seinen herbeizitierten Arbeitskollegen ein wortgewaltiges ermahnendes Donnerwetter über sich ergehen lassen. Das zeigte Wirkung! Für die folgenden Monate verkehrten die Züge wieder pünktlich.

Der Amtsvorstand soll später des öfteren in der Bottenhofer'schen Bahnhofsrestauration gesehen worden sein und mit anerkennendem Nicken so manche „Bahnererbrotzeit" mit einer frischen Maß Bier verdrückt haben.

Heidelbeermatsch

Zur Sommerzeit gab es in den Wäldern rund um Rötz sehr ergiebige Heidelbeervorkommen.
Nach der mühseligen Ernte wurden die schmackhaften Beeren in Körben zum Rötzer Bahnhof gebracht und dort verladen.
Eines Sommertags Anfang der 50er Jahre sollte mit dem Nahgüterzug Ng 8384 Rötz - Bodenwöhr eine große Ladung auf die Reise geschickt werden. Der Güterwaggon war schon mit mehreren Zentnern Heidelbeeren zur Hälfte beladen, als durch ein ungeschicktes Rangiermanöver ein anderer Waggon hart auf den „Heidelbeerwagen" gestoßen wurde und dieser mit erheblicher Wucht auf den Prellbock knallte. Ergebnis der Unachtsamkeit: Die Körbe samt ihres Inhalts wurden durcheinandergeworfen, ein riesiger Brei entstand, die Beeren waren nicht mehr zu gebrauchen, die mühevolle Ernte vernichtet. Aus allen Waggonritzen drang der Heidelbeersaft.
Die Versicherung der Bahn mußte für einen Schaden in Höhe von DM 700,- aufkommen - für die damalige Zeit eine Menge Geld.

Die Wette

Die Exertitien im Haus Werdenfels bei Undorf waren vorbei, die Stimmung unter den zehn Mitgliedern der Kolping-Familie prächtig. Man unterhielt sich angeregt und freute sich auf zu Hause, denn schon bald würde einen das Bockerl die letzte Etappe von Bodenwöhr nach Rötz bringen.
Ein Fremder, der ebenfalls auf dem Bahnsteig in Bodenwöhr wartete und dessen Ziel Rötz war, wurde alsbald in die Unterhaltung mit einbezogen. Als er die doch recht langen Warte- und Fahrzeiten bezüglich der Nebenbahn bemängelte, wollten die Rötzer Kolpingfreunde die Ehre ihrer kleinen Bahn verteidigen. „Stimmt scho, ‘s Bockerl is net recht schnell, aber dafür befahr’n ‘S eine der schönsten Eisenbahnlinien der Oberpfalz - werd’n ‘S scho seh’n, wann ’S nacha hinter Neunburg an der Schwarzach entlang durch die malerischen Felsschluchten fahr’n“, meinte einer der Kolping-Familie. „Und außerdem“ , fügte mit bierernster Miene der Senior der Gruppe hinzu „wird den Reisenden während der Fahrt kostenlos Bier gereicht!“
Nicht nur der Fremde schaute mit großen Augen den Senior ungläubig an, auch die anderen Kolpingfreunde wußten zunächst nicht, wie sie die Äußerung ihres Oberen, den wohl der Hafer gestochen haben mußte, einordnen sollten - und schwiegen für’s erste. Der Fremde erwiderte skeptisch: „Das ist doch Humbug, das glaub’ ich nicht!“ „Warten Sie ‘s nur ab, Sie werden ja seh’n!“ bekräftigte nochmals der Senior sein vorher Gesagtes. Um die Ernsthaftigkeit seiner Worte zu unterstreichen, schloß man eine Wette ab. Jetzt stand der Senior unter Zugzwang; der Fremde würde die Wette einfordern.
Man wechselte das Thema und unterhielt sich angeregt über dies und das. Unterdessen schlich sich der Senior unauffällig davon - Richtung Lokomotive, die inzwischen vom Kohle- und Wasserfassen zu ihren bereitstehenden Lokalbahnwaggons im Gleis eingefahren war.
Die Chancen, die Wette einzulösen, standen nicht schlecht, denn Adolf Daiser war der Lokführer und Johann Zisler der Heizer; ein Gespann, das wegen seiner Besonnenheit und Zuverlässigkeit, aber auch wegen seiner Hilfsbereitschaft und seines trockenen Humors bekannt und beliebt war. Das Oberhaupt der Kolpingfamilie erzählte Adolf Daiser kurz von der Wette und wenige Sekunden später verabschiedete man sich per Handschlag und einem freundlichen Nicken.
Nach weiteren zehn Minuten gab der Zugführer den Abfahrauftrag. Lokführer Adolf Daiser öffnete den Regler, und die kleine 98er dampfte mit ihren vier Wägelchen und der illustren Gesellschaft ihrem Ziel Rötz entgegen.
Als der Zug Neunburg v.W. hinter sich gelassen hatte und durchs malerische Schwarzachtal mit seinen Felschluchten rollte, meinte der Fremde: „Ja, wo bleibt denn das Bier?“ „Kommt scho noch!“ antwortete der Senior lächelnd, der zuvor mit dem einen oder anderen der Kolpinggruppe eine kurze, nicht zu verstehende Unterhaltung geführt hatte. Als der Zug Hillstett, die vorletzte Station, verließ, war dem Fremden noch immer kein Bier kredenzt worden.
Aber schon kurz nach der Station Hillstett mußte der Zug wieder anhalten. Irgendetwas schien mit der Lokomotive nicht zu stimmen. Adolf Daiser kletterte vom Führerstand, turnte auf dem Kesselaufbau herum, schimpfte, fluchte und bearbeitete an verschiedenen Stellen die kleine Lok mit einem großen Hammer. Nach einigen Minuten, die Behandlung war anscheinend von Erfolg gekrönt, setzte die 98er, als wenn nichts gewesen wäre, ihre Fahrt nach Rötz fort.

Der Fremde staunte nicht schlecht, als ihm unmittelbar nach dem kurzen Zwangsaufenthalt frischer, kühler, süffiger Gerstensaft gereicht wurde - und er damit die Wette verloren hatte.
Selbstverständlich war es nicht üblich, den Reisenden auf der Strekke Bier oder andere Getränke auszuschenken. Der für den Senior glückliche Wettausgang lag im schauspielerischen Talent des Lokführers Adolf Daiser. Der legte bewußt kurz nach der Station Hillstett einen Halt direkt unterhalb der Wutzschleife ein. Durch sein lautes simuliertes Schimpfen und Hämmern an der Lok zog er geschickt die Aufmerksamkeit der Zuginsassen auf sich nach vorne, während hinten einige Mitglieder der Kolpingfamilie unbemerkt den Zug verließen, um bei der Wutzschleife rasch einen Kasten Bier zu besorgen.
Worum - außer um die Ehre des Bockerls zu retten - gewettet wurde, ist nicht überliefert. Es muß aber etwas Bedeutsames gewesen sein, sonst hätte man diese Aktivitäten wahrscheinlich nicht entfaltet und dem Adolf Daiser als Dank drei Maß Bier spendiert.

Abb. 252: Das „Dampfbockerl“ mit seinem Zug ungefähr 2,5 km vor Rötz; März 1958.
Foto: Gottfried Turnwald

Der getroffene Stationsvorsteher

Bei den Eisenbahnern stand Pflichterfüllung ganz besonders hoch im Kurs, und krank feiern gab es damals in der 50er Jahren höchst selten. Man hatte im Gegensatz zu heute, noch eine weit positivere Einstellung zu seiner Aufgabe und Arbeit. Fern blieb man seiner Arbeitsstelle nur, wenn man wirklich krank war.
In Rötz war jahrelang Josef Feldmeier der Stationsvorsteher. Häufig hatte er für längere Zeit Lehrlinge unter seinen Fittichen. Ende der vierziger Jahre standen ihm erneut zwei dienst- und lerneifrige Lehrbuben zur Seite, die unter seiner Anleitung rasch all das lernten, was in einem Bahnhof wie dem von Rötz zu erledigen war.
Jeden Werktag mußte der Ng 8384 für seine Rückfahrt nach Bodenwöhr in Rötz zusammengestellt werden. Eines Tages fiel beim Rangieren ein Hemmschuh, kurz bevor der Güterwaggon dagegenrollen sollte, von der Schiene. Um dennoch den gewünschten Bremseffekt zu erzielen, nahm Josef Feldmeier in aller Eile einen der vielen herumliegenden starken Holzknüppel. Der war aber unglücklicherweise sehr feucht... . Als der Waggon den Knüppel erreichte, wurde dieser so heftig, aber auch so unglücklich zur Seite geschleudert, daß er dem armen Bahnhofsvorsteher gegen den Kopf knallte. Mit einer stark blutenden Platzwunde sank Feldmeier neben dem Gleis ungewollt zu Boden, verdrehte die Augen und wurde bewußtlos. Im Krankenhaus wurden seine Wunde genäht und ihm einige Tage strenge Bettruhe wegen Gehirnerschütterung verordnet.
Nun mußten die beiden „Stellvertreter“ zeigen, was sie inzwischen gelernt hatten! Die wußten genau, was zu tun war und erledigten ihre Aufgaben einwandfrei. Josef Feldmeier hingegen traute dem Können der beiden nicht so recht und konnte sich nicht vorstellen, daß der „Laden“ auch ohne ihn laufen würde.
Wenige Tage später, als die beiden „Stellvertreter“ wie sonst auch einen Personenzug abgefertigt hatten und dieser, Dampfwölkchen in den Himmel stoßend, Richtung Hillstett verschwand, tauchte plötzlich von der anderen Bahnhofsseite eine gar jämmerlich anzuschauende Gestalt auf. Sie war Bahnhofsvorstand Josef Feldmeier, der im Krankengewand und mit blutverschmiertem Kopfverband vom Hospital ausgerissen war und Richtung Bahnhof Rötz mehr wankte als ging. Mißtrauisch glaubte er, unbedingt bei „seinem“ Bahnhof nach dem Rechten sehen zu müssen.
Kaum hatte er verblüfft und beruhigt zugleich festgestellt, daß alles in bester Ordnung war, kamen auch schon zwei besorgte Krankenschwestern herbeigeeilt, um den noch sichtlich mitgenommenen Ausreißer für einige weitere Tage wieder in ihre pflegende Obhut zurückzuführen.

Das tote Reh im Schnee

Ende der 50er Jahre; es herrscht Winter. Im Bahnhof Rötz ist nach halb acht Uhr abends mit Zug Nr. 2849 der letzte Zug des Tages von Bodenwöhr-Nord eingefahren. Der Triebfahrzeugführer macht dem Stationsvorsteher Meldung, daß in der Nähe des Haltepunktes Frankenschleife ein Reh vom Zug überfahren worden ist.
Die vier anwesenden Bundesbahnbeamten sind sich einig: laut Dienstvorschrift muß der Revierförster umgehend unterrichtet werden. Aber der Gedanke, daß draußen auf freier Strecke ein frisches Reh liegt und Weihnachten auch nicht mehr fern ist, läßt die Idee reifen, das Reh anderweitig zu verwenden... .
Wie aber kommt man möglichst rasch und unauffällig wieder an diese Stelle? Man beschließt heimlich, still und leise mit dem Schienenbus langsam die Strecke bis zum Fundort retourzufahren.
Das Reh wird sofort gefunden, eingeladen und in Rötz brüderlich unter den vier Kollegen gerecht aufgeteilt.
Man glaubt, alles sei glatt gegangen, wenn nicht einige Tage später unter den Eisenbahnern in Schwandorf eine Meldung die Runde machen würde, nach der kürzlich außerplanmäßig ein Schienenbus zwischen Neunburg v.W. und Rötz über den Schienenstrang hin- und herschnurrte. Wenige Tage später weiß man auch an höherer Stelle von dem mysteriösen Vorfall und fordert vom Rötzer Bahnhofvorsteher eine Stellungnahme. Nun ist guter Rat teuer!
Den tatsächlichen Sachverhalt anzugeben, hätte für die vier Freunde äußerst unangenehme Folgen. Folglich muß eine Geschichte erfunden werden.
In Hans Lasser haben die Bahnbeamten einen Fahrdienstleiter und Kollegen mit Herz, Hirn und Humor, der den Vorgesetzten folgende genau durchdachte Geschichte auftischt: nach planmäßiger Ankunft in Rötz wird das Fehlen des Tankverschlusses und einer Menge Dieselkraftstoffs festgestellt. Zwar ist man sicher, daß der noch vorhandene Treibstoff für die Fahrt nach Bodenwöhr am nächsten Morgen ausreichen würde, allerdings nur dann, wenn nichts zusätzlich während der Fahrt verloren ginge. Würde man aber mit der planmäßigen Geschwindigkeit die Fahrt nach Bodenwöhr ohne Tankverschluß unternehmen, liefe man Gefahr, zuviel weiteren Kraftstoff zu verlieren, so daß unter Umständen der Zug nicht mehr bis nach Bodenwöhr gelangen könnte. Darüber hinaus gehe man das Risiko ein, das Erdreich zu verseuchen. Deswegen habe man sich umgehend nach Ankunft in Rötz auf die Suche nach dem verlorenen Tankverschluß gemacht.
Diese Darstellung wurde von den Vorgesetzten „geschluckt" und hatte bei ihnen soviel Eindruck gemacht, daß dem überraschten Hans Lasser für sein tüchtiges und umsichtiges Handeln sogar noch eine Belobigung zuteil wurde... .

Bockerl, Schnee und Hanomag

In den 50er Jahren herrschten noch Winter, die ihren Namen zurecht trugen. Kälte, Eis und Schnee machten den Menschen zu schaffen und bargen vielerlei Gefahren.

Der Kohlenhändler Johann Götz aus Neunburg v.W. kann sich in dieser Jahreszeit über mangelhafte Nachfrage an Heizmaterial nicht beklagen.
27. Dezember 1957, Spätvormittag. Mit seinem grünen Hanomag-Lieferwagen befindet sich Götz auf der Rückfahrt zu seiner Firma in der Krankenhausstraße, nachdem er einige Zentner Kohle zum Anwesen „Schinda“ am westlichen Fuß des Postkreuzes geliefert hat. Auf dem Beifahrersitz hockt sein Mitarbeiter Willi Stangl, vielen bekannt unter dem Namen „Platterer Willi“, weil er am Plattenberg wohnt.
Wegen der winterlichen Straßenverhältnisse fährt Johann Götz seinen Hanomag nicht die steile Abkürzung vom „Fischerlbach“ hinauf in die Ringseisstraße in Richtung Krankenhaus, sondern nimmt den Weg zur Ledererstraße.

Abb. 253: Von der Dampflokomotive „erlegt“: Der grüne Hanomag.
Foto: Herbert Männer

Die Wintermützen über beide Ohren heruntergezogen, sitzen die zwei Gestalten frierend im Führerhaus, und nur durch ein kleines freigekratztes Guckloch in der Frontscheibe lugt Johann Götz auf die vor ihnen liegende Straße; der Rest der Frontscheibe sowie die Seitenscheiben sind völlig vereist und verhindern jeglichen Durchblick. Zuverlässig fährt der alte Hanomag seinen ihm vorgegebenen Weg, während sein noch nicht warm gewordener Dieselmotor typisch für die kalte Jahreszeit einen höllischen Lärm verursacht.
Was sich in den nächsten Sekunden ereignen wird, ahnen Johann Götz und Willi Stangl wegen der schlechten Sicht nicht, der grüne Hanomag wohl eher, aber das hilft nichts. Als sie die Ledererstraße entlang fahren und die Bahngleise überqueren wollen, taucht urplötzlich ein dunkler großer Schatten auf - und schon kracht es gewaltig. Bestimmte zuerst Johann Götz den Weg des Hanomag, so ist es jetzt eine Dampflokomotive der Baureihe 98, die mit ihrem GmP (Güterzug mit Personenbeförderung) Nr. 8375 am Haken auf dem Weg von Neunburg

v.W. nach Rötz unterwegs ist, den Hanomag auf die Puffer nimmt und ihm seine weitere Richtung vorgibt. Die Puffer der Lok dringen glücklicherweise erst hinter dem Führerhaus in den Lieferwagen. Gleichzeitig wird dem Beifahrer der Boden unter den Füßen weggerissen. Geistesgegenwärtig hält sich Willi Stangl noch irgendwo im Führerhaus fest und läuft tempogleich auf dem Schotter der Gleisanlage solange mit, bis der Zug endlich zum Stehen kommt.
Trotz sofortiger Vollbremsung befürchten die Männer auf der Lok das Schlimmste. Sie sind zwar schuldlos und haben vorschriftsmäßig vor dem Überweg die Dampfpfeife lange und laut ertönen lassen, aber erleichtert, als sie die beiden Wageninsassen lebend sehen.
Die Gefahr für Johann Götz und Willi Stangl ist aber immer noch nicht vorbei, denn der Lieferwagen droht den rechten steilen Abhang hinunter in den Rötzerbach zu stürzen. Vorsichtig und langsam krabbeln die beiden schreckensbleich, aber, Gott sei Dank, unverletzt aus dem total zertrümmerten Hanomag. Die Dampflokomotive hingegen hat das „Rendevous" schadlos überstanden.
Stunden später, nach Beendigung der Bergungsarbeiten, kann die 98er mit ihrer Fuhre die unfreiwillig unterbrochene Fahrt nach Rötz fortsetzen.

Die Bahnhofsinspektion

Wer hat schon den großen Vorteil, seinen Arbeitsplatz nur ein paar Meter von seiner Wohnung entfernt zu haben? Der stellvertretende Bahnhofsvorstand von Rötz Hans Lasser gehörte zu den wenigen Glücklichen.
Vor allem im Winter, wenn am Bahnhof nicht viel los war, ging er ab und zu für einige Zeit hinüber in seine Wohnung zum Kaffee trinken. Falls Kunden am Schalter auf ihn warteten, betrat er durch den „Hintereingang" sein Dienstbüro und beteuerte, nur eben mal auf der Toilette gewesen zu sein, denn eigentlich durfte er laut Dienstvorschrift seinen Dienstort keinesfalls verlassen.
Eines Tages, es war wieder Winter, warteten zwei Herren am Schalter auf den Bahnhofsvorsteher. Es waren der DB-Amtsvorstand und dessen Stellvertreter aus Amberg. Als Hans Lasser von seiner Kaffeepause zum Schalter zurückkehrte, mußte als Entschuldigungsgrund mal wieder ein Toilettenbesuch herhalten: Die Brille ist kaputt, und deswegen bin ich rasch in meine Wohnung gegangen!", wobei er noch hinzufügte, „außerdem ist es auf dem Lokus so unmenschlich kalt!"
Die beiden waren mißtrauisch und bestanden darauf, die kaputte Klobrille in Augenschein zu nehmen. Beim Anblick der beschädigten Brille zeigten die beiden Vorgesetzten volles Verständnis für das „Ausweichmanöver" zum Heimabort. Lasser grinste schelmisch in sich hinein... .
Wenige Tage darauf wurde eine neue Brille angebracht, sogar mitsamt einer neuen Schüssel - und zwar in der öffentlichen Bahnhoftoilette.
Hans Lasser hatte nämlich klugerweise seinen inspizierenden Vorgesetzten nicht die Dienst-, sondern die öffentliche Bahnhofstoilette gezeigt, ohne daß die beiden Herren es bemerkten.

Abb. 254: Bahnhof Rötz im Winter 1969. Foto: Stadtarchiv Rötz

Neunburg v.W. „Hauptbahnhof“ oder Neunburg v.W. Ost

„An den A... der Welt wird man versetzt. In die hinterste Oberpfalz!“, knurrte der junge Bundeswehrsoldat, bestieg mißgelaunt mit seinem Gepäck den roten Schienenbus und ließ sich erst einmal halb verärgert und halb neugierig auf dem Sitz neben dem Triebwagenführer nieder. Nachdem der Zug Bodenwöhr verlassen hatte, wollte der junge Mann eine Fahrkarte nach Neunburg v.W. lösen. „Nach Neunburg v.W. oder Neunburg v.W. Ost?“ fragte der Schaffner freundlich. „Was, so groß ist Neunburg, daß man sogar zwei Bahnhöfe hat?“ fragte der Soldat erstaunt. Nach kurzem Nachdenken entschied er sich für Neunburg v.W. Ost, weil er davon ausging, daß sich die Kaserne am Rande der Stadt befinden müsse.

Als er nach Ankunft in Neunburg v.W. Ost zu seiner unangnehmen Überraschung erfuhr, daß sich die Pfalzgraf-Johann-Kaserne auf dem Plattenberg und damit ganz entgegengesetzt befindet, war seine Stimmung auf den Nullpunkt gesunken. Die verbalen Ausfälle und Schimpfkanonaden darf man sich gedanklich, aber nicht gedruckt vorstellen.

Mit Sicherheit wäre ihm der unfreiwillige Stadtrundgang durch das Pfalzgrafenstädtchen Neunburg v.W. erspart geblieben, hätte er die Anreise nicht in Zivilkleidung unternommen.

Der Tod kam zur Mittagszeit

Samstag, 16. März 1957, kurz vor Mittag. Der stellvertretende Bahnhofsvorsteher Hans Lasser hält sich gerade vor dem Bahnhofsempfangsgebäude von Rötz auf und erwartet wie jeden Werktag den Nahgüterzug Ng 8375 aus Bodenwöhr.
Zur gleichen Zeit nähert sich ein Mercedes-LKW dem schienengleichen Übergang bei der OBAG Trafostation, ungefähr 250 Meter vom Bahnhof Rötz entfernt. Kurz zuvor wurden in einer Scheune der Firma Bücherl mehrere Säcke Kunstdünger und Futtermittel abgeladen. Am Steuer des LKW sitzt ein Fahrer der Rodinger Handelsfirma Kellermann, auf dem Beifahrersitz befinden sich ein weiterer Mitarbeiter der Handelsfirma sowie der 29jährige Lagerhausvertreter der Firma Bücherl, Georg Bauer, genannt Nigl Schorsch, aus Stockarn. Alle drei sind in ein intensives Gespräch vertieft.
Hans Lasser schaut in die Richtung, aus der nun bald der Nahgüterzug kommen soll. Weit kann er nicht mehr sein, denn die Dampfpfeife und die rhythmischen Auspuffschläge der 98 1005 sind schon deutlich zu vernehmen.
Der Zug ist wie der LKW nur noch wenige Meter von dem unbeschrankten Bahnübergang entfernt. Auf der Dampflok hat Lokführer Paul Dammbock aufgeregt beide Hände voll zu tun: in immer längeren und durchdringenderen Intervallen läßt er die Dampfpfeife ertönen, betätigt nacheinander die Bremsen und schließt hastig den Regler. Unmittelbar nach dem letzten Pfeifton durchdringt lautes metallisches Krachen die sonst samstägliche Ruhe.
Hans Lasser ahnt sofort, daß ein schweres Unglück der Grund für dieses gräßliche Geräusch gewesen sein muß. Ohne erst an die Unglücksstelle zu eilen, geht er zum Diensttelefon und informiert präzise nacheinander Sanitäter, Polizei, Feuerwehr und, einer bösen Ahnung folgend, den Pfarrer. Direkt danach setzt er vorschriftsmäßig die DB - Direktion, das Betriebsamt und seine Hauptdienststelle in Kenntnis. Was ist geschehen?
Beim Überqueren des durch ein großes Andreaskreuz gesicherten Bahnübergangs wird der LKW von der Dampflokomotive seitlich in der Mitte erfaßt und ungefähr noch 60 Meter über die Gleise mitgeschleift. Erst als die Lokomotive entgleist und dadurch der Güterzug mit seinen sieben Waggons am Haken endlich zum Stehen kommt, kann sich der LKW-Fahrer aus seiner schlimmen Lage befreien, muß aber unmittelbar danach von den alarmierten Sanitätern mit einer erheblichen Kopfverletzung ins Krankenhaus eingeliefert werden. Für Georg Bauer jedoch kommt jede Hilfe zu spät. Er kann von den rasch zur Hilfe geeilten Passanten nur noch tot aus dem Führerhaus geborgen werden. Der Geistliche Rat Mulzer spendet ihm noch am Unfallort die Letzte Ölung. Unterdessen versuchen weitere Helfer erfolgreich den anderen, noch im Führerhaus eingeklemmten Beifahrer, freizubekommen. Er ist, wie durch ein Wunder, so gut wie unverletzt geblieben.

Für sein umsichtiges Handeln wurde Hans Lasser später von seiner vorgesetzten Dienstbehörde eine Belobigung zuteil. Zu erwähnen bleibt noch, daß der Lastkraftwagen bei dem Zusammenstoß völlig zertrümmert wurde.
Grund für den Unfall war die Unachtsamkeit des LKW-Fahrers, der durch die rege Unterhaltung die die vorschriftsmäßigen Pfeif- und Läutesignale der Dampflok überhört haben mußte.

Ironie des Schicksals oder irrwitziger Zufall? Drei Personenzugpaare und ein Güterzugpaar frequentieren in der Regel werktags die Strecke zwischen Bodenwöhr-Nord und Rötz. Mit anderen Worten: Jeder Bahnübergang wird am Tag achtmal von einem Zug befahren. Jede einzelne Kreuzungsfahrt nimmt ungefähr 10 bis 15 Sekunden in Anspruch; zusammen gut 100 Sekunden. Der Tag hat 86.400 Sekunden; an 86.300 Sekunden passiert kein Zug den Übergang....

Abb. 255: Der zertrümmerte LKW der Firma Kellermann. *Foto: Johann Schumm, Slg. J. Wiemann*

Bleihaltige Luft an der Schwarzach

Streckengeher bei der Eisenbahn gewesen zu sein, war keine leichte Aufgabe. Bei jedem Wetter mußte die Strecke „abgegangen", auf ihre betriebliche Sicherheit und ihren ordnungsgemäßen Zustand überprüft werden: Risse in den Schienen, lockere Muttern, morsche Schwellen, unterspülte oder von der Hitze verformte Gleise und vieles andere mehr. Dem geschulten, erfahrenen Blick der Streckengeher durfte nichts entgehen. Es waren keine erholsamen Spaziergänge, auch wenn sie an der frischen Luft stattfanden. Allein der ungünstige Abstand der Schwellen ließ einen normalen taktgleichen Spazierschritt nicht zu. Dennoch versuchten die „Schwellenhupfer", wie sie von ihren Eisenbahnkollegen oft scherzhaft genannt wurden, auf ihren einsamen, kilometerlangen Gängen der Eintönigkeit ihrer Aufgabe einen gewissen Reiz abzugewinnen. Im Verlauf der oft jahrelangen Tätigkeit wurden so manche von ihnen interessierte und aufmerksame Beobachter des abwechslungsreichen Kreislaufs der vier Jahreszeiten mit ihren Veränderungen in der Pflanzen- und Tierwelt.

In der Zeit zwischen 1960 und 1965 war der Pangerl Martin aus Schwandorf auf den Bahnlinien Bodenwöhr - Neunburg v.W. - Rötz und Bodenwöhr - Nittenau als Streckengeher eingesetzt. Kurz vor Weihnachten 1962 wurde er für einige Zeit von einem älteren Kollegen, einem gewissen Haberl aus Nittenau, vertreten.

Eines eiskalten Dezembermorgens hörte der Haberl plötzlich auf seinem Streckengang in der Höhe des Haltepunktes Obermurnthal in seiner unittelbaren Nähe einen Schuß. Sein Verdacht fiel sofort auf einen Wilderer, der in dieser Gegend sein Unwesen zu treiben schien, um sich noch rechtzeitig vor dem Fest seinen Weihnachtsbraten zu besorgen. Kurzentschlossen unterbrach Haberl seine Schieneninspektion, um der Schußsache auf den Grund zu gehen. Er lenkte seine Schritte durch den tiefen Schnee Richtung Staustufe der Schwarzach, weil er aus dieser Richtung den Schuß vernommen zu haben glaubte. Und in der Tat! In der Nähe des Wehrs fand er im Schnee frische Trittspuren, gesäumt von einer Linie roter Flecken: Blut. Haberl folgte der Spur und kam der Staumauer immer näher - weit und breit aber war nichts zu sehen und zu hören. Wahrscheinlich muß sich der Wildschütz irgendwo am Wehr versteckt halten, um abzuwarten, bis die Luft wieder rein ist, dachte sich Haberl und war nur noch wenige Meter vom Rand der Staumauer und den Stufen, die zur Schwarzach hinabführen, entfernt, als er plötzlich zu seinem blanken Entsetzen hinter einem Mauervorsprung den Zwillingslauf einer Jagdflinte sich langsam in seine Richtung drehen sah. In panischer Angst, selbst eine Ladung Schrot aus nächster Nähe übergebrannt zu bekommen, stürmte Haberl wie von Furien gehetzt durch den Schnee zur Eisenbahnstrecke zurück. Mit hämmerndem Herzen, zitternd am ganzen Körper und ohne sich noch einmal umzudrehen, setzte er - schneller als sonst - seinen Streckengang fort.

Nach seiner Rückkehr in Schwandorf berichtete Haberl, immer noch schreckensbleich, seinem Vorgesetzten in der Bahnmeisterei von dem Vorfall; mit der Folge, daß die nächsten Streckengänge bis zur Rückkehr des Martin Pangerl ein anderer Kollege absolvieren mußte. Denn der Haberl war um alles in der Welt nicht mehr zu bewegen, weiterhin seinen Dienst auf dieser Strecke zu versehen; dem war, wie er selber freimütig zugab, die Gegend viel zu bleihaltig.

Die Kakteen vom Bahnhof Rötz

Blumenfreunde gibt es überall, auch bei der Eisenbahn. Der stellvertretende Bahnhofsvorsteher Hans Lasser hatte eine besondere Vorliebe für Kakteen. Sie schmückten innen wie außen die Fenster des kleinen Rötzer Bahnhofsgebäudes und trieben herrliche üppige Blüten.

Schon bald wurden Reisende wie Bahnkollegen auf die Blütenpracht aufmerksam. Immer öfter fragten sie Hans Lasser, wie er den Kakteen so wunderschöne Blüten zu entlocken verstehe. Die Fragesteller erhielten immer die gleiche stereotype Antwort: „Das liegt am guten Rötzer Wasser.“ Anfangs konnte Lasser nicht ahnen, daß seine aus purem Spaß gegebene Antwort so einfach geglaubt wurde. Jedenfalls staunte er nicht schlecht, als Reisende und Pendler aus der Umgebung sowie Kollegen sich an der Bahnhofswasserleitung mitgebrachte Flaschen und andere Behältnisse mit dem kostbaren Naß füllten und es mit nach Hause nahmen. Ob es geholfen hat, ist nicht bekannt.

Nun, die Rötzer haben schon Wasser von hoher Qualität, aber das allein reicht nicht aus; man muß den stacheligen Gewächsen auch die richtige Pflege angedeihen lasse(r)n.

Der Hundertmarkschein

In Rötz gibt es auch heute noch einen Standlmarkt. Besonders in der Zeit bis ungefähr Mitte der 60er Jahre übte er auf die Menschen in der näheren und weiteren Umgebung keine geringe Anziehungskraft aus.
Um zum Standlmarkt zu gelangen, bestieg an einem sehr warmen Sommertag Anfang der 60er Jahre ein altes Mutterl in Penting den Zug. Am Bahnhof Penting war zu dieser Zeit der Erwerb von Fahrkarten schon nicht mehr möglich. Folglich wollte sie im Zug ihr Billett vom Zugführer, der auch in der Funktion als Schaffner tätig war, kaufen - und hielt ihm einen Hundertmarkschein hin. „Oh mei, auf den Hunderter kann i Eahna net 'rausgeb'n. Wenn mer aber in Neunburg san, laß i 'n am Schalter kleinmachen!" sagte der Zugführer und steckte den Hundertmarkschein ein, ohne der Frau eine Fahrkarte ausgehändigt zu haben.
In Neunburg v.W. wurde der Zugführer im Bahnhofsgebäude am Schalter unversehens in eine wichtige dienstliche Unterredung verwickelt, in deren Verlauf er den zu wechselnden Geldschein glatt vergaß.
Nun hatten Zugführer und Triebwagenführer ausgemacht, bei großem Fahrgastaufkommen der Einfachheit halber auf den speziellen Abfahrtauftrag durch den Zugführer zu verzichten. Das bedeutete, daß der Triebwagenführer sich lediglich der einwandfreien Abfahrtsituation vor Fortsetzung der Fahrt vergewissern sollte, vorausgesetzt der Zugführer war mit an Bord.
In diesem speziellen Fall wähnte der Triebwagenführer den Zugführer im Beiwagen des stark besetzten Schienenbusses, gab sich selbst den Abfahrtsauftrag und fuhr davon - jedoch ohne den Zugführer. Für den wurde die Situation nun doppelt peinlich; zum einen konnte er seinen Dienst nicht verrichten, zum anderen hatte er vergessen, die Fahrkarte auszustellen und das Restgeld auszuhändigen.
Kurzentschlossen eilte er vom „Hauptbahnhof" durch die Neunburger Innenstadt zum Bahnhof Neunburg v.W. Ost, in der Hoffnung, man hätte bis dahin sein Fehlen bemerkt und würde auf ihn warten. Fehlanzeige! Dem Triebwagenführer war nichts aufgefallen, den Passagieren nichts und dem Schienenbus erst recht nichts. Stöhnend und keuchend unter der Hitze erreichte der Zugführer den Bahnhof - und sah nur noch die Rücklichter des Zuges. Schnell trieb er ein Taxi auf, um den Zug zwischen Kröblitz und Obermurnthal noch zu erreichen. Aber auch hier bekam er wiederum nur die allmählich im Schwarzachtal verschwindende Rückfront des weinroten Schienenbusses zu sehen. Schwitzend vor Anstrengung und Aufregung kam er zum Taxi zurück und warf das dunkelblaue Jackett seiner Dienstuniform auf den Rücksitz. „Fahrn'S mi glei nach Rötz hinti, alles andere hat eh koan Sinn mehr!" gab er resignierend dem Taxifahrer zu verstehen.
Wegen der weiteren Aufenthalte in Eixendorf, Seebarn und Hillstett erreichte das Taxi Rötz natürlich vor dem Zug. Der genervte Zugführer bezahlte die Taxifahrt, hing sein Jackett in der Dienststube an den Haken und erwartete, ohne zu ahnen, welche Folge sein geändertes Aussehen haben würde, erleichtert den Zug.
Nach der Ankunft im Rötzer Bahnhof mußten wie üblich die Reisenden an der Sperre ihre Fahrkarten wieder zurückgeben, als auf einmal das Pentinger Mutterl vor ihm stand und sagte: „Herr Stationsvorsteher, 's tut mer furchtbar leid, aber i hob' koan Fahrschein net. Dem Schaffner hob' i hinter Penting im Zug an Hunder-

ter geb'n, und seit Neunburg is der Kerl einfach verschwunden, mitsamt mein' Geld!“ Schmunzelnd zückte der Zugführer seinen Geldbeutel, gab der verdutzten Frau einen Hunderter und sagte: „Wahrscheinlich hat er's vergessen. - - Nehmen Sie`s nur, i hol' mer dös Geld von mei'm Kollegen scho' wieder zurück!“ Das Mutterl erwiderte freudestrahlend, ohne den Bahnbeamten wiedererkannt zu haben: „Sie san wirklich a liaba, guata Mensch! - - Aba des oane sog i Eahna; wann i Ihr'n Kollegn bei ana andern Fahrt amol wieder treff, nacha werd' i eam an ordentlichen Landler blos'n; dem helf i nacha scho in Himmel 'nauf - dem Malefizkerl, dem staubigen... !“

Der Hochzeitsanzug

Ausgerechnet einen aus Nürnberg hatte sie sich ausgesucht, die Ermer Ida von der „Ermerschleife“. Josef Kopp hat er geheißen; und am 9. Mai 1967 sollte die Hochzeit sein. Wenige Tage vor dem großen Ereignis ist der Josef in Obermurnthal aus dem Zug raus, direkt in die Arme seiner Herzallerliebsten. Alles war in schönster Ordnung und froher Erwartung; bis zwei Tage vor der Hochzeit: Da wurde es dem Josef auf einmal ganz anders, käseweiß ist er geworden; und da ist es ihm auch schon über die Lippen gekommen: „Allmächt, i hob mein Hochzeitsanzuch derham hänger lass'n. A Hochzeit ohne an Anzuch, ...dei fress'n mi aaf!!“ Rasch hatte er sich von dem Schock erholt und sofort Verbindung mit seinem Hausmeister in Nürnberg aufgenommen. Er möge doch bitte in seiner Wohnung den Hochzeitsanzug holen, in einen Karton legen und so schnell wie nur eben möglich nach Obermurnthal schicken.
Der Hausmeister hatte so seine Zweifel ob der rechtzeitigen Ankunft des Anzuges in der Oberpfalz. Wenn er das teuere Stück auf normalem Frachtweg zu seinem Bestimmungsort schicken würde, so dachte er, kommt's vielleicht zu spät an. Das darf man bei einem so lebenswichtigen Ereignis niemals riskieren!
Der Hausmeister besann sich seiner guten Beziehungen zur Eisenbahn. Er kannte dort einige Lokführer, Schaffner und Zugführer. Wenn die alle zusammenhelfen, werden sogar kleine Wunder Wirklichkeit!
Ein Blick ins Kursbuch gab ihm Auskunft über den nächsten Zug nach Furth i.W. und kurze Zeit später hatte sich der Hausmeister am Nürnberger Hauptbahnhof eingefunden. Er schilderte dem Zugführer des abfahrbereiten Zuges das Problem, und der erwiderte ebenso hilfsbereit, wie knapp: „Geb'n 's nur her, dös mach' mer scho!“
Noch am gleichen Abend informierte der Hausmeister den unglücklichen Josef telephonisch und empfahl ihm, er solle sich erst einmal beruhigen und am nächsten Tag in der Nähe des Haltepunktes Obermurnthal aufhalten, wenn der Schienenbus nach Rötz vorbeifährt.
Als der Eilzug nach Furth i.W. am Abend in Bodenwöhr-Nord anhielt, reichte der Zugführer dem diensthabenden Stationsvorsteher den Karton mit dem Anzug hinaus, nicht ohne den Grund dafür geschildert zu haben.
Am nächsten Morgen stand Josef Kopp voll Erwartung an der Abzweigung zum Industriegleis der Ermerschleife.
Diese Stelle hatte ihm wohlweislich sein zukünftiger Schwiegervater empfohlen: Der Zug sei schon bald zu sehen und fährt wegen einer leichten Steigung langsam.
Besonders langsam fuhr vor allem der letzte Tageszug an dieser Stelle vorbei, wenn sich unter den Passagieren der oben erwähnte Schwiegervater befand. Nach fast alltäglichem Stammtischbesuch in der Schloßbrauerei zu Kröblitz ließ sich Vater Ermer vom Bahnhof Kröblitz aus mit dem Schienenbus mitnehmen, sprang wenig später von dem langsam fahrenden Zug an besagter Stelle ab und revanchierte sich von Zeit zu Zeit beim Zugpersonal mit kühlem Gerstensaft.
Als der Schienenbus pünktlich angeknattert kam, öffnete sich eine Tür - und der große Karton mit dem heißersehnten Hochzeitsanzug kam geflogen.

Einmal mehr hatten die Eisenbahner ihre Hilfsbereitschaft bewiesen, als es darum ging, einem Menschen in einer besonders verzwickten Lage zur Seite zu stehen.

Mal ehrlich, lieber Leser, insbesondere liebe Leserin, hätten Sie in dieser Situation den Hochzeitsanzug bzw. den armen Josef „hängen“ lassen?

Abendspaziergang

„Komm, Wastl, geh'n mer noch a bisserl spazier'n!", sagte aufmunternd der Kasbichler Toni zu seinem Dackel, der dösend im Schatten des Kirschbaums vor den immer noch sehr warmen abendlichen Sonnenstrahlen Schutz gesucht hatte und nun genüßlich seinen süßen Hundegedanken nachhing. „Bei der Hitz'? Na ja, wenn's denn unbedingt sein muß." schien sich Wastl zu denken, stellte sich langsam auf seine vier krummen Haxen und trottete seinem fröhlich gelaunten Herrchen treu hinterher. Unterwegs vergaß er natürlich nicht in unregelmäßigen Abständen gewisse Blumen am Wegesrand besonders intensiv zu „beglücken".

Sie hatten die letzten Häuser von Rötz hinter sich gelassen, überquerten bei der OBAG-Trafostation die Bahngleise und schlugen den Weg, der an den Eisenbahngleisen entlang Richtung Hillstett führte, ein. Toni schlenderte in Gedanken versunken daher, während Wastl schnuppernd und gießend mal vorneweg, mal hinterher lief.

Sie waren schon fast eine Stunde unterwegs, als Toni plötzlich ein ständig lauter werdendes Brummen vernahm. Der Brummton war eigentlich nichts ungewöhnliches. Ungewöhnlich war der Zeitpunkt. Toni drehte sich um und glaubte seinen Augen nicht zu trauen: Ganz langsam kam der Schienenbus angekrochen! Komisch, um diese Zeit fährt doch kein Zug mehr, dachte sich Toni. Richtig, der letzte Tageszug trifft in Rötz gegen 19.30 Uhr ein - und dann herrscht Ruhe auf der Strecke. Als die „Ferkeltaxe" in seiner Höhe vorbeirollte, konnte Toni den Triebfahrzeugführer erkennen, der obendrein die einzige Person an Bord war. „Seltsam, vielleicht eine Probefahrt", murmelte Toni und setzte gemütlich, ohne weiter darüber nachzudenken, seinen Abendspaziergang fort.

Dem Wastl war der Zug völlig wurscht. Denn der war kurz vorher schwanzwedelnd über die Gleise und runter zur Schwarzach gedackelt, um sich mit Nachschub zu versorgen. Kein Wunder, wenn man so viele Blumenstellen gießen muß...!

Die beiden wollten beim Felseneinschnitt unterhalb der Wutzschleife schon umkehren, als Toni plötzlich im Dämmerlicht der untergehenden Sonne den weinroten Schienenbus zwischen den Felsen stehen sah.

Jetzt packte ihn die Neugier und er schlich sich vorsichtig bis auf einige Meter an den Triebwagen heran. „Uiii, ja da schau' her", entfuhr es dem Toni leise. Gleichzeitig wurden seine Augen immer größer und sein Mund blieb wie ein schallempfänglicher Trichter offen stehen. Zu seiner Überraschung erspähte er in dem Schienenbus eine zweite Person, und die war weiblichen Geschlechts... . Geräuschlos verbarg er sich hinter einer halbhohen Staude. Selbst wenn er etwas lauter gewesen wäre, die beiden im Zug hätten es nicht bemerkt, so sehr waren's miteinander beschäftigt. „Dieser Schlaumeier von Lokführer - hat a Weiberts mit dem er sich bei der Wutzschleif'n trifft. Koa schlechte Idee," sagte er schmunzelnd und schnalzte genüßlich mit der Zunge.

Der Wastl, der jetzt neben ihm stand, war stinksauer und beneidete zum ersten Mal sein Herrchen, weil er wegen seiner viel zu kurz geratenen Dackelbeine nicht in den Triebwagen hineinschauen konnte. Aus Verärgerung wollte er schon das eine Beinchen anwinkeln, besann sich aber dann doch seiner guten Erziehung und einiger noch unversorgter Blumen.

Um sich nicht selbst als Voyeur bezeichnen zu müssen, verharrte Toni nur kurz und machte sich mit Wastl auf den Heimweg. Unterwegs fiel ihm so langsam der Groschen, warum solche Schienenfahrzeuge T r i e b wagen heißen... .

Es war schon dunkel geworden, als die beiden Spaziergänger am schwach beleuchteten Rötzer Bahnhof vorbeikamen und dasselbe Brummen die gleichzeitige Rückkehr des Schienenbusses, der unbeleuchtet wie ein Schatten aus dem Dunkel heraustrat, ankündigte. Im Zug war nur der Lokführer.

„Kleinen Ausflug g'macht?“ fragte Toni scheinheilig den Bahnerer, als der kurz vor dem Lokschuppen anhielt und ausstieg. „Na, na, ‘s war bloß a dringende Probefahrt“ erhielt er zur Antwort. „So, so.... und dringend pieseln hast unterwegs auch müss'n?!“, bemerkte der Toni hinterfotzig. Der Lokführer hielt inne und bekam wie ein ertappter Sünder einen knallroten Kopf. Der Wastl aber, der Fiesling, sprang dauernd an dem verdutzten Schienenbuspiloten hoch. Allerdings kam er mit seiner witternden feuchten Schnüffelschnauze glücklicherweise nicht so hoch hinauf, wie er eigentlich wollte. „Wieso pieseln?“, wollte der Bahnerer wissen und warf seine Stirn in tiefe Falten. „Na ja“, gab der Toni schelmisch grinsend zurück, „weil's Hosentürl halt noch offen steht...!“

Die Odyssee des Traktorreifens

Womit hätte man in den 50er Jahren - außer mit einem LKW - große, sperrige Güter transportieren können, als mit der Eisenbahn? Für Güter- und Großtransporte gab es auf der Strecke Bodenwöhr - Rötz das Nahgüterzugpaar Ng 8375 Bodenwöhr - Rötz und Ng 8384 Rötz - Bodenwöhr.

Einmal war ein großer Traktorreifen für einen Landwirt in Seebarn (Opf.) zur Ablieferung bestimmt. Dem wurde die Ankunft des Reifens angekündigt, verbunden mit der Bitte, er möge sich doch bei Eintreffen des Güterzuges am Seebarner Haltepunkt einfinden und beim Abladen helfen. Aber die spätvormittägliche Reifenankunft paßte dem Bauern halt gar nicht, weil er zu dieser Zeit mit der Ernte auf dem Feld beschäftigt war. Nachdem es auf einer kleinen Nebenbahnstrecke nicht so bürokratisch und stur nach Vorschrift, sondern eher zwanglos zuging, man sich außerdem gut kannte und ab und zu sich gegenseitig auch manchen Gefallen erwies, war eine Lösung alsbald gefunden: der Reifen sollte also nicht auf der Fahrt von Bodenwöhr nach Rötz ausgeladen werden, sondern erst auf der Rückfahrt, wenn der Bauer in der Mittagszeit dazu zeitlich besser in der Lage war.
Daß der sich außerhalb von Seebarn befindende Haltepunkt hoch gelegen war, sollte den Empfänger und seine Helfer in eine unangenehme Situation verwickeln.
Der Landwirt wartete wie vereinbart an der Station, als der Nahgüterzug mit dem bestellten Bulldogreifen einfuhr. Aber so ein Reifen ist wegen seiner Größe sehr sperrig, unhandlich und schwer. Zu dritt versuchte man mit viel Kraftaufwand, den Reifen aus dem Güterwagen herauszubugsieren. Die Tür des Güterwagens war jedoch höher als breit; also mußte man den Reifen aufrichten, um ihn durch die Öffnung zu bekommen. Der Bauer und ein Helfer standen außen, der Zugführer innen im Waggon. Wahrscheinlich hat einer oder haben alle die Rollfähigkeit des Traktorreifens unterschätzt, als er über die Waggonkante herausgehievt wurde. Jedenfalls, bevor die Männer die Lage richtig erfaßt hatten, machte sich der Reifen selbständig und rollte immer schneller werdend, durch nichts aufzuhalten, den Abhang hinunter, der Schwarzach entgegen.
Lokführer und Heizer amüsierten sich mit breitem Grinsen über das unfreiwillig gebotene Schauspiel. Eine willkommene Abwechslung in ihrem täglichen Dienst! Bevor die drei Unglücklichen zum Überlegen kamen, rief der Lokführer: „Los, alle einsteig'n, den kriag'n mer noch“, öffnete rasch den Regler, und mit lauten Auspuffschlägen der kleinen Tenderlok polterte der Zug los, an der Schwarzach entlang, dem schwimmenden Reifen hinterher. „Do is er, do schwimmt er!“, war immer wieder zu hören, und bis zu fünf Augenpaare und ausgestreckte Arme verfolgten den funkelnagelneuen Bulldogreifen, in der Hoffnung, daß er irgendwo hängen bleibt. Mit affenartiger Geschwindigkeit, laut pfeifend und läutend - gemäß Vorschrift - bretterte der Zug am Haltepunkt Eixendorf vorbei. Auch der Haltepunkt Frankenschleife wurde für diese Streckenverhältnisse mit ungewöhnlich hohem Tempo durchfahren, und mancher Zeitgenosse am Streckenrand, der die Fuhre an sich vorüberziehen sah, rieb sich verwundert und amüsiert zugleich die Augen ob des plötzlich so schnellen Bockerls.

Abb. 256: 98 834 mit GmP 8375 bei Erzhäuser; Ende 1957. *Foto: Gottfried Turnwald*

In Obermurnthal brachte der Lokführer seinen Zug zum Stehen, denn dort, so mutmaßte man folgerichtig, würde der Reifen niemals die Staumauer überwinden. Nach wenigen Minuten traf der Reifen am Wehr ein, und mit vereinten Kräften verbrachte man den frischgewaschenen Ausreißer in den Güterwaggon.

Zwar fuhr der Zug nun weiter nach Bodenwöhr, aber man verständigte sich darauf, den Reifen am nächsten Tag wiederum nach Seebarn zu bringen, ihn aber dann ganz besonders vorsichtig auf der flußabgewandten Seite auszuladen....

Erinnerungen

Eine Zugfahrt zwischen Bodenwöhr-Nord und Rötz war - zurückschauend betrachtet - immer ein Erlebnis der besonderen Art. Insbesondere der Streckenabschnitt zwischen Neunburg v.W. und Rötz offenbarte dem Reisenden zu jeder Jahreszeit eine Vielfalt an Naturschönheiten. Einer großen Anzahl von Pendlern fiel dieser Tatbestand leider schon gar nicht mehr auf. Erst als der Personenzugbetrieb eingestellt und es zu spät war, erkannte so mancher von ihnen den erlittenen Verlust.

*

Burga Männer erinnert sich noch sehr gut an die Zeit von Januar bis April 1962, in der sie als frischgebackene Fachlehrerein zur Vertretung einer Kollegin nach Tiefenbach zuerst mit dem Schienenbus bis Rötz fahren mußte: „Ein besonderes Bild bizarrer, malerischer Schönheit bot sich den Fahrgästen beim Durchfahren der Felsschluchten zwischen den Bahnstationen Frankenschleife und Eixendorf sowie unmittelbar hinter der Station Hillstett. Dicke, lange, verschneite Eiszapfen, die von den Felswänden bis auf den Boden herabhingen, säumten auf beiden Seiten das Bahngleis. Ein Anblick, der in seiner ganzen Pracht nur schwer beschrieben werden kann und immer wieder, besonders bei Sonnenschein, faszinierend war.“

*

Auch Hans Lasser aus Cham, der viele Jahre im Bahnhof von Rötz beschäftigt war und manche Geschichte zu diesem Buch beisteuerte, erinnert sich schmunzelnd an die Winterzeit: „Die Nahgüterzüge von Bodenwöhr nach Rötz und zurück wurden meist von Schwandorfer Personal gefahren und hatten in der Vorweihnachtszeit hin und wieder deutliche Verspätung. Lokführer, Heizer und Zugführer hielten den Zug unterwegs an geeigneter Stelle an und

Abb. 257: Das Bockerl in der Felsschlucht; März 1966.
Foto: Kurt Müller

nach schönen Weihnachtsbäumen Ausschau. Auf der Rückfahrt von Rötz transportierten sie die Bäume entweder im leeren Güterwaggon oder auf der Lokomotive.

*

Die schönsten Christbäume standen im Staatsforst von Bernried - und das war in erster Linie den einheimischen Zugmannschaften bekannt. Sie wußten aber auch, daß ein sehr aufmerksamer Förster aufpaßte, der obendrein ein guter Katholik war und jeden Sonntag zur gleichen Zeit in die Kirche ging.
Nach Zugankunft wartete man noch eine Weile, schwang sich dann mit geschärfter Säge auf das mitgebrachte Moped und suchte im Staatsforst in Ruhe den passenden Weihnachtsbaum aus. Bis zum Ende der Heiligen Messe war alles schon erledigt... ."

*

Noch zu Zeiten des Dampfbetriebs stellte die Pentinger Steigung Lokomotive und Personal hin und wieder vor technische Probleme, vor allem in der Winterzeit. Besonders der morgendliche Personenzug nach Bodenwöhr, vollbesetzt mit Pendlern und Schülern, war davon betroffen. Kurz hinter Wilbersdorf ging nämlich der Lokomotive der Dampf aus. Der Zug verharrte dann solange auf der Steigung bis wieder genügend Dampfdruck zur Weiterfahrt aufgebaut war. In der Hoffnung, daß das Bockerl nicht nach wenigen Metern wieder stehen bleiben muß, skandierten die einheimischen Fahrgäste humorvoll in Anlehnung an den Rhythmus der Auspuffschläge der Dampflok folgenden Vers:
(Langsam sprechen - das Bockerl keucht nämlich nach Penting hinauf !): „Helft's auf Penting, helft's auf Penting!"
(Etwas schneller sprechen - das Bockerl hat nämlich die Pentinger Höhe erreicht!): „Geht scho besser, geht scho besser!"
(Schnell sprechen - das Bockerl fährt nämlich talwärts nach Erzhäuser!): „Brach i nimmer, brach i nimmer!"

*

„Zeit spielte damals keine Rolle!", so der ehemalige Eisenbahner und spätere, schon 1994 verstorbene Bürgermeister von Rötz, Alois Zisler. Er hatte es selbst zur Sommerzeit des öfteren erlebt, daß der Zug auf dem Weg nach Rötz, wenn nur mehr Einheimische an Bord waren, plötzlich anhielt, und Passagiere und Zugpersonal für eine halbe oder ganze Stunde „in die Schwammerl" oder „in die Schwarzbeeren" (Heidelbeeren; Anm: d.Verf.) gingen. Alois Zisler: „Der wartende Bahnhofsvorstand von Rötz, der den Grund für die Zugverspätung schon erahnte, wurde nach Ankunft mit einer Maß Bier und frischen Schwammerln oder Schwarzbeeren kurzerhand ruhiggestellt!"

Schulzeit

Für eine Vielzahl von Mädchen und Jungen aus Neunburg v.W. und Umgebung war die Eisenbahn jahrelang Bestandteil ihres schulischen Lebens. Nach ihrer Volksschulzeit besuchten sie weiterführende Schulen, wie z.B. das Gymnasium in Schwandorf oder in Cham. Das bedeutete in der Regel die Woche über sehr frühes Aufstehen; auch samstags, Sommer wie Winter!

*

Welch tägliche Mühsal mit dem Schulbesuch verbunden sein konnte, zeigt beispielsweise die Situation der Geschwister Hannelore und Ernst-Werner Lindsiepe.
Vertrieben aus dem Sudetenland fanden die Eltern mit ihnen nach Kriegsende eine Heimat im oberpfälzischen Thanstein. Im Gegensatz zu den Rötzer Schülerinnen und Schülern, die von ihrem Heimatort mit dem Bus nach Cham gelangten, mußten die beiden Geschwister mit dem ersten Zug des Tages den Umweg über Neunburg v.W., Bodenwöhr, Roding in Kauf nehmen. Abfahrt von der Haltestelle Frankenschleife gegen 5.15 Uhr. Zuvor war noch eine Wegstrecke von ungefähr vier Kilometern von Thanstein aus zurückzulegen - im Sommer per Fahrrad, im Winter zu Fuß...! Unter beschwerlichen winterlichen Bedingungen brauchten die Jugendlichen 45 bis 60 Minuten zur Haltestelle. Rechnet man zurück, berücksichtigt Morgentoilette und Frühstück, so war für die beiden schon vor 4 Uhr früh die Nachtruhe vorbei. Heim kehrten sie jahreszeit- und witterungsbedingt zwischen 15 Uhr und 15.30 Uhr. Stand auf dem Stundenplan Nachmittagsunterricht, so sahen Hannelore und Ernst-Werner im Winter, geistig wie körperlich müde und erschöpft, ihr Zuhause die Woche über oft nur bei Dunkelheit. Solche Strapazen, die, verbunden mit großer materieller Opferbereitschaft der Eltern, damals von bildungswilligen Schülerinnen und Schülern klaglos auf sich genommen wurden, muten unserer verwöhnten Anspruchsgesellschaft allenfalls wie Schreckensbilder aus längst versunkenen Zeiten an.

*

Schulzeit und Eisenbahn gaben aber auch Anlaß zum Schmunzeln. Wie heute so wurden auch schon damals besonders knifflige Hausaufgaben nicht nachmittags zu Hause, sondern erst am nächsten Morgen im Zug oder Bus erledigt. Eine schwierige Situation - zumindest solange das Dampfbockerl die alten Lokalbahnwaggons über die Gleise schleppte; bis Penting war an Abschreiben nicht zu denken, weil die Dampflokomotive die Pentinger Steigung eher hochkroch als hochfuhr und dadurch die geschwindigkeitsabhängige Stromversorgung nur funzelhaftes Licht ermöglichte. Aber nach dem Pentinger Brechpunkt ging's los mit der Arbeit!
Manche Schüler wollten erst garnicht in die Schule und versuchten dem Wunsch durch spezielle Tricks nachzuhelfen. Sie verstopften beispielsweise bei feuchtem Wetter das Sandröhrchen vor den Treibachsen. Spätestens hinter der Wilbersdorfer Brücke blieb der Schienenbus auf den rutschigen Gleisen förmlich auf der Strecke. Der Triebwagenführer ließ wortgewaltige Schimpfkanonaden vom Stapel, machte das verstopfte Röhrchen frei, setzte den Zug zurück in den Neunburger Bahnhof und versuchte von neuem mit Schwung die Pentinger Steigung zu erklimmen.
Auf diese Art und Weise einmal schulfrei zu bekommen, schien den beiden Neunburger Buben Herbert und Theo Männer viel zu unsicher. Folglich suchten sie nach einer ihrer Ansicht nach erfolgversprechenderen Methode. Weil ihr Wohnhaus unweit des Torweihers lag, war ihre Einsteigestation Neunburg v.W. Ost. Im Sommer ließen sie den Zug gerne vor ihren Augen abfahren, um sich

dann ein Wettrennen mit dem Bockerl zum Neunburger „Hauptbahnhof“ zu liefern. Der Zug fuhr seine Strecke außen um Neunburg v.W. herum, während die beiden quer durch die Innenstadt rannten und sich diebisch freuten, wenn fast immer sie als erste am Ziel ankamen.
Eines sonnigen Morgens aber wollten Theo und Herbert Männer weder rennen, noch zur Schule fahren, sondern - schwänzen. Sie beschlossen, nach Abfahrt des Zuges in Neunburg v.W. Ost gemütlich durch die Stadt zu schlendern, in der Hoffnung, daß der Zug, um im Fahrplan zu bleiben, längstens den Neunburger „Hauptbahnhof“ verlassen habe. Überraschung und Enttäuschung waren gleichermaßen groß, als sie bei der Ankunft am Bahnhof, den Zug immer noch abfahrbereit dort stehen sahen. Das Zugpersonal hat im Laufe der Zeit seine Stammfahrgäste sehr gut gekannt, tatsächlich extra auf die beiden verhinderten Schulschwänzer gewartet und den Zug erst abfahren lassen, als Theo und Herbert endlich mit mißmutigen Gesichtern zugestiegen waren.

Der verdurstete Pfalzgraf

In Bezug auf die Geschichte Neunburgs und seines sehenswerten Festspiels „Vom Hussenkrieg“ verlieh ich meinem Dampfsonderzug den Namen „Pfalzgraf Johann“.
Auf seinem Programm am 26. Juli 1992 standen die Fahrt von Nürnberg nach Neunburg v.W. über Amberg, Schwandorf, Bodenwöhr-Nord und zurück sowie drei Pendelfahrten zwischen Neunburg v.W. und Bodenwöhr-Nord. Zum ersten Mal nach über 35 Jahren sollte wieder ein dampflokgeführter Personenzug in die oberpfälzische Pfalzgrafenstadt an der Schwarzach gelangen. - Die Hinfahrt verlief problemlos. Werner Klotzeck und Jürgen Kliemt, beide erfahrene Dampflokomotivführer machten der 50 622 vom Nürnberger Verkehrsmuseum ordentlich Dampf, während in den ebenfalls vom Verkehrsmuseum Nürnberg gecharterten vier angehängten Reisezugwaggons aus den 30er Jahren Zugführer Johannes Freund seiner verantwortungsvollen Aufgabe nachkam.
In Schwandorf mußte die Lokomotive auf die Drehscheibe, fuhr mit Tender voraus nach Bodenwöhr und von dort wieder mit der Rauchkammer voraus das letzte Stück nach Neunburg vorm Wald.
In Unkenntnis des letzten Streckenabschnitts von Bodenwöhr-Nord nach Neunburg v.W. wurde den beiden Lokführern ein Lotse zugewiesen. Insgesamt zu fünft waren wir nun bei der historischen Fahrt auf dem Führerstand: neben den drei genannten noch Rangierer Wittmann und meine Wenigkeit. Der Zeitplan war dicht gedrängt, denn an diesem Tag fand in Neunburg v.W. der große Historische Festzug statt, Beginn 14.00 Uhr.

Schon vor dem ersten Erreichen Neunburgs bekamen Werner Klotzeck und Jürgen Kliemt ein mulmiges Gefühl beim Blick nach hinten auf den großen Wasserstandsanzeiger am Schlepptender: der Wasserstand sank ungewöhnlich schnell. „Für die erste Pendelfahrt wird's wahrscheinlich nicht mehr reichen“, gaben beide unisono zu bedenken. „Wir müssen in Neunburg v.W. vorsichtshalber noch rasch etwas Wasser fassen.“
Daß bei der Ankunft in Neunburg v.W. der Dampfsonderzug von einer großen Menschenmenge freudig und begeistert empfangen wurde, registrierten die zwei Lokführer eher am Rande, waren aber erleichtert, als sie den Einsatzwagen der Freiwilligen Feuerwehr Neunburg v.W. neben den Gleisen stehen sahen. Die Lok wurde abgekuppelt und ihr Tender rasch mit gerade mal 2.000 Liter Wasser versorgt, während zur gleichen Zeit die Fahrgäste der ersten Pendelfahrt in den bereitstehenden Waggons ihre Plätze einnahmen; mit dabei die Bürgermeister Neunburgs Josef Manlik und Theo Männer sowie in historische Kostüme gewandet Pfalzgraf Johann und seine Gemahlin Beatrix nebst Gefolge.

Vollbesetzt und mit kräftigen, donnernden Auspuffschlägen machte sich Dampfsonderzug „Pfalzgraf Johann“ auf seine erste Pendelfahrt. Die Stimmung an Bord war großartig und die Fahrt für alle Teilnehmer ein besonderes Erlebnis. Man machte es sich in den Abteilen oder Gängen an den Fenstern bequem - und drehte seine Uhren um 35 Jahre zurück. Man unterhielt sich mit Mitreisenden und ließ sich den Dampf um die Nase wehen, wobei viele Teilnehmer nebenbei zu der Erkenntnis kamen: Dampflokomotiven duften, Dieselloks dagegen stinken! Mit verhaltener Geschwindigkeit nahm die 50 622 mühelos die 28,4 ‰ Steigung hinter Wilbersdorf hinauf nach Penting. Durch die Last der vier großen vollbesetzten Reisewaggons am Haken entfaltete die Dampflok auf diesem Streckenabschnitt ein besonders für den Dampflokfreund akustisches Freudenfest. Wäre es an diesem Tag auch noch recht kalt oder feucht gewesen, hätte der weiße Dampf das ganze Zusammenspiel von Natur und Technik optisch abgerundet.

Abb. 258: Lokführer Werner Klotzeck auf der 50 622 des „Pfalzgraf Johann“, diesmal in Abwechslung mit seinem Kollegen Jürgen Kliemt auf der Heizerseite.
Foto: Johannes Wiemann

Generationen fuhren in dem Nostalgiezug. Urgroßeltern, Großeltern und deren Kinder fühlten sich auf einmal in origineller Art und Weise um Jahrzehnte zurückversetzt, während Enkel und Urenkel zum ersten Mal in ihrem Leben mit einem Zug von Neunburg v.W. über Penting und Erzhäuser nach Bodenwöhr-Nord und zurück fahren konnten - von einer Dampflokomotive gezogen! Aus dieser Perspektive hatten sie entweder schon lange nicht mehr oder noch nie ihre schöne Heimat gesehen. Wäre das eine herrliche Reise gewesen, wenn die Gleise noch durch das malerische Schwarzachtal und die Felseinschnitte bis nach Rötz geführt hätten... .

Schon beim Umsetzen der Lokomotive im Bahnhof Bodenwöhr-Nord machten die beiden Lokführer Klotzeck und Kliemt erneut besorgte Gesichter wegen des wiederum rasch sinkenden Wasserstands. Nachdem auf der Rückfahrt die Pentinger Steigung erklommen war, hielten die besonnen Lokführer eine Weiterfahrt für zu risikoreich - die im Tender verbliebene Restmenge hätte vielleicht noch bis Neunburg v.W. ausgereicht, war aber wegen der starken nach hinten gerichteten Neigung für die Speisewasserpumpe nicht mehr erreichbar. Werner Klotzeck schloß den Regler - „Pfalzgraf Johann“ mit seinen illustren Fahrgästen mußte auf unbestimmte Zeit am Bahnhof Penting einen unfreiwilligen Zwischenhalt einlegen.

Unter den Fahrgästen war ein ehemaliger Dampflokführer, der seinen beiden Nürnberger Kollegen engagiert zur Seite stand. Er kannte am Pentinger Bahnhof einen noch funktionstüchtigen Wasseranschluß. Die Freiwillige Feuerwehr Penting war mit Gerätewagen und nötigem Schlauch sofort zur Stelle. Im Nu ergoß sich das energiespendende Naß in den Tender der 50 622.

Im Zug wurden einige Insassen langsam unruhig. Bürgermeister Josef Manlik und einige Provinzhonoratioren in seinem Kielwasser verließen den Zug, um wegen des Festzuges zwecks Umziehen und anderer Vorbereitungen noch schnell nach Neunburg v.W. zu gelangen. Nach ungefähr 30-minütigem Zwangsaufenthalt setzte der Sonderzug seine erste

Pendelfahrt zur Freude und Belustigung aller - Reisender wie Zuschauer - fort.
Wodurch aber kam der unerwartet hohe Wasserverbrauch zustande? Zwar herrschten an diesem Tag hohe sommerliche Temperaturen, aber der Hauptgrund lag in der beidseitigen beträchtlichen Steigung vor Penting, die sich als äußerst dampffressend entpuppte. Außerdem war der Zug, wie bei allen Pendelfahrten, voll besetzt. Ursprünglich war Wasserfassen erst nach der zweiten Pendelfahrt vorgesehen - man hatte seitens der DB bei der Fahrtplanung die Strecke unterschätzt. Zudem waren die Erinnerungen an die seit 14. Dezember 1969 für den Personenverkehr stillgelegte Strecke nicht mehr so frisch. Die Dampflokbesatzung traf keine Schuld, denn die befuhr mit einem Lotsen die Linie zum ersten Mal und hatte - wie auch alle Fahrgäste - trotz oder gerade wegen des unerwarteten Handicaps die ganze Angelegenheit mit Gelassenheit und Humor als unvergeßliches Erlebnis von der positiven Seite betrachtet.
Die restlichen, folgenden zwei Pendelfahrten verliefen reibungslos. Mit geringer Verspätung erreichte „Pfalzgraf Johann“ am Abend wieder den Nürnberger Hauptbahnhof.
Über eines war man sich an diesem Tag in Penting einig: so lange hat in der fast hundertjährigen Geschichte der Eisenbahnstrecke Bodenwöhr - Neunburg v.W. noch kein Zug am Bahnhof Penting gehalten!

Abb. 259: Sonderzug „Pfalzgraf Johann“ nach seiner ersten Ankunft im Neunburger Bahnhof. *Foto: Kolping Foto-Kreis Neunburg v.W.*

Heimkehr

„Die nächste Station ist Bodenwöhr, mein Herr! Anschluß nach Neunburg v.W. haben Sie um 14.01 Uhr von Gleis 4. Ich wünsche Ihnen noch eine gute Weiterreise.“ Der Schaffner lächelte freundlich und ging dann weiter zu seinem Dienstabteil.

Seit der Abfahrt um kurz vor elf Uhr in Nürnberg war Tom Farmer allein im Abteil, hatte ab und zu einen Blick in seine Nürnberger Tageszeitung geworfen, ansonsten jedoch die an seinem Abteilfenster vorbeiziehende bunte Natur genossen und stumm seinen Gedanken nachgehangen.

Der Lokführer schloß den Regler seiner 38er und ließ den Eilzug langsam in den Bahnhof Bodenwöhr-Nord einrollen. Tom Farmer erhob sich von seinem Platz, kämmte sein leicht ergrautes Haar, zog seinen Mantel an, nahm seinen Koffer aus der Gepäckablage und verließ sein gemütliches Erste-Klasse-Abteil Richtung Ausstieg. Die Bremsen quietschten, ein kleiner Ruck und der Zug stand. Nach einigen anderen Fahrgästen stieg er als letzter aus. Er hatte Zeit. Niemand wartete auf ihn, und der Zug nach Neunburg v.W. fuhr erst in ungefähr einer Stunde ab. Eine quäkende Stimme aus dem Außenlautsprecher kündigte die Weiterfahrt des Eilzuges E 893 nach Furth i.W. an. Der Zugführer gab den Abfahrauftrag und mit sanften Auspuffschlägen setzte sich die Preußische P 8 mit ihren vierachsigen Eilzugwaggons aus den dreißiger Jahren, immer schneller werdend, in Bewegung, verhüllte mit ihrem weißen Dampf die Flügelsignalgruppe, bog in die Linkskurve ein und entschwand den Blicken des nachschauenden Tom. Jedesmal, wenn er einen Zug davonfahren, nur noch die immer kleiner werdenden Rücklichter des letzten Wagens und den sich auflösenden Dampf der Lokomotive sah, beschlich ihn ein melancholisches Gefühl, als würde auch etwas von ihm selbst sich entfernen, was nicht zu halten war.

Abb. 260: Eilzug mit 38 3153 von Furth i.W. nach Nürnberg bei der Einfahrt in den Bahnhof Bodenwöhr-Nord; zweite Hälfte der 50er Jahre.

Foto: Sammlung Josef Seebauer

Eher aus leichter Nervosität als aus Unglauben der Auskunft des freundlichen Eilzugschaffners gegenüber, fragte er den Fahrdienstleiter, der gerade in der Amtsstube seinem Kollegen im Bahnhof Neukirchen-Balbini die Weiterfahrt des Eilzuges durchsagte, nach dem nächsten Zug nach Neunburg v.W. „Um 14.01 Uhr auf Gleis 4“, war die kurze, freundliche und gleichlautende Auskunft. Also erst in einer guten Stunde, dachte Tom und war über die lange Wartezeit, die nun vor ihm lag, dennoch keineswegs mißgelaunt.

Inzwischen war kein Reisender mehr auf dem Bahnhofsareal zu sehen. Die Ruhe, die über dem Bahnhof lag, schien sich auch auf

ihn übertragen zu haben. Er ließ sich auf einer Holzbank vor dem Bahnhofsgebäude im Schein der wärmenden Mittagssonne nieder, holte aus der Manteltasche seine Zeitung und begann ein wenig gelangweilt darin zu blättern. Das meiste hatte er ja eh schon gelesen.
Es war ein schöner Tag. Einer der Tage, wie sie nur der Herbst zu schenken vermochte. Die nun schon der Jahreszeit entsprechend tiefstehende Sonne verstrahlte ein besonderes Licht und ließ die Natur, die ihre ersten gelb-roten Farbtupfer in das grüne Laubkleid eingewoben hatte, mit dem tiefblauen wolkenfreien Himmel im Hintergrund besonders reizvoll erscheinen.
Tom Farmer beschloß, sich die noch verbleibende Zeit bis zur Weiterfahrt mit einem Rundgang durch das Bahnhofsgelände zu verkürzen.
Er schlenderte auf der Seite des Bahnhofgebäudes die Schienen entlang Richtung Stellwerk. In dessen Nähe befanden sich auch Bekohlungsanlage und Wasserkran. Eine kleine 98er Tenderlokomotive wurde gerade von Lokführer und Heizer mit Vorräten versorgt, während der Stellwerkswärter gemütlich aus seinem Fenster lehnte und hin und wieder mit den beiden ein Wort wechselte. Eine Zeitlang beobachtete Tom Farmer von der Seite des „Nittenauer Gleises“ die Aktivitäten der beiden Lokmänner. Aber nur dastehen und zugucken - das war nichts für ihn. Er schaute prüfend nach rechts und links, registrierte, daß alle Flügelsignale auf „Halt“ standen, kein Schienengefährt in Aktion war, und überquerte eiligen Schrittes die Gleise zum Stellwerk. Der Mann vom Stellwerk schaute ihn zwar mißbilligend an, denn Gleise zu überschreiten war strengstens verboten, sagte aber weiter nichts. Tom ging zu der kleinen Lokomotive, um alles, was dort im Moment ablief, aus der Nähe zu betrachten. Bald gab er seine Zurückhaltung auf. „Grüß Gott, die Herren! Möcht' bloß a bisserl bei ihrer Arbeit zuschau'n.“ Freundlich nickten die beiden Lokmänner zurück. Schon nach wenigen Augenblicken war zwischen den dreien ein lebhaftes Fachgespräch im Gange. Etwas später gesellte sich auch noch für einen Moment der Mann vom Stellwerk zu ihnen. Die drei Eisenbahner waren überrascht und erfreut zugleich, daß da jemand ihnen und ihrer Tätigkeit so große Aufmerksamkeit entgegenbrachte und sogar eine Menge über die Eisenbahn Bescheid wußte. Als Lokführer und Heizer hörten, daß ihr Gesprächspartner nach Neunburg v.W. reisen wollte, luden sie ihn spontan ein, auf der Lok mit ihnen und ihrem Nahgüterzug bis Neunburg v.W. zu fahren und nicht lange auf den Triebwagen zu warten. „Mir san heut' a weng später dro, desweg'n müss'n mer bald abfahrn...! Mir müss'n bloß no ankuppeln und nacha kann's losgeh. Wenn 's woll'n, fahrn's glei mit!“ Tom Farmer war von dem Vorschlag hellauf begeistert, sagte sofort zu und lief zum Bahnhofsgebäude zurück, um seinen Koffer zu holen. Kurz darauf stieß die 98er ins „Rötzer Gleis“ zurück, kuppelte die bereitstehenden Güterwagen an und wartete auf den Abfahrauftrag. Tom stellte seinen Koffer in den ersten Waggon hinter der Lok und kletterte auf den Führerstand. Wenig später öffnete der Stellwerker das Ausfahrtsignal, der Lokführer den Regler - und los ging's. Als der Zug am Stellwerk vorbeidampfte, winkten sich Tom und der Wärter zum Abschied freundlich zu.
Tom Farmer nahm auf der rechten Seite des Führerstandes Platz, hinter dem Lokomotivführer. Auf der anderen Seite würde er nur den Heizer bei seiner Tätigkeit, den Rost mit frischer, genäßter Kohle zu beschicken, stören. Als der Zug auf dem geraden Gleisstück durch den Wald sich in flotter Fahrt Richtung Erzhäuser bewegte, wurde Tom für einen kurzen Moment nachdenklich und murmelte halblaut vor sich hin: „Seltsam..., wie damals.“ und schüttelte leicht den Kopf. Die meiste Zeit schwiegen die Männer, denn eine Unterhaltung war bei den hohen Fahrgeräuschen äußerst anstrengend. Das wenige Gesagte jedoch reichte, daß Lokführer und Heizer respektvoll anerkannten, wieviel ihr Gast von der Dampflokomotive wußte. Aber am meisten verwunderte sie, daß er so gut deutsch sprach, sogar noch mit etwas Oberpfälzer Tonfall, wo doch auf dem Anhänger seines Koffers zu lesen war: Thomas Farmer, 23 Griggs Lane, Chappaqua, New York, U.S.A..

Die Fahrt verging für Tom viel zu schnell. Die Stationen Erzhäuser und Penting konnten ohne Halt durchfahren werden, und als der kleine Güterzug hinter der Pentinger Steigung abwärts aus dem Wald herausrollte, war Neunburg v.W. in Sicht. Kurz vor Einfahrt in den Neunburger Bahnhof drehte sich der Lokführer nach hinten um und sagte in seiner gemütlichen, offenen Art zu Tom: „Etz bleib'n 'S halt noch bis Rötz bei uns; ung'fähr anderthalb Stund' später, wann der Triebwagen durch is, müss'n mer eh wieder z'ruck nach Bodenwöhr, und dann können 'S auf der Rückfahrt in Neunburg aussteig'n." Tom freute sich über das Angebot riesig - einerseits; andererseits jedoch befiel ihn ein beklemmendes Gefühl. Im Laufe seines Aufenthalts in Neunburg v.W. wollte er ohnehin nach Rötz. Rötz war ja das eigentliche Ziel seiner Reise, aber doch nicht schon jetzt, ohne ausreichende innere Vorbereitung. Wie er aber in die lächelnden Gesichter der beiden Lokmänner sah, konnte und wollte er nicht ablehnen.

Es war eine wunderschöne, fast romantische Fahrt, als der Zug durch das leicht herbstlich eingestimmte Schwarzachtal polterte und die kleine Lok schnaufend und unablässig ihre weißen Dampfwölckchen stakkato-rhythmisch in den Himmel pustete.

Das Rangiergeschäft in Rötz war rasch erledigt. Unmittelbar nach Eintreffen des Personentriebwagens machte sich der Güterzug auf seinen Rückweg. Auch wenn der Aufenthalt in Rötz nicht lange dauerte, war Tom Farmer froh, als er wieder auf der Lok stand und Rötz entkommen konnte. Er fühlte sich wie auf der Flucht und kam gegen dieses Gefühl nicht an.

Auf der Rückfahrt hielt der Lokführer seinen Zug extra an der Station „Neunburg v.W. Ost" an. Dort wollte Tom Farmer aussteigen. Er nahm seinen Koffer aus dem Waggon, bedankte sich nochmals per Handschlag bei den beiden Männern, die ihm, obwohl er sie erst wenige Stunden kannte, wie Freunde geworden waren. Als der Zug sich in Bewegung setzte, ließ der Lokführer als Abschiedsgruß

Abb. 261: GmP 8375 zwischen Bodenwöhr und Erzhäuser, 1958.
Foto: Gottfried Turnwald

Abb. 262: Das Bockerl zwischen Eixendorf und Hillstett; Blick von der Heizerseite des Führerstands einer 98.8 auf die Gleisanlagen; um 1955. Foto: Georg Wein

kräftig die Dampfpfeife ertönen. Tom winkte den beiden lange nach, bis der Zug seinen Augen entschwunden war und nur noch der weiße zurückgebliebene, sich langsam auflösende Dampf behutsam auf die Schienen niedersank.

Tom Farmer nahm im nahegelegenen Gasthof „Zum Posthorn" der Familie Männer Quartier. Er ließ sich ein Zimmer mit freiem Blick auf die Bahnlinie und das Viadukt geben. Eigentlich beabsichtigte er unmittelbar nach Quartiernahme einen Spaziergang durch Neunburg v.W. zu unternehmen, aber der große Zeitunterschied zwischen den U.S.A. und Deutschland machte ihm noch zu schaffen. Vor zwei Tagen war er nach einem langen Transatlantikflug in Deutschland angekommen und hatte sich einen Tag vor Weiterfahrt in die Oberpfalz in Nürnberg aufgehalten. Er beschloß, seinen Rundgang zu verschieben, und legte sich ein wenig hin, um auszuruhen.
Am späten Nachmittag machte er sich dann zu seinem geplanten Rundgang auf, um das schöne Wetter noch auszunutzen. Er lenkte seine Schritte Richtung Kloster, vorbei am Torweiher, wo er wenige Stunden zuvor den Güterzug verlassen hatte, bog ein zur Hauptstraße und dann gleich wieder links Richtung Bügerl. Er kannte noch jede einzelne Straße und Gasse, jedes Haus und manchen alten Baum sehr genau. Auf seinem Weg zurück zur Hauptstraße ging er über den Hahnenplatz zur Webergasse.
In der Webergasse wurden seine Schritte kleiner und langsamer, fast ein wenig furchtsam wirkte plötzlich sein Gang. Vor einem Haus blieb er stehen, musterte die Fassade, die Fenster, das vorstehende Dach und dann die Hausnummer. Er trat näher an die Eingangstür heran und schaute auf das Namensschild. Der Name sagte ihm nichts, war ihm völlig unbekannt. Er ging wieder einige Meter zurück und wiederholte seine Betrachtung. Dabei richtete er ganz besonders seinen Blick auf ein Fenster im ersten Stock. Eine Frau mit zwei Einkaufstaschen eilte an dem Haus vorbei, schaute Tom kurz an, weil ihrer Aufmerksamkeit sein Verhalten nicht entgangen war, setzte dann aber ihren Weg fort, ohne sich weiter um ihn zu kümmern. „Hier also hast du früher gewohnt; alles noch so wie damals" flüsterte er leise vor sich hin.

Er blieb noch ein wenig vor dem Haus nachdenklich stehen und gelangte dann über einen kleinen Umweg durch die verwinkelten Gassen wieder zurück zur Hauptstraße. Er betrachtete die Auslagen der Schaufenster, ging vorbei am Schrannenplatz, durch den Rathaustorbogen, um dann links wieder durch einen Torbogen zur

Abb. 263: Neunburg v.W. um 1950. *Foto: Felix Thürl, Sammlung Theo Männer*

Pfarrkirche zu kommen. Er betrat das Gotteshaus durch den seitlichen Haupteingang und ließ sich in einer Bankreihe nieder, von der er das ganze Mittelschiff, den Ostchor mit Hauptaltar und die links angebrachte Kanzel sehen konnte. Jeden Sonn- und Feiertag besuchte er hier einst die heilige Messe, ging hier zur Ersten Heiligen Kommunion und wurde auch hier gefirmt. Einige Minuten hielt er in der wohltuenden Stille Einkehr, ehe er seinen Rundgang über den Eisernen Steg Richtung Neunburger Bahnhof fortsetzte.
Mit zwiespältigen Gefühlen war er am Bahnhof angekommen, setzte sich auf einen zweiachsigen Holzkarren, der einige Meter von den Gleisen entfernt außerhalb von der Bahnsteigsperre ungenutzt herumstand, und wandte sich der nun bald hinter dem Plattenberg untergehenden Sonne zu. Gedankenverloren schaute er auf die sonnenglänzenden Schienen und Weichen.

Zum ersten Mal nach 33 Jahren hatte Tom Farmer seine Heimatstadt Neunburg vorm Wald wiedergesehen und bekam den Eindruck, als sei die Zeit stehengeblieben. Wohl waren jetzt einige Autos mehr zu sehen und einige neue Häuser entstanden, aber viel verändert hatte sich eigentlich nicht; in die grenznahen, infrastrukturschwachen Gebiete der Oberpfalz war das Wirtschaftswunder halt doch noch nicht so recht vorgedrungen. Und von den fürchterlichen Bombenangriffen, die Deutschlands Städte in Schutt und Asche sinken ließen und deren Spuren er noch tags zuvor mit Abscheu und Schrecken in Nürnberg ansehen mußte, hatte Neunburg v.W. auch nichts mitbekommen.
Bekannte Gesichter sind ihm bei seinem Rundgang nicht aufgefallen. Auch hatte er niemals den Eindruck, daß irgend jemand, der ihn anblickte, plötzlich stehen geblieben wäre und sich nachdenklich nach ihm umgedreht hätte. Für die Menschen, denen er begegnete, war er ein Fremder. Verständlich, nach so vielen Jahren! Wer würde sich noch an ihn, den Thomas Bauer aus der Webergasse, erinnern? Überall, wo er vorbeikam, durch alles, was er sah, wurde er an etwas aus seiner Kindheit, Jugend und frühen Erwachsenenzeit erinnert. Hier in Neunburg v.W. besuchte er den Kindergarten und später die Schule, wurde erwachsen, verbrachte viele, schöne und glückliche Jahre - erlebte aber auch den dunkelsten und schicksalsschwersten Tag seines bis dahin noch so jungen Lebens.

Abb. 264: Luftaufnahme von Neunburg v.W., 1957. *Foto: Stadtarchiv Neunburg v.W.*

Die Sonne hatte sich schon zur Hälfte hinter dem Plattenberg verkrochen, und Thomas starrte noch immer auf die glänzenden Gleisanlagen. So wie hier von Menschen die Weichen für die Züge gestellt wurden, stellte das Schicksal für sein Leben die Weichen.

*

1899 wurde Thomas in Amberg geboren. Die Mutter verstarb bei seiner Geburt. Vater und dessen Schwester sorgten für ihn. Als er viereinhalb Jahre alt war, kam sein Vater durch einen Arbeitsunfall ums Leben. Die alleinstehende Tante war mit ihrem Beruf und der Erziehung des kleinen Thomas überfordert. Sie war froh, daß er durch die Vermittlung des Pfarrers in Neunburg v.W. liebevolle Aufnahme bei Pflegeltern gefunden hatte. Von da an verlief sein Leben in geordneten Bahnen.

Schon früh hatte Thomas begonnen, sich für die Eisenbahn zu interessieren, kannte bald alle Lokomotivführer, Schaffner, Zugführer, Bahnadjunkten, die Waggons, die Dampflokomotiven, den Betriebsablauf und vieles andere mehr. Fast nichts, das mit der Eisenbahn zu tun hatte, war ihm fremd. Sooft es ihm von der Zeit her möglich war, hielt er sich am alten Neunburger Bahnhof oder im Lokschuppen auf, half bei Bekohlung und Wasserfassen der D XI-Lokomotiven - und mußte sich mehr als einmal heftigen Tadel von seiner Pflegemutter wegen der verschmutzten Kleidung anhören. Später, mit 14 Jahren, durfte er des öfteren dem Heizer auf dem Führerstand auf Fahrten zwischen Neunburg v.W. und Bodenwöhr zur Hand gehen. Beim Rangieren hatte ihn der Lokführer sogar auch hin und wieder den Regler betätigen lassen, weswegen ihn viele seiner Freunde und Schulkameraden beneideten.

Zwei Jahre später wurde das Verlängerungsstück der Strecke nach Rötz in Betrieb genommen; für Thomas eine zusätzliche willkommene Abwechslung. Das Lokpersonal nahm ihn gerne auf der D XI auch nach Rötz mit. Er war mittlerweile der berühmte „dritte Mann" auf dem Führerstand, auch wenn es sich nicht um Skat drehte. Seine Führerstandsmitfahrten waren zwar den Vorschriften nach nicht erlaubt, aber „wo kein Kläger, da kein Richter"... .

Im Laufe der Zeit wurde seine Anwesenheit auf der Lokomotive seltener. Er besuchte eine weiterführende Schule in Schwandorf und kam an manchen Tagen erst am Nachmittag nach Neunburg v.W. zurück. Die Gelegenheit, das neue Teilstück nach Rötz auf der Lok mitzubefahren, bot sich ihm daher seltener. Hin und wieder fuhr er im letzten Tageszug nach Rötz vom Neunburger Bahnhof bis zur Station Neunburg v.W. Ost oder Kröblitz mit. Dort sprang er von der Lok und ging zu Fuß nach Hause zurück.

An einem Oktoberabend 1915, der letzte Zug nach Rötz war im Neunburger Bahnhof eingefahren, kletterte Thomas wieder auf den Führerstand, um wenigstens bis zum Ostbahnhof seinem Stekkenpferd zu frönen. Der Fahrdienstleiter hatte schon den Abfahrauftrag gegeben und langsam setzte sich Zug LZ 7 in Bewegung. Lokführer und Heizer waren mit Instrumenten- und Streckenbeobachtung beziehungsweise Kohlenachlegen beschäftigt. Thomas stand auf der linken Seite hinter dem Heizer, lehnte sich aus dem Fenster und schaute zum Bahnhofsgebäude hinüber. Der Zug war schon einige Meter gefahren, und für wenige Sekunden durchbrachen die Auspuffschläge der D XI die örtliche Stille. Beiläufig richtete Thomas seinen Blick nach hinten auf die angehängten Lokalbahnwaggons und sah plötzlich zwei Gestalten aus dem Bahnhofsgebäude heraustreten, die im Laufschritt heftig winkend dem Zug zu folgen versuchten. „Da kommen noch zwei. Ich glaub', die woll'n noch mit!" rief er dem Lokführer zu und machte zur Verdeutlichung eine nach hinten gerichtete Handbewegung. Der Lokführer schloß den Regler und brachte den Zug zum Stehen, so daß die beiden Personen am letzten Waggon einsteigen konnten.
In Neunburg v.W. Ost kletterte Thomas vom Führerstand und eilte nach Hause. Als der Zug eine knappe Stunde später sein Ziel Rötz erreicht hatte und der Rangierer die Lok von den Lokalbahnwagen abkuppelte, klopfte jemand an die Führerstandstür. „Ich möcht' mich herzlich dafür bedanken, daß sie wegen uns noch amol ang'halten haben. Vergelt 's Gott!" sagte lächelnd eine junge, ungefähr vierzigjährige Frau zu dem Lokführer hinauf. „Mei Tochter und ich hätt'n sonst net g'wußt, wie mir nach Rötz hätt'n kommen soll'n. Bus oder Taxi gibt's ja nicht.", fuhr sie fort. „Daß i noch amol stehblieb'n bin, habn'S unser'm Thomas zu verdanken. Der hat mi auf Sie aufmerksam g'macht" gab ihr der Lokführer zu verstehen. „Und wo is der junge Mann jetz, daß ich mi bei ihm bedanken kann?" „Der is scho in Neunburg Ost wieder runter von der Lok. Morg'n vielleicht fährt der Thomas mit uns auf'm Nachmittagszug wieder bis Rötz." „Aha, - - - morg'n - - danke für die Auskunft. Dann schau i halt morg'n vielleicht amol vorbei. Auf Wiederseh'n, die Herren - und nochmals vielen Dank!" Froh und erleichtert verschwand die junge Frau mit ihrer 15jährigen Tochter Richtung Innenstadt in der Dunkelheit.

Am nächsten Tag wollte Thomas eigentlich gar nicht bis Rötz mitfahren; es gab noch viel Schulkram zu erledigen. Aber Lokführer und Heizer mußten nicht viel Überzeugungskraft aufwenden, um ihn gerade an diesem Nachmittag zur Mitfahrt zu bewegen.
Nachdem im Rötzer Bahnhof die D XI für die Rückfahrt nach Bodenwöhr umgesetzt worden war, machte Thomas mit dem Heizer noch einen kurzen Kontrollrundgang um die Lok. „Grüß Dich Gott, Thomas!" sagte plötzlich hinter ihm eine junge Stimme, als er gerade die Treibstangen abschmierte. „Ich bin die Barbara. Ich soll Dir von meiner Mama einen lieben Gruß und ein herzliches Dankeschön ausrichten - - - und von mir natürlich auch, weil Du gestern wegen uns den Herrn Lokführer veranlaßt hast, nochmal anzuhalten, um uns mitzunehmen." Thomas war völlig überrascht. Er blickte in ein zauberhaftes Gesicht, aus dem ihn zwei große, dunkle, Augen anstrahlten. „Hier, das ist für Dich!" sagte das Mädchen lächelnd, drückte ihm einen großen Pralinenkarton in seine rußgeschwärzten Hände - und einen dicken Kuß auf seine linke Wange.
Thomas war eigentlich nicht auf den Mund gefallen, aber das verschlug ihm doch die Sprache. Mit so einer Situation war er noch nie konfrontiert worden. Er wollte etwas sagen, verspürte aber den berüchtigten „Kloß im Hals". Endlich stotterte er ein paar Dankesworte und bekam einen heißen, hochroten Kopf. Verlegen drehte

er den Pralinenkarton in seinen Händen hin und her und traute sich kaum mehr seine Augen auf das Mädchen zu richten, das ihn weiterhin mit einem gewinnenden Lächeln ansah.
Allmählich fand er seine Fassung wieder. Die wenigen verbliebenen Minuten bis zur Rückfahrt um vier Uhr vergingen für die beiden jungen Menschen viel zu schnell. „Ich wohn' nicht weit weg und schau irgendwann mal wieder vorbei, ob Du vielleicht auch wieder da bist!" sagte Barbara, als sie Thomas, der inzwischen auf den Führerstand geklettert war, ihre Hand zum Abschied hochreichte. „Also dann bis nächste Woche!" erwiderte er, immer noch leicht verlegen. Barbara blieb bis zur Abfahrt bei der Lok stehen und ging erst nach Hause, als der Zug schon weit draußen war; so lange hatte sie Thomas nachgewunken.
Lokführer und Heizer bemerkten auf der Rückfahrt, wie sehr die wenigen Minuten den 16jährigen jungen Mann beeindruckt hatten. Er war ruhig geworden, mußte erst einmal die Gedanken in seinem Kopf ordnen.
Die war ja ganz anders als die wenigen Mädels, die er so kannte. Und jetzt so etwas! Der Kuß, die Augen, das Temperament, der Pralinenkarton! Das war des Guten zu viel auf einmal für den schüchternen Thomas. Die Begegnung mit diesem hübschen Geschöpf hatte ihn schwer durcheinandergewirbelt. Während der Rückfahrt stierte er nur aus dem Fenster und sprach kein Wort. Immer wieder sah er ihr liebes Gesicht, ihre wundervollen Augen vor sich, in deren warmherzigen Blick er sich gerne noch länger gesonnt hätte, und erinnerte sich des Sprichwortes: Augen sind der Spiegel der Seele.
Als er in Neunburg v.W. Ost vom Führerstand sprang, meinte der Lokführer verständnisvoll mit einem Lächeln: „A nett's Mädel, gell - die g'fallt Dir?!" Ehrlich wie er war, nickte er nur verlegen und lief heim. Fortan kreisten seine Gedanken fast nur noch um sie. So gab es für ihn neben der Eisenbahn noch einen zweiten Grund, wenigstens einmal in der Woche mit dem Bockerl von Neunburg v.W. nach Rötz zu fahren... .
Die beiden hatten Gefallen aneinander gefunden und im Verlauf der folgenden Wochen entwickelte sich aus der anfänglichen Zuneigung eine tiefe Liebe, wobei die Lokmänner zu „Postillons d' amour" avancierten.
Zwei Jahre später besuchte Thomas in Regensburg eine Ingenieurschule, die er schon nach wenigen Semestern mit sehr gutem Zeugnis wieder verließ. Wegen der schwierigen wirtschaftlichen Nachkriegssituation in Deutschland und Europa bekam er immer nur kurzfristig Arbeit. Er war ja ledig und kein Familienvater mit mehreren Kindern, die durchgefüttert werden mußten. Hatte er überhaupt Arbeit gefunden, dann war sein Arbeitsplatz weit von Neunburg v.W. entfernt. Zu allem Unglück waren auch noch kurz hintereinander seine beiden Pflegeeltern verstorben.
Thomas litt in steigendem Maße an seiner schlechten beruflichen Situation. Gerne hätten sie geheiratet, aber Thomas sah das Gespenst drohender Arbeitslosigkeit vor sich, und es wäre nach seiner Meinung gegen jede Vernunft und seinen Stolz gewesen, eine Frau zum Traualtar zu führen, die er noch nicht einmal hätte ernähren können. Auf eine Erbschaft konnte er ohnehin nicht rechnen. Und der Gedanke, sich auf die Mitgift seiner Barbara zu verlassen, war ihm direkt widerlich.
Nun gehörte Thomas aber nicht zu den Menschen, die sich wehrlos in ihr Schicksal fügen wollten. Er suchte fieberhaft nach Möglichkeiten, der scheinbar ausweglosen Situation zusammen mit seiner Barbara zu entrinnen. Einfach irgendwohin abhauen, einem ungewissen Schicksal entgegen? Das war nichts für sie. Beide waren so klug und vernünftig, Mut und überlegte Entschlossenheit nicht mit Leichtsinn und überstürzter Reaktion zu verwechseln.

Während eines Spazierganges im Schwarzachtal an einem Septembersonntag 1923 erörterten die zwei erneut ihre vermeintlich ausweglose Lage. Obwohl die Sonne malerisch das Tal ausleuchtete und der Altweibersommer mit wohligen Temperaturen Mensch und Natur verwöhnte, wollte in Barbara keine entsprechende Stimmung aufkommen. Liebevoll und deprimiert zugleich legte sie ihren Kopf auf Thomas' Schultern. „Ist denn gar nichts zu machen?" kam es leise über ihre Lippen. Thomas schwieg. Behutsam umschlang er mit seinen Armen ihre schlanke Taille, seine Barbara eher schützend als vereinnahmend, drehte leicht seinen Kopf zur Seite, vergrub sein Gesicht in ihrem schulterlangen, dichten Haar und sog den erregenden, natürlichen Duft, den es verströmte, genüßlich in sich hinein. „Vielleicht doch!" murmelte er leise mit zuversichtlichem Unterton und küßte zärtlich ihr Haar, das im Schein der Sonne mit seinem Farbton von schwarzen Kirschen besonders prachtvoll glänzend zur Geltung kam. Dann holte er einen Brief aus seiner Jackentasche und hielt ihn ihr vor die Augen. Sie las den Text sorgfältig durch, sagte zu ihm mit leuchtenden Augen, „Das wäre ja wunderbar!“ und gab ihm vor Freude einen herzhaften Kuß.

Thomas hatte neben den vielen Bewerbungen in Deutschland auch einige Bewerbungen ins Ausland verschickt. Nun hielt er eine positive Antwort von der Firma Busch & Cie. aus Mt. Kisco, New York, in Händen. Chef der Firma war ein Fred Busch, der 1914 noch vor Ausbruch des Ersten Weltkriegs von Weiden bei Köln nach den U.S.A. ausgewandert war und dort eine Maschinenfabrik gegründet hatte. Unter anderem machte Fred Busch in seinem Antwortschreiben deutlich, daß er einen tüchtigen, dynamischen und zielstrebigen Ingenieur suche und daß Thomas schon Ende November, Anfang Dezember bei ihm anfangen und auch selbstverständlich seine Verlobte mitbringen solle.
Thomas war trotz seiner erst 24 Jahre viel zu sehr Realist und wußte daher genau, was ein solcher Schritt für ihn und seine Barbara bedeuten würde: Abschied von Familie, Verwandten und Freunden, der oberpfälzischen Heimat, den vertrauten Städtchen Neunburg vorm Wald und Rötz, dem schönen Schwarzachtal; ganz besonders vom geliebten Dampfbockerl, dessen liebenswürdigen Menschen und vielem anderen mehr - und ein Zurück würde es nicht mehr geben. Es würde ein Schritt sein in eine ungewisse, aber keinesfalls aussichtslose Zukunft. Abgesehen davon, welche Alternative blieb ihnen denn schon? Thomas und Barbara machten sich diese Vision zur Grundlage ernsthafter Überlegungen. Trotzdem freundeten sie sich nur schwer mit dem Gedanken an Auswanderung an.
Barbara erwähnte ihren Eltern gegenüber von dem bevorstehenden Schritt, der ihr Leben radikal ändern würde, nichts. Deren Reaktionen wußte sie schon im voraus.

Als die Liebe zwischen Barbara und Thomas begann, betrachteten Barbaras Eltern die Beziehung als eine jugendliche Schwärmerei, die ebenso schnell wieder verfliegen würde, wie sie gekommen war. Nun mußten sie jedoch zu ihrem Unbehagen feststellen, daß

Abb. 265: Murnthal um 1930.
Foto: Sammlung J. Wiemann

die zwei es ernst miteinander meinten. Kaum etwas ließen sie unversucht, die beiden jungen Menschen auseinanderzubringen. Daß Thomas intelligent und tüchtig war und außerdem einen guten Charakter hatte, kümmerte die Eltern herzlich wenig. Für sie zählte in erster Linie Geld und Besitz. Zum wiederholten Male mußte sich Barbara die gebetsmühlenartig heruntergeleierten, sattsam

bekannten Sprüche anhören: „Du willst einen heiraten, der arbeitslos ist, der hint' und vorn nix hat - einen Hungerleider?! Da wird nix draus! Schlag' Dir den Thomas aus 'm Kopf! Du heiratest einen, der ebenfalls viel Geld und Besitz mitbringt - und davon gibt's in unserem sonst armen Rötz und seiner Umgebung immerhin doch einige. Basta!"
In der Tat; so mancher junge, aber auch nicht mehr ganz so junge Mann hatte sich um die schöne Barbara bemüht. Oft war aber nicht zu erkennen, ob der Mensch Barbara oder ihre zu erwartende üppige Mitgift Anlaß für das Interesse waren. Sie ließ alle höflich, aber bestimmt, abblitzen, um sich nach jedem vergraulten Hochzeiter elterliche Schimpfkanonaden und Vorwürfe anhören zu müssen. Barbara war das egal, stellte ihre Ohren „auf Durchzug". Für sie gab es nur Thomas.

Viel Zeit verblieb Thomas und Barbara nicht mehr. In aller Heimlichkeit, soweit dies möglich war, verliefen die Vorbereitungen zum Aufbruch in die „Neue Welt".
In Neunburg v.W. war Heinrich Heilingbrunner Agent der „Hamburg-Amerikanische Packetfahrt-Actiengesellschaft" (HAPAG). Bei ihm holte Thomas Erkundigungen ein und bat gleichzeitig um äußerste Diskretion.
Nachdem für die Transatlantikfahrten sowohl im November als auch im Dezember keine tarifgünstigen Schiffskarten mehr zu erhalten waren, blieb zum Einschiffen nur mehr der Samstagmorgen des 13. Oktober 1923. Abreise von zu Hause Freitag 12. Oktober mit dem ersten Tageszug gegen 4.00 Uhr.
Mit einer Anzahlung reservierte Thomas für Barbara und sich zwei Plätze auf einem Ozeandampfer der Hamburg-Amerika Linie. Die Restzahlung sollte unmittelbar vor Auslaufen des Schiffes in Hamburg erfolgen.
Um in Rötz und Neunburg v.W. keine zusätzlichen Verdachtsmomente aufkommen zu lassen, hatte Thomas die Bahnkarten für die Fahrt nach Hamburg in Schwandorf gelöst und bei sich behalten. Barbara sollte nur eine Fahrkarte für die Fahrt im Frühzug von Rötz nach Neunburg v.W. lösen, er würde in Neunburg v.W. dazustoßen. Nur seine beiden alten Freunde, Lokführer und Heizer, waren am Tag vorher in die Angelegenheit eingeweiht worden.

Am 12. Oktober 1923 machte sich Thomas zum letzten Mal von seiner Wohnung in der Webergasse Richtung Haltepunkt Neunburg v.W. Ost auf den Weg. Es war noch immer stockdunkel, als er mit bedächtigen, fast zögernden Schritten durch das noch menschenleere, schlafende Neunburg ging. In zwei mittelschweren Koffern hatte er die notwendigsten Habseligkeiten untergebracht. Das wichtigste aber waren die Reisedokumente, Zeugnisse, persönlichen Papiere und das Ersparte.

Bis zur Abfahrt um 5.08 Uhr war noch genügend Zeit. Über dem Torweiher standen wabernde Nebelschwaden, die auch das Bahnhäuschen lautlos zu verschlucken schienen. Nur die kleine Stationslaterne erhellte mangelhaft mit schwachem Schein die gespenstisch wirkende Szenerie. Thomas stellte seine beiden Koffer auf die Veranda des Stationsgebäudes und lief, den Kopf leicht nach vorne gebeugt, die Hände in den Manteltaschen vergraben, äußerlich ruhig, innerlich aber äußerst angespannt und aufgewühlt, auf und ab. Nur am Rande registrierte er zwei weitere Personen, die sich wegen des Zuges am Haltepunkt eingefunden hatten; zu sehr war er mit seinen Gedanken beschäftigt. War es wirklich richtig so zu handeln, hier alles aufzugeben und Barbara einfach ins Ungewisse mitzunehmen? Konnte er mit ihr tatsächlich eine bessere Zukunft auf der anderen Seite des Atlantiks erwarten? Fragen und Zweifel quälten ihn, und je näher der Zeitpunkt der Abreise rückte, desto stärker wurden sie.

Endlich trat die D XI Lokomotive mit ihren beiden Positionslichtern aus dem Nebel heraus. Nun war es soweit. Wie auf der Flucht verließ Thomas seine Heimat, im wahrsten Sinne des Wortes bei Nacht und Nebel. Er stieg in den zweiten Waggon hinter der Lok. Als der kleine Zug schon im Neunburger Hauptbahnhof eingefahren war, eilte Thomas zur Verwunderung der anwesenden Passagiere zum wiederholten Mal, immer aufgeregter, sich umschauend und suchend durch alle vier Waggons. Seine anfänglichen Befürchtungen steigerten sich rasend über beklemmende Gewißheit zu maßloser Enttäuschung und lähmender Niedergeschlagenheit: Barbara war nicht im Zug! Wo war sie? Warum war sie nicht im Zug? Er betäubte sich vorübergehend mit der Annahme, daß sie vielleicht schon in Bodenwöhr sei. Aber wie sollte sie dorthin überhaupt gekommen sein? Thomas war völlig verstört. Einen klaren Gedanken zu fassen war ihm unmöglich.

Abb. 266: Eine 98.8 mit ihrem Zug am Haken nähert sich aus Rötz kommend dem Haltepunkt Neunburg v.W. Ost, um 1950.
Foto: Felix Thürl, Sammlung Theo Männer

In Bodenwöhr kam der Lokführer mit vielsagender Miene auf ihn zu. „Die Leni, die Stallmagd, kam heut' früh zu mir an die Lok geeilt und hat gesagt, daß die Barbara sie schickt. Die Eltern haben von der geplanten heimlichen Abreise Wind bekommen. Noch in derselben Nacht hat der Vater der Barbara die wichtigsten Ausweispapiere und das Geld weggenommen und sie in ihrem Zimmer eingesperrt. In ihrer völligen Verzweiflung hat sie sich an der linken Hand die Pulsader aufgeschnitten, sei aber noch rechtzeitig gerettet worden. - Mehr hat die Leni auch net g'sagt." Thomas zitterte vor Wut und Hilflosigkeit und konnte seine Tränen nicht zurückhalten. Dieser seelische Genickschlag ließ für ihn die Welt zusammenbrechen.
Getrieben vom Fahrplan und dem Auslauftermin seines Schiffes sowie einer inneren Stimme folgend, sah Thomas sich dennoch gezwungen, in Bodenwöhr den Zug nach Nürnberg zu besteigen, der ihn zum Anschlußzug nach Hamburg bringen würde.
Hatte es in seinem Leben schöne und dunkle Tage gegeben, so waren diese Augenblicke der absolute Tiefpunkt in seinem erst 24jährigen Leben.

*

Inzwischen war die Sonne hinter dem Plattenberg verschwunden und es dauerte nicht mehr lange, bis die Nacht die Decke der Dunkelheit auch über Neunburg v.W. ausgebreitet hatte. Es war kühl geworden. Langsam erhob sich Thomas. Zögerlich und nachdenklich verließ er den Bahnhof Richtung Gasthof „Zum Posthorn". Unzählige Male schon war dieser Film vor seinem geistigen Auge in den vergangenen 33 Jahren abgelaufen, aber nur selten hatte er das Ereignis wieder so schmerzhaft empfunden wie eben. Und erneut kam er zu der erschütternden Erkenntnis, daß Liebe das Schönste auf der Welt sein kann, aber auch das Grausamste.

Schon seit vielen Jahren hegte er den Wunsch, seine alte Heimat wiederzusehen, verbunden mit dem Hintergedanken, zu erfahren, was aus Barbara geworden war. Genaugenommen war die Erinnerung an Barbara die Haupttriebfeder für seine Reise, die er immer wieder, vor allem aus beruflichen Gründen, verschoben hatte. Mittlerweile war er in der glücklichen Lage, finanziell und zeitlich unabhängig zu sein.
Wenige Jahre nach seiner Ankunft in den U.S.A. war Thomas Chefingenieur bei Fred Busch geworden, der von dessen großen fachlichen und menschlichen Qualitäten sehr beeindruckt war. Kurz vor seinem Tod 1935 hatte Busch ihn zu seinem Nachfolger bestimmt. Unter Thomas' Leitung wurde die Firma zu neuen wirtschaftlichen Höhen geführt. Immer mehr Mitarbeiter mußten eingestellt werden, um der wachsenden Auftragsflut einigermaßen Herr werden zu können. Man schätzte in Fachkreisen sowohl den Ideenreichtum als auch die sprichwörtlich deutsche Gründlichkeit, Sorgfalt und Präzision, mit denen Thomas und seine von ihm unterwiesenen Mitarbeiter die Aufträge erledigten.
Vor einigen Monaten begann Thomas sich aus dem Geschäftsleben ein wenig zurückzuziehen und seine engsten Mitarbeiter, auf die er sich ruhigen Gewissens verlassen konnte, mit einigen seiner Aufgabenbereiche zu betrauen. In den vielen Jahren zuvor hatte sich Thomas fast keinen Urlaub gegönnt, so sehr nahmen ihn seine beruflichen Aktivitäten in Beschlag, lenkten ihn aber auch von bestimmten seelischen Problemen ab, die er dadurch zwar verdrängen, jedoch nie lösen konnte.
Hin und wieder lernte er eine Frau kennen, aber längere und intensivere Beziehungen leiteten sich daraus nie ab; zu sehr waren in ihm Liebe und Erinnerung an Barbara eingestanzt.
Seit seiner Ankunft in Neunburg v.W. Anfang Oktober war Thomas noch zu keinem längeren Aufenthalt nach Rötz aufgebrochen. Irgendwie verspürte er eine innere Sperre. Nach einer Woche endlich fuhr er vormittags mit dem Zug nach Rötz. Nervös und leicht gehemmt strebte er dem großen Haus entgegen, in dem Barbara mit ihren Eltern damals gewohnt hatte.

Schon der erste Anblick ließ in Thomas Irritation und Enttäuschung aufkommen. Das Anwesen hatte seinerzeit immer einen sehr gepflegten Eindruck gemacht und sowohl Barbara als auch ihre Eltern hätten es niemals zu dem herunterkommen lassen, was es jetzt darstellte: einen völlig verwahrlosten Besitz mit verwildertem Garten, abgeblättertem Putz und Lack an Hauswänden und Fensterrahmen, verdreckten Fensterscheiben, vergilbten Vorhängen, gebrochenen Dachziegeln, verrosteten Regenrinnen und anderem mehr. Es muß sich, argwöhnte Thomas, in der Vergangenheit etwas Außergewöhnliches zugetragen haben.

In unmittelbarer Nachbarschaft war gerade eine ungefähr 70jährige Frau an den blühenden Dahlien in ihrem schmucken Vorgarten beschäftigt. Vielleicht, so mutmaßte Thomas, würde ihm diese Frau einiges über das Schicksal des Nachbaranwesens berichten können.
Nach einem fast einstündigen, sehr aufschlußreichen, Gespräch verabschiedete er sich, ging langsam und gedankenverloren Richtung Marktplatz, setzte sich vor der Kirche auf einer Bank nieder und versank in tiefer Nachdenklichkeit. Als er am Abend in sein Neunburger Quartier zurückkehrte, war er innerlich ein anderer Mensch geworden.
Nahezu jeden zweiten Tag fuhr er fortan mit dem Triebwagen nach Rötz, ging zum Blumengeschäft, um sich nach wenigen Minuten wortkarg und mit ernster Miene von der freundlichen Floristin wieder zu verabschieden. Immer nahm er auf seinem kurzen anschließenden Spaziergang zwei große Blumensträuße mit: rote Rosen und weiße Lilien. Am Ziel angekommen entfernte er das Blumenpapier, steckte die Sträuße sorgfältig in zwei Vasen, nicht ohne vorher die leicht verwelkten anderen Blumen daraus entfernt zu haben, und verharrte unbeweglich mit gesenktem Kopf in minutenlanger Stille vor dem von ihm im Verlauf der letzten zwei Wochen geschmackvoll mit anderen Pflanzen hergerichteten Carrée - vor Barbaras Grab.
Schon im Herbst 1926 - vor 30 Jahren also - war Barbara an Magenkrebs verstorben.

Abb. 267: Triebwagen vom Typ VT 75.9 verläßt den Haltepunkt Obermurnthal; um 1957. *Foto: Jakob Probst*

Je öfter Thomas Barbaras Grab besuchte, desto lauter glaubte er aus der Unterhaltung mit der alten Frau die von ihr gesagten Worte gleichsam als Anklage zu vernehmen: „Die g'waltsame Trennung damals von ihr'm Verlobten hat d' Barbara nie verwinden können. I glaub', daß dös a viel bei ihrer Krankheit ausg'macht hat!“
Thomas wußte, daß körperlichen Leiden und Krankheiten sehr häufig seelische Ursachen zugrunde liegen. Immer stärker plagte ihn daher der Gedanke, daß von Barbara die abrupte Trennung nicht verkraftet worden war und tatsächlich der Auslöser für die schlimme Erkrankung gewesen sein mußte, obwohl es dafür keinerlei Beweise gab. Mehr und mehr setzte sich diese Überzeugung in ihm fest und schließlich machte er für Barbaras tragisches Schicksal einen Hauptschuldigen aus: Sich selbst!
Hart ging er mit seinem einstigen Verhalten, das einer Kapitulation glich, ins Gericht. Es stimmte zwar, daß Barbaras Selbstbestimmungsrecht von ihren Eltern auf brutalste Art und Weise mißachtet worden war. Warum aber, um alles in der Welt, war er denn damals nicht spätestens in Bodenwöhr umgekehrt? Warum hatte er als erwachsener Mann seine ebenfalls erwachsene Verlobte nicht mit Zähnen und Klauen gegen ihre engstirnigen und despotischen Eltern mit aller Macht verteidigt, den Kampf um seine geliebte, zukunftige Ehefrau nicht aufgenommen? Das wäre sogar seine verdammte Pflicht gewesen! Vielleicht aber waren es der falsche Respekt vor Barbaras Eltern oder gar seine eigene, vermeintlich niedrigere soziale Stellung, die ihn in seiner Handlungsbereitschaft lähmten. Thomas fand keine Erklärung, kam aber zu der erschütternden Selbsterkenntnis, in der entscheidenden Situation total versagt und dadurch Barbaras Elend heraufbeschworen zu haben. Mit ziemlicher Sicherheit, so nahm er an, hatte seine Barbara noch monatelang hoffnungsvoll auf eine Nachricht oder irgendein Zeichen von ihm gewartet. Je mehr Zeit aber verstrich, umso klarer wurde ihr die Aussichtslosigkeit auf ein gemeinsames Leben mit Thomas und umso verzweifelter ihre seelische Verfassung mit dem elenden Gefühl, von Thomas vergessen, im Stich gelassen worden zu sein.
Gründe und Entschuldigungen, die eventuell für seine Vorgehensweise hätten sprechen können, ließ er nicht gelten. Er fühlte sich für Barbaras Schicksal verantwortlich - damit wurde er nicht fertig. Die Vorwürfe, die er sich machte, kamen schon fast innerer Selbstzerfleischung gleich und ließen an seiner sonst so robusten Gesundheit im Lauf der Zeit deutliche Spuren zurück.
Thomas vertraute sich aber zu allem Übel auch niemandem an, der ihn in dieser seelischen Schieflage zumindest ein wenig hätte aufrichten können. Er fraß die gesamte Problematik, die wie ein dunkler, schwarzer Schatten ständig hinter ihm zu schweben schien, in sich hinein, kapselte sich schuldkomplexbeladen von der Außenwelt ab. Selbst die wenigen Freunde und Bekannten, die er in den U.S.A. hatte, hielt er auf Distanz.

Von eigenartiger Ruhelosigkeit und schlechtem Gewissen getrieben, kam Thomas in ein- bis zweijährigen Abständen von Amerika nach Deutschland zu mehrwöchigen Aufenthalten mit dem Ziel Neunburg v.W. und Rötz herüber.
Als am 13. Dezember 1969 der kleine Schienenbus zum letzten Mal zwischen Bodenwöhr und Rötz die Strecke entlangknatterte, befand sich auch Thomas unter den Fahrgästen. Für ihn wurde nicht nur eine Bahnstrecke stillgelegt, sondern auch ein weiteres Kapitel seines Lebens für immer geschlossen. Ihm war „sein Bockerl“ Schicksalsbote und, bis zu einem gewissen Grad, Lebensgefährte zugleich gewesen, dessen Existenz mit behördlichem Federstrich erbarmungslos ausgelöscht wurde. Was Thomas blieb, waren nur mehr traurig-schöne Erinnerungen.

Im Frühjahr 1970, kurz nach seinem Besuch in der Oberpfalz, war Thomas in seinem schönen Haus in Chappaqua, in dem er als gebrochener Mann schon seit Jahren freudlos, einsam und zurückgezogen gelebt hatte, nach kurzer, schwerer Krankheit verstorben. Sein nicht unbeträchtliches Vermögen hatte er in einem lange vorher verfaßten Testament seiner katholischen Pfarrgemeinde von Chappaqua und anderen Wohltätigkeitseinrichtungen vermacht.
Auf dem kleinen Friedhof von Chappaqua hat Thomas seinen ewigen Frieden gefunden. Sein Grab schmückt ein schlichter Stein mit einem Kruzifix und der Inschrift

THOMAS B. FARMER
born 1899 died 1970

Als die Haushälterin seine letzten verbliebenen Habseligkeiten wegräumte, fand sie in Thomas' Brieftasche ein altes, vergilbtes Foto mit Widmung, auf dem eine junge, bildschöne Frau zu sehen war; außerdem zwei Fahrkarten. Nur eine Fahrkarte war entwertet, aber beide hatten denselben Aufdruck:

Einfache Fahrt
von Neunburg v.W. nach Hamburg
über Bodenwöhr, Schwandorf,
Nürnberg, Hannover
erster Gültigkeitstag
12. Oktober 1923.

Bahnlinie: Bodenwöhr – Rötz.

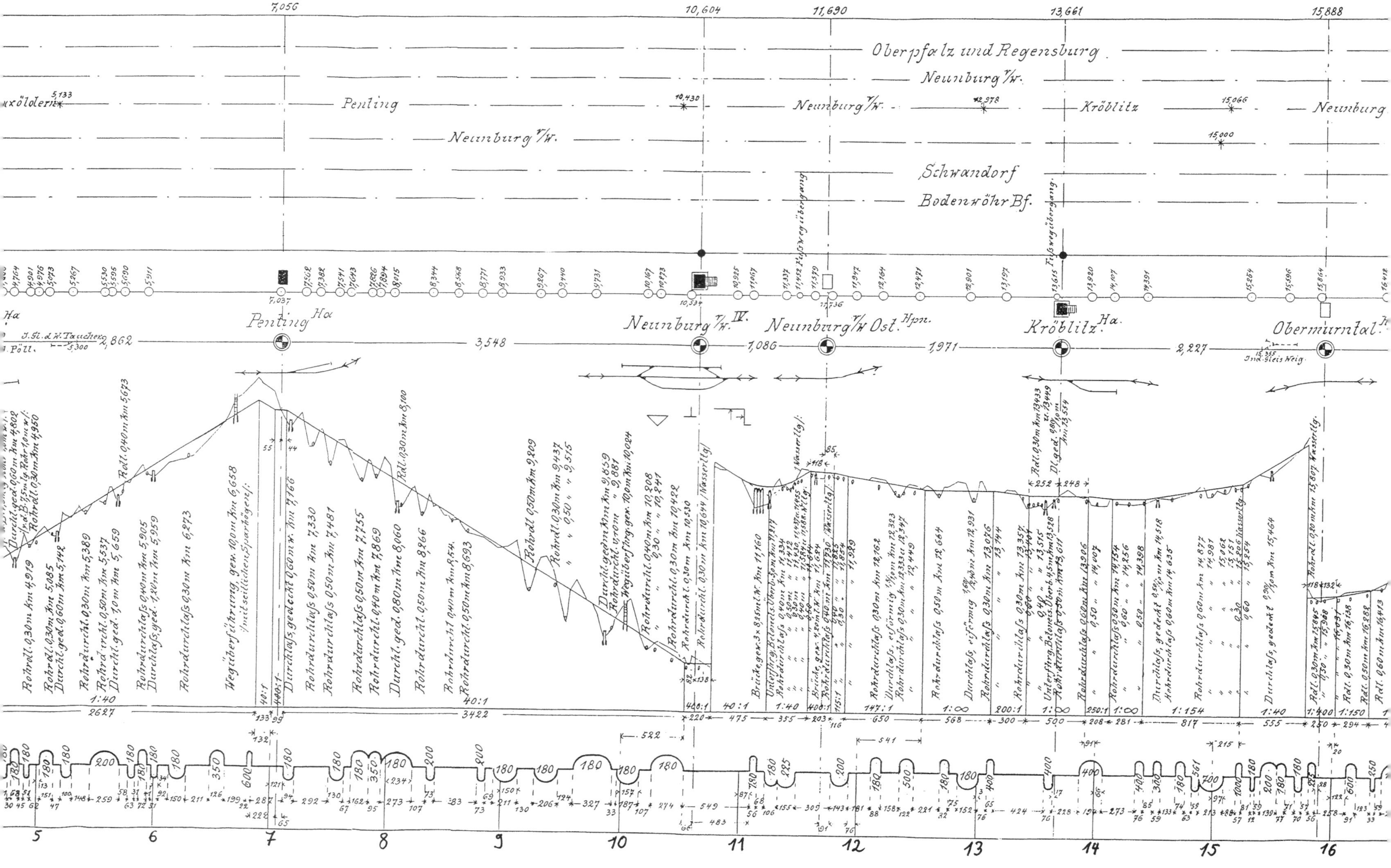